普通高等教育新工科汽车类系列教材（智能汽车·

智能驾驶与人机交互

主　编　杨　聪　陈　涛
副主编　赵智峰　徐　健
参　编　王　昱　王军红　冯常伟　冯澳杰
　　　　乔欣怡　孙铭禧　何潇鸥　祝仰坤
　　　　高慧乐　黄耀渔　隋　伟　窦宇豪

机械工业出版社

随着智能化技术在汽车领域的应用日渐广泛，智能座舱这一概念频繁出现在各大车企的新车发布会及宣传活动中，其也是赋能传统汽车智能化、网联化的关键，而人机交互是智能座舱的核心。另外，"软件定义汽车"已经成为行业的共识，除了专门的软件及科技公司外，主机厂也纷纷成立了自家的软件部门或软件公司。在学术界，与人机交互相关的环境感知、人机共驾、人机共情等研究工作越来越多，很多学术会议及期刊也不断推出与之相关的研讨会与特刊。本教材编写团队拥有多年智能座舱与人机交互研发及量产经验，本着开放赋能、共同进步的目标，特编写本书。本书系统化介绍了人机交互的内涵、核心技术、开发与测试方法，帮助学生快速掌握设计、算法、工程、测试等核心能力。为了方便入门，本书还加入了与人机交互开发相关的基础知识介绍，如相关工业设计基础、算法基础、硬件基础、数据基础及相关架构等。

本书主要面向高校计算机学院、汽车学院以及车企等与智能驾驶、智能座舱、人机交互相关的学生、研究人员和开发人员等。本书既可以用于面向智能驾驶的人机交互入门级教材，也可作为智能座舱与人机交互开发的参考工具书。

图书在版编目（CIP）数据

智能驾驶与人机交互/杨聪，陈涛主编. -- 北京：机械工业出版社，2025. 4. --（普通高等教育新工科汽车类系列教材）. --ISBN 978-7-111-78067-0

Ⅰ. U463.61

中国国家版本馆 CIP 数据核字第 2025HE0837 号

机械工业出版社（北京市百万庄大街 22 号　邮政编码 100037）
策划编辑：王兴宇　　　　　　　　　责任编辑：王兴宇
责任校对：王小童　杨　霞　景　飞　责任印制：单爱军
中煤（北京）印务有限公司印刷
2025 年 6 月第 1 版第 1 次印刷
184mm × 260mm・25 印张・605 千字
标准书号：ISBN 978-7-111-78067-0
定价：99.80 元

电话服务　　　　　　网络服务
客服电话：010-88361066　机　工　官　网：www.cmpbook.com
　　　　　010-88379833　机　工　官　博：weibo.com/cmp1952
　　　　　010-68326294　金　书　网：www.golden-book.com
封底无防伪标均为盗版　机工教育服务网：www.cmpedu.com

　　自世界上第一辆汽车诞生伊始，人们便在不断改善驾驶体验：真皮座椅、电灯、顶篷、气囊式喇叭、后视镜等部件不断被加入，用于延伸人与车、人与环境以及人与人之间的交互。以转向操纵机构为例（图1），1885年德国人卡尔·本茨（Carl Benz）研制的全球首辆汽车没有转向盘，而是配备了转向曲柄，这是因为马车夫习惯拉动缰绳来指挥马匹，遵循并延续了传统的人车交互方式。直到1894年，法国工程师阿尔弗雷德·瓦赫伦（Alfred Vacheron）在他的潘哈德4HP车型（Panhard 4 HP Model）中设置了转向盘，并在巴黎到鲁昂汽车比赛（Paris-Rouen Race）中首次亮相，转向盘自此流行起来，引领了全新的人车交互方式。过去百年中，转向盘上又增加了许多功能，如电动喇叭开关、转向信号、换档拨片、巡航控制系统、安全气囊、多功能控制系统、生理信号感知等，极大提升了人车交互的便捷性与舒适度。

a）转向曲柄（1885年）　　　　b）转向盘（1894年）　　　　c）转向盘喇叭开关（1915年）

图1　人机交互设备迭代更新

　　随着电子电气技术的发展及封闭式厢型轿车的热卖[⊖]，汽车座舱的概念自此诞生，人们更加追寻有趣且便捷的人机交互方式：1924年，世界上第一台车载收音机（Car Radio）诞生；20世纪50年代，相继诞生了第一台车载黑胶唱片播放器（Car Record Player）以及车载电话（Car Phone）；20世纪80年代，电子显示屏及触摸屏首次出现在车上。人们不自觉地将生活中的习惯与设备搬入汽车，并随着社会、文化的发展以及技术的进步，进一步推动汽车、座舱及人机交互进化。特别是进入21世纪后，随着人工智能、传感器、芯片以及云计算等技术不断发展，更多智能化与个性化功能被开发了出来，使得汽车可以主动感知人的行为、表情及操作，进而实现更安全、更有乐趣、更便捷的交互场景。作为提升舱内驾驶体验（In-vehicle Experience）的一部分，人机交互成为打造智能汽车差异化竞争的亮点之一，频繁出现在各大车企及厂商的新车发布会及宣传活动中。

　　从技术上说，面向智能汽车的人机交互，就是在传统人车交互的基础上增加了智能化属性，通过舱内外感知（语音、视觉、触觉等）、认知、决策、服务过程，使汽车能够主动服务于驾驶员和乘客，提升驾驶安全及体验。在学术界，中国计算机学会（China Com-

---

　⊖　1922年美国哈得逊公司（Hudson Motor Car Company）率先出售封闭式厢型轿车。

puter Federation，CCF）推荐的人机交互类顶级期刊和会议如 TOCHI（ACM Transactions on Computer-Human Interaction）及 CHI（ACM Conference on Human Factors in Computing Systems）中有越来越多的论文专门探讨智能驾驶人机交互的相关场景及算法。在部分高校，越来越多的学生与研究人员选择智能驾驶及人机交互作为自己的研究方向（如舱内外感知算法、人机交互场景开发等）。智能驾驶下的人机交互是一个集硬件、软件、算法、大数据、云计算、工业设计以及生命周期管理等不同学科为一体的复杂系统，开发难度大、周期长，需要不同团队配合完成。特别是对于刚进入这个行业的"新玩家"来说，不但需要快速掌握相关背景知识与开发技术，还要不断进行场景创新来打造差异化竞争，其中难度可想而知。

本书撰写的背景是 2020 年 6 月，搭载地平线征程二代芯片及人机交互解决方案的长安 UNI-T 实现了量产及热卖，使得 UNI-T 成为历史上第一款搭载国产 AI 芯片的智能汽车。在此基础上，地平线于 2021 年内部正式立项 Halo 3.0，一方面打造基于地平线征程三代芯片的人机交互解决方案及定点，另一方面就是开放赋能。为此，项目团队核心成员在年初的几个月里，先后前往十多个城市密集访问了各类主机厂（OEM）、一级供应商（Tier1）、二级供应商（Tier2）、软件服务供应商、算法公司、芯片公司、相关研究院及高校，与工程师、研发人员、设计人员、销售人员、实习生、教师及学生等面对面交流，听取一线的反馈与诉求，并出版了《智能座舱开发与实践》用于技术交流。在沟通的过程中，我们发现除少部分人拥有两年以上智能驾驶及人机交互工作经验外，大部分人员呈现出以下特点：①刚进入该领域；②对智能驾驶、智能座舱、人机交互相关背景知识了解比较分散；③缺少成体系培训课程与教材。他们还普遍反映目前网络上关于智能驾驶与人机交互的知识比较分散，在内容深度与实操指导性方面都比较薄弱，因此在实际工作中依然是摸索着前进，会"踩很多坑"。为此，地平线联合苏州大学于 2023 年成立了智能驾驶生态创新中心（BeeLab），邀请 UNI-T 及其他量产车型一线工程师、工业设计专家、人机交互方向学者担任本书作者或审稿人。在《智能座舱开发与实践》一书的基础上，他们从领域知识与实际经验出发，为本书带来面向智能驾驶的人机交互第一手资料，确保本书的读者不但可以掌握体系化的背景知识，还能学到各个开发环节的"干货"。

本书从汽车人机交互的发展历程、安全性要求及演变出发，详述面向智能驾驶的人机交互相关概念、原理及发展趋势（第 1 章），并在此基础上介绍了面向智能驾驶的人机交互设计原则、技术类型及安全性标准（第 2 章）。这两章内容作为汽车人机交互的入门，不但适用于技术开发者，还适用于人机交互设计、安全性测试等其他方向的人才。从第 3 章开始，本书采用自上而下的方法，首先介绍了智能驾驶人机交互系统架构及设计方法（第 3 章），并依次展开，介绍实现人机交互系统的硬件基础（第 4 章）、算法基础（第 5 章）及数据基础（第 6 章），进而解决了调研时常被问到的诸如"人机交互是什么，怎么实现的""什么是算法，跟深度学习模型有什么关系""我的车算智能车吗""为什么智能车需要

Preface

AI 芯片""为什么要用图形处理器（GPU）而不用中央处理器（CPU）"等问题。在上述基础上，从第 7 章开始，自内而外地详细讲述智能驾驶中人机交互开发实践，包括底层的人机交互算法开发（第 7 章）、中层的人机交互软件开发（第 8 章）以及最外层的人机交互应用开发（第 9 章），并在第 10 章介绍了上述系统的测试方法及相关测试平台。最后，本书在第 11 章介绍了人机交互系统在量产后的迭代与升级方法。上述知识架构充分涵盖了智能驾驶人机交互的核心技术细节，搭建了自上而下及自内而外的知识组织体系，并符合量产实践中的产品研发流程，可以让读者最大程度了解全貌、深入细节并实现融会贯通。为方便读者理解，每章开始都会有相应的案例导入，并在正文之后均设置了练习题（本书配备练习题答案，可联系客服人员微信（13070116286）下载）。

感谢本书作者团队在每日忙碌的研发工作外为本书所做的贡献，具体分工如下：

第 1 章：赵智峰、黄耀渔、孙铭禧、何潇鸥、冯澳杰、乔欣怡、高慧乐、杨聪。

第 2 章：赵智峰、黄耀渔、孙铭禧、何潇鸥、冯澳杰、乔欣怡、高慧乐、杨聪。

第 3 章：王昱、杨聪、陈涛、徐健、冯常伟。

第 4 章：窦宇豪、陈涛、杨聪、徐健、冯常伟。

第 5 章：杨聪、陈涛、赵智峰、徐健。

第 6 章：祝仰坤、杨聪、陈涛、徐健、王军红。

第 7 章：杨聪、陈涛、赵智峰、徐健、隋伟。

第 8 章：陈涛、杨聪、赵智峰、徐健。

第 9 章：徐健、杨聪、陈涛、赵智峰、王军红。

第 10 章：杨聪、陈涛、赵智峰、徐健、隋伟。

第 11 章：杨聪、陈涛、赵智峰、徐健。

为了确保本书质量，我们还成立了审稿委员会，具体名单如下：

隋伟、王昱、杨聪、程智锋、王军红、赵智峰、苏治中（注：因部分委员也为本书作者，这里采用了交叉审稿的方式）。

在本书的编写过程中，得到了许多专家、平台及项目的支持，包括但不限于：

- 地平线生态拓展部对本书写作（纸质教材与数字教材）整体项目的支持；
- 苏州大学郭树伟对练习题资料的贡献；
- 苏州大学侯先豹、蔚晨垚、潘俊伟、陈世源、李浩然对在线试题系统的贡献；
- 苏州大学潘俊伟对课程配套幻灯片及视频课的贡献；
- 国家自然科学基金面上项目（62473276）、江苏省自然科学基金面上项目（BK20241918）、苏州大学 – 地平线横向项目（H230666）、江苏省高校"新时代教材数字化建设研究"专项课题（2024JCSZ22）、苏州大学未来科学与工程学院教育教学改革研究课题（重点，22N172）对本书调研、素材收集、多媒体资料加工及相关实验验证的支持。

Preface

　　本书编写过程中，我们还同步举行了在线课堂，以在线讲课与直播的方式将部分实践内容分享给我们曾访问过的各类企业。我们对这些课程进行了录像，与授课用的材料、代码一同上传到地平线开发者论坛（https://developer.horizon.auto/），并将会按计划公开这些课程与材料。

　　本书涉及知识点众多，错漏在所难免，还请广大读者批评指正，以便本书再版时参考。如有疑问，欢迎通过电子邮件与作者联系：yangcong955@126.com。

杨聪、陈涛

2025 年 2 月 10 日

目　录
Contents

Contents

Contents

Contents

Contents

Contents

第 11 章　智能驾驶人机交互系统迭代

第1章 概　述

本章重点介绍汽车人机交互的发展历程、安全性要求及演变趋势，重点详述在技术及社会等因素推动下的人机交互发展历程及相应的安全要求，便于读者更加深入理解人机交互的相关概念及演变趋势。作为人机交互的重要载体，本章以长安 UNI-T 座舱人机交互为案例进行导入。

案例导入：长安 UNI-T 汽车人机交互

近几年，随着汽车智能化、网联化的快速发展，消费者对汽车的认知也逐渐从"单一的交通工具"向"第三空间"转变，汽车人机交互自然也得到重塑的机会。同时，5G、人工智能（Artificial Intelligence，AI）、大数据、人机交互、汽车芯片与操作系统等技术的进步，将推动汽车人机交互未来的发展，甚至引发变革。目前，各大主机厂及供应商均将视线聚焦在座舱，欲提前布局，占据汽车人机交互生态圈内的优势领地。不难看出，在很多车型的座舱设计中，座舱已不再是"车机加仪表"的简单形态，而是将各种零部件整合起来，提供多模态交互方式（图 1-1），成为一种可进化的拟人助理，以便为驾驶员和乘客提供多元化的服务和极具情感化的用车体验（图 1-2）。

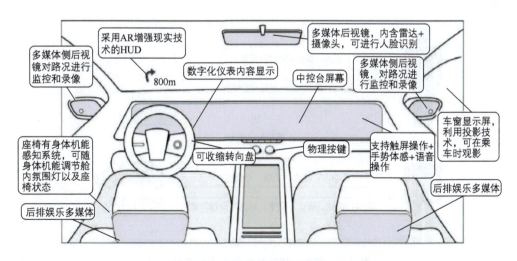

图 1-1　汽车座舱内的人机交互

图 1-2　驾驶员及乘客行为感知

　　在上述背景下，长安汽车于 2020 年 6 月 21 日正式推出 UNI-T。UNI-T 是长安乘用车高端产品序列 UNI 旗下首款车型，基于长安汽车全新架构打造，并采用全新"无边界"设计语言，搭载全新的 UNI Life 车载智能交互系统，集成征程 2 车规级 AI 芯片和机器视觉技术，可识别乘员的场景化需求并主动提供相应服务，如识别到乘客接听电话时，系统自动降低多媒体音量；检测到驾驶员疲劳驾驶时，主动对驾驶员进行干预；更有上车专属问候、视线亮屏、高速下道分心提醒等主动服务。车主可通过 inCall APP 注册 FACE ID，车辆起动后自动刷脸，无感登录车机超级账号，自动调用专属车辆设置；同时，一步登录 QQ 音乐、腾讯地图等生态账号。集成车载微信，支持全语音交互，驾驶时使用语音控制即可实现常用功能；转向盘设有专属功能键，可一键收发信息。除人机交互外，长安 UNI-T 还集成了众多智能驾驶及智能网联科技，包括遥控代客泊车系统、集成式自适应巡航系统、高清环视行车记录仪、车辆远程控制系统、手机蓝牙钥匙等功能配置。

　　如图 1-3 所示，汽车人机交互与常见的手机人机交互有本质的区别。智能汽车的人机交互中，乘员的输入方式会包含语音、视线、手势等多种模态，以控制座舱内的座椅、空调、车机等内饰和功能部件，最终座舱通过视觉、听觉、嗅觉、触觉等反馈方式进行输出。例如，乘员可以用语音对座舱说"有些疲劳"，座舱就会通过香氛系统释放薄荷味道来缓解疲劳。这里需要指出的是，面对不同的车型定价及目标人群，座舱及其人机交互设计也略有不同。在详细介绍长安 UNI-T 的人机交互设计背景前，我们需要先学习特斯拉的设计哲学：第一性原理。

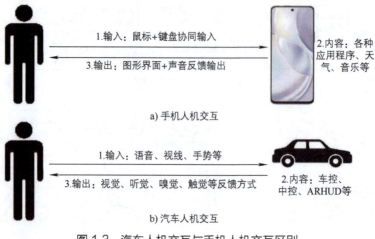

图 1-3　汽车人机交互与手机人机交互区别

第一性原理的简单理解：打破知识桎梏，回归到事物本源去思考基础性的问题，不照搬经验，从物质的最本源出发思考事物，尝试用解耦的方式去解决问题。

举例来说，在制造特斯拉电动汽车的过程中，最大的成本来源于电池组件。当时，特斯拉研发团队发现电池组件成本每千瓦时要几百甚至上千美元，但运用第一性原理思考，把电池分为铝、镍及一些聚合物，再对生产流程、产地、供应链每一部分进行优化，最终将电池组件成本降低到每千瓦时一百多美元甚至更低，大幅提高了电动汽车大规模量产的可能性。对于座舱及人机交互而言，特斯拉坚持不在原来成熟的座舱体系上面进行研发，不走寻常路。其次，思考座舱到底需要哪些零部件、哪些零部件可以简化、座舱按钮是否可以被集成化以及座舱功能最小集是什么。随着这些问题一步步得到答案，持续简化座舱及其人机交互设计，整体的设计精髓体现为"简约却不简单"。

如图1-4所示，从第一代Roadster起，特斯拉就把当时传统车辆中控区域比较复杂的按钮简化了至少50%。到了第一代Model S，特斯拉推出了一块17in的大屏，去掉了中控区域所有的按钮，采用触屏方式进行车辆控制。同时，首次采用桌面式地图，减少交互层级，把导航这个用户使用最频繁的功能层级前置到桌面，连点击的动作都省略了。紧接着，在Model 3的座舱设计中，去掉了仪表，将仪表原本该显示的车速、剩余电量等关键信息放到中控大屏的最左侧，满足驾驶员查看的需要。同时，采用了隐藏式空调设计，去掉明显的出风口，解决了固定出风口的风向受阻问题。通过特斯拉在座舱方面的一次次迭代，不难看出，特斯拉把极简美学应用到了极致，尽量提供给用户一个简单的人机交互方式。这背后都离不开一次次的灵魂拷问，一次次运用第一性原理的思考。在第一性原理的指导下，特斯拉在座舱与人机交互设计方面持续给用户带来惊喜，而第一性原理的思想也为长安UNI-T的设计带来了灵感。

a) 传统车控　　　　　b) 第一代Roadster　　　　　c) 第一代Model S　　　　　d) Model 3

图1-4　座舱的演变

2018年7月，地平线与长安UNI-T项目组就UNI-T车型定位、用户画像、车型配置进行了充分讨论，明确了这是一款为95后打造的"人生第一辆车"，主打的卖点就是智能化。因此，在项目最初阶段就设定了一个目标，要做一款超越当时体验的人机交互系统，要让用户对这款车的"智能"体验与之前所有车的体验有明显的代际差。

（1）**深挖用户需求**　虽然明确了设计目标，但是需要解决哪些用户痛点、如何去解决原来不敢解决的痛点成为摆在面前的第一个挑战。如图1-5所示，项目成员关于一款95后用户心中所期待的智能汽车问题持续研讨了3个月。项目成员通过各种渠道和方法系统性的收集了汽车座舱及人机交互中的痛点，在经历产品和研发30多场头脑风暴后，梳理总结出了57个场景需求。

a) 头脑风暴　　　　　　　　b) 用户访谈　　　　　　　　c) 实车体验

图 1-5　人机交互设计

（2）**巧用第一性原理**　梳理好第一批场景需求后，就进入了最困难的第二步——实现，将前人不敢想、不敢解决的问题通过人工智能技术来解决。大部分人第一次看到 57 个场景需求时觉着是"天方夜谭"，无法想象这些场景可以实现，且要在 6 个月之后实现量产。而项目组的处理办法就是巧用第一性原理，将所有解决问题的阻碍统统"煮沸"，从中挖掘出最本质的东西：

- 驾驶员开车时的交互痛点是什么？
- 驾驶员的主要任务是驾驶，那如何减少驾驶员的交互步骤？
- 如果有一套技术方案可以理解驾驶员当前的状态和意图，主动进行交互，那这套系统是不是足够智能？如果答案是肯定的，那么如何做出这套系统？
- 驾驶员开车时如果疲劳了，通常会播放动感的音乐、打开空调、调整一下空调风向帮助自己缓解疲劳。是否可以简化这个步骤？是否可以将缓解策略做得更好，主动帮助用户在更长的时间内摆脱疲劳？用户疲劳的真正表现是什么？如何通过技术去主动识别？
- 驾驶员在开车时，经常因为注意力不集中错过路口，是否可以通过技术去识别驾驶员的状态并在合适的时候提醒？如何识别驾驶员注意力是否集中？什么是路口分心？如何在安全下道路前，通过技术去提前识别用户的分心状态？

随着一个一个刨根问底的问题，一步一步的探索，最终实现了多个场景的成功量产。下面以面向驾驶员注意力的人机交互场景作为一个案例分享，揭示如何将该场景变成量产。

第一步：研究行业内对注意力不集中的科研成果，重点包括算法及相关解决方案，站在巨人肩膀上解决问题。

第二步：建立一个真实的注意力不集中环境，基于行业论文的信息总结收集用户在真实行车场景中的生理特征，探索用户的注意力不集中的具体表现，基于此制订真实数据采集计划和方案。

第三步：如图 1-6a、图 1-6b 所示，选择一个真实的路段，招募采集志愿者、协调和部署采集设备，采集数据。

第四步：如图 1-6c 所示，通过摄像头、传声器、文字等记录用户在驾驶过程中的表现。

第五步：分析结果并归纳总结。

第六步：通过策略校验来验证归纳总结的策略是否准确。具体来说，基于制定的策略让第三方标注注意力集中和不集中的场景视频，看是否可以正确标注。之后基于结果优化及迭代策略。

a) 制定路线　　　　　　　　　　b) 采集数据　　　　　　　　　　c) 记录表现

图 1-6　数据采集过程

至此已基本实现通过视觉算法识别驾驶员注意力不集中，可如何对驾驶员进行提醒才不会错过路口呢？为什么平时有导航播报驾驶员也还是会错过呢？经过研究发现，用户错过导航的播报是因为导航播报的音色、音量和平时的播报提醒没有区别，很容易在注意力不集中的时候忽略重要的播报。因此，导航错过路口的提醒，一定要有更显性的播报方式，例如，可以在仪表做闪烁图标提醒，或播放特殊音色的提醒音频，以及转向盘振动等。那什么时候进行提醒既能及时提醒用户出路口又能保障用户安全的减速变道呢？接下来是产品上市前最后也是最重要的一步：实车测试，通过实际驾驶体验，收集反馈数据并更新迭代提醒时间和提醒策略。

上述例子详细展示了如何通过第一性原理进行汽车的人机交互设计，做到足够智能。同时，为兼顾用户体验至上原则，在产品开发过程中和产品上市后，也需要不断实车测试产品的实际效果，并基于测试结果分析并迭代产品策略。汽车人机交互的用户痛点还有很多未被满足，随着自动驾驶技术的发展，"人机共驾"和"第三生活空间"的需求渐渐凸显，需要不断运用第一性原理等经典思考方法设计针对不同人群、不同场景、不同智驾程度的人机交互功能。

1.1　汽车人机交互发展历程

自汽车诞生之日起，汽车人机交互就在不断发展。除了技术因素推动外，社会变迁也是不可忽略的推动因素。本节将从上述两个方面详细剖析汽车人机交互的发展历程。

1.1.1　技术推动下的人机交互

从传统的机械化、电子化到如今的智能化及网联化，汽车正经历着前所未有的变革。在这一过程中，座舱作为连接乘员与车辆的媒介，不仅是驾驶员操控汽车的交互中枢，更是乘员体验汽车智能化技术的前沿触点。通过集成先进传感器、芯片、软件、云计算等技术，更深入地理解乘员的需求与习惯，带来沉浸式的多模态交互体验，并提供更加个性化的服务与反馈，人机交互方式与相关技术见表 1-1。如图 1-7 所示，智能驾驶与人机交互是在多个核心技术推动下往前发展的，包括无线电、娱乐、总线、显示、定位、触摸、芯片、云计算、人工智能等。

表 1-1 人机交互方式与相关技术

人机交互方式	相关技术	应用功能	车载硬件
按、拨、旋	机械旋钮和按钮、电子触控旋钮、无线电波技术	控制音响、空调、导航系统等	物理按钮、旋钮、拨盘、中控台、车门
触摸控制	触摸屏技术、电容触控技术	导航、音响控制、电话、信息娱乐系统	中控屏、转向盘
语音	语音识别技术（ASR、NLU、TTS）	导航输入、电话拨打、信息查询、娱乐控制	车载传声器、车载语音助手
气味嗅觉	电子鼻技术、传感器技术	检测车内空气质量、提供香氛体验	车载香氛系统
眼动追踪	计算机视觉技术、传感器技术	驾驶员注意力监控、界面操作辅助	AR、HUD、眼动追踪摄像头
手势识别	传感器、芯片技术	音量控制、接打电话、导航操作	中央控制台摄像头、红外传感器
面部识别	传感器、芯片技术	驾驶员身份验证、疲劳检测	驾驶员摄像头、车载计算单元
情绪识别	传感器、生理信号监测技术	检测驾驶员情绪、调整音乐或氛围	驾驶员摄像头、心率传感器
个性记忆	云计算、人工智能、芯片技术	个性化导航推荐、音乐偏好播放	车载计算平台、人工智能助手

（1）无线电波技术　1906年，加拿大发明家雷金纳德·范信达（Reginald Fessenden）首度发射出"声音"，无线电广播就此开始。1924年，澳大利亚新南威尔士州的 Kelly's Motors 安装了第一台汽车收音机。图 1-8 左图所示为 1937 年的飞利浦汽车收音机，其重 24kg，占用 8L 空间，安装在地板上，并配有可安装在仪表板上的有线遥控器车载收音机的出现也代表着人在驾驶汽车的过程中实现对外界的信息接收，车载收音机作为载体，使用户通过听觉获知外界信息，开启了转向盘之外的另一个重要人机交互功能。

（2）盒式磁带技术　1963年，荷兰飞利浦公司研制出了全球首款盒式磁带。两年后（1965 年），如图 1-8 右上所示，福特和摩托罗拉联合开发了安装在汽车中控台上的磁带播放器，人们开始可以在汽车上播放自己喜欢的音乐曲目。盒式磁带技术进入汽车座舱使用户的自由度提高，促进车载娱乐信息系统的形成与发展，作为汽车个性化与定制化人机交互的开端。1985 年，搭载 CD 播放器的汽车横空出世，进一步丰富了座舱的功能。

（3）CAN 总线系统　博世于 1983 年开始开发控制器局域网络（Controller Area Network，CAN）总线系统。于 1991 年发布的梅赛德斯 – 奔驰 W140 是第一款采用基于 CAN 的多路布线系统的量产车。CAN 总线系统用于车内电子控制单元（Electronic Control Unit，ECU）的数据通信。ECU 是汽车中的一个嵌入式系统，负责控制特定的功能，如发动机控制、变速器控制、制动系统、车窗、车门和后视镜调节等。每个 ECU 通过 CAN 总线系统与其他 ECU 通信，协同工作以实现复杂的车辆功能，进一步拓展了人机交互。

1）车窗、车门及后视镜交互：通过 CAN 总线，控制信号可以在不同的 ECU 之间传输，驾驶员只需按下相应的按键，ECU 就会接收并执行相应的指令，实现车窗、车门和后视镜的自动调节。这极大地方便了驾驶员的操作，减少了物理接线的复杂性。

2）车辆状态交互：汽车各个传感器采集的数据通过 CAN 总线传输到仪表盘的 ECU，再呈现给驾驶员，包括车速、发动机转速、油量、水温等关键驾驶参数。清晰直观的信息显示让驾驶员能及时了解车辆状态。

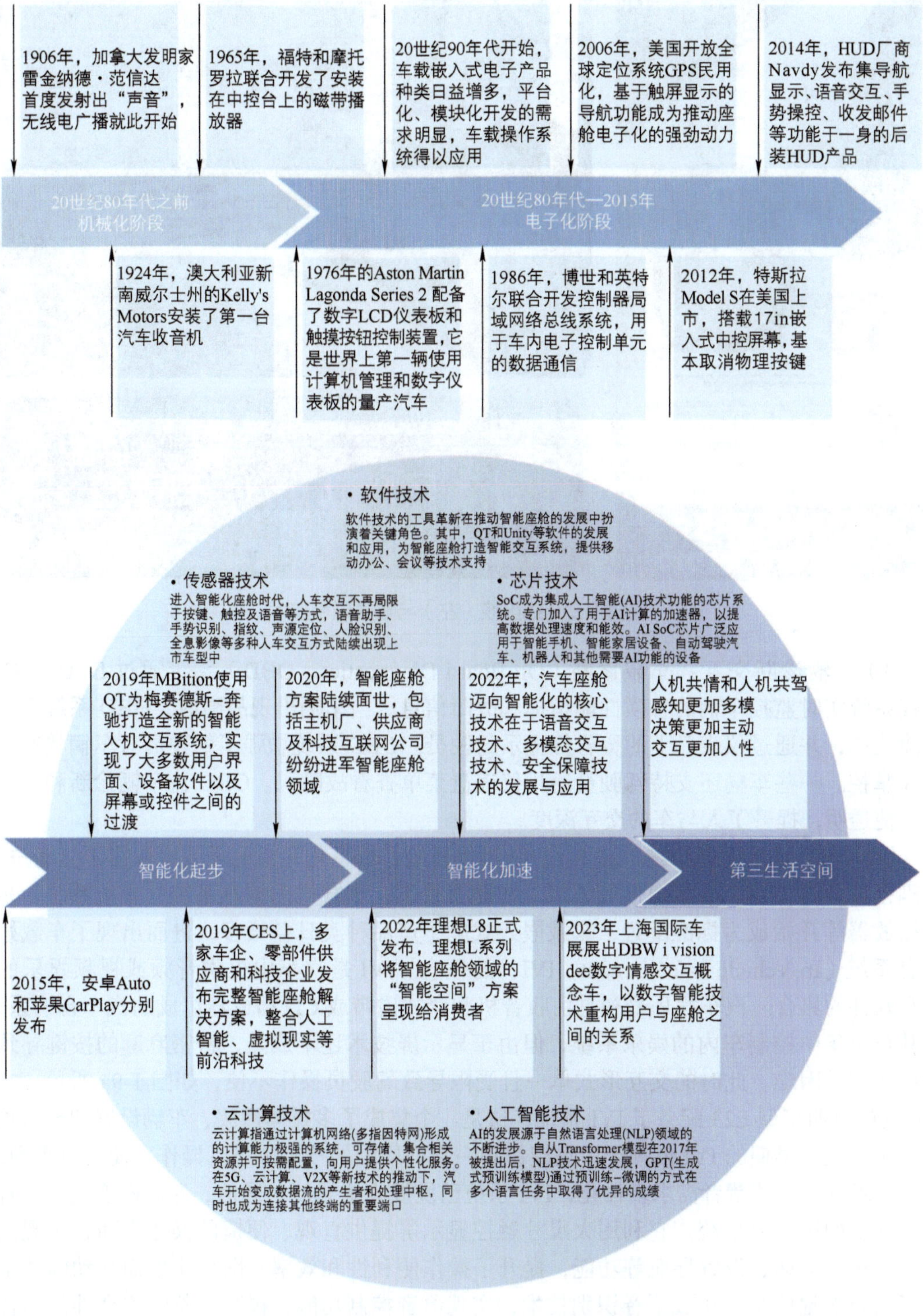

1906年，加拿大发明家雷金纳德·范信达首度发射出"声音"，无线电广播就此开始

1965年，福特和摩托罗拉联合开发了安装在中控台上的磁带播放器

20世纪90年代开始，车载嵌入式电子产品种类日益增多，平台化、模块化开发的需求明显，车载操作系统得以应用

2006年，美国开放全球定位系统GPS民用化，基于触屏显示的导航功能成为推动座舱电子化的强劲动力

2014年，HUD厂商Navdy发布集导航显示、语音交互、手势操控、收发邮件等功能于一身的后装HUD产品

20世纪80年代之前 机械化阶段

20世纪80年代—2015年 电子化阶段

1924年，澳大利亚新南威尔士州的Kelly's Motors安装了第一台汽车收音机

1976年的Aston Martin Lagonda Series 2配备了数字LCD仪表板和触摸按钮控制装置，它是世界上第一辆使用计算机管理和数字仪表板的量产汽车

1986年，博世和英特尔联合开发控制器局域网络总线系统，用于车内电子控制单元的数据通信

2012年，特斯拉Model S在美国上市，搭载17in嵌入式中控屏幕，基本取消物理按键

• **软件技术**
软件技术的工具革新在推动智能座舱的发展中扮演着关键角色。其中，QT和Unity等软件的发展和应用，为智能座舱打造智能交互系统，提供移动办公、会议等技术支持

• **传感器技术**
进入智能化座舱时代，人车交互不再局限于按键、触控及语音等方式，语音助手、手势识别、指纹、声源定位、人脸识别、全息影像等多种人车交互方式陆续出现上市车型中

• **芯片技术**
SoC成为集成人工智能(AI)技术功能的芯片系统。专门加入了用于AI计算的加速器，以提高数据处理速度和能效。AI SoC芯片广泛应用于智能手机、智能家居设备、自动驾驶汽车、机器人和其他需要AI功能的设备

2019年MBition使用QT为梅赛德斯-奔驰打造全新的智能人机交互系统，实现了大多数用户界面、设备软件以及屏幕或控件之间的过渡

2020年，智能座舱方案陆续面世，包括主机厂、供应商及科技互联网公司纷纷进军智能座舱领域

2022年，汽车座舱迈向智能化的核心技术在于语音交互技术、多模态交互技术、安全保障技术的发展与应用

人机共情和人机共驾感知更加多模决策更加主动交互更加人性

智能化起步

智能化加速

第三生活空间

2015年，安卓Auto和苹果CarPlay分别发布

2019年CES上，多家车企、零部件供应商和科技企业发布完整智能座舱解决方案，整合人工智能、虚拟现实等前沿科技

2022年理想L8正式发布，理想L系列将智能座舱领域的"智能空间"方案呈现给消费者

2023年上海国际车展出DBW i vision dee数字情感交互概念车，以数字智能技术重构用户与座舱之间的关系

• **云计算技术**
云计算指通过计算机网络(多指因特网)形成的计算能力极强的系统，可存储、集合相关资源并可按需配置，向用户提供个性化服务。在5G、云计算、V2X等新技术的推动下，汽车开始变成数据流的产生者和处理中枢，同时也成为连接其他终端的重要端口

• **人工智能技术**
AI的发展源于自然语言处理(NLP)领域的不断进步。自从Transformer模型在2017年被提出后，NLP技术迅速发展，GPT(生成式预训练模型)通过预训练-微调的方式在多个语言任务中取得了优异的成绩

图 1-7 技术推动下的人机交互发展时间线

图 1-8　无线电波（左）与盒式磁带技术

　　3）车辆诊断交互：车载诊断（On-Board Diagnostics，OBD）系统通过 ECU 和 CAN 总线系统实时监控车辆的各项性能指标和故障信息。当车辆出现故障时，OBD 系统会记录故障代码，并通过仪表盘上的警告灯提示驾驶员。OBD 系统增强了驾驶员对车辆状态的了解和掌控。一些车辆还支持驾驶员通过仪表盘菜单查看故障码。OBD 让车辆诊断和维护更加便捷透明，提升了人与车的交互深度。

　　（4）车载娱乐信息系统　20 世纪 90 年代开始，数字化和微电子技术取得了显著进步，特别是在分布控制、数字通信等领域。在此背景下，车载娱乐信息系统、导航系统、多媒体播放器等开始成为标准配置，车载嵌入式电子产品种类日益增多，进而出现了车载娱乐信息系统（In-Vehicle Infotainment，IVI）的概念。IVI 是汽车中提供音频或视频娱乐的硬件和软件的集合。汽车娱乐最初是由收音机和盒式磁带或 CD 播放器组成的汽车音响系统，驾驶员可集中控制车内的娱乐系统，但由于显示屏技术还不成熟，密密麻麻的按键导致实际操作非常困难。此时的交互形式单一且受限导致驾驶员操作不便，如图 1-9a 所示，宝马 7 系列的早期车型 E23 配备了 IVI 系统，这是一个集成了多媒体播放、车辆设置和导航功能的复杂系统。早期的 IVI 依赖于中央旋钮和一系列周围的按键来进行操作，使用过程烦琐。随着技术进步和消费者需求多样化，IVI 系统已发展为集导航、通信、互联网连接、语音识别等功能的智能化系统。它利用大尺寸触控显示屏提供直观、便捷的操作界面，实现播放音乐、拨打电话、设置导航等功能，提升了操作便利性和效率。图形化界面和动画效果增强了用户视觉体验；集成语音识别技术，实现语音控制功能，提高了驾驶安全性。语音识别技术可根据用户习惯和喜好优化服务，提供个性化体验。IVI 技术的发展为汽车人机交互带来革命性改变，提升驾驶体验和安全性，为未来智能驾驶奠定基础。

a) 中控台   b) 液晶显示技术

图 1-9 中控台（左）与液晶显示技术

（5）液晶显示技术 液晶显示器（Liquid Crystal Display，LCD）是一种平板显示器或其他电子调制光学设备，其利用了液晶与偏振器相结合的光调制特性。液晶不直接发光，而是使用背光或反射器来产生彩色或单色图像。如图 1-9b 所示，西屋研究实验室于 1973 年推出了第一块硒化镉（Cadmium Selenide，CdSe）薄膜晶体管液晶显示器。汽车仪表盘的发展受到液晶显示器技术的影响，传统的汽车机械仪表盘采用指针和机械部件来显示车辆的速度、燃油量、发动机转速等信息。虽然这些机械仪表盘可靠耐用，但在信息展示的灵活性和交互性方面存在局限。随着 LCD 技术的发展，电子仪表盘逐渐取代了机械仪表盘，成为现代汽车的重要组成部分。

如图 1-10 所示，电子仪表盘首次在量产汽车中应用是在 1976 年的 Aston Martin Lagonda 上。Aston Martin Lagonda Series 2 最初配备了数字 LCD 仪表盘和触摸按钮控制装置，具有超现代的造型和当时最先进的仪表。它是世界上第一辆使用计算机管理和数字仪表板的量产汽车，该车还配备了 LED 触摸板控制装置，驾驶员可以在一个界面上获得更多的信息，而不需要分散注意力查看多个独立的仪表，但其花哨的转向盘控制装置和等离子显示屏在 1980 年被废弃。

图 1-10 Aston Martin Lagonda

（6）定位及导航系统 车载导航设备在 20 世纪 80 年代问世，20 世纪 90 年代初期真正进入市场，早期的车载导航系统使用 CD-ROM 存储数字地图，通过定位及地图技术可实现车辆在电子地图中的自定位，并显示在电子地图上。最早的车载导航应用可追溯至在

1932 年前后，意大利一家公司发布了一款名为"Iter-Auto"的导航系统，如图 1-11a 所示，这套系统可以整合到汽车仪表盘上，组成一个滚动式地图，另外该系统还配置汽车连接布线，能够在汽车驾驶过程中自动显示当地地图，但只要驾驶员稍微偏离路线（绕道及错过转弯），地图显示就会不正确。2006 年，美国开放全球定位系统（Global Position System，GPS）民用化导航功能，成为推动座舱电子化的强劲动力。如图 1-11b 所示，1995 年宝马 7 系 E38 是欧洲首批配备卫星导航系统的汽车之一，该系统名为 CARIN，由宝马和飞利浦联合开发。GPS 的用户界面设计是人机交互的核心，简洁的用户界面可以理解为系统基础功能。

a) Iter-Auto   b) 宝马E38

图 1-11　Iter-Auto 及宝马 E38 导航系统

（7）触摸屏技术　触摸屏由输入设备（触摸板）和输出设备（视觉显示器）组成，用户可以使用特殊触控笔或一根或多根手指触摸屏幕，通过简单或多点触摸手势输入或控制信息处理系统。如今，触摸屏在智能手机、掌上游戏机和个人计算机等设备中已经普及。2012 年，特斯拉 Model S 在美国上市（图 1-12a），它搭载了嵌入式中控屏幕，基本取消物理按键，其功能导向正是今日主流智能驾驶与人机交互的雏形。它包括一个 12.3in 液晶显示屏与电子仪表组，可显示速度、充电水平、估计里程、有效档位以及导航方向。控制车载设备的核心是一套由大算力 SoC 系统级芯片驱动的智能互联车机系统。其人机交互界面及用户体验接近消费电子市场上的智能移动终端，可通过中控屏调整车内空调、灯光，以及看导航、播放音乐和视频等功能，整合车辆各部分信息。作为汽车与用户之间更加便捷的交互方式，中控屏幕采用触摸、滑动和点击来控制各种功能，这种设计比传统的物理按钮和旋钮更为易用。

a) 特斯拉中控屏   b) Navdy HUD

图 1-12　特斯拉中控屏与 Navdy HUD

（8）HUD　HUD 是普遍运用在航空器上的飞行辅助仪器，其最早出现在军用飞机上，以降低飞行员需要低头查看仪表的频率，避免注意力中断以及丧失对状态意识的掌握。2014 年，HUD 厂商 Navdy 发布集导航显示、语音交互、手势操作、收发邮件等功能于一身的后装 HUD 产品（图 1-12b）。Navdy 通过高质量的投影显示与声音和手势控制交互相结合，为驾驶员提供了一个更安全、更直观的驾驶体验。

（9）CarPlay　互联是智能驾驶的重要特征，除了我们耳熟能详的手机、PC、智能家居等，车机也逐渐走向开放。2008 年，即 iPhone 发布一年后，奔驰汽车首次销售了集成 iPod 和 iPhone 的音频系统。2014 年，如图 1-13 所示，安卓 Auto 和苹果 CarPlay 分别发布。以 CarPlay 为例，它是一种使汽车收音机或音响主机能够成为 iOS 设备的显示器和控制器，车主可以通过安装某些售后车辆音频产品来添加支持，大多数配备 CarPlay 的车辆通过 USB 连接到 iOS 设备，有些车辆设备可进行无线连接。2022 年，苹果在开发者大会上发布了全新一代 CarPlay 车载人机交互系统。该交互系统可以向车辆多块显示屏发送内容，包含多媒体中控屏、数字仪表盘、娱乐显示屏等。另外，新系统也可直接完成控制收音机、空调等调整车内环境等操作，用户无须退出当前 CarPlay 车载交互系统界面，即可操作收音机、空调等座舱功能。新一代 CarPlay 车载交互系统还可获取车辆数据，无缝显示行驶速度、燃油余量、车内温度及更多的仪表信息。

图 1-13　安卓 Auto（左）和苹果 CarPlay（右）

（10）传感器技术与多模态交互　传感器技术最早可以追溯到 20 世纪中期。当时的传感器主要用于工业和航空领域，用于测量温度、压力和位置等参数。随着电子技术和材料科学的发展，传感器变得越来越小型化和高精度化。20 世纪 80 年代，随着半导体技术的进步，微机电系统（Micro Electro Mechanical Systems，MEMS）传感器出现。它们体积小、成本低、集成度高，迅速在各个领域得到应用。汽车行业很快意识到传感器技术的重要性，开始在车辆中应用各种传感器来提高安全性和舒适性。传感器技术不仅为车辆提供了丰富的环境感知信息，还为多模态交互提供基础。多模态交互是指通过结合视觉、听觉、触觉等多种感知方式，使驾驶员能够更自然、更直观地与车辆进行交互。在车内环境感知方面，高精度传感器和算法的应用，能够实现对车辆周围环境的全面感知和精准识别。这不仅包括车辆外部的道路、交通信号、行人等，也包括车辆内部的各种状态信息，如乘客的位置、动作、需求等。这些信息将被实时传输到车载系统中，为后续的交互控制提供数据支持。例如，2022 年发布的理想 L7 通过传感器技术应用具备多个屏幕融合跨屏语音交互、手势交互、多点触控交互，集成车辆控制、娱乐、观影等功能，如图 1-14 所示。用户通过语音指令控制车辆的各项功能，如导航、空调、音乐播放等，理想 L7 的语音助手支持多种语言和方言，能够理解和执行复杂的语音命令；利用摄像头和传感器捕捉用户的手势动作，通过手势进行一些基本的控制操作，如调节音量、接听电话等。

（11）**芯片技术**   芯片技术在早期汽车中的应用相对有限，主要集中在发动机控制单元等基础功能。随着半导体技术的进步，最初由单个晶体管组成的简单电路逐渐演变为集成了上千个晶体管的复杂电路。1971 年，英特尔发布了世界上第一款微处理器 4004，这标志着 SoC（System on Chip）时代的开端。20 世纪 90 年代后期，SoC

图 1-14   理想 L7 的人机交互系统

技术逐渐成熟，能够将中央处理器（Central Processing Unit，CPU）、图形处理器（Graphic Processing Units，GPU）、存储器和其他功能模块集成到单个芯片中，形成一个高度集成的芯片系统。SoC 技术的发展，使得汽车智能驾驶能够集成更多功能，提供更强大的计算能力。随着人工智能（Artificial Intelligence，AI）技术的发展，SoC 逐渐进化成为集成人工智能技术功能的芯片系统，专门加入了用于 AI 计算的加速器，以提高数据处理速度和能效。例如，2023 年 12 月 28 日发布的小米 SU7，配备高通骁龙 8295 芯片，AI 算力达到 30 TOPS，搭配小米最新研发的澎湃 OS 车机系统，为用户带来更深度与流畅的智能化交互体验。

（12）**软件与界面交互**   软件技术的工具革新在推动智能驾驶与人机交互的发展中扮演着关键角色。其中，Qt 和 Unity 等软件的发展和应用，为智能驾驶打造智能交互系统，提供了移动办公、会议等技术支持。Qt 是一个跨平台的 C++ 应用程序开发框架，广泛用于开发图形用户界面（Graphical User Interface，GUI）程序，例如控制台工具和服务器。Qt 具有高效、灵活的特点，它提供了丰富的用户界面（User Interface，UI）组件和应用程序接口（Application Programming Interface，API），使得开发者能够快速构建出高质量的用户界面。在座舱的开发中，Qt 可以用于创建交互式的仪表盘、中控屏幕等界面，提供流畅、直观的用户体验。同时，Qt 还支持多种输入方式，如触摸、语音、手势等，使得用户能够以更自然、便捷的方式与汽车座舱进行交互。

Unity 是一款跨平台的游戏引擎，最初于 2005 年 6 月在 Apple 全球开发者大会上公布，可用于开发 2D 和 3D 游戏，支持多种个人计算机、移动设备、游戏主机、网页平台、增强现实和虚拟现实，但其应用已经远远超出游戏领域。在汽车座舱的研发进程中，Unity 以其卓越的 3D 渲染技术和交互式体验设计，能构建具备高度沉浸感的车载环境。开发者通过 Unity 可以创建逼真的 3D 车内场景，实现虚拟现实（Virtual Reality，VR）和增强现实（Augmented Reality，AR）等功能，为用户带来身临其境的体验。此外，Unity 支持多种平台和设备，使得应用能够无缝集成到各种汽车系统中。

通过 QT 和 Unity 等软件，开发者可以构建出功能丰富、交互友好的移动应用和线上系统。例如，2019 年 MBition 使用 QT 为梅赛德斯 - 奔驰打造全新的智能人机交互系统，用 Qt 实现了大多数用户界面、设备软件、屏幕动画以及屏幕或控件之间的过渡。其优势在于为系统进行定制与快速原型化，以及在嵌入式设备上的跨平台软件运行。

（13）**云计算与车云技术**   云计算（Cloud Computing）是分布式计算的一种，指的是通过网络"云"将巨大的数据计算处理程序分解成无数个小程序，然后，通过多部服务器组成的系统进行处理和分析这些小程序得到结果并返回给用户。云计算可以追溯到 1956 年，克里斯托弗·斯特雷奇（Christopher Strachey）发表了一篇有关虚拟化的论文，正式提出了虚拟化的概念。虚拟化是今天云计算基础架构的核心，是云计算发展的基础。而后网络技术的发展，逐渐孕育了云计算的萌芽。在 2006 年 8 月 9 日，Google 首席执行官埃里克·施密特（Eric Schmidt）在搜索引擎大会（SES San Jose 2006）首次提出"云计算"概念。在 5G、云计算、V2X 等新技术的推动下，汽车开始变成数据流的产生者和处理中枢，同时也成为连接其他终端的重要端口。

云计算技术以其强大的数据处理能力和灵活的资源共享特性，为智能驾驶系统提供了更加高效、智能的车云技术支持。FSD（Full-Self Driving，全自动驾驶）是特斯拉研发的一套智能驾驶系统，这一系统基于大规模行驶里程、自研运算平台以及巨大的算力布局，持续进行更迭，是云计算在智能汽车技术领域应用的典型范例。这一技术路线的强大之处在于其"端到端神经网络"技术，通过对超过一百万辆车的行车数据在云端进行深度学习，实现了更高的性能上限、更拟人化的驾驶风格和更快的模型收敛速度。

（14）增强现实与虚拟现实 增强现实（AR）是一种将虚拟信息与真实世界巧妙融合的技术，它广泛运用了多媒体、三维建模、实时跟踪及注册、智能交互、传感等多种技术手段，将计算机生成的文字、图像、三维模型、音乐、视频等虚拟信息模拟仿真后，应用到真实世界中，两种信息互为补充，从而实现对真实世界的"增强"。虚拟现实（VR）是一种模拟体验，它采用 3D 近眼显示器和姿势跟踪技术，让用户身临其境地体验虚拟世界。

2023 年，宝马在上海国际车展展出了"BMW i Vision Dee"数字情感交互概念车，驾驶员通过隐藏在仪表板上的交互界面可以自行决定在先进平视显示系统上显示的数字化内容。车窗显示技术采用由光峰科技全球首创 ALPD 激光显示技术，ALPD+DLP 激光显示解决方案可以做到设备和显示画面分离，将清晰的画面"搬运"到车内空间的任意位置（图 1-15），代替传统的内饰屏幕，而且安装灵活、易于隐藏，解决了主动发光部件存在的美观问题。

图 1-15 "BMW i Vision Dee"数字情感交互

（15）人工智能与人机共情 随着计算能力的飞速提升和海量数据的积累，深度学习技术取得了突破性进展。自 Transformer 模型在 2017 年被提出后，自然语言处理（Natural Language Processing，NLP）技术迅速发展，AI 在智能驾驶和人机交互中能够使汽车更好理解并响应人类需求。AI 可实现语音识别、情感分析、智能推荐等功能。例如，语音识别技术使用户通过语音指令控制车内功能；情感分析技术判断用户情绪状态并提供反馈。人机共情是 AI 在人机交互中的更高追求，强调机器能与人类建立情感联系并产生共情。在智能驾驶中，人机共情意味着汽车更深入理解用户情感状态和需求，提供更贴心、人性化的服务。例如，根据用户情绪调节车内环境（灯光、香氛等），记录用户喜好，共同分享喜悦等。

1.1.2　社会变迁下的人机交互

社会变迁泛指任何社会现象的变更，内容包括社会的一切宏观和微观的变迁、社会纵向的前进和后退、社会横向的分化和整合、社会结构的常态和异态变迁、社会的量变和质变，以及社会关系、生活方式、行为规范、价值观念的变化等。科学技术的发展和新技术的应用推动着社会的发展与变迁，其中对汽车产业的影响十分深刻，进而直接体现在汽车人机交互的形式上。如今汽车已从简单交通工具演化为智能化、网联化移动终端。本节以社会变迁为切入点，分析不同时代的美学特点、人际关系及其对汽车形态和人机交互的影响。

随着社会生产力的不断发展，工业设计美学理念在不断完善，伴随着第一次（蒸汽时代）、第二次（电气时代）、第三次（信息时代）、第四次（智能时代）工业革命的发展与进步，现代设计已进入到了多元化时代。社会变迁与人机交互发展的关系是隐性的，而人机交互又与汽车座舱具有强烈的显性关系。目前汽车座舱中的人机交互形态呈现出以技术发展为导向、前后衔接的发展模式，而人机交互形态的每一次演变，皆因社会变迁质的发展与飞跃。汽车的"新四化"包括电动化、网联化、智能化和共享化，每一项发展都深度改变了汽车座舱设计与人机交互形态（见表 1-2）。

表 1-2　社会变迁下的美学

社会时代	美学	人机关系	美学特点	交互模式
蒸汽时代	机械美学	操作关系	形式追随功能	被动交互
电气时代	技术美学	协同关系	形式激发功能	
信息时代	认知美学	交互关系	形式反应功能	单一主动交互
智能时代	智能美学	融合关系	形式功能之上的感性	综合主动交互

在社会变迁背景下，座舱中的人机交互发展也具有一定的延续性。它的发展大致经历了机械式、电子化和智能化三个阶段（表 1-3）。在蒸汽和电气时代前期，人机交互形式主要为机械式，其主要特点在于无集成化、无显示屏、功能单一等，主要功能体现在满足人的出行需求，积极意义在于极大地提高了社会生产效率；在电气时代后期，随着信息时代的到来，汽车座舱主要开始转变为电子化座舱，人机交互的主要特点在于低集成化、单一显示屏、娱乐功能等，功能不再仅仅限于基本出行需求，更加关注人在于产品中的地位，从"人 – 机 – 环境"有了更多思考，例如人机工程学、服务设计等崭露头角，开始有了主动式交互，因此，汽车座舱从舒适性、安全性、交互性等方面都有了较大进步；在信息时代中后期，电子化座舱已较为完善，开始出现智能化的趋势，人在设计领域的地位更加显著，人机交互成为座舱中的重要模块而开始进入发展的快速时期。如今，多模态交互设计成为主流，使得人机交互更智能、更多样、更能够洞察和满足用户需求的特征，如 AR-HUD、语音或者手势交互等，全面提升了使用体验。

表 1-3　社会变迁下的座舱特征

座舱类型	机械式座舱	电子化座舱	智能座舱	未来座舱
特征	无集成 无显示屏 功能单一 指针仪表 按键开关 收音机	低集成 单一显示屏 娱乐导航 液晶仪表 /HUD T-BOX	高度集成 多联屏设计 智能感知增强 场景化服务增强 T-BOX/V2X 能力增强 ADAS	高集成 多种显示技术 人 - 车 - 环境深度融合 座舱结构布局变化 个性化用户体验提升 无人驾驶
时间段	20 世纪 70 年代之前	20 世纪 80 年代—2015 年	2015 年至今	未来

1.2　汽车人机交互安全性要求

1.2.1　驾驶员行为分析模型

2023 年，中国共报道道路交通事故 254738 万起，造成 60028 人死亡，253895 人受伤，直接财产损失 11.8 亿元[1]。诸多因素如天气、交通环境、驾驶车辆及人为因素等均会影响行车安全，其中人为因素是造成交通事故的最主要因素，且驾驶员行为对安全驾驶起着主导性作用[2-3]。驾驶员行为模型给出了驾驶员认知处理和行为操控的理论框架，对预测、减少驾驶风险，开发智能车辆，发展智能安全交通系统等有重大意义[4]。为此，本节从驾驶员行为分析及驾驶员行为模型分类两个方面进行介绍。

1. 驾驶员行为分析

驾驶员行为是由"人 - 车 - 路"构成的闭环系统表现，整个系统涉及的因素很多且部分因素带有随机特性，因此直接建模较为困难，准确性也无法掌控。研究表明，在一定范围内，仅通过较短时间车内传感器数据对驾驶员行为建模就能够提取驾驶员特征，有效区分驾驶员行为个体。所以，根据车内传感器数据对驾驶员行为进行建模是有意义的。虽然驾驶员行为具有独立性和个性化特征，但在一定交通环境下，驾驶员行为总体上是一致的，具有统计特性。

（1）**驾驶员行为描述**　驾驶员行为即驾驶员操作机动车过程中的综合表现，包括感知外界交通信息并形成决策的思维，通过运动器官操纵车辆运行的肢体行为，以及自身车辆与周围车辆等交通环境要素之间的相对运动关系的控制行为[5]。

如果按照层次逻辑关系进行分析，如图 1-16 所示，驾驶员行为包括驾驶操作、驾驶员意图和驾驶模式三个概念。

1）驾驶操作：指驾驶员对车内控制设备进行操作以改变或者保持车辆状态的过程，常见的主要操作包括踩制动 / 加速踏板、转动转向盘，辅助操作包括调整档位、车灯、车门等。如果从车辆状态来描述，那么对应的状态有加速、减速、转弯。由于车辆基本状态与驾驶操作具有对

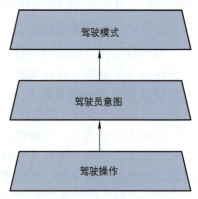

图 1-16　驾驶员行为层次

应的特征并且车辆状态更能有效表示驾驶员行为，所以研究通常使用车辆基本状态来描述驾驶操作过程的结果，比如更加完整车辆状态包括低速、中速、高速、匀速、加速、减速、左转弯、右转弯和直行等。单一的改变当前车辆行驶状态的驾驶操作一般是在短时间内完成，因此本节中的驾驶操作一般指较短时间内的车辆控制行为。

2）驾驶员意图：驾驶员在一定时间内稳定的、唯一的驾驶目的，它能通过该段时间内基本驾驶操作序列进行分析，因此可以看作基本驾驶操作的综合结果。驾驶员意图体现了汽车在行驶过程中人的意志，对于研究驾驶员行为具有重要意义。比如经典的高速路超车驾驶员意图，具体的操作序列是"左转弯—直行加速—右转弯—减速—匀速"，它是转弯、直行、加速、减速和匀速的综合过程，体现了驾驶员超车的意图。

3）驾驶模式：驾驶操作序列表现出的特定规律，驾驶模式依赖于驾驶场景和驾驶员个性特征。驾驶场景因素表示大多数驾驶员依赖于场景所表现出来驾驶行为的一致性，不同场景有不同的一致性行为的表现。驾驶员个性特征则是指在相同场景下，不同驾驶员个体所表现出来的驾驶行为的差异性，驾驶员个性特征常隐藏在驾驶操作中，比如即使面对同一场景下的减速行为，不同人踩制动踏板的力度、持续时间会有差异，虽然最终都减速到一定状态，但是速度变化曲线存在不同。驾驶模式具有抽象、综合和稳定的特点，是一个驾驶员在驾驶方面长时间的总体描述[6]。

（2）驾驶操作与驾驶员意图　驾驶员意图是一段时间内稳定的驾驶操作序列所表现出来的意图，因此可以通过分析复合驾驶操作序列确定驾驶员意图。驾驶操作直接影响车辆状态，而车辆基本状态由传感器采集，因此通过分析车辆状态数据就能确定驾驶操作。虽然驾驶操作分析简单，但驾驶员行为是多种因素相互作用的结果，单一的驾驶操作忽略了驾驶操作序列之间的联系，造成了信息的缺失。由于驾驶员行为带有一定随机特性，单一驾驶操作无法完整描述驾驶员行为。鉴于驾驶员意图是在一段时间内驾驶员意识的稳定表现，分析驾驶操作序列可以获取驾驶操作之间信息并以此确定驾驶员意图。另外，操作序列能够进行多次统计获取稳定意图，能够更加准确和完整地描述驾驶员行为。影响驾驶员行为的重要因素就是驾驶场景，驾驶场景是由基础道路条件、交通状态和天气等因素构成的环境，驾驶员需要对驾驶场景进行辨识，提取主要因素并进行决策，最后产生驾驶员行为。换句话说，驾驶员行为的重要表现就是就是驾驶操作和驾驶员意图，驾驶操作是驾驶员行为的外在表现，驾驶员意图是驾驶员行为的内在意识，都与驾驶场景密切相关，研究驾驶操作、驾驶员意图和驾驶场景对驾驶员行为分析具有重要的作用[6]。

2. 驾驶员行为模型分类

驾驶员行为建模思想一般是：在对驾驶活动（如驾驶员对速度感知、决策过程以及驾驶员注意力控制等）进行观察、分析和研究的基础上构建一个层级结构，然后将层级结构与驾驶任务动态地联系起来，并在不同层级上对驾驶员行为进行分析[7]。如图 1-17 所示，驾驶员行为模型结构一般包含 4 方面：输入、信息处理、驾驶员行为和输出。

在输入与输出上，驾驶员辅助系统的相关参数、周围车辆行驶状态、道路状况、交通信号与车流信息等一般作为驾驶员行为模型的输入，这些输入信号影响驾驶员的信息处理过程（如驾驶任务分配、风险感知等）与驾驶员行为，从而改变模型输出（即驾驶员的决策行为与控制车辆的反应）。同时，可利用相关因素及参数指标对驾驶员行为进行评估。

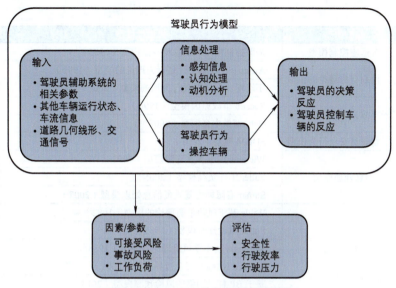

图 1-17 驾驶员行为模型模块化结构

在驾驶员行为模型上，根据 Michon 在 1985 年提出的驾驶员行为模型分类方法，以及近年来驾驶员行为模型的发展状况，可将驾驶员行为模型分为描述性模型和功能性模型[8]。描述性模型是指在静态层面上对驾驶员行为进行描述的模型，该类模型是比较简单的理论控制模型[9]。功能性模型是在规划、决策和动机等微观层面上对驾驶员行为进行分析，探索驾驶员的认知行为和主动适应性，该类模型是比较深层次的控制模型。根据驾驶员行为模型分类，具有代表性的驾驶员行为模型及相关模型建立时间见表 1-4。

（1）描述性模型 描述性模型仅仅是对驾驶员行为进行简单的静态描述，其内部各子模块之间并没有动态交互，具有代表性的有任务分析模型、层级模型及 Trait 模型等。

1）任务分析模型：任务分析实际上是对驾驶员在驾驶过程中的任务要求、行为要求及能力要求的客观描述与分析。Hackman 于 1970 年提出一种任务分析方法，该方法从任务性质、行为要求、能力要求以及行为描述等 4 个方面对驾驶任务进行分析，基于该方法建立的驾驶任务分析模型可以对驾驶活动进行详尽地分类与描述[11]：

表 1-4 驾驶员行为模型[10]

分类	模型类型	代表性模型	参考文献
描述性模型	任务分析模型	Hackman 模型（1970）	[11]
		McKnight 模型（1971）	[12]
		Fastenmeier 模型（2007）	[13]
	层级模型	Rasmussen 3 层级模型（1983）	[14]
		Michon 层级控制模型（1985）	[15]
		Hollnagel COCOM 模型（1993）	[16]
		Donges 3 层级模型（1999）	[17]
		GADGET 4 层级模型（2000）	[18]
		ECOM 模型（2004）	[19-20]
	Trait 模型	Fleishman 因子模型（1967）	[21]
		Michon Trait 模型（1985）	[8]
		统计模型（2007）	[22]

（续）

分类	模型类型	代表性模型	参考文献
功能性模型	自适应控制模型	伺服控制模型和信息流控制模型（1985）	[8]
	基于计划行为理论的模型	Ajzen：TPB 基于计划行为理论的模型（1991）	[23]
		丁靖艳：侵犯驾驶行为预测模型（2006）	[24-25]
	基于事故原因理论的模型	Reason 事故原因模型（1990）	[26]
		Nebi 情景中介模型（2003）	[27]
	基于驾驶员安全行为模型	SDBM 模型（2008）	[28]
	信息处理模型	Wickens 四维多重资源模型（2002）	[29]
		Fuller 工作负荷模型（2005）	[30]
		Shinar 有限能力驾驶员信息处理模型（2007）	[31]
	动机模型	Wilde 基于风险平衡理论的模型（1982）	[32]
		Fuller 风险规避模型（1985）	[33]
		Summala 基于零风险理论的模型（1988）	[34-35]
		Rickard Nilsson 安全边界模型（2001）	[36]
		基于 BP 神经网络的风险预测模型（2013）	[37]

① 任务性质：指驾驶目标的任务属性及其物理性质。

② 行为要求：指驾驶员结合具体的驾驶任务与其行为特征所规划的驾驶行为，该行为要求指引驾驶员行为。

③ 能力要求：指驾驶员具有与驾驶任务相关的驾驶技能、专业知识和心理素质。

④ 行为描述：指驾驶员完成驾驶任务时对驾驶行为的主观描述。

McKnight 等建立了含有 45 个主要驾驶任务的分析模型，该模型由 1700 多个基本任务构建了一个详尽的驾驶任务库，为分析驾驶员行为奠定了基础[12]；Quenault 将任务分析模型与 Trait 模型结合起来开发了一种系统观测技术，并划分了 4 类驾驶员，即安全驾驶员、非理性驾驶员、主动驾驶员和被动驾驶员，这种技术被用于驾驶员甄别[38]；Fastenmeier 等利用任务分析模型归纳总结了 134 种道路交通情况（含 99 种市区交通情况和 35 种高速公路交通情况），常被用于多种项目研究，尤其是在高级驾驶员辅助系统方面。任务分析模型可以作为功能性模型的低级别控制层（如策略、操作层），这类模型强调驾驶任务的重要作用，尤其在完成驾驶任务要求和驾驶员行为评估等方面[13]。然而任务分析模型本身也有缺点，即该模型很少提及道路特征对驾驶任务的影响[39]。

2）层级模型：层级模型基本思想是将各类驾驶子任务划分到不同层级上，在不同的层级上对驾驶任务进行分析。在层级模型中，各层级的任务要求、执行时间以及认知处理等均不相同。根据驾驶任务在时间层次和认知特征上的不同，以驾驶员行为为基础可构建出不同的层级模型。Rasmussen 于 1983 年提出基于知识、规则和技能之间差异的 3 层级模型[14]。Michon 于 1985 年将驾驶任务的影响因素与处理驾驶任务的方法结合起来建立了层级控制模型，该模型把驾驶任务细分为 3 个耦合层级（策略、操纵和控制）；Ranney 结合 Michon 层级控制模型和 Rasmussen 的 3 层级模型，描述了职业驾驶员与非职业驾驶员在执行不同操作时驾驶任务的层次结构变化情况[15]。Donges 于 1999 年在 Rasmussen 的 3 层级模型基础上对每个层级进行详细划分[17]，如图 1-18a 所示：

① 第 1 层级为基于技能的行为过程（控制层），驾驶员在该过程中运用熟练的驾驶技能自动处理驾驶任务且不需任何认知处理。

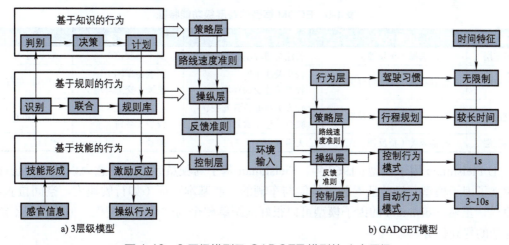

图 1-18 3 层级模型及 GADGET 模型的 4 个层级

② 第 2 层级为基于规则的行为过程（操纵层），驾驶员在该过程中根据交通规则要求和车辆当前的行驶状态确定任务指令（如超车、减速慢行、变换车道等）。

③ 第 3 层级为基于知识的行为过程（策略层），驾驶员在该过程中根据所掌握的交通知识和经验规划整个行驶过程并处理行驶过程中的突发事件。

在 Michon 层级控制模型的最高层级添加"行为层"之后，便形成了 GADGET 模型的 4 个层级 [8, 18]，可以对驾驶员的能力进行全面评价，尤其是在熟练驾驶员和新手驾驶员的能力评价和培训方面，如图 1-18b 所示：

① 策略层：包括行程规划、路线选择和时间限制等，根据路线速度准则（如限速）影响低层级的划分标准，该层的决策多发生在车辆行驶过程中（如超车、变换车道前）。

② 操纵层：驾驶员与交通系统进行信息交互，驾驶员在该层需要对当前的驾驶环境快速地做出反应，其控制时间在 1s 内。

③ 控制层：指驾驶员操纵车辆的过程（如速度、转向控制等），该层假设了各种并发驾驶行为之间的动态关系，其控制时间在 3 ~ 10s。

Hollnagel 在 1993 年提出了 COCOM 模型（Contextual Control Model），该模型只是简单描述了各控制层下的驾驶任务，并没有说明各控制层间的相互关系，因此难以描述多任务并发驾驶条件下的驾驶员行为特性 [16]。随后，Hollnagel 等在 COCOM 模型的基础上，将与驾驶相关的目标、动机放在控制理论的框架上建立了 ECOM 模型 [19-20]，ECOM 模型包含锁定、监控、校正和跟踪 4 个层级，其各层级功能特征见表 1-5。ECOM 模型不但描述了驾驶员的行为特性、体现了其在执行不同驾驶任务时各层级间的动态交互，而且还为驾驶员行为与交通环境间的信息交互提供了合理解释。

3）Trait 模型：Trait 模型建立在具有事故倾向性的驾驶员基础上，描述了驾驶员不同行为特征间的关系。从事故倾向性的角度来看，一些驾驶员由于生理、心理等因素容易发生交通事故。曾经发生过交通事故的驾驶员与未曾发生过交通事故的驾驶员的心理特性不同，这对后续驾驶行为会产生一定影响。车辆是定性系统，其许多方面都可以采用数学、力学以及动力学等方法来建立模型。然而驾驶员是非定性系统，包括外在差异（如驾驶技能、年龄、性别等）和内在差异（如疲劳程度、注意力、情绪等）。基于驾驶员的外在差异和内在差异，Trait 模型可分为 Fleishman 因子模型、Michon Trait 模型以及统计模型等：

表 1-5　ECOM 模型的各层级功能特征

层次	控制目标	注意力要求	发生频率	持续时间
锁定层	路线选择（正反馈）	关注交通环境	少（行驶前）	较长时间
监控层	驾驶状况（正、负反馈）	较少关注车辆、较多关注交通环境	间歇（车辆）、连续（交通环境）	10min 左右
校正层	预期风险（正、负反馈）	较多关注非正常驾驶、较少关注正常驾驶	频繁（市区）、较少（乡村）	1s～1min
跟踪层	补偿风险（负反馈）	无需求	频繁	＜1s

① Fleishman 因子模型：1967 年，Fleishman 基于驾驶员感知、注意力以及驾驶技能差异建立了因子模型，经验证驾驶员技能与车辆的一些基本特征（如行驶速度、空间位置等）相关[21]。虽然 Fleishman 的因子模型可以很好地跟踪整个驾驶员学习过程，但该模型不能处理复杂的驾驶任务[40]。

② Michon Trait 模型：1985 年，Michon 基于事故发生频率建立了 Trait 模型，其理论思想是测量连续事故间的时间间隔。在 Michon Trait 模型中，驾驶员的内在差异和外在差异会改变连续事故间的时间间隔从而影响模型性能[7]。

③ 统计模型：驾驶员的内在差异和外在差异也可采用统计模型来分析。建立统计模型常用的方法是探索因子分析法（Exploratory Factor Analysis，EFA），其原理是利用变量间的相关性减少分析因子个数。EFA 方法被应用于交通事故预测、驾驶技能培训、驾驶习惯分析、疲劳驾驶研究等方面[41-42]。除此之外，统计模型还采用多元相关统计方法，如验证性因子分析法（Confirmatory Factor Analysis，CFA）和结构方程建模法（Structural Equation Modeling，SEM），经验证采用这类方法可以更好地解释驾驶员与其行为间的关系[42]。

近年来，统计模型和事故倾向理论的研究对 Trait 模型的发展起很大促进作用[43]。Carsten 利用统计模型准确地描述了驾驶员在某一特定时刻的行为[22]。Rothengatter 利用 Trait 模型研究驾驶员的个体差异，这有助于提高驾驶员技能和防止交通事故发生[44]。

（2）功能性模型　功能性模型内部各模块之间存在着动态交互，此类模型从更深层面上分析了驾驶员行为。具有代表性的有自适应控制模型、基于计划行为理论的模型、信息处理模型以及动机模型等。

1）自适应控制模型：自适应控制最早是由 Wiener 和 Von Neu-mann 在 19 世纪提出的，之后其被广泛应用于车辆工程领域。自适应能力反映了驾驶员对车辆控制系统的理解，以及驾驶员在驾驶条件变化后能否快速做出反应的能力[44]。自适应控制模型不但包括时域和频域内的微观模型和手动控制模型，还涵盖了对交通状况的模拟计算过程[45]。自适应控制模型可对测得的交通数据进行拟合，但不擅长预测驾驶员在某一特定时刻的行为，其常被用于驾驶员评估方面[46]。2004 年，Sheridan 利用自适应控制模型分析了驾驶员注意力对驾驶员行为的影响，并简单地预测了驾驶员行为[51]。鉴于驾驶过程中的大量随机因素，自适应控制模型难以准确地描述驾驶员在每一时刻的行为。自适应控制模型常被用于研究一些简单的驾驶任务，如车辆跟驰以及车辆在迎风条件下的曲线行驶[47]。自适应控制模型分为伺服控制模型和信息流控制模型[8]：

① 伺服控制模型：当车辆持续行驶时，驾驶员采取措施主动处理随时间变化的行驶信息（如车辆行驶速度）。伺服控制模型解释了驾驶员的预期和延迟反应，其常被用于车辆转向控制方面，郭孔辉等提出了驾驶员方向控制模型和驾驶员行为自适应巡航控制（Adaptive

Cruise Control，ACC）算法，该算法可以在考虑汽车动力学系统强非线性特性的基础上实现车辆 ACC 控制 [48-50]。

② 信息流控制模型：行车过程中，错综复杂的交通信息流是由驾驶员与车辆相互作用而产生的。因此，对驾驶员行为进行微观分析与建模可以再现并解释相应的交通信息流。信息流控制模型的建模思想是：利用计算机的计算模拟功能处理驾驶过程中的随机事件和突发风险。信息流控制模型被用于分析跟驰行为对交通流的影响 [42]。研究人员在跟驰模型中加入一些有关交通流基本特性的影响因素，建立微观跟驰模型，该模型可以更好地解释实际交通流的复杂现象（迟滞现象、时走时停）[51]。

2）基于计划行为理论的模型：Ajzen 在 1980 年提出了理性行为理论（Theory of Reasoned Action，TRA），该理论体现了评估驾驶员态度和行为的差异。TRA 理论中的行为是自发的，实际上驾驶员行为并不是 100% 自发或完全在控制之下。TRA 理论在扩充、完善后便是计划行为理论（Theory of Planned Behavior，TPB）[23]。Ajzen 于 1991 年提出基于 TPB 的驾驶员行为模型（简称 TPB 模型）。如该模型结构如图 1-19 所示，TPB 模型能够校正驾驶员行为，并预测驾驶员在某一特定时刻的行为。在 TPB 模型中，实际驾驶行为的形成过程分为 3 个阶段：①外生变量，如驾驶员性格、驾驶技能、经验等，决定驾驶员的行为态度、主观规范及知觉行为控制；②行为意向，驾驶员的行为态度、主观规范与知觉行为控制相互作用共同决定驾驶员的行为意向；③驾驶行为，驾驶员的行为意向和对驾驶任务的知觉行为控制决定驾驶员的实际驾驶行为。以 TPB 模型为基础，一系列扩展模型被提了出来，包括侵犯驾驶行为预测模型、事故原因模型、情境中介模型、驾驶员安全行为模型等 [25]。

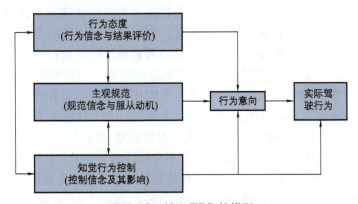

图 1-19 基于 TPB 的模型

① 侵犯驾驶行为预测模型：国内学者丁靖艳等以 TPB 理论为基础建立了侵犯驾驶行为预测模型，结果表明中国驾驶员的态度、主观规范和知觉行为控制等，通过行为意向中介可对侵犯驾驶行为进行有效预测 [24-25]。此外，研究人员在分析中国交通环境的基础上，以 TPB 理论为基础建立了驾驶行为预测模型。研究结果表明，驾驶员的态度和控制策略对危险驾驶行为（如违规、疏忽失误和危险性错误）的影响较大。TPB 模型在驾驶领域得到了广泛应用，尤其在研究酒后驾驶、超车、超速以及攻击性驾驶行为等方面 [25, 52]。国外学者 Parker 等发现，计划行为理论变量可以解释 32.4% 的危险超车行为、42.3% 的酒后驾驶行为、47.2% 的超速驾驶行为。然而，TPB 模型本身也有缺陷，它能解释理性的、由意向控制的

驾驶行为，但对驾驶员的情绪、驾驶习惯、驾驶员的个体差异等引起的非正常驾驶行为并不能给出合理解释。例如，Leandro 利用 TPB 模型将青年驾驶员的态度、驾驶规范和行为感知联系在一起，预测了车辆的合理行驶速度[53]。

② 事故原因模型：事故原因模型（Accident Causationa Model，ACM）由 Reason 在 1990 年提出，用于解释核电、民航等复杂系统中的事故原因。他认为只有多种人为失误、违章或技术失效在时间上重合，才可能共同引发事故。所有这些因素都是事故的贡献因素，具体可分为 4 个层次，包括不安全行为、不安全行为的前提条件、不安全的监督、组织影响。具体来说，不安全行为分为失误（Error）和违章（Violation），不安全行为的前提条件是不安全行为为何会发生的原因。这 4 种层次的失效可以分为两种形式，即现行失效和隐性失效。前者会对系统造成即时负面影响，后者不会对系统造成即时负面影响，具有延性，它是人误或人误的结果[26]。该模型提及的潜在错误和现行错误的理念现在也被引用到一般安全（如交通安全）研究中。交通行为是基于公共管理情景下的行为，与此对应的是交通监管部门的交通警察作为监管人员，他们的监督与惩罚可能会影响到道路使用者的行为。此模型大量考虑了行为者的环境因素，却很少考虑行为个体的因素（如个性、心理状态乃至个体人口统计变量等）对安全行为可能的影响。另外，此模型对各个层次的描述对于实践人员来说过于抽象，在应用时有一定的局限性。

③ 情境中介模型：情境中介模型（Contextual Mediated Model，CMM）认为人的因素与"事故倾向"有关，"事故倾向"强调事故倾向人格在事故卷入中的作用。与事故卷入或不安全驾驶行为有关的人格特质包括：冒险性、感觉寻求和攻击倾向等。人格可以和其他因素产生交互作用，如情境因素增加了事故卷入的风险[27]。在该模型中，按照与事故卷入直接和间接的关系，把对事故卷入有影响的因素区分为中心情境因素和周边情境因素。中心情境因素是指可以直接增加事故风险的因素，包括与事故倾向有关的稳定和不稳定的因素，其中相对稳定的因素包括与驾驶风格有关的因素和关键态度行为因素（如速度选择和超车的倾向），不稳定的因素包括如酒精和药物的使用等。周边情境因素包括一般文化因素、社会人口学因素、相对稳定的人格特质、态度和信念、生活方式需求和选择（如时间压力）等。周边情境因素导致驾驶员产生不安全驾驶行为，这些不安全行为可以直接导致驾驶员的事故卷入。然而，CMM 在人格特质、驾驶风格和驾驶行为之间的关系需要重新检验，驾驶技能和危险驾驶行为之间的关系可能不是线性的。另外，CMM 中对周边情境因素和中心情境因素的区分比较模糊，也忽视了其他潜在的对驾驶行为有影响的因素。

④ 驾驶员安全行为模型：Verschuur 和 Hurts 借鉴 Reason 的 ACM 理论，并结合 TPB 理论，建立了驾驶员安全行为模型（Safety-related Driver Behavior Model，SDBM）[28]。然而，SDBM 对不安全行为的前提条件分类不清晰且不全面。如生理方面的前提条件既包括驾驶员驾驶过程中的生理状态，也包括了稳定的心理状态。该模型也忽视了一些重要的对驾驶行为有影响的因素，如人格特质和情境变量。另外，因为涉及变量众多，反而很难凸显对安全行为有影响的因素。如图 1-20 所示，SDBM 包括不安全行为、前提条件、致因行为三部分：

a）不安全行为：SDBM 认为事故卷入可以由不安全行为直接预测，其中不安全行为包括违章、疏忽失误和危险失误。

b）前提条件：不安全行为的前提条件分为心理的前提条件和生理的前提条件。心理的前提条件是指驾驶员在驾驶过程中暂时的心理状态（如受到酒精的影响或者疲劳）；生理的前提条件指在驾驶员驾驶过程中相对稳定的心理和生理状态（如疾病或者生理残疾的存在）。疏忽失误和危险失误分别受到心理的和生理的前提条件的影响。

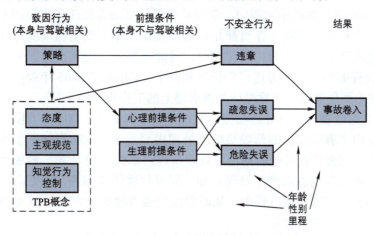

图 1-20　驾驶员安全行为模型（SDBM）

c）致因行为：SDBM 增加了致因行为因素（Causal Behaviors），包括策略和计划行为理论变量。策略是指在驾驶之前驾驶员做出的与驾驶相关的决策的质量，计划行为理论中的态度、主观规范和知觉行为控制与违章行为有关。致因行为与 Reason 模型中的潜在失效类似，但是这个模型强调了潜在失效的行为方面，而不是情境方面，所以称之为"致因行为"。

3）信息处理模型：在驾驶过程中，信息是动态变化的，不断地被接受、判断与处理。驾驶员需要综合认知、判断与决策，从而时刻保持驾驶员与车辆、道路间的信息交流。因此，驾驶过程也是不断进行信息处理的循环过程。信息处理模型的主要思想是：人类认知可以在思维逻辑相互独立的计算步骤上建立模型，一般包括感知、决策和反应选择等步骤，同时也可对驾驶员的注意力和生理机能的局限性进行建模。比较有代表性的信息处理模型有基于多重资源理论模型、工作负荷模型和有限能力的驾驶员信息处理模型等。

① 基于多重资源理论模型：驾驶员信息处理过程包括对不同驾驶任务之间干扰的研究，多重资源是其理论基础[54]。2002 年，Wickens 基于该理论提出了由相关需求、资源重叠、分配策略和驾驶任务构成的四维多重资源理论模型，该模型解释了任务干扰与驾驶员大脑协作之间的关系[29]，如图 1-21 所示。四维多重资源模型分为过程、规则、形态和视觉处理 4 个维度，这种维度划分可以更好地对驾驶任务进行规划和资源分配。过程维度表示那些潜意识的动作、知觉和认知任务。规则维度表示空间活动中采用不同资源表达感知、记录驾驶信息的活动，主要采用动作和语言进行记录；形态维度表示采用不同资源对驾驶信息进行听觉感知和视觉感知；视觉处理维度嵌套在视觉资

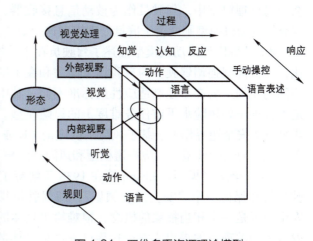

图 1-21　四维多重资源理论模型

源上，该维度用以区分外部和内部视野，内部视野主要负责对象识别（如阅读和识别标志），外部视野主要负责感知车辆行驶方向和驾驶任务（如车道保持）。

②工作负荷模型：在行车过程中，驾驶员不但要处理驾驶任务之间的干扰，而且要承担相应的驾驶工作负荷。驾驶工作负荷是指驾驶员在道路、交通和环境对其影响下的信息处理能力。当较高驾驶工作负荷持续存在时，驾驶员判断、决策和操纵失误的概率就会增大[55]。在对驾驶任务与驾驶能力进行分析的基础上，Fuller 于 2005 年提出了驾驶员工作负荷模型，该模型力图使驾驶员在驾驶行为需求层上的工作负荷最小[30]。

③有限能力的驾驶员信息处理模型：2007 年，Shinar 基于驾驶员有限的信息处理能力和认知能力，提出了有限能力的驾驶员信息处理模型。该模型在添加了车辆动力学反馈后能更加准确地描述驾驶员在驾驶时的信息处理过程，如图 1-22 所示。经验证，采用信息处理模型可避免遗漏某些信息而产生错误认知，同时构建认知体系，可把高层级认知和决策过程转移到低层级的感知控制过程中，从而避免交通事故的发生[56]。这对当下智能驾驶的人机交互设计具有重要指导意义。

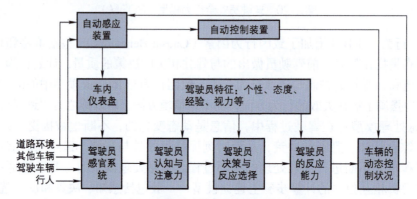

图 1-22　有限能力的驾驶员信息处理模型

这里需要指出的是，信息处理模型强调驾驶员信息处理的有限性，且有些信息处理模型并没有包含到大多数通用的驾驶员行为模型中[57-58]。因此，信息处理模型常被用来研究驾驶员由次要驾驶任务引起的注意力分散（如在驾驶过程中使用手机）等风险行为[59-60]。在信息处理模型中，驾驶员作为被动信息接收器，很难主动管理和控制交通状况，而下面要介绍的动机模型则改善了信息处理模型这一缺点。

4）动机模型：动机模型描述了驾驶员在主动控制风险方面的行为。与信息处理模型相比，动机模型强调驾驶员的自我调节能力和在不同交通状况下的动态适应性。现有动机模型间的差别主要在于控制适应性的标准不同，其中有采用定量标准的安全边界模型和采用定性标准（如风险水平或任务难度）的风险模型。风险模型依据风险理论的不同，可进一步划分为安全边界模型、基于风险平衡理论（Risk Homeostasis Theory，RHT）的模型、基于零风险理论的模型、风险规避模型和风险预测模型等。

①安全边界模型：Gibson 等在 1938 年解释了驾驶时的"安全边界"概念，并指出驾驶员旨在保持一个"安全驾驶领域"，即驾驶员视野里的障碍和风险均在该领域之外[61]。安全边界是一个相当抽象的概念，很难给出具体的驾驶员心理安全边界范围。随着技术的发展和相关理论的提出，安全边界已发展成具体的、可测量的安全边界参数[64]。2001 年，

Nilsson 基于安全边界参数（速度、时间、距离等安全阈值）建立了安全边界模型。经验证，在安全阈值范围内驾驶员可以高效、安全驾驶，若超过此阈值范围，驾驶员则不可避免地发生危险或与其他车辆发生冲突，这也是道路限速的理论来源[62]。Lee 把与时间相关的、直接观测的安全边界参数（知觉变量）应用到驾驶员的制动行为模型中，并讨论了车辆安全行驶距离与行驶速度之间的关系[63]。有些研究人员将安全边界模型用于车道变换控制行为中，研究结果表明，应用该模型后转向动作更加可靠灵敏[64]。

② 风险平衡理论模型、零风险理论模型：在驾驶过程中，驾驶员通过知觉、认知和动机处理等协调自身行为，以应对驾驶风险。1982 年，Wild 通过分析驾驶风险提出了风险平衡理论模型，该模型认为驾驶员倾向于保持一个可以接受的风险水平，驾驶员通过协调自身行为，始终保持着该风险水平。经验证，事故发生率与驾驶员可接受的风险水平相关[65]。此外，Summala 于 1988 年提出了零风险理论模型，该模型认为驾驶员将主观感知的风险保持在零水平[34-35]。

③ 风险规避模型：基于风险平衡理论的模型和基于零风险理论的模型都存在着一定的目标风险[7]。Fuller 结合安全边界模型给出相关解释，于 1985 年提出了风险规避模型。该模型指出驾驶员行为是受风险回避引导的，如图 1-23 所示[33]。在风险规避模型中，驾驶员试图通过协调驾驶任务（车速与路径控制）与驾驶技能之间的关系保持一定的任务难度。当任务需求超出驾驶员的能力范围时，驾驶员对即将到来的风险会产生辨别性的或无辨别性的激励。如果是辨别性激励（可控事件），驾驶员会主观地预测风险，通过判断驾驶动机，选择回避风险或者消除风险；如果是无辨别性激励（不可控事件），那么驾驶员不能成功地回避风险。实际上驾驶员总是尽最大努力、最快地消除风险，但并不是所有的风险都是突发的。在这种情况下，驾驶员要么成功地协调驾驶任务与驾驶技能之间的关系回避风险，要么就会引发交通事故[42]。在风险规避模型的基础上，Fuller 于 2005 年建立了 TCI（Task Capability Interface）模型，进一步分析了驾驶员行为在资源分配、层级决策驾驶要求与驾驶技能等方面的影响[29]。

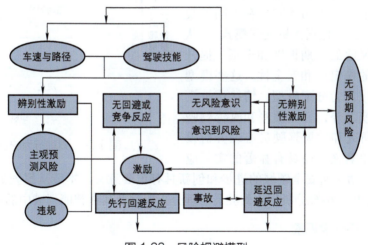

图 1-23　风险规避模型

此后，风险模型得到了进一步发展[37]。Ou 等分析了驾驶任务并基于 BP 神经网络建立了风险预测模型，通过改变风险预测模型的输入（驾驶员情绪、动机以及天气状况），可以预测相应的驾驶风险。经验证，这种预测模型的精确度高达 60%。Vaa 等结合躯体标识假设与动机模型分析了驾驶员行为，于 2011 年提出驾驶员行为主要是受风险状况下的情绪反应支配，并强调了驾驶员的情绪反应对驾驶过程（如酒后驾驶和攻击性驾驶等）的干扰作用[66-68]。尽管动机模型在研究驾驶员的心理因素对驾驶行为的影响方面很有价值，但因其缺乏严谨的数据而遭到质疑。在动机模型中，驾驶员的行为控制取决于他们可以接受的风险水平，然而这种风险的起因和影响因素在动机模型中则很少涉及[8]。这里需要说明的是，影响驾驶行为的因素有很多，既有自身因素（如驾驶员复杂的心理认知过程、驾驶习惯），也有外界因素（如交通环境与车辆本身属性）。复杂的交通环境会影响驾驶员的心理认知过程，进而影响驾驶员行为。驾驶员行为复杂多变，其行为特征很难具体地被全部概括出来。大多数现有模型仅能从某些角度解释驾驶员行为，难以概括出驾驶员的全部行为特征。各类模型还有待深入研究与完善拓展。在研究现有模型的基础上，借助其他领域的相关技术（如通信技术、车联网技术等），以心理学、人机工程学、交通工程学以及控制理论等为基础构建出功能强大的整合模型。

1.2.2　驾驶员心理分析模型

在现代交通环境中，驾驶员的心理状态对道路安全和交通效率具有重要影响。心理学模型一般叫作"Mental Model"[69]，将导致某种行为的信息处理过程模型化（图 1-24）。驾驶员的心理分析模型不仅可以揭示驾驶行为背后的心理机制，还能够为交通事故预防、驾驶员培训以及智能驾驶系统的开发提供理论支持。随着车辆数量的增加和道路交通复杂性的提升，通过构建和应用驾驶员心理分析模型，可以量化和预测驾驶员在不同驾驶环境中的行为模式（包括人机交互模式），从而实现对潜在风险的早期识别和干预，提升整体交通系统的稳定性和安全性。这些模型包括驾驶员的注意力分配模型、情绪调控模型、疲劳检测模型等，旨在预测和改善驾驶行为。因此，研究和发展驾驶员心理分析模型不仅具有理论意义，还具有显著的实际应

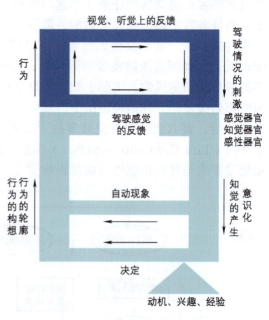

图 1-24　驾驶行为的心理模型

用价值，对于推动交通安全领域的进步和创新具有重要意义。本节从驾驶员生理与心理因素两方面进行分析，综合分析得出驾驶员心理分析模型及其在智能驾驶中的应用。

1. 驾驶员的心理学因素

驾驶行为是一个复杂的心理过程，涉及感知、注意、记忆、思维、情绪等多个方面。驾驶员的心理状态直接影响着驾驶行为的安全性。本节将从固有个性与即时情绪、认知负荷与反应时间、驾驶经验与风险意识、态度动机与社会责任四个方面探讨影响驾驶行为的

心理因素，并得出驾驶员心理分析模型。

（1）固有个性与即时情绪 个性（Personality）和情绪（Emotion）是心理学研究中的两个重要概念。个性是指个体在长时间内表现出的稳定的心理和行为特征，这些特征由遗传、环境和个人经历共同决定。常见的个性特质包括外向性、内向性、神经质、开放性、尽责性和宜人性[70]。个性特质相对稳定，决定了个体在不同情境下的思维、情感和行为模式。相较之下，情绪是短暂的、快速变化的心理状态，通常由特定事件或情境引发[71]。情绪是个体对当前情境的即时反应，常见的情绪包括快乐、愤怒、悲伤和恐惧。个性与情绪的主要差别在于个性是持久的，而情绪是瞬时的；个性影响个体如何长期地看待和应对生活中的各种情境，而情绪则是对某一特定情境的即时反应。

研究表明，个性特质对驾驶行为有显著影响。例如，外向型个体通常表现出更高的风险承担倾向，他们可能更愿意进行超速行驶或冒险的超车操作[72]。然而，他们也通常具有较好的社交技能和较高的情境反应能力，在突发情况下能够迅速做出反应。高神经质个体更容易受到压力和情绪波动的影响，可能表现出焦虑和急躁，这在复杂或压力大的驾驶环境中容易导致错误或危险行为[73]。而高尽责性个体通常表现出较强的自我控制和责任感，更可能遵守交通规则，避免不必要的风险，因此被认为是相对安全的驾驶员[74]。Dahlen 研究探讨了驾驶愤怒、寻求刺激、冲动性和厌倦感在预测不安全驾驶行为中的作用[75]。研究者采用了一系列问卷调查对大学生驾驶员的个性特质和驾驶行为进行评估。结果表明，高驾驶愤怒和高寻求刺激倾向的个体更有可能表现出不安全驾驶行为，例如超速和激进驾驶。此外，冲动性和厌倦感也与一些特定的危险驾驶行为相关。这些发现支持了个性因素在影响驾驶行为方面的重要性，并强调了多维度个性特质在预测驾驶安全性中的作用。

即时情绪对驾驶行为也有直接和显著的影响。愤怒情绪会导致驾驶员更具攻击性，增加超速、激进变道等危险行为的可能性[8]。愤怒还会削弱驾驶员的判断力，使其难以做出冷静的决策。焦虑情绪会影响驾驶员的注意力集中和反应速度，可能导致其在复杂交通状况中出现慌乱，增加交通事故的风险[76]。适度的快乐情绪能够提升驾驶员的整体体验和反应能力，但过度的兴奋也可能导致注意力分散，从而增加事故风险。Mesken 等人研究侧重于不同情绪状态在驾驶中的频率、决定因素及其后果[77]。通过对荷兰驾驶员的大规模问卷调查，研究者分析了驾驶过程中愤怒、焦虑、快乐和悲伤等情绪的发生频率及其对驾驶行为的影响。结果显示，愤怒和焦虑是最常见的负面情绪，且这些情绪与更高的驾驶风险行为显著相关。相反，积极情绪（如快乐）则与更安全的驾驶行为相关。研究还指出，情绪调节策略（如深呼吸和音乐）在缓解负面情绪方面有重要作用，建议在驾驶培训中加入情绪管理的内容。综上，驾驶员的个性和情绪皆显著影响其驾驶行为和安全性。理解和分析这些心理因素可以帮助制定更有效的驾驶培训和安全措施，提高驾驶安全性和驾驶体验。

（2）认知负荷与反应时间 认知负荷（Cognitive Load）是指在完成某项任务时，大脑所需处理的信息量和复杂程度。驾驶是一项复杂的任务，需要同时处理大量的视觉、听觉和触觉信息，并进行快速决策和动作调整[78]。认知负荷过高会导致驾驶员的反应时间延长和决策质量下降。在驾驶过程中，反馈和应激是影响认知负荷和反应时间的两个重要因素。

1）反馈。反馈（Feedback）指驾驶员从车辆和环境中获得的信息反馈，例如路面状况、交通信号和其他车辆的行为[79]。有效的反馈能够帮助驾驶员及时调整驾驶行为，从而提高驾驶安全性和效率。Simons-Morton 等人研究了实时反馈系统对青年驾驶员驾驶行为的影响[80]。该研究聚焦于青年驾驶员，通过安装在车辆上的实时监控系统，收集数据并提供即时反馈。研究发现，即时反馈可以显著减少危险驾驶行为。具体而言，通过将危险行为实时传送给驾驶员，驾驶员在接下来的驾驶过程中表现出更谨慎的行为。这项研究表明，即时反馈机制不仅提高了驾驶安全性，还增强了驾驶员的自我监控能力，减少了事故的发生。实时反馈系统的有效性在于其即时性和针对性，能够直接影响驾驶员的行为模式。

2）应激。应激（Stress）是指个体在面对威胁或挑战时所产生的生理和心理反应。在驾驶过程中，复杂的交通状况、突发事件或长时间驾驶都会引起驾驶员的应激反应。Gerald Matthews 提出了一个全面的框架来理解驾驶员应激的多方面性质[81]，探讨了驾驶员、环境应激源和认知评估过程的动态互动。研究分析驾驶应激不仅来源于外部环境，还受驾驶员的感知、评估和应对策略的影响。该研究整合了刺激－反应和认知评估理论，强调应激源与驾驶员环境的互动，关键应激源包括交通拥堵、恶劣天气和其他驾驶员的行为，但其影响取决于驾驶员的认知评估，即对潜在威胁或伤害的判断和自身应对能力的评价。研究表明，应激会导致心率增加、血压升高和皮质醇水平上升，并引发焦虑、挫折感和愤怒，从而影响驾驶表现、增加事故风险。适度的应激能够提升驾驶员的警觉性和反应速度，但过度的应激会导致认知负荷过高，从而影响驾驶表现。

认知负荷和反应时间之间有着密切的关系。当认知负荷适中时，驾驶员能够较好地处理信息，做出及时的反应。然而，当认知负荷过高时，驾驶员的信息处理能力会下降，反应时间延长，从而增加事故风险[82]。在复杂驾驶任务中（如在市区行驶），需要处理大量的交通信号和其他车辆的行为，认知负荷较高，反应时间延长[83]，前方车辆如果突然制动，驾驶员的应激反应增加，若应激过度，可能会导致错误操作。因此，驾驶员应保持适度的认知负荷与应激水平。驾驶是一项需要持续注意和快速反应的认知任务，过高的认知负荷（如同时进行其他任务）和过慢的反应速度（如疲劳驾驶）都会导致驾驶绩效的下降，表现为车速和车道控制能力下降，对危险线索的敏感性下降。智能驾驶技术也需要充分考虑驾驶员的认知负荷和应激反应，合理控制驾驶过程中的认知负荷，保证充足的认知资源投入，提高驾驶员快速反应的能力，从而能够预防交通事故、改善驾驶安全、设计更符合人类心理特征的交互系统。

（3）驾驶经验与风险意识　驾驶经验和风险意识是影响驾驶员行为的两个关键心理因素，它们共同塑造了驾驶员的驾驶风格和安全性。随着驾驶经验的积累，驾驶员不仅在操作车辆时变得更加自如和精准，而且对交通环境的理解和预判能力也得到显著提升。这种经验的增长使得驾驶员能够高效应对各种驾驶情况，迅速做出适当的反应，如紧急制动或避让障碍物。同时，他们对潜在危险的识别和预判能力也得到加强，使得他们能够提前采取预防措施，如减速或保持安全距离，从而避免潜在的危险。经验丰富的驾驶员通过长期的实践和技能磨炼，形成了一种策略性决策能力。他们能够根据自身经验进行风险评估，判断某种驾驶行为的安全性，并选择最佳路线或合理分配注意力，以提高驾驶效率和安全性。这种策略性决策能力使驾驶员在复杂或危险的交通环境中能够保持冷静，合理调节自己的情绪，做出理性的驾驶决策。Horswill 等人的研究探讨了基于视频的危险感知测试在预测驾驶事故中的有效性[84]。研究中，驾驶经验作为主要变量，对比了新手和有经验驾驶员在危险感知测试中的表现。结果显示，有经验的驾驶员在识别和应对道路危险方面显著优于新手驾驶员。这表明，驾驶经验增强了驾驶员的环境感知能力，能够有效减少事故的发生。研究建议将危险感知测试纳入驾驶执照考核体系，以提高新手驾驶员的安全驾驶能力。

具备高风险意识的驾驶员能够敏锐地感知到周围环境中的潜在风险，并进行分析和评估。这种风险意识的提升，反过来又促使驾驶员在积累驾驶经验的过程中更加谨慎和负责。他们倾向于采取防御性驾驶策略，如保持安全车距、遵守交通规则、避免盲目超车，这些行为不仅保护了驾驶员自身的安全，也保护了道路上其他交通参与者的安全。随着驾驶经验的不断积累，驾驶员对交通状况和潜在风险的认识和理解不断加深，进一步增强了他们的风险意识。驾驶员通过不断实践和学习，形成了一种动态的反馈循环，其中经验的增长带来风险意识的提升，而高风险意识又指导着更加安全和负责任的驾驶行为。因此，驾驶经验和风险意识相辅相成，共同促进了驾驶员在面对各种驾驶情境时的适应性和安全性。

驾驶经验与风险意识为驾驶员提供了更为全面的驾驶技能和安全策略。通过不断实践和学习，驾驶员能够更好地理解和应对交通环境中的复杂性和不确定性，从而在保障自身安全的同时，也为其他道路使用者创造一个更加安全的交通环境。

（4）态度动机与社会责任　态度动机和社会责任是影响驾驶员行为的重要心理因素。驾驶员的态度和动机决定了其对驾驶行为的认知和反应，而社会责任感则影响其驾驶行为的规范性和安全性。驾驶态度是指驾驶员对驾驶行为的基本看法和反应倾向。积极的驾驶态度通常表现为遵守交通规则、重视驾驶安全等；消极的驾驶态度则可能表现为违反交通规则、驾驶冲动等。驾驶态度不仅影响驾驶员的行为决策，还对其整体驾驶风格产生重要影响。积极的驾驶态度有助于形成安全、负责任的驾驶习惯，而消极的驾驶态度则可能导致危险驾驶行为的增加。

驾驶动机可以分为内在动机和外在动机。内在动机是指驾驶员基于自身兴趣、爱好或价值观驱动的行为，如享受驾驶乐趣、追求驾驶技巧等；外在动机则是指基于外部奖励或惩罚驱动的行为，如避免罚款、满足社会期望等。不同类型的动机对驾驶员的行为有不同的影响。内在动机驱动的行为通常更加稳定和持久，而外在动机驱动的行为则可能更容易受到外部环境的影响。驾驶员的态度和动机直接影响其行为决策。Parker 团队的研究应用计划行为理论（TPB）探讨了驾驶员违反交通规则的意图及其态度动机的作用[85]。研究采用问卷调查，评估了驾驶员对交通法规的态度、主观规范和行为控制感。结果表明，驾驶员对违规行为的态度、感知的社会压力（主观规范）以及对自己控制行为的信心（行为控制感）均显著预测了他们违反交通规则的意图。具体而言，态度越消极、行为控制感越强，越容易导致驾驶员有违规的意图。研究建议，通过改变驾驶员对违规行为的态度和提高行为控制感，可以有效减少交通违规行为。Forward 的研究进一步扩展了计划行为理论，探讨了描述性规范（即他人行为的感知）和过去行为在预测驾驶员违规意图中的作用[86]。通过问卷调查，研究发现，除了态度、主观规范和行为控制感外，描述性规范和过去的违规行为记录也显著影响驾驶员未来的违规意图，尤其是驾驶员对他人违规行为的高容忍度和过去的违规经验增加了他们未来违规的可能性。研究强调，除了改变驾驶员自身的态度和信念，社会规范和历史行为记录也是干预驾驶员违规行为的重要因素。

具有社会责任感的驾驶员通常更具安全驾驶意识。此类驾驶员不仅关注自身安全，还会考虑其他交通参与者的安全，采取更加规范和安全的驾驶行为。这种安全意识源于对社会责任的认知和对他人生命财产安全的重视。社会责任感强的驾驶员通常具有较高的守法意识，并且严格遵守交通法规和道德规范，避免违法驾驶行为，他们认识到自己的驾驶行为不仅关系到自身的安全，还影响到他人的生命和财产安全。具有社会责任感的驾驶员在紧急情况下往往更愿意采取公益行为，如在事故现场提供帮助、主动避让救护车等。这些行为体现了他们对社会责任的重视和履行。社会责任感不仅影响驾驶员的个体行为，还对整个交通系统的安全性和和谐性产生积极影响。积极的驾驶态度激发正确的驾驶动机，有助于增强驾驶员的社会责任感，而社会责任感则进一步规范和引导驾驶员的行为，使其更加关注交通安全和他人权益，共同推动驾驶员采取安全、规范的驾驶行为。通过提升驾驶员的积极态度动机和社会责任感，可以有效改善驾驶行为、降低交通事故发生率、提升整体交通安全水平。

2. 驾驶员心理分析模型

驾驶员在驾驶过程中表现出的行为和安全性受到多种驾驶心理因素的共同影响，如图 1-25 所示，包括固有个性、即时情绪、认知负荷、反应时间、驾驶经验、风险意识、应激、反馈、态度动机和社会责任。这些因素不仅单独影响驾驶员的行为，还通过相互作用共同塑造驾驶行为的安全性，形成驾驶员心理分析模型。

1）固有个性与即时情绪：固有个性（外向性、内向性、开放性等）与即时情绪（愤怒、焦虑、疲劳等）之间存在显著的相互作用。固有个性决定驾驶员在遇到突发驾驶情况时的即时情绪状态，而驾驶情绪经历会逐渐塑造驾驶员产生自我的驾驶风格与个性，从而影响驾驶行为。

2）认知负荷与反应时间：认知负荷（任务复杂性、信息处理量）直接影响驾驶员的反应时间。高认知负荷会导致驾驶员的注意力分散，从而延长反应时间、增加事故风险。在驾驶过程中产生的即时情绪下，反应时间的长短将受到正向与负向情绪影响，并对认知负荷具有调节作用。个性与情绪同样影响认知负荷与反应时间的承载量与时间

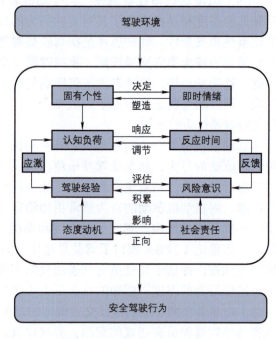

图 1-25　驾驶员心理分析模型

长短，例如，焦虑和愤怒情绪会增加驾驶员的认知负荷，使其更难集中注意力并做出快速反应。

3）驾驶经验与风险意识：驾驶经验与风险意识之间存在关联。经验丰富的驾驶员通常具备更高的风险意识，能够以过往驾驶经验评估驾驶风险，识别和预防潜在的危险。驾驶经验能够提高驾驶员的决策能力和应对复杂交通情况的能力，增强风险意识。风险意识高的驾驶员会采取预防性驾驶策略，而风险意识的提升反之又促使驾驶员积累驾驶经验，在驾驶过程中更加谨慎和负责。

4）应激与反馈：应激状态是一种由外部环境中的压力源所触发的生理与心理的紧张反应。在面临高应激水平时，个体将承受增大的认知负荷，因为应激会占用大脑的认知资源，

进而削弱信息处理能力。在高应激条件下，驾驶员可能面临更高的错误率、反应时间延长以及注意力分散的风险。然而，对于经验丰富的驾驶员而言，他们能够更好地在应激情境下运用已掌握的驾驶策略，从而有效减轻应激对认知负荷的负面影响。这类驾驶员擅长在复杂的驾驶环境中管理认知负荷，进而提升驾驶安全性。反馈是驾驶员在驾驶过程中接收到的关于其驾驶行为的信息，它可以是即时的（如驾驶辅助系统提供的实时警告）或延时的（如驾驶培训后的评估结果）。即时的反馈机制有助于驾驶员迅速识别并应对潜在风险，从而缩短反应时间。而持续的反馈则能增强驾驶员对潜在风险的意识，促使他们在未来的驾驶过程中采取更为安全的行为模式。

5）态度动机与社会责任：树立正确的态度动机（内在动机和外在动机）会形成社会责任意识。具有强烈社会责任感的驾驶员通常会有更高的内在态度动机保持安全驾驶，因为驾驶员认识到自己的行为不仅关系到自身安全，还关系到其他道路使用者的安全。这种动机驱使他们更加自觉地遵守交通规则和采取安全驾驶行为。

驾驶员的心理分析模型为理解与评估安全驾驶行为提供了新的视角。然而，这一模型并非静态不变，而是随着驾驶员的成长、经验的积累以及外部环境的变化而动态发展的。因此，在未来有必要深入探讨如何针对这些心理因素进行干预，以提升驾驶行为的安全性。

3. 心理分析模型在智能驾驶中的应用

驾驶员心理分析模型在智能驾驶中的应用不仅能够提升驾驶安全性，还能优化驾驶体验。通过实时监测、个性化调整、预警与干预以及行为矫正，智能驾驶系统能够更好地理解和适应驾驶员的需求和状态，从而构建更加安全、高效和舒适的驾驶环境，主要包括以下 4 个方面。

1）实时驾驶员状态监测：实时驾驶员状态监测利用驾驶员心理分析模型，通过传感器和数据分析技术监测驾驶员的情绪状态、注意力集中程度和疲劳程度等因素。这种实时监测不仅限于传统的视觉和声音警告系统，还包括对心率、皮肤电反应和脑电波等生理信号的监测。例如，当系统检测到驾驶员的注意力分散或出现疲劳迹象时，可以立即发出警告信号，提醒驾驶员注意休息或者集中注意力，从而预防潜在的交通事故。这种监测方式不仅提高了驾驶安全性，还可以通过数据积累，帮助构建更加精准的驾驶员心理分析模型，为后续的驾驶辅助提供依据。智能系统可以进一步学习驾驶员在不同情境下的反应模式，进行个性化的提醒和干预，减少误报率，增强驾驶员的信任感和依从性。

2）驾驶辅助系统的个性化调整：基于驾驶员心理分析模型，智能驾驶系统可以进行个性化调整，以适应不同驾驶员的需求和行为特征。个性化调整包括自动调节车速、调整车道保持辅助功能的敏感度、优化巡航控制等。例如，对于容易具有紧张情绪的驾驶员，系统可以在繁忙路段提供更多的自动驾驶支持，减少驾驶员的操作负担；而对于经验丰富且自信的驾驶员，系统则可以提供更多的手动驾驶自由度，满足其个性化的驾驶需求。通过这种个性化调整，智能驾驶系统能够更好地提高驾驶员的舒适度和安全性，减少因个体差异引起的驾驶风险。个性化调整还可以考虑驾驶员的长时间驾驶行为模式，例如疲劳驾驶倾向、过度自信导致的风险行为等，提供更具针对性的辅助措施。

3）驾驶安全预警与干预：心理分析模型显著提高了驾驶安全预警与干预的效果。驾驶员的决策过程受到其固有个性和即时情绪的影响，这意味着系统不仅要监测当前状态，还需考虑其长期行为模式和个性特点。例如，急躁的驾驶员在高压下易出现不安全行为，系统通过综合分析可以更准确预判并在危险前采取预防措施。同时，认知负荷过高会增加事故风险，系统可实时监控并通过简化操作界面、减少提示或建议休息来降低负荷。经验丰富的驾驶员在紧急情况下更有优势，但系统仍需根据其经验水平调整辅助策略，以确保最佳操作状态。最后，模型的评估机制通过累积驾驶数据，提供长期的风险意识和社会责任感分析，不仅有助于即时预警，还可在事后提供详细的安全评估报告，指出风险决策等方面的不足并给出改进建议。通过反馈，驾驶员可以逐步提高风险意识和应对能力，减少未来的危险行为。

4）驾驶培训与行为矫正：驾驶员心理分析模型在驾驶行为矫正方面也具有重要应用。通过模拟驾驶环境和实时反馈，帮助新手驾驶员提高应对突发情况的能力，培养良好的驾驶习惯。对于有不良驾驶习惯的驾驶员，系统可以通过数据分析和反馈机制，帮助他们认识到自身的问题并进行改进。例如，通过记录驾驶行为数据，系统可以分析驾驶员的制动和加速习惯，并提供具体的改进建议，帮助驾驶员纠正不良习惯，提升驾驶安全性。

1.3　汽车人机交互演变与趋势

20 世纪 80 年代前，汽车座舱处于机械化时代，主要包含机械式仪表盘和简单的音频播放设备，没有集成化、没有显示屏，物理按键功能也相对单一。20 世纪 80 年代—2015 年间，汽车座舱进入电子化时代，液晶显示屏开始成为主流方案，并搭载导航等功能。显示屏的分辨率较低、响应速度较慢。2015 年汽车智能化兴起，主要以大尺寸中控屏为主要特征，部分车型开始选用 HUD（抬头显示器）、流媒体后视镜等。2022 年，汽车智能化提速，座舱进化为多模态交互、车载服务生态、机器自主 / 半自主决策、"服务找人"。未来，座舱的形式会向着"第三生活空间"发展，弱化驾驶员角色，以乘客为中心，完全自动化，提供场景互联和沉浸式 AI 乘坐体验（表 1-6）。本节通过独特视角，选取在不同时代（机械式、电子式、智能式）标志性人机交互汽车零部件变化，分析人机交互的演变与趋势。

表 1-6　汽车人机交互零部件与交互形式比较

座舱	转向盘	安全带	座椅	温度控制	音乐娱乐	屏幕显示
机械式	手握式旋转转向 按压式警告装置	手动扣入 （固定腰、肩）	只满足坐 的基础功能	按键、旋 钮、左右滑 动装置	旋钮式调频	显示基础信息
电子式	手握式旋转转向 按压式警告装置 转向盘快捷键语 音交互	手动扣入 （固定腰、肩、臀）	按键调节	旋钮、触 屏调节	iPod、SD 卡、 USB 接口	触屏交互、简 单娱乐与工作
智能式	手握式旋转转向 按压式警告装置 被动式身体感知 摄像头面部特征 扫描	手动扣入 （固定腰、肩、臀）	按键、语 音、程序调节	旋钮、触 屏、语音、 程序调控	语音、触屏	更丰富显示、 更大屏幕、触屏 智能语音、多模交 互、娱乐与工作

1. 机械式（20 世纪 80 年代前）：简单的物理按键集成

早期人们发明汽车的主要动机源于对力量和速度的追求。在汽车的发明之前，人们依赖马车等传统的交通工具，但这些工具往往受限于动物的体力、速度和耐力，其性能难以满足日益增长的运输需求。汽车的发明，不仅提高了运输的速度和效率，还使得人们能够更加自由地探索未知领域，扩大了人们的活动范围。汽车被定义为一种代步工具属性的纯机械产品，最早的产品是对马车的改造和升级，主要有发动机、传动系统、悬架系统以及车轮、车身等几个部分组成，并没有明确的"座舱"概念。本节重点从转向盘、安全带、温度控制、音乐娱乐四方面介绍该阶段人机交互发展。

（1）**转向盘**　汽车发展早期，驾驶员通常使用手柄或类似船舵的装置来控制方向，这是驾驶马车习惯的延续。驾驶员需要通过双手握住手柄或操作船舵来转向，需要一定的适应和练习，长时间操作可能导致驾驶员手部疲劳和不适。随着汽车竞赛的兴起和车辆性能的提升，驾驶员需要一种更为便捷和精确的转向控制装置。如图 1-26a 所示，1894 年阿尔弗雷德·瓦赫伦（Alfred Vacheron）在法国比赛的潘哈德 4HP 车型上首次使用了转向盘，满足了驾驶员对更直接、更快速转向控制的需求，通过简单的旋转动作即可直接控制车辆的转向，操作更为直接，降低了驾驶难度，更符合人体工学设计。随着汽车技术的进步和驾驶员对车辆安全性和便捷性的追求，1915 年斯克里普斯 – 布斯公司（Scripps-Booth Company）首次在转向盘中央安装了喇叭的电动开关，驾驶员可以通过按压转向盘上的按钮来控制喇叭，无须分开手去操作其他装置，提高了驾驶的便捷性和安全性。为了降低驾驶员在转向时所需的力量，1951 年，克莱斯勒公司首次引入了动力转向系统。该系统利用发动机的动力来辅助转向，大大减轻了驾驶员在转向时的负担。针对转向盘在事故中可能对驾驶员造成伤害的问题，20 世纪 50 年代福特公司研究了可弯曲辐条和可倒塌转向柱的设计，在受到撞击时可以减轻对驾驶员的伤害，提高车辆的安全性。1967 年，雪佛兰公司投产了一套使用带有钢网的两件式柱的系统，该系统在压力下可以弯曲，使柱可以自由伸缩，进一步降低了事故中转向柱对驾驶员的伤害风险。

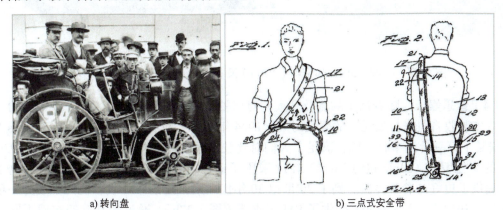

a) 转向盘　　　　　　　　　　　b) 三点式安全带

图 1-26　转向盘及三点式安全带首次出现

（2）**安全带**　安全带最早出现于 19 世纪初，由英国空气动力学之父乔治·凯莱（George Cayley）在发明滑翔机时顺带创造。其旨在固定飞行员的身体，防止在飞行过程中因各种因素（如气流、操作失误等）导致的意外坠落或碰撞。在 1902 年纽约一场汽车赛事中，车手用皮带绑住自己，在车辆冲出赛道后，车手因此幸存。此后，安全带在赛车领域得到了重视，1907 年，两点式安全带获得专利，1922 年在美国的赛车场上，安全带开始被正式应用于汽车上，以增强驾驶员和乘客的安全性。两点式安全带利用腰部和肩部两个固定点，将驾驶员牢固地固定在座椅上，减轻对颈部和腰部的冲击，降低受伤的风险。如图 1-26b 所示，1955 年尼尔斯·博林（Nils Bohlin）在沃尔沃汽车公司工作时发明了三点式安全带，其设计基于"V"型原理，由一条安全腰带和一条斜挂带组成。斜挂带从座椅一侧的肩部固定点出发，经过驾驶员的肩部，然后与腰带相连，腰带则固定在驾驶员的髋部。1958 年世界上第一辆装备有三点式安全带的汽车——沃尔沃 PV544 交付使用，沃尔沃汽车后来放弃了专利权，并将该技术无偿开放，这种安全带至今仍然是汽车中最重要的独立安全装置。

（3）温度控制　　1927 年，汽车制造商利用发动机热量为车厢提供暖风，需要暖风时就将旋钮转到红色区域或标有"HOT"或"HEAT"的位置。随后，乘客在夏季对凉爽车厢环境的需求日益增加。1938 年，美国帕卡德（Packard Motor Car Company）公司试制了制冷功能的汽车空调，并于 1939 年安装在旗下高端车型上。1954 年，Nash 汽车公司推出集制热、制冷于一身的"气候之眼"空调（图 1-27a），采用电控开关和出风口设计，控制面板置于车前，方便驾驶员操作，驾驶员只需左右调节即可更改冷热模式。随着汽车技术的进步和乘客对舒适度要求的提高，1964 年，通用汽车在旗下豪华车型上使用了自动控制的空调，在控制面板上，驾驶员可以通过触摸屏界面进行空调设置。20 世纪 70 年代末期开始，美国和日本的一些车企开始利用计算机控制汽车空调，并利用数字显示设备让人们可以直观地看到温度，这样人机交互形态一直延续到今天。

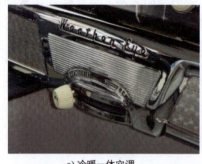

a) 冷暖一体空调　　　　　　　　　　　b) Blaupunkt FM 接收器

图 1-27　Nash 冷暖一体空调（1954）及 Blaupunkt FM 接收器（1952）

（4）音乐娱乐　　随着汽车的普及和人们对驾驶过程中娱乐需求的增加，人们开始寻求在车内安装收音机来打发无聊的驾驶时间。1924 年，澳大利亚新南威尔士州的 Kelly's Motors 安装了第一台汽车收音机，满足了人们对驾驶过程中有声音陪伴的基本需求。1930 年推出的摩托罗拉（Motorola）Model 5T71 采用了遥控装置和隐藏式安装，减少了电子噪声，提供了更好的聆听体验。到了 20 世纪 30 年代末期，按钮 AM 收音机几乎成为一项标准配置。1952 年，Blaupunkt 提供了 FM 接收器（图 1-27b）。通过转动旋钮实现不同音频播放，满足了驾驶员对不同音乐选择的需求。随后人们开始期待更小巧、更高效的车载收音机。1954 年，首款量产的晶体管收音机 Regency TR-1 出世，使用收音机的调谐旋钮（也称为 TUNING 钮或频率选择器）来搜索和选择广播电台，旋转音量控制旋钮，调整收音机的音量大小。Regency TR-1 为后来的汽车 HiFi 音响奠定了基础。1962 年，Muntz 推出了 Wayfarer 4 轨盒式磁带播放器，将磁带放入插槽中，播放器会自动播放磁带。随着立体声技术的成熟和普及，人们开始期待在车内享受真正的立体声音效。1964 年，飞利浦推出了小型卡式磁带；1965 年，美国无线电公司（RCA）、摩托罗拉（Motorola）和福特（Ford）联手推出了全新的汽车用 Stereo 8（即 8 轨磁带盒），人们终于可以选择喜欢的音乐。

综上，如图 1-28 所示，在 20 世纪 80 年代之前，机械式座舱是主流。这一时期的座舱主要包括机械仪表盘和简单的音频播放设备，没有集成化的显示屏和复杂的电子系统。人机交互主要依赖于人的指令，机器处于被动执行的状态。座舱的信息主要服务于驾驶员，显示的是与驾驶直接相关的信息。虽然部分车型尝试引入了如卷轴式导航地图或后视摄像头等电子设备，但这些技术并未广泛应用到量产车上。

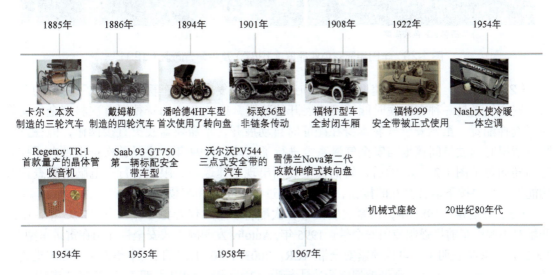

图 1-28　机械时代汽车座舱及人机交互发展变化

2. 电子式（20 世纪 80 年代—2015 年）：新时代前哨，电子屏幕"上车"

随着大屏的普及，传统的实体按键及旋钮被更具科技感的触摸按键所取代，更多的功能被整合至系统内部。此外，语音识别功能的引入使得人机交互更为简便，减少了对触摸输入的依赖。这些变革对汽车产业链提出了新的挑战，推动了汽车人机交互向智能化迈进，为车联网时代的到来奠定了基础。汽车座舱进入电子时代之后，车内部件在原本机械化方式上加入了电子元器件，使得座舱舒适度在一定程度上获得改善。这里重点介绍屏幕显示、转向盘、安全带、音乐娱乐、倒车雷达及流媒体后视镜在这一阶段的相关进展。

（1）**屏幕显示**　汽车座舱经历了从真空荧光显示屏到液晶显示屏及小尺寸薄膜晶体管显示器的技术演进。阿斯顿·马丁（Aston Martin）Lagonda 首次引入了 LED 显示屏，并将其用于仪表盘信息的展示，通过查看仪表盘上的信息，如速度、转速、油量等。此举标志着电子显示屏在汽车内部的初步应用。随着彩色液晶屏成本的下降，车企也逐渐淘汰单色液晶屏，1987 年款的丰田皇冠（图 1-29a）顶配车型使用了彩色屏，并搭载有导航系统，驾驶员可以通过屏幕地图和指引进行路线规划和导航。2009 年中国开始发放 3G 牌照，随后，各大车企纷纷推出了类似的车载信息系统服务，如奔驰的 Mercedes me 与丰田的 G-Book，允许驾驶员通过车载屏幕接收和发送信息、查询车辆状态、呼叫救援等。随着智能手机的普及，消费者对车辆信息交互功能的需求日益增强。2014 年 3 月 3 日，苹果推出了车载系统 CarPlay，用户能够在汽车通过语音控制或触摸屏进行轻松、安全地进行电话通话、音乐播放、信息收发和导航等操作。

a) 丰田皇冠彩色液晶屏　　　　　　　　　　　　　　　　b) 宝马的转向盘

图 1-29　丰田皇冠彩色液晶屏（1987）及宝马转向盘（1994）

（2）**转向盘**　随着汽车速度的提升和道路环境的复杂化，车辆安全性成了重要的关注点，安全气囊是一种在碰撞时能够迅速展开的装置，1981 年，梅赛德斯首次将安全气囊作为可选择配置。虽然安全气囊本身在碰撞时自动展开，不需要驾驶员直接操作，但在发生紧急情况时驾驶员间接地与安全气囊系统进行了互动。1994 年，宝马首次推出带电子控制键的转向盘（图 1-29b），随后，转向盘上逐渐出现定速巡航、限速、行车电脑信息查询等功能键。只要按下语音交互的按钮，就可以通过语音实现和车载互联系统的语音交互。

（3）**安全带**　1981 年，预紧式安全带首次配备于第六代奔驰 S 级轿车。1993 年，中国开始对小型汽车前排强制使用安全带。1995 年，Autoliv 发明限力式安全带并用在雷诺车型上。2002 年，TRW 发明主动电机预紧安全带 ACR。2003 年 10 月 28 日，《中华人民共和国道路交通安全法》颁布，不系安全带被规定为违法行为。2008 年，TRW 发明主动式安全带锁扣。

（4）**音乐娱乐**　随着 CD 技术的普及，消费者开始追求更高音质和更高存储容量的音频载体。车载 CD 播放器满足了人们享受高质量音乐的需求，第一辆配备 CD 播放器的汽车是 1987 年的林肯城市。随着数字技术的快速发展，人们开始追求更为便携和个性化的音乐播放方式。不久之后，MP3 播放器以其小巧的体积、大容量的存储迅速流行起来。EMPEG 公司在 1998 年发布了第一款 MP3 播放主机（图 1-30a）。而音频系统则可以播放储存于外部设备的数字文件，包括 iPods、SD 卡、U 盘等。2001 年，苹果公司发布第一代硬盘式音乐器——iPod，2004 年，宝马第一个将 iPod 技术成功引入汽车领域（图 1-30b）。到 2010 年，人们追求更丰富音乐内容，汽车制造商开始将互联网广播、卫星广播和流媒体服务引入车载系统。2014 年，苹果推出了车载系统 CarPlay，可以使用户能够在汽车内置显示屏上轻松、安全地进行电话通话、音乐播放、信息收发和导航等操作。驾驶员可以通过触摸屏或语音控制来使用 CarPlay 车载系统，包括进行电话、音乐、收发信息、导航等操作。

a) EMPEG MP3 播放主机　　　　　　　　　　　　　　　　b) iPod

图 1-30　EMPEG MP3 播放器（1998）及 iPod（2004）

（5）**倒车雷达及流媒体后视镜**　倒车雷达发明于 20 世纪 70 年代，最早用于军事，80 年代进入汽车民用领域。1982 年，丰田在 Corona（光冠）上配置倒车雷达，通过灯光和蜂鸣声为驾驶员提示车距。1991 年，丰田在旗下的 Soarer 车型上搭载了车载后视摄像头，这是第一款搭载车载摄像头的量产汽车。驾驶员通过车内的中控屏幕或专用的倒车影像屏幕查看后视摄像头实时画面。这两个设备并不完美，驾驶员依然很难直观地感知一些角落和盲区，SUV 与大型轿车尤甚，于是倒车影像的优化功能——360 全景影像便诞生了。在 2014 年 3 月举行的日内瓦车展上，日产汽车率先推出了具备流媒体显示功能的车内后视系统，取名 Nissan Intelligent Mobility。驾驶员直接通过车内的流媒体后视镜来查看车辆后方的实时画面，得益于其实时显示，驾驶员无须进行额外的操作，只要像使用传统后视镜一样观察流媒体后视镜即可。

如图 1-31 所示，20 世纪 80 年代—2015 年，随着传感器技术和芯片技术的不断发展，汽车座舱的功能不仅限于执行驾驶指令，还融入了娱乐和导航等多元化功能。人机交互方式也通过小尺寸液晶显示屏、多屏融合技术以及语音控制等非接触式交互方式得以实现。在这一阶段，车载设备由机械式向电子式转变，中控台按钮数量大幅增加，体现了汽车座舱在功能和交互方式上的持续创新与进化。

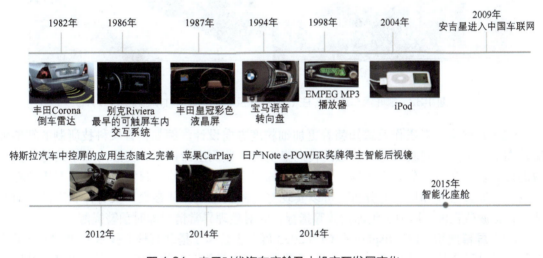

图 1-31　电子时代汽车座舱及人机交互发展变化

3. 智能式（2015 年至今，2022 年后进入加速阶段）：多传感器、高度集成、多联屏

当下，汽车已不仅是简单的交通工具，逐渐演变成集娱乐、办公、生活和社交功能于一体的智能化产品。人机交互方式趋向多元化，驾驶员与乘客之间的互动体验也得以显著提升。智能汽车在自动驾驶过程中实现实时联网后，能确保车侧与路侧之间的大规模信息交互，涉及的节点数量高达百亿甚至千亿级别。这一变革推动了"人–车–路–云"之间的深度协同，为实现高精度、高水平的自动驾驶提供了可能。这场智能变革带来的深远影响，主要体现在对人力的解放上。随着自动驾驶技术的不断成熟，当 L5 级别的自动驾驶广泛普及，车辆驾驶将不再需要人类监控时，汽车将转变为一个纯粹的私密空间。在这样的情境下，座舱内人机交互（或智能座舱）成为用户服务的核心，其智能化程度越

高，对用户需求的响应越迅速，用户的体验也将随之提升。从物理范围来看，智能座舱包括了带给驾驶员和乘客更加安全、舒适、智能的驾乘体验所有模块，包括操控系统、娱乐系统、空调系统、通信系统、座椅系统、交互系统、感知系统等。下面从透明A柱、转向盘、屏幕显示、温度控制、座椅、音乐娱乐等代表部件观察这一阶段的人机交互方式变化。

（1）**透明A柱**　A柱导致的盲区产生安全隐患的问题由来已久，早已被车企所关注。2001年，沃尔沃曾推出一款名为SCC（Safety Concept Car）的概念车。虽然没能达到"透明A柱"效果，但通过将A柱镂空，增加了更多可视角度。哪吒U是全球首款搭载"透明A柱"的量产车（图1-32a），通过在A柱安装OLED柔性屏，搭配车外摄像头以及软件算法，解决A柱视觉盲区问题。

a) 哪吒汽车的透明A柱　　　　　　　　　b) LG车显

图1-32　哪吒汽车透明A柱（2022）及LG12.3英寸车显（2023）

（2）**转向盘**　对操作及感知朝着更加细粒度方向设计。例如，智柔科技研制的智能健康转向盘，通过在驾驶员与车接触的转向盘上植入监测生命体征、注意力和情绪等相关参数的传感器，实时采集分析数据，提升驾乘的安全和关怀体验。只需驾驶员将双手放在转向盘上，通过心电和皮肤电分析，可以实现对驾驶员生命体征参数以及身体状态的实时监测，包括疲劳程度、压力、焦虑指数等指标，并对生理异常情况即时预警提醒。

（3）**屏幕显示**　LG Display在CES 2023展会上公布了搭载其核心技术LTPS LCD的汽车仪表盘显示产品（图1-32b），并展示了最合适于电动汽车时代的解决方案。以LTPS LCD为基础的12.3in Hole in Display Cluster不仅可以实现平滑的外观设计，还可实现裸眼3D效果，从而为驾驶员带来模拟场景以及动态内容。

（4）**温度控制**　2021年，大众ID.6纯电SUV最高配采用6座布局，后排具备独立空调，温度分区控制，给人更好的体验。ID.6纯电SUV支持通过手机App进行远程控制。驾驶员可以在手机App上提前打开空调，设置温度等参数，以便在进入车内时能够享受到舒适的温度。理想汽车推出的理想同学2.2版本带来了连续对话、自然语音识别、全车自由交流等六大新功能，并提升了表情细腻度和响应指引。语音交互形式由"命令式"向"自然对话式"变革，例如，可以说"我有点冷"，而不是"调高温度"。连续对话功能意味着驾驶员可以在一次对话中提出多个问题或请求，而无须每次都说出"唤醒词"。利用这一功能，驾驶员可以更加流畅地与语音助手交流。

（5）**座椅** 目前车载座椅正向多场景、高舒适度的方向发展。例如，韩国大世株式会社的 IRS3.0 座椅支持超长滑轨、360° 旋转，并可实现社交模式、会议模式、舒适模式等六个场景；延锋座椅的影院式折叠座椅，驾驶员只需按动座椅上的调节按钮或通过车辆的中控屏幕、小程序等界面，就可以实现座椅的滑动、旋转、折叠等多种操作，实现多种使用模式。此外，座椅内部安装的非接触式传感器能感知乘客的心跳、呼吸等健康指标，并自动进行智能调节，如丰田纺织推出的 IoT 座椅面套，通过内置的心率传感器感知疲劳状态，并通过音乐和振动抑制睡意。这些创新技术极大地提升了驾乘的舒适度。

（6）**音乐娱乐** 2020 年，丹拿携手小鹏 P7 打造高品质的智能音乐座舱。2022 年小鹏 G9 配备超低频律动座椅，哈曼则通过声、光、5G 技术和云服务，将座舱变为音乐会场。宝马座舱内的 31in 超宽 8K 分辨率"悬浮式巨幕"，驾驶员可以通过车辆的中控屏幕、触控面板或语音控制系统来启动影院模式（图 1-33a）。一旦选择启动，系统会自动调整车内环境，如关闭车窗、调整座椅位置等，以优化观影体验。乘客可以通过遥控器、触控屏幕或手机 App 来操作巨幕。这些操作包括选择影片、调整音量、控制屏幕亮度等。一旦开启"影院模式"车内娱乐系统，便能与后排座椅形成专属的私人影院。车载屏幕的发展也从直屏到曲面屏、从单屏到多联屏、从物理屏幕再进化到"无屏"VR。蔚来引入 AR 眼镜作为新交互方式，蔚来 AR 眼镜支持多种控制方式，包括语音控制、手机遥控以及智能指环等。通过智能指环，用户可以实现多种交互操作，增加使用的便捷性和趣味性。基于对消费者的洞察，哈曼融合车载音响、智能座舱、ADAS、车载通信及云服务，定义未来三大出行场景：游戏、创作与音乐会。通过声光技术、5G 及云服务，将座舱变为音乐会场；通过"Virtual Venues"功能，用户可体验全球不同音乐场所的虚拟现实音频，比如奇特的爵士俱乐部、著名的歌剧院或多场所表演艺术中心。

a) 宝马"悬浮式巨幕"　　　　　　　　　　　　　　b) 小鹏X9内饰

图 1-33　宝马"悬浮式巨幕"（2022）及小鹏 X9 内饰（2024）

与传统汽车座舱的人机交互相比，智能座舱的人机交互通过整合车辆中的传感器，将更多功能交给算法处理，从而减少了驾驶过程中处理信息的频次和密度。如图 1-34 所示，随着人工智能和大数据技术的不断发展，汽车座舱的智能化水平还将进一步提升。可以预见，未来的汽车座舱与人机交互将具备更加精准的感知能力、更加智能的决策能力以及更加人性化的交互方式。

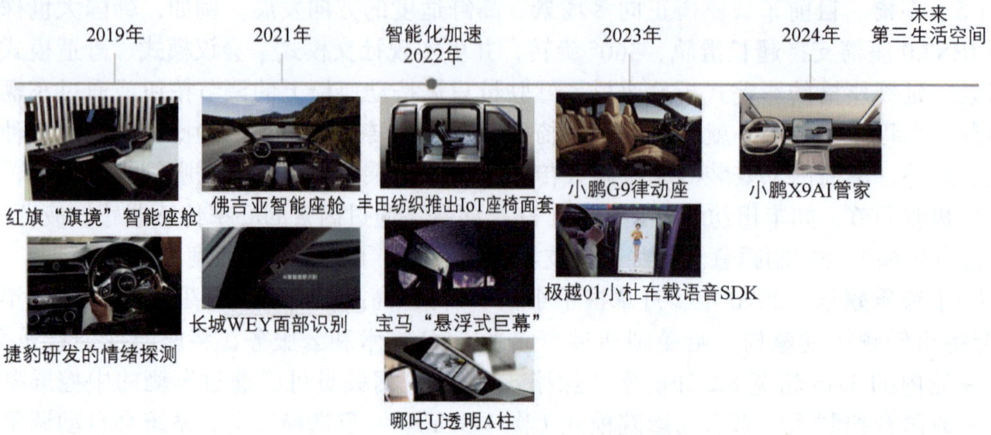

图 1-34　智能时代汽车座舱及人机交互发展变化

练 习 题

一、选择题

1.【单选】智能座舱的发展主要得益于（　　）的进步。

A. 机械制造和传统电子技术　　　　　B. 云计算、人工智能、传感器和芯片技术

C. 仅依赖于软件技术的发展　　　　　D. 由用户需求推动

2.【多选】基于驾驶员心理分析模型的个性化调整可能会涉及（　　）。

A. 自动调节车速以适应驾驶员的情绪状态

B. 调整车道保持辅助的敏感度以匹配驾驶员的驾驶风格

C. 提供与驾驶员风险意识相符合的导航建议

D. 强制所有驾驶员使用完全自动驾驶模式

3.【单选】Fleishman 的因子模型侧重于分析（　　）对驾驶员行为的影响。

A. 驾驶员的生理极限　　　　　　　　B. 驾驶员的认知、技能和任务需求之间的交互

C. 驾驶员的情绪波动　　　　　　　　D. 驾驶员对环境的即时反应

4.【单选】下列哪项符合智能座舱在特征上的表现？（　　）

A. 无集成化　　B. 低集成化　　　　C. 高度集成化　　　D. 高集成化

5.【多选】随着技术的发展，智能驾驶人机交互将更加注重哪些方面的提升？（　　）

A. 硬件设备的性能　　　　　　　B. 系统的自动化程度

C. 用户体验和人机交互的自然性　　D. 法规标准的完善速度

二、填空题

1. 在智能座舱的发展中，_____技术为驾驶员带来沉浸式的多模态交互体验，同时借助_____技术的赋能，智能座舱能够更深入地理解驾驶员的需求与习惯。

2. 在驾驶员心理分析模型中，_____是指个体在长时间内表现出的稳定的心理和行为特征，这些特征由遗传、环境和个人经历共同决定。

3. Ajzen 基于计划行为理论的模型认为，行为意向是预测行为的直接前兆，它受到_____、主观规范和知觉行为控制的影响。

4. 从社会变迁的角度看，汽车座舱发展大致经历了机械式、电子化和_____三个阶段。

5. 在智能驾驶人机交互的演变过程中，_____将成为连接驾驶员与车辆、道路乃至整个交通系统的重要桥梁。

三、判断题

1. 智能座舱的智能化发展完全依赖于硬件技术的进步。　　　　　　　（　　）

2. 智能驾驶系统中的实时驾驶员状态监测主要依赖于视觉和声音警告系统，而不需要考虑驾驶员的生理信号。　　　　　　　　　　　　　　　　　（　　）

3. Michon 层级控制模型认为驾驶员的行为是完全自动化的，不受意识控制。（　　）

4. 车座舱演进的过程可以分为三个阶段：①传统座舱电子（分散式模块）；②智能座舱（中控平台、液晶仪表等系统集成）；③未来座舱（与智能驾驶、V2X 等集成）。随着智能网联化程度的快速提升，目前第二阶段进入成熟期，第三阶段已经进入导入期。

　　　　　　　　　　　　　　　　　　　　　　　　　　　　　（　　）

5. 语音识别技术的普及将彻底解决智能驾驶中人机交互的所有问题。　（　　）

四、简答题

1. 请简述智能座舱中的 HUD 平视显示器技术及其对驾驶安全性的影响。

2. 请描述驾驶员心理分析模型中认知负荷与反应时间的关系，并解释这种关系如何影响智能驾驶系统的设计与应用。

3. 请简述 Ajzen 基于计划行为理论的模型在驾驶员安全教育中的应用。

五、实训题

1. 请调研并整理智能驾驶人机交互演变的主要驱动力。

2. 在构建汽车人机交互系统时，如何确保技术发展的同时，增强驾驶员与乘客的安全感、舒适感与尊重感？请结合具体设计案例或设想，阐述如何通过人机交互界面设计、语音交互优化及情感识别技术等方面体现人文关怀。

第 2 章　面向智能驾驶的人机交互设计

第 1 章主要介绍了汽车人机交互的发展历程及背后的推动因素，通过阅读，读者能够了解智能驾驶及汽车人机交互的相关概念。本节将详细介绍面向智能驾驶的人机交互设计方法，包括设计原则、技术类型及遵守的安全性标准。通过本章的学习，读者可以更加全面掌握人机交互开发前的相关准备工作，特别是在人机交互设计中需要考虑的场景、多模态传达、感性需求等因素。

案例导入：多模态疲劳驾驶检测与缓解

疲劳驾驶是发生重特大交通事故三大诱因之一，我国近五年特大交通伤亡事故中，疲劳驾驶约占 40%，对交通安全构成严重威胁[87]。由于驾驶心理等因素影响，具备 L2 及以上智能驾驶技术的车型的驾驶员更易疲劳[88]。研究发现，如果在事故发生前及时向驾驶员预警，就可能避免近 90% 的交通事故[89]。因此，利用智能设备实时监控驾驶员疲劳状态并及时给予缓解十分必要。2022 年工信部发布的《智能网联汽车生产企业及产品准入管理指南（试行）》中明确要求企业应具备人机交互和驾驶员参与行为的监测功能。为此，驾驶员监控系统（Driver Monitoring System，DMS）已逐步成为各类车型的标配：截至 2023 年，国内乘用车 DMS 装配率已达 7.7%，复合增长率高达 81.5%[90]；在国务院安委会部署下，大部分省市开始试点"两客一危"车辆全部加装 DMS 用于监控疲劳驾驶等危险行为[91]；欧盟自 2022 年开始执行的《通用安全法规》量化了 DMS 主动疲劳预警规则，要求车速超过 70km/h 自动启动，0.3ms 内实现微睡眠预警[92]。

早期疲劳驾驶相关研究主要集中于生理成因、物理缓解及相关交通法规制定等方向[93-95]。相关重要期刊包括 Accident Analysis and Prevention，Transportation Research，Physiology Behavior，Journal of Sleep Research 等。Nancy Rhodes 等人系统研究了不同性别与年龄在危险（包括疲劳）驾驶中的表现[96]；Hany Hassan 等人研究车速与事故发生之间的关系，也包括疲劳状态下的高速行驶[97]；Anne McCartt 等人研究了疲劳驾驶与家庭背景之间的关联，探讨从源头降低的可能性[98]。

20 世纪 80 年代，日本日产公司的 Yasutoshi Seko 等人在日本汽车工程师学会期刊 JSAE 提出了车内疲劳监控与报警的设想[99]，并为此申请了专利[100]。20 世纪 90 年代，日本丰田公司的 Kazuhiko Sugiyama 等人开始尝试用视觉方法进行疲劳特征检测，用于疲劳提醒。他们为此开发了一个监控系统原型机，主要基于眼睛的闭眼与眨眼特征[101]。可以说，他们的设计非常前瞻，与今天已量产的系统原理几乎一致，如图 2-1 所示。受他们的启发，众多视觉疲劳特征及系统设计被提了出来，包括如何改进眼睛检测算法、如何对抗光照等外界因素影响、如何适配不同肤色等[102]。受当时计算机视觉及机器学习等技术的限制，大部分特征、设计及改进都停留在理论探讨与验证阶段，距离量产依然有较大的距离。到 2000 年后，大部分视觉疲劳检测系统依然以演示为主，量产装车较少。这是因为这些方法大都依赖于传统的机器视觉算法，通过手工设计的各类 Feature（描述子）+ SVM（Support Vector Machine）进行分类与判断，在通用性上存疑，且无法稳定应对复杂的光照、遮挡等问题。

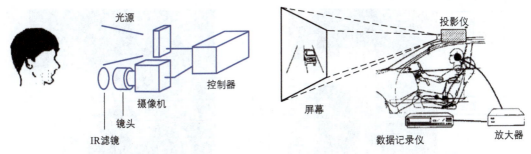

图 2-1　早期疲劳监控系统（左，1996）及量产疲劳监控系统（右，2020）

相对于汽车，航空业在疲劳研究及落地方面起点较高，这一方面得益于空中自动驾驶的较早普及，另一方面也是因为对驾驶员的高标准要求。如法国 ISAE 的多功能虚拟驾舱可支持疲劳驾驶的各种模拟、生理指标监控及缓解等功能（图 2-2）。基于这些基础研究，研究人员还推出了多功能耳机 Smartsealz，用于疲劳等生理状态监控与振动提醒（图 2-3）。

图 2-2　法国 ISAE 多功能虚拟驾舱（左）、外观图（中）、基于脑信号进行疲劳监控研究（右）

我国在疲劳驾驶方面的研究起步较晚，在 2003 年前后只集中于清华大学、上海交通大学、中国农业大学、西南交通大学等少数几个高校。之后，又有来自吉林大学、江苏大学、重庆大学、浙江大学、东北大学、福州大学、北京工业大学等高校的学者从事这方面研究工作，取得了一定成果，但大都为理论与原型系统，没有开源或实用的疲劳检测产品进行推广应用[103]。而我国车辆与人口规模大，在安全保障方面有更大的需求[104]。为此，需积极探索如何通过技术、法律、教育等手段，有效且持续降低事故发生率。在法律层面，我国于 2004 年制定了《道路交通安全法实施条例》，并于 2017 年进行了修订。为防止疲劳驾驶，其第六十二条第七款规定：不得连续驾驶机动车超过 4 小时未停车休息或者停车休息时间少于 20 分钟。依据第一百〇四条第三款规定，交通运输部积极推动并落实了凌晨 2 点至凌晨 5 点的高速路强制休息要求。交通运输部牵头在"两客一危一重货"车辆加装驾驶员智能监控系统已开始进行多地试点。在技术层面，虽然起步较晚，但在政策及市场推动下，国内在这方面的基础研究及产业化应用方面进入高速增长阶段。例如滴滴推出的"桔视"，可以对驾驶员的视觉疲劳特征进行实时监控，已从网约车逐步覆盖到货运业务；地平线已量产的人机交互解决方案中，可以通过视觉方法自动识别驾驶员三级疲劳程度（轻度、中度及重度），并对应不同的疲劳缓解方案。

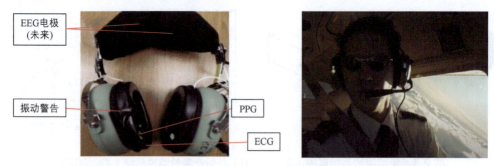

图 2-3   航空用多功能耳机，包括疲劳在内的生理状态监控与振动提醒

特别是进入深度学习时代，基于计算机视觉与机器学习技术的疲劳检测（Drowsiness Detection）已逐渐成为 DMS 的标配（见图 2-4）。这一方面得益于深度神经网络极大促进了疲劳特征（如打哈欠、闭眼、打盹、眯眼等）提取的精度与稳定性，另一方面也得益于辅助驾驶或自动驾驶对车内外感知方面的实际需求（如接管判断）。地平线自 2018 年开始进行疲劳相关的算法及方案研发，秉持着"多检测一个疲劳特征，多减少一起疲劳事故"的理念，对疲劳相关的视觉特征、生理特征、心理特征、缓解方法等进行系统性研究与测试，提出了一系列原创算法、特征数据库及场景设计等，并在多个车型中实现了量产交付。对于疲劳检测来说，主要工作包括三方面：疲劳驾驶特征分析、疲劳检测算法以及疲劳缓解方法。下面逐一进行说明。

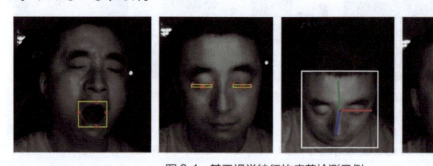

图 2-4   基于视觉特征的疲劳检测示例

1. 疲劳驾驶特征分析

因为疲劳状态本身具有模糊性，不同人对疲劳的感受和认知不同，没有一条放之四海

而皆准的判定标准。目前根据学术界的研究总结，疲劳判断特征主要可以分为四大类：

1）主观评价：主观评价即为驾驶员对自己的疲劳程度进行主观判断，通常形式为提供一套标准问卷，由驾驶员在驾驶过程中每隔一段时间进行自我评测，以此作为其对应的疲劳程度。常见的有 Stanford Sleepiness Scale（SSS）、Epworth Sleepiness Scale（ESS）、Karolinska Sleepiness Scale（KSS）及 Psychomotor Vigilance Test（PVT）。在这些里面比较著名的是 KSS，其将疲劳程度分为 9 类，由驾驶员经过较长时间驾驶后进行自我评估记录（表 2-1）。但此类方法无法实时进行疲劳检测，无法在实际驾驶过程中应用，而主要是作为真值（Ground Truth），用来验证其他疲劳检测系统的有效性。

表 2-1　Karolinska Sleepiness Scale（KSS）疲劳程度分级

程度	描述
1	Extremely alert（极度警醒）
2	Very alert（非常警醒）
3	Alert（警醒）
4	Fairly alert（相当警醒）
5	Neither alert nor sleepy（既不警醒也不困倦）
6	Some signs of sleepiness（有点困倦）
7	Sleepy, but no effort to keep alert（困倦但不需要费力保持警醒）
8	Sleepy, some effort to keep alert（困倦且需要费力保持警醒）
9	Very sleepy, great effort to keep alert, fighting sleep（非常困倦）

2）生理特征：随着生物学、医学、认知科学与信息技术的发展与融合，人们已经可以通过检测特定的生理特征信号以观察人体的状态。就疲劳而言，相关性较大的主要为心脏信号、大脑信号、皮肤信号与眼部信号。其中心脏信号主要为心率测量，可通过包括心电图（Electro cardio gram，ECG）和光电容积描记法（Photo plethysmo graph，PPG）等方法进行检测。而大脑信号主要是通过 EEG（Electro encephalo gram）进行分析，根据出现的不同波段来提前判断驾驶员疲劳程度。皮肤信号与眼部信号也是通过相应的技术手段获取特定的生理电信号。但此类生理信号检测都需要依赖侵入式的设备，在实际驾驶环境中较难应用。

3）驾驶特征：由于驾驶员疲劳时会导致驾驶能力下降，其驾驶行为特征也随之出现变化。因此可以通过分析如转向盘转角、轨道偏离、踏板压力变化等驾驶行为特征变化来反向判断是否疲劳。但此类特征易受天气、道路、驾驶环境等外界因素干扰，容易出现漏报与误报问题。

4）身体特征：至于身体特征，则主要是集中在驾驶员的脸部状态，包括眼部、嘴部以及脸部整体特征。此类特征主要是通过计算机视觉技术捕捉驾驶员脸部特征，并据此判断驾驶员是否出现了特定的疲劳特征，如打哈欠、长时间闭眼等行为。由于此类特征仅需依赖摄像头捕获脸部头像，不存在侵入式问题，且成本较低，成为主流的疲劳检测手段。疲劳驾驶身体特征示例如图 2-5 所示。

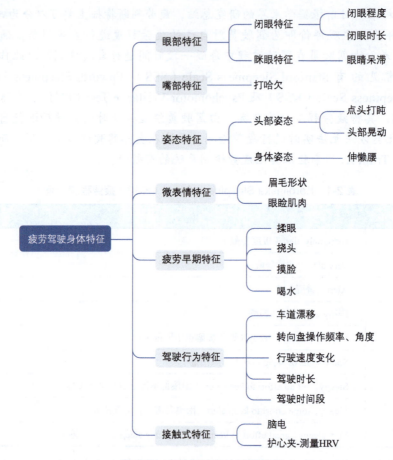

图2-5　疲劳驾驶身体特征示例

　　由以上分类讨论可知，以身体特征尤其是脸部特征作为输入进行疲劳判断相对而言是一种切实可行的落地技术方案，因此在真实方案中，驾驶员脸部特征常被用来进行疲劳检测。脸部特征主要包括嘴部与眼部。嘴部主要指捕获驾驶员的打哈欠行为，并附带嘴部是否遮挡等辅助信息。由于打哈欠行为与疲劳相关性较高，且容易为人们接受，可将其作为疲劳判断的一种输入特征。如图2-6所示，一般来说，打哈欠过程中嘴部高度逐步增大，达到波峰后回落，同时嘴部高宽比也会呈现该波动，因此可以通过人脸关键点计算嘴部高宽比与嘴部人脸高度比两个参数结合来判断打哈欠行为。

图2-6　一个完整的打哈欠序列图

　　此方案的优点是实现简单且足够有效，在大部分场景下都能保证较高的准确性。但其在张嘴吃东西等特定场景下却无能为力，频繁产生误报（图2-7）。在这种情况下，将深度神经网络引入可有效解决此类问题。具体来说，考虑到打哈欠是一个时序动作，需要先由特征模型提取嘴部特征，再将多帧特征作为分类模型的输入，最终得到打哈欠行为的检测结果。通过引入深度学习方法，各类场景下出现的问题都可通过补充相应的训练数据解决，突破了原先通过人脸关键点检测打哈欠方案的限制，再辅以嘴部遮挡信息作为过滤条件，可以达到较高的精度。

图 2-7　常见视觉干扰行为

眼部特征主要是指驾驶员眼睛的睁闭状态，并附带眼睛可见性、眯眼呆滞等辅助信息。当驾驶员出现明显疲劳时，其眼部将会出现明显变化（如眯眼、闭眼等），因此眼部状态是相当重要的疲劳判断输入特征（图 2-8）。首先，由于眼部图像容易受到光照环境的影响，尤其是驾驶员戴眼镜时容易出现反光、模糊等问题，对眼部状态判断造成了极大的干扰。针对这种场景，较难通过计算机视觉技术手段排除干扰，因此引入眼睛可见性检测来判断此类场景，并发出警报以表示无法在此场景下进行眼部状态判断。在眼睛清晰可见的条件下，通过驾驶员双眼的睁闭眼状态、眼部关键点等感知结果来判断单帧的眼部状态。

眯眼呆滞　　　　　用力挤眼　　　　　揉眼睛　　　　　用力摇头

图 2-8　常见眼部及头部疲劳特征

在实际开发中，通过引入 PERCLOS（Percent Eye Closure）算法，可将多帧的眼部状态进行统计输出眼部疲劳判断。具体来说，PERCLOS 指在一定的时间内眼睛闭合时所占的时间比例。在具体试验中有 P70、P80、EM 三种测量方式，其中 P80 被认为最能反映人的疲劳程度。如图 2-9 所示，曲线为一次眼睛闭合与睁开过程中睁开程度随时间的变化曲线，可根据此曲线得到所需测量的眼睛某个程度的闭合或睁开持续的时间，从而计算出 PERCLOS 值。图 2-9 中 t_1 为眼睛完全睁开到闭合 80% 的时间；t_2 为眼睛完全睁开到闭合 20% 的时间；t_3 为眼睛完全睁开到下一次睁开 20% 的时间；t_4 为眼睛完全睁开到下一次睁开 80% 的时间。通过测量出 t_1 到 t_4 的值就能计算出 PERCLOS 的值 f（f 为眼睛闭合时间所占某一特定时间的百分率）。对于 P80 测量方式来说，可以认为当 $f > 0.15$ 时，认为驾驶员处于疲劳状态。除了上述嘴部与眼部的疲劳特征外，还有其他一些疲劳特征虽然频率较低，但也是判断疲劳的有效输入，包括伸懒腰、点头打盹以及手捂嘴更加复杂的打哈欠等。要检测这些疲劳特征，需要采集人体关键点、头部姿态等特征，最后利用多帧算法进行行为识别。

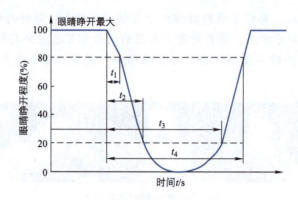

图 2-9 一种 PERCLOS 计算方法

2. 疲劳检测算法

疲劳检测方法包括基于生理特征、基于视觉的行为模式和基于驾驶操作行为特征的方法。获取生理信号往往需要具有侵入性的设备，或者需要对车辆进行改造以部署专用的传感器，因此基于生理特征的疲劳驾驶检测多见于实验室或学术研究，在实际车辆中并不常见。基于驾驶行为特征的方法，其数据来自于车内传感器信息，这种方法实现最简单，但是由于操作行为和疲劳之间的没有直接的关联关系，所以疲劳检测准确率往往较低。基于视觉的疲劳检测是目前主流的方法，这类方法可以和其他智能座舱算法使用相同的摄像头，通过对驾驶员的视觉特征和行为模式的分析，得到比较准确的疲劳检测结果。图 2-10 介绍了疲劳检测的一般流程。

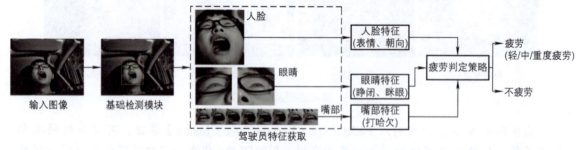

图 2-10 疲劳检测的一般流程

对于座舱内摄像头采集的图像，首先通过基础检测模块（如人脸检测、人脸关键点等）获取和疲劳特征最相关的区域（如人脸、眼睛、嘴部等），通过各种算法对应的疲劳特征，再使用一套疲劳判定策略输出疲劳驾驶与否，经过精心设计的策略可以更进一步判定疲劳驾驶的程度（轻度、中度、重度），以便智能座舱采取不同的交互式疲劳缓解方法。关键算法包括：

1）眼睛：眼睛相关最基础的特征就是眼睛的睁闭程度。较早的研究使用了眼部像素计算、SVM 等传统方法，这类方法对实验环境的要求比较苛刻，在实际的众多场景中，由于眼镜、遮挡、不同的摄像头模组的成像差异等种种因素，导致它们无法应用。目前使用神经网络的方法能发挥较好的效果，包括使用神经网络模型分类或回归睁闭眼程度；使用神经网络模型检测眼睛关键点（图 2-11），计算眼睛的宽高比。

2）嘴巴：打哈欠是同疲劳驾驶有较高关联程度的特征。打哈欠是一个过程，一般持续 3 ~ 10s。由于存在其他干扰动作，如吃东西、唱歌等，往往很难从单帧图像是否张大嘴去判定打哈欠与否。因此，一段时间内的嘴部情况需要被纳入考量。目前有两种算法可以通过嘴巴来判断打哈欠：

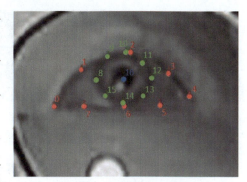

图 2-11　眼睛关键点示例

① 使用人脸关键点检测得到的嘴部宽高比，计算一个时间窗口内的平均值是否大于某个阈值。这种算法比较简单，也已经能够达到比较高的准确率，但由于没有图像信息，如吃东西、唱歌中的一些特例还是会误报。

② 使用时序神经网络模型提取结合一段时间内的嘴部图像特征用来分类是否打哈欠。这种方法能达到很高的准确率。

3）人脸：直接对人脸区域运用算法也可以对眼睛状态、打哈欠进行检测，此外还可以做以下检测来辅助疲劳检测算法：

① 人脸朝向。人脸朝向可以根据基础检测模块的人脸关键点检测通过计算得到，也可以根据图像使用神经网络模型推理出，该模型用于限定疲劳检测算法的工作边界，特别是避免驾驶员低头时睁闭眼算法误报闭眼的情况。

② 人脸质量。对人脸、人眼、人嘴的图像质量进行评估，在实际驾驶环境中，驾驶员如因佩戴饰品（眼镜、口罩等）或其他因素导致算法所需的相应位置的图像模糊、大面积遮挡乃至不可见时，此模型判断超出了上述疲劳检测算法的工作范围，从而不采信其结果。

③ 性别年龄。判断驾驶员的性别和年龄，不同性别和年龄的驾驶员，在疲劳时的行为模型是有区别的，这些都是调整疲劳检测策略的依据。比较典型的有女性在打哈欠时的张嘴往往比男性小、老年人有更多的皱纹增加了对面部表情的识别难度等；

疲劳策略结合以上算法结果，最终判断疲劳驾驶与否。在设计策略时，需要兼顾误报和漏报的抑制，另外也需要将其他驾驶特征（如驾驶时长、车辆操作情况）纳入考量。

3. 疲劳缓解方法

面向驾驶的疲劳缓解与疲劳程度密切相关。现有系统一般会将 KSS 映射为三级：轻度疲劳、中度疲劳及重度疲劳，且不同厂家的映射方法略有不同。即便如此，疲劳缓解策略一般都会按照疲劳程度依次加重，即疲劳越重，刺激越强。在学术界，疲劳缓解研究主要集中于三方面。

1）基于身体刺激：目前常见的缓解策略包括转向盘振动、转向盘微弱电流、语音提示及香氛系统（控制空调强度扩散香氛）等[105]。其中，转向盘振动成本较高，一般只用于高端车型，大部分车型采用较为便捷且低廉的语音提示。

2）基于视觉刺激：路面减速带、标线、各类路标等都有延缓疲劳的作用，如图 2-12 所示。如实验发现经过 120km 没有任何精神或视觉刺激的环境中，69% 的人都会疲劳，其中一部分人大概率会发生事故[106]。因此，如何通过合理且低成本制造上下坡、转弯、路边风景等方式，避免一直不变的场景，也是交通领域的研究方向。

a) 减速带　　　　　　　b) 车距标线　　　　　　　c) 提示牌　　　　　　　d) 上下坡

图 2-12　基于视觉刺激的疲劳缓解策略

3）基于教育提醒：研究发现教育程度越高事故发生率越低，交通教育或适度处罚后事故再发生率有效降低[107]。因此部分学者研究如何在交通管理中融入教育，有效降低事故率，一个典型的示例如电影《流浪地球》中时时刻刻的提醒："道路千万条，安全第一条，行车不规范，亲人两行泪"。

作为多模态人机交互的重要载体，智能座舱已逐渐成为新车型打造差异化竞争的亮点。作为其核心基础功能之一，疲劳检测需持续迭代来满足不断增加的复杂场景及不断丰富的座舱硬件。特别需要注意的是，疲劳检测、疲劳提醒及疲劳缓解要相互配合，从而形成闭环、降低事故发生概率。为此，目前地平线已量产的车型会结合实际情况采用混合缓解方案，包括语音提示，空调及车窗等，还保留了其他刺激的接口。在人机交互方面，针对检测到的疲劳程度，如何有效结合身体刺激、视觉刺激或教育来缓解疲劳，而智能语音、抬头显示（Head Up Display，HUD）系统、智能香氛、智能氛围灯等逐步接入汽车座舱，如何发挥现有设备来有效缓解疲劳，还需要在理论与实践方面持续进行探索。

2.1　智能驾驶人机交互设计原则

通过疲劳驾驶检测与缓解的案例导入，相信读者已经对智能驾驶人机交互典型场景有了初步印象。本节将主要介绍智能驾驶的人机交互场景以及在不同场景下的多模态传达与感性需求，这些因素组合成为人机共驾的设计基石。最后，本节还会详细介绍人机共驾的更进一步研究，即"人机共情"。

2.1.1　智能驾驶人机交互场景

在智能驾驶时代，车辆交互环境不再局限于驾驶行为与场景，且更加注重整体驾乘体验。这种变化体现了从传统驾驶观念向新型移动观念的转变，交互不仅关注车辆的操控和行驶，更加注重车环境的舒适性、娱乐性和互动性。不同场景下的用户行为、交互角色、交互体验、交互方式和交互反馈的差异实现了个性化的用户体验。因此，智能驾驶人机交互场景会为用户带来个性化的体验感、临场感和共存感。在传统交互方式中，交互主要是为了记录和传播，导致交互对象与角色的生成只提供了用户共性功能，交互体验也只停留在共性层面，难以实现个性化体验。为此，必须依据用户行为类型，将场景交互从共性层面上升到体验层面。通过新型交互技术，常见的智能驾驶人机交互场景及特点见表 2-2。智能驾驶中的一般人机交互场景已在前面章节中进行了详细介绍，下面选取增强现实（AR）、虚拟现实（VR）及混合现实（MR）三个近期快速发展的技术为切入点，介绍其在智能驾驶人机交互中相关应用及特征。需要注意的是，部分功能还在研发阶段，尚未落地。

表 2-2　常见智能驾驶人机交互场景及特点

场景模式	驾驶分类	用户	交互模式	所需设备
舒适与放松模式	动态移动驾驶状态 静态非驾驶状态	驾驶员 乘客	实体交互 语音交互 界面交互	按摩座椅、控制面板
多媒体娱乐模式	静态非驾驶状态	乘客	实体交互 语音交互 界面交互 手势交互	显示屏音响系统、蓝牙播放器、流媒体服务接入设备
游戏模式	静态非驾驶状态	乘客	实体交互 语音交互 界面交互 手势交互	游戏控制器（如游戏手柄、转向盘）、显示屏、游戏主机或内置游戏系统
社交娱乐模式	动态移动驾驶状态 静态非驾驶状态	驾驶员 乘客	实体交互 语音交互 界面交互 手势交互	内置摄像头和传声器、互联网连接、视频通话软件
工作模式	动态移动驾驶状态 静态非驾驶状态	驾驶员 乘客	实体交互 语音交互 界面交互 手势交互	显示屏、办公设备
自主模式	动态移动驾驶状态	驾驶员	实体交互 语音交互 界面交互 手势交互	全自动驾驶系统、自动泊车系统、道路环境传感器

1. 增强现实

1）AR 导航：AR 技术通过将导航信息、交通信号和动态物件叠加在 HUD 的视野中，提供更智能的驾驶体验。

2）智能驾驶：AR 通过 HUD 投影车道线和车道保持信息，为驾驶员在行驶、并道操作中提供清晰的动态指引，确保驾驶员能够安全完成操作。

3）停车与泊车：AR 可以通过 HUD 在前风窗的视野中实时显示周围环境的障碍物和空余车位，帮助驾驶员准确泊车（图 2-13a）。

a) 泊车场景　　　　　　　　　　　　　　b) 夜间场景

图 2-13　AR 技术在泊车及夜间场景中的应用

4）夜间驾驶：通过摄像头和红外成像技术，增强图像视觉效果（图 2-13b），从而提高夜间驾驶的安全性。系统能够通过感知，突出路面物体显示，使夜间驾驶更加安全。

5）极端天气：AR 可以将传感器捕捉到的环境信息转化为清晰的视觉提示，帮助车辆在大雨、大雪或冰雹等天气条件下安全行驶。

6）应急响应：在突发事件中，AR 通过多传感器融合及 V2X 技术，实时在视野中显示突发事件具体位置和建议的避险路径。

2. 虚拟现实

虚拟现实（VR）核心是创建一个虚拟实境环境，用户通过相应的传感设备进行交互，产生身临其境的体验。虚拟现实具有沉浸感、交互性，能够为用户提供高度的逼真的体验，因此也逐渐引入到模拟驾驶测试中。如图 2-14a 所示，利用 VR 技术，模拟驾驶测试可以用于全面评估驾驶员的驾驶能力和反应速度，包括紧急制动、避让障碍和在复杂交通环境中的行驶等。通过模拟测试，驾驶员可以在安全、可控的情况下接受模拟驾驶能力测试。最新的研究表明，虚拟测试不仅能够评估驾驶员的技术水平，还能识别其在特定情境下的心理和生理反应。通过 VR 与用户交互，可以实时记录和分析驾驶员举动，提供详细的反馈和改进建议。

a) 虚拟现实   b) 混合现实

图 2-14　虚拟现实与混合现实在驾驶中的应用示例

3. 混合现实

混合现实（MR）融合了 AR 和 VR 技术，将真实世界和虚拟世界结合起来，创造出新的环境和可视化体验。在这种场景中，现实与数字对象共存并能进行实时交互，从而模拟真实物体和环境，目前在智能驾驶测试及驾驶游戏中得到部分应用，如图 2-14b 所示。

2.1.2　人机交互中的多模态传达

多模态人机交互旨在利用语音、图像、文本、眼动和触觉等多模态信息进行人与计算机之间的信息交换。在生理心理评估、办公教育、军事仿真和医疗康复等领域，多模态交互具有十分广阔的应用前景。它是近年来人工智能领域的一项重要创新。相比于单模态的交互，多模态交互能够传达更丰富的信息，在一些特定场景中具有很大的优势。高优先级信息以多模态的冗余增益能加快处理时间，比如汽车向驾驶员发出警告时，视觉 + 听觉或视觉 + 振动触觉让驾驶员做出响应比单模态的警告快。此外，多模态交互一定程度拓宽了座舱内人机交互的范围，交互的输入和输出信息可以是图像、语音、手势等，促进了包括驾驶员监控系统（Driver Monitoring System，DMS）及乘客监控系统（Occupant Monitoring System，OMS）等应用的落地及普及。

图 2-15 展示了一种通用的多模态人机交互流程，它融合了多种输入方式，如语音、手势、触摸和眼动等，使用户可以根据自己的喜好和习惯选择最方便的交互方式。在数据融合与处理方面，多模态人机交互技术通过将不同输入方式的数据进行融合（前融合、中融合或后融合），实现更准确、智能的交互响应。

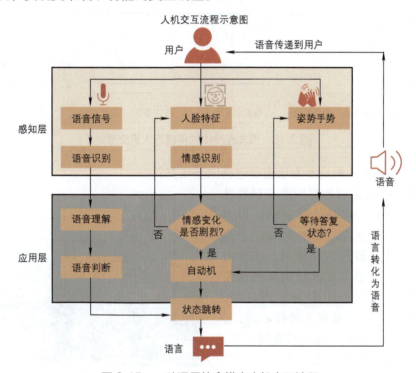

图 2-15　一种通用的多模态人机交互流程

在自适应学习方面，多模态人机交互技术可以根据用户的交互行为进行自适应学习，逐渐了解用户的习惯和需求，提供个性化的交互服务。对于汽车而言，应考虑汽车特殊的应用场景，以保证驾驶员执行驾驶任务为主，并遵循以下主要设计原则：

1）减少注意转移。操作简洁，无不必要的额外操作步骤；允许用户单手完成所有交互操作，尽量采用非接触式交互方式；简化语音交互，声音报警避免分散驾驶员注意力。

2）关键信息优先。操作热区设置合理，即高频操作区域位于用户容易操作的区域内；与驾驶任务无关的信息不需驾驶员进行过多操作。

3）易学习性。交互方式易于学习，操控方式与使用习惯一致；整车类似功能交互策略协调一致。

4）及时反馈。操控反馈无明显延时，如果反馈时间超过 2s 应增加"正在响应"指示；语音交互、手势交互等均能及时得到状态反馈。

5）易发现性。操控位置易被发现、无视线遮挡；工作指示或亮度符合人眼识别需求，不应刺眼或太暗，影响功能识别。

作为"人 – 机 – 环境"的技术载体，面向汽车的多模态人机交互目前与多个领域紧密结合，包括人工智能、情感计算、生理心理评估、互联网大数据、办公教育和医疗康复等。如今，不少车企已经将多模态技术应用到人机交互中，特别是基于大模型的人机对话与功能控制。

未来汽车行业人机交互方法将越来越多样化，更多的人机界面设计都将偏向于把视觉、听觉、触觉等多种感觉通道进行综合设计，达到信息识别的最优化（图 2-16）。

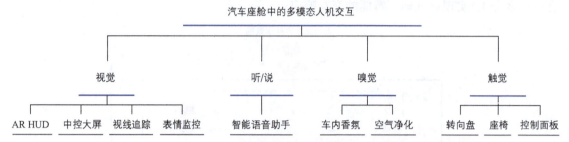

图 2-16   汽车座舱中的多模态人机交互

汽车行业应用的人机交互方法主要包括以下几类：

1）视觉。视觉是用户驾驶汽车获取外部信息的主要通道，驾驶过程中 80% 以上信息均是通过视觉获得，其中 95% 以上是动态信息。当前，如图 2-17 所示，座舱内可用于视觉交互信息呈现区域主要包括仪表盘、后视镜、中控、HUD 和氛围灯等。以 HUD 为例，当前主要有 3 种技术路线，见表 2-3。其中，C-HUD 已逐步被市场淘汰，而 W-HUD 和 AR-HUD 将会成为主流。相比之下，AR-HUD 通过前视摄像头对道路进行解析建模，将导航和 ADAS 信息与道

图 2-17   视觉交互信息可呈现区域

路融合，成像区域更大、显示效果更好，但因此也需要更强大的算力。在驾驶中，人眼状态是驾驶员发出的重要信息，在驾驶过程中视线处于哪个位置、是否为短暂凝视状态，都是有用信息，可用于注意力、意图、疲劳检测等。

表 2-3   不同 HUD 技术路线对比

类别	C-HUD	W-HUD	AR-HUD
显示区域	半透明树脂玻璃	前风窗玻璃	前风窗玻璃
显示内容	仪表投影、导航信息	ADAS 辅助信息、导航信息	ADAS 辅助信息、导航信息
投影距离	2 ~ 3m	4 ~ 5m	7 ~ 15m
优点	避免玻璃的反射重影有效控制成本	显示效果更为一体化较为安全	图像信息精准结合实际交通路况
缺点	车辆碰撞时容易造成二次伤害	根据风窗玻璃去适配高精度非球面反射镜	成本高、技术难点多
发展趋势	逐步淘汰	已广泛进入市场	量产与推广阶段

2）听觉。听觉（或语音）交互主要包括音乐、命令词和警示音。在驾驶中，听觉在事态感知中起着关键作用，如喇叭或迎面而来的紧急车辆的警报器。除驾驶安全外，语音识别技术近年来得到快速发展，其原理如图 2-18 所示，座舱大部分交互场景，如导航、打电话、调节车内温度、听音乐均可通过语音交互来完成。以国内代表性企业科大讯飞开发的语音助手为例，其率先推出的声源定位技术、窄波束定向识别技术、全双工立体声回声消除技术定义了当下智能座舱语音交互方式。除此之外，与车载娱乐相关的语音交互也是另一个重要应用，如地平线推出的"无麦 K 歌"，在座舱内便可体验 KTV 的氛围与音质。当前，面向智能驾驶的语音交互重点研究自然语言处理，包括处理连续对话的能力及对于语音情绪识别的能力，并在大模型（云侧或端侧）的基础上进一步提升语音交互的连贯性和拟人化程度。

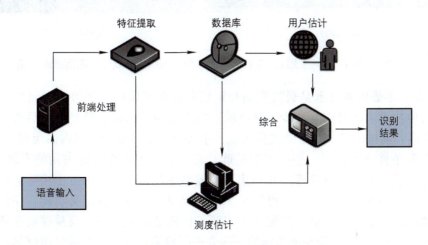

图 2-18　语音识别技术原理

3）触觉。触觉交互作为一个分流视觉交互的辅助交互方式，正在成为多模态交互体验的重要一环。触觉感知能够为用户提供物体纹理、温度和振动幅度等类别或者连续信息。当下智能座舱中触觉交互主要包括指纹、振动及触屏。

① 指纹：在汽车上，指纹识别可以实现指纹起动、身份识别等功能，并可根据不同指纹对应的用户偏好自动调整车辆设置，提高操作汽车的安全性与便捷性。

② 振动：振动反馈主要偏向驾驶功能，可用于提醒驾驶分心或疲劳驾驶。例如，通过感应座椅向驾驶员提供触觉警报，通用汽车的 Super Cruise 系统采用座椅内传感器在大腿两侧向用户提供定向触觉信号；小鹏 P7 打开车道辅助时，转向盘会以抖动的方式提示当前车辆出现压线的情况。目前，振动反馈的主要研究方向为如何更有效地传达交互信息，包括振动的频率、振动的程度等。

③ 触屏：主要指中控触摸屏，如图 2-19 所示，关键技术涉及触觉传感器、电容式触觉传感、接近感应和触觉反馈。其中，高性能触觉传感器为技术核心，这种依托于材料科学、柔性电子技术、纳米技术的高性能触觉传感器可显著提升触摸板块的分辨率和灵敏度。

4）嗅觉。嗅觉是人体最直接的感官，最能唤起人的本能行为和情感记忆。汽车座舱最早与嗅觉关联是因为新车中往往气味较大。为解决此类问题，厂家在车舱内加入了空气净化系统，确保了乘员良好的嗅觉体验。2009 年，奔驰首次引入后座香氛系统，首次将车内氛围塑造提升到嗅觉层面。如今，智能座舱的嗅觉交互开始兴起，宝马、一汽、长城、比亚迪等厂商均投入到对智能座舱内嗅觉系统的探索，进而提出了智能香氛系统，通过对气味及浓度的调节来缓解疲劳，打造氛围，提升驾驶体验。

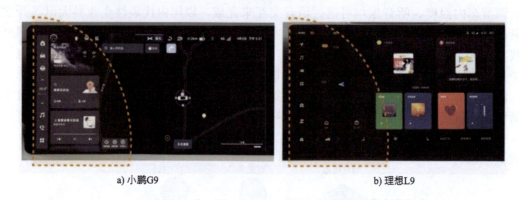

a) 小鹏G9   b) 理想L9

图 2-19　小鹏 G9 与理想 L9 车载触摸屏示例（框内代表驾驶员常用热点区域）

5）手势。手势识别技术是通过检测和识别乘客在座舱内的手势来控制座舱环境和娱乐系统的一种技术。手势交互减少了对座舱内物理按钮的依赖，特别是对后排乘客，因为他们较难触碰到前排屏幕。对于驾驶员来说，手势交互虽然会短时间内占用驾驶员一只手，但可以在全盲条件下去控制一些非驾驶功能，是一种减少视觉资源占用的有效交互方式。2015 年，宝马公司首次在 7 系车型中推出手势控制系统，实现空中点击接听电话；现在最新一代宝马 7 系共支持 9 个手势，可控制 7 个功能和 2 个用户自定义功能。在技术上，手部定位与动作捕捉是手势识别的关键技术问题，特别是在多人多手及易混淆手势上，而一些复杂手势需要通过 3D 摄像头或多摄像头融合进行检测，这也是目前的研究热点。

智能多模态人机交互结合了语音交互、手势交互、视线交互、头位置交互、触摸屏交互等交互方式，也融合了取人体生理信号、声纹识别和脸部微表情变化特征提取与特征融合技术。这些交互方式取长短，避开了各自在单一交互模式上的局限性，满足用户更多的需求，未来的想象空间极大。例如，如用户最础的需求之一是控制座舱内温度，通过语音发指令"我有点热"，座舱内空调会打开，再通过手识别调节温度，如果需要调节到具体温度，则通过触摸屏交互完成。

上述多模态人机交互进一步促进了人车协同控制技术的发展。人车协同控制技术是从"互联互通、双向协同"的角度实现人车协同。在自动驾驶汽车中，人可以通过多模态人机交互界面向汽车提出驾驶请求，车也可以通过多模态人机交互界面向人提出接管驾驶的请求。人的驾驶指令也可以与车通过多模态交互进行交流互动（如开慢点、我有点晕、超过那辆车、跟着前面那辆车等），不仅利于人车协同控制情况下保证安全和合规，也利于车企更直接地收集用户意见和用户需求。如图 2-20 所示，要实现人机协同控制，首先需要判断驾驶意图。意图判断需通过仿真实验平台采集驾驶意图数据，采集后的数据用于建立驾驶意图数据库。通过驾驶意图数据库所生成的关于驾驶环境危险评估、表现评估、路径跟随的参数，再结合模糊控制理论，建立出结合人机协同控制的模糊控制器和协同控制策略。通过驾驶员意图识别和驾驶环境信息采集形成的驾驶危险评估，再通过路径更新所生成的路径控制器共同生成人机控制权分配策略。

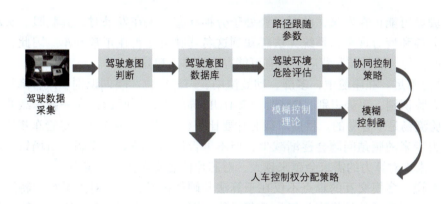

图 2-20　人车协同控制流程

对于多模态人机交互的未来，智能表面与个人智能助理将会是两个重要发展方向。具体说明如下：

1）智能表面。作为智能驾驶多模态交互最重要的载体，未来座舱内每一个表面都能成为智能表面。从观赏角度，未来它也会被注入更多的美观甚至艺术气息，甚至可以慢慢取代车内大屏，完成温度控制、座椅调节、音乐播放、光线调节等功能多模态交互。智能表面又名模内电子，它是将模内装饰和柔性印制电路结合到一起，它比传统人机交互界面设计更加轻巧，使用更加便利。未来在智能表面上完成多模态交互，设计者不再受限于庞大的电路设计要求，人机交互真正做到"无处不在、无孔不入"。在技术上，智能表面很多技术都与智能手机相同，融合了薄膜材料、纳米技术及电子功能。通过惯性传感器、红外传感器、雷达系统、眼动追踪、力感应等多个传感器，智能表面将更加了解驾驶员所处场景及驾驶意图。因此，智能座舱未来必定在美学、交互立体感、全面性上有更高要求，智能表面将会越来越重要。

2）个人智能助理。个人智能助理主要与智能辅助系统结合，以智能机器人、智能专家等形式出现，提供出行信息、娱乐需求和情感陪伴。

在未来，智能表面与个人智能助手相结合，可全方位满足用户对多模态交互中高效性、立体感、情感性方面的需求。然而，上述技术在研发中也存在一定挑战，主要包括以下几个方面：

1）精度不足。眼动追踪、心率识别等技术因精度不够暂未使用到座舱中。当缺乏了眼动追踪，AR-HUD 内容与路面信息贴合会存在较大问题，致使驾驶员在决策时发生误判。还有部分多模态技术虽已经投入使用，但依然无法满足复杂的驾驶环境及驾驶员个体差异，例如 2022 年某款智能汽车的一位车主在使用辅助驾驶功能时，因自己眼睛小，被系统判定为"开车睡觉"，智驾分因此被扣掉 4 分。

2）长尾问题。要大幅度实现精度提升并不是一件容易的事情，这是因为驾驶环境充满了不确定性，导致大量长尾问题（Long-tail Cases）不断涌现[108]。以语音识别为例，早在 2015 年中文语音识别准确率在实验室环境中已达 97%，但后续几年内并未看到这一数字有明显变化。当单模态因精度问题导致结果不准时，多模态融合则存在更大问题，特别当涉及环境与人为因素时。例如一位驾驶员正在"聚精会神"看前方道路，转向盘旋转角度、道路偏移等参数均无异常，此刻可以判定这位驾驶员正在认真开车吗？答案是否定的，因为这位驾驶员可能正在发呆，此时已经处于分神状态。人在发呆时，其眨眼、头动等并不会表现出分神和疲劳现象，系统无法感知到这名驾驶员是否在正常开车。因此，通过模态融合实现的各种"黑科技"背后，很有可能存在较多不确定性。

3）算力不足。在座舱中，多屏、动效渲染、声源定位、唤词识别、声音降噪、离线指令识别、人脸识别、手势识别、DMS、AR-HUD 导航等，同时运行在一颗车载芯片上并保证用户体验流畅是不容易的。目前车载芯片要比手机芯片晚 2～3 代，尽管车规级芯片不断迭代，算力带来的瓶颈问题会逐渐减少，但不可否认的是随着新模态、新场景、新算法的不断引入，未来对算力的需求会越来越大，对芯片性能要求会越来越高。

总的来说，多模交互的难点不仅在于算法及硬件技术，还有对人类行为特别是人机工程学的研究，更重要的是将这些行为及背后的意图正确地识别出来。因此，智能驾驶多模态交互是一项涉及心理学、人机工程、计算机等多个学科的系统工程，在各项技术尚未成熟前，多模交互如何提升智能驾驶体验将是一个长期值得探索的课题。

2.1.3　人机交互中的文化因素

在当今日益全球化的世界中，文化因素在各个领域都扮演着举足轻重的角色，特别是在汽车人机交互设计这一融合了技术与艺术的领域中。作为人与汽车直接交互的空间，汽车与座舱设计不仅关乎舒适性和功能性，更承载着深厚的文化内涵，实现了标准化工业产品与人文因素的完美融合。从赛车文化的激情与速度，到复古文化的怀旧与经典，再到共享文化的便捷与高效，每一种文化都在座舱及人机交互设计中留下了独特的印记。不同时期的主流文化因素及其对汽车设计的影响见表 2-4。设计师巧妙地将这些文化元素融入设计之中，满足人们出行及交互需求同时又体现了文化韵味。这里需要说明的是，虽然文化元素在造型设计上具有显著影响，但目前在人机交互设计方面的作用相对较小，下面就其中有强关联的几项进行介绍。

表 2-4　不同时期的主流文化因素

起源时间	文化	关键词
—	不同舵位	—
19 世纪 80 年代	赛车文化	速度、激情、竞技
20 世纪 10 年代	复古文化	怀旧、经典、历史
20 世纪 10 年代	公路旅行文化	自由、探险、风景
20 世纪 20 年代	女性主义文化	平等、权益、力量
19 世纪 20 年代	红色文化	革命精神、爱国、奋斗
20 世纪 30 年代	改装文化	创新、个性、性能
20 世纪 40 年代	共享文化	协作、节约、便捷
20 世纪 50 年代	摇滚文化	反叛、激情、音乐
20 世纪 60 年代	嬉皮士文化	自由、爱、和平
20 世纪 70 年代	朋克文化	反叛、独立、创意
20 世纪 70 年代	特殊人群关爱	包容、支持、同理心
21 世纪 00 年代	痛文化	二次元、个性、视觉艺术
—	宗教文化	信仰、神圣、祈福
—	东方美学	自然、意境、和谐

（1）**不同舵位**　汽车左舵和右舵的设计差异并非由单一的文化因素决定，而是受到多方面复杂因素的影响。这些因素可以追溯至古代社会的交通习惯和文化传统，以及后来工业化进程中不同国家和地区的交通规则和发展历程。古代的交通习惯和文化传统对车辆行驶方向产生了深远的影响。在一些国家和地区，由于历史和文化的原因，人们习惯于靠左行驶，因此车辆设计为右舵，以便驾驶员能够更清晰地观察前方交通情况并控制车辆。英国和日本是右舵左行的典型代表，他们的传统文化对交通规则和车辆设计产生了深远的影响。另一方面，一些国家和地区则采用了靠右行驶的交通规则，车辆因此设计为左舵。美国、欧洲大部分地区以及中国都采用了左舵右行的交通规则，这种规则的形成与工业化进程和城市化发展密切相关。

值得注意的是，汽车左右舵的设计差异对驾驶时的人机交互产生了显著影响。驾驶位置的不同直接影响着驾驶员与车辆内部各项功能的交互方式，这包括行车路线选择、超车行为以及对交通信号的响应。这种布局差异进一步影响了驾驶员与车载导航、驾驶辅助系统等设备的交互体验。转向盘位置的改变也要求驾驶员重新适应各种控制设备，特别是在变道、转弯等关键驾驶场景下，需要驾驶员重新调整视野和观察判断方式，以确保驾驶交互时的准确性和安全性。对手动挡车辆的驾驶员而言，从左舵车转换到右舵车还需重新训练肌肉记忆和协调能力，以适应新的挡位操作方式。

（2）**赛车文化**　赛车文化最早诞生于法国（图 2-21a），后快速传播到全球，对汽车设计风格产生了深远影响。赛车的设计通常追求极致的速度感和动感，这种设计风格逐渐影响到普通汽车的设计。现代汽车设计中常见的流线型车身、大轮圈、低矮的车身等元素，都受到了赛车设计的影响。在人机交互方面，赛车中的物理接触对每位车手来说都至关重要，尤其是 F1 车手。转向盘、制动和加速踏板是他们主要的控制工具，同时车手还会调整赛车设置以提升操控和反馈效果。在紧凑的驾驶空间内，这些控制功能主要集中在两个踏板和一个多功能转向盘上。现代 F1 的转向盘不仅仅是转向工具，它已成为车手与赛车系统交互的核心界面。如图 2-21b 所示，这个高科技转向盘控制着换挡、离合器、发动机以及底盘的其他部分，甚至还集成了车手的饮水系统。它由碳纤维制成，内部配备与电子控制单元（ECU）相连接的电路板，设计简洁而高效。由于车手在转弯时双手必须保持在转向盘上，因此其形状通常设计为蝴蝶状，以适应车手的驾驶习惯，并提供独立的握点，这些握点有时会用绒面革或成型硅包裹以增加舒适度。为了便于车手快速进出驾驶舱，转向盘可以轻松地从转向轴上分离。

a) 早期汽车赛事　　　　b) 法拉利F2004的转向盘　　　　c) 法拉利640F1赛车

图 2-21　早期汽车赛事、法拉利 F2004 转向盘和法拉利 640F1 赛车

所有的操控信息和赛车数据都集中显示在一个可编程的 LED 上，这是标准电子控制单元（SECU）的一部分。该显示屏可根据车手和赛道的不同需求进行定制，显示内容包括挡

位指示、数字信息和警告灯。这些警告灯与赛道工作人员的系统相连，确保及时的安全通信。此外，显示屏还能提供圈速差异、目标圈速、动能回收系统（KERS）状态以及其他重要的警示消息，为车手提供全面的驾驶支持。在20世纪60—80年代，赛车普遍使用变速杆进行换档操作。然而，随着赛车底盘的降低和座舱空间的缩减，传统的变速杆在狭小的座舱内变得越来越难以操作。为了追求赛车的轻量化和更好的气动性能，F1赛车的车头设计得越来越尖锐（图2-21c），正面截面积不断减小，这也进一步压缩了座舱空间，使得传统的变速杆无法放置。面对这一挑战，1989年法拉利640 F1赛车率先进行了创新，装备了半自动序列式变速器，并在转向盘后集成了两个换档拨片。这一设计使得车手在换档时双手无须离开转向盘，大大提高了换档速度和操作便捷性。这一创新在F1领域尚属首次，自此以后，车手的换档动作变得迅如闪电，动力在传送过程中的流失率也降至新低。除了换档方式外，离合器的操作也被集成到了转向盘上。转向盘下方设置了两个拨片用于操作离合器，主要在赛车停止或移动时使用，如进出车库、停站和发车等场景。

（3）复古文化　复古文化开始流行于20世纪初，尤其是受到战争的影响，人们渴望找到一种可以让他们逃避现实的方式。在这个时期，维多利亚时代和爵士时代成了人们的主要灵感来源，影响建筑、时尚、艺术和音乐等领域。自1909年成立以来，摩根汽车（Morgan Motor Company）便以其独特的英伦复古风格在汽车界独树一帜，通常采用复古的设计元素，如圆润的车身线条、经典的车头造型、独特的尾灯设计，更在内饰上采用手工打造的木质仪表盘、皮革座椅等，这些元素共同构成了摩根汽车独特的复古风格，极具魅力和个性。

（4）公路旅行文化　公路旅行文化源于欧美，尤其是美国，追求自由、探索与深入体验（图2-22a）。1910年，第一辆可以自行移动的房车出现了，交互方式相对简单且机械，主要通过物理按键或基础的电子界面进行操作，功能性和便捷性都较为有限。然而，随着科技的飞速进步，现代房车融入了更多智能化元素，为用户带来了前所未有的交互体验。通过引入智能语音系统、触控屏幕和手势识别等技术，实现了交互方式的智能化与多样化。乘客可以轻松地通过语音指令控制房车内的设备，或者通过触控屏幕进行直观操作，甚至使用手势来完成各种功能（图2-22b）。同时它还整合了全方位智能互联系统，如"房车管家"等，通过大屏、语音和App实现了一体化的操控，让"车+房"的管理变得更加智能和高效。影音娱乐系统的升级也为乘客提供了更加丰富的娱乐内容，使得房车旅行不再单调乏味。这些技术的变革让房车成了一个移动的家。

a) 紧凑型独立房车　　　　　　　　　　b) 小米IIFAA智能座舱2.0

图2-22　紧凑型独立房车及小米IIFAA智能座舱2.0

（5）**女性主义文化**　早在 20 世纪 20 年代，汽车界便有为女性设计的探索。加洛韦汽车（Galloway）是首款专为女性打造的，由女性工程师多萝西·普林格（Dorothée Pullinger）设计，她出生于法国，是汽车工业领域立足的先驱女性。传统的汽车设计往往忽视了女性驾驶员的需求，由于转向盘、座椅和换档杆的相对位置固定，身材娇小的女性驾驶起来颇为不便。而 Galloway 则展现了诸多人性化设计如中置变速杆、抬高的座椅、更大的储物空间、降低的中控台以及小型转向盘等，这些细节都提高了女性驾驶的舒适度与便捷性。这些设计不仅考虑了女性驾驶员的身高特点，还解决了当时女性穿着长裙时驾驶的不便问题，展现了汽车设计对女性驾驶员需求的关注和尊重。

为了更好满足女性用户的审美需求，车厂开始专门为女性设计汽车。20 世纪 40—50 年代，通用汽车副总裁哈利·厄尔（Harley Earl）开始提倡从女性视角出发为女性设计汽车。为此，他组建了美国历史上第一个全部由女性设计师组成的设计团队，她们在汽车收纳、装饰、功能等方面进行了前所未有的创新，为女性考虑而设计的座椅、门饰、收纳以及面料和配色令人眼前一亮。同时期，克莱斯勒在 1955 年推出的道奇 La Femme（图 2-23a）也可谓一时风光无二。这台号称承载了公主梦的汽车专为女士打造，在路上总能抓人眼球。其大胆的粉白车身配色和圆润舒展的线条博得不少女士的芳心。道奇 La Femme 在内饰部分也采用了粉色的座椅以及薰衣草涂料，还为整车配备了粉色雨伞、粉色手袋和口红架。设计师采用视觉和色彩心理学在与女性消费者进行情感上的交互，但最终这款无比梦幻的车型还是因销量惨淡而最终停产，但那些标志性的设计元素成为那个时代特有的印记。

a) 道奇 La Femme　　　　　b) 本田日规 Fit　　　　　c) 三门版 Pulsar

图 2-23　道奇 La Femme、本田日规 Fit 及三门版 Pulsar

随着汽车设计日趋理性与成熟，设计师们开始寻求一种性别间的平衡，旨在打造出男女皆宜的车型。为了实现这一目标，他们暂时摒弃了夸张的外观和配色，转而专注于提升车辆的功能体验。这些交互设计旨在提升用户的驾驶体验，特别是针对女性用户的需求和习惯进行了细致的考虑和优化，许多日系车厂在这方面做得相当出色。以本田日规 Fit 为例，该车全系标配了电子驻车制动，同时巧妙地将传统驻车制动的位置改造成了一个具有防滑功能的长方形储物槽。虽然取消了中央扶手，但这一设计实际上更贴合女性的需求，因为对于她们来说，能够方便地放置包包远比扶手来得重要（图 2-23b）。在三门版日产 Pulsar 车型上，日产特别针对女性用户研发了一个车侧雨伞架（图 2-23c）。与其他车型需要配备特定规格的雨伞不同，日产宣称这款雨伞架可以容纳所有尺寸的雨伞，这无疑也包括了女性常随身携带的太阳伞。此外，Pulsar 还配备了另一项女性友好的设计——坡道停车辅助系统。当手动档车辆在上坡路段停车时，即便驾驶员踩下制动踏板和离合器而未使用驻车制动，这套系统也能有效防止车辆后溜，并通过指示灯的点亮来确认系统正常工作。这样的贴心设计在日系车中不胜枚举。这些设计不仅提升了女性的驾驶体验，也进一步证明了日系车厂在性别平衡设计方面的领先地位。

（6）**红色文化**　1958年5月12日，一汽试制成功新中国第一辆小轿车样车——东风牌，结束了我国不能生产小轿车的历史，象征着中国汽车工业的开始和起步，是中国工业发展史上的一个重大突破。之后在第一辆红旗样车完成后，一汽决定按正规程序重新设计此车型，前后经过了五轮样车试制和改进设计之后最终定型，并确定产品编号为CA72。这是我国有编号的第一辆真正的高级汽车，是我国汽车工业的标志和里程碑。如图2-24所示，红旗CA72的车身和内饰设计充分展现中华民族的传统文化特色，在最初的试制车型上，车头发动机舱盖的正中央有一面红旗标志，那迎风招展的红旗形象，不仅是对中国革命精神的致敬，更代表着新时代中国人积极向上、锐意进取的精神风貌。车尾灯的造型来自于宫灯的灵感，翼子板一侧标有并排的五面小红旗装饰，代表了"工、农、商、学、兵"。前格栅的外形采用传统折扇形的设计，格栅两侧附有带梅花窗格式的转向灯装饰板。保险杠防撞锥为云头形，轮罩外圈采用了云纹图形，车身侧面有一条从车头贯穿到车尾的镀铬装饰条。在车内的造型方面，试制车型的转向盘正中央的徽标是仿古代战车的标识。最终定型的CA72与试制车型的最主要的外观区别就是前格栅和转向灯装饰板的造型。

图2-24　从左到右：第一辆样车侧面的五面红旗、转向盘及尾灯

（7）**东方美学**　东方美学是华夏传统美学理念，其不仅关注视觉上的美感，更强调和谐、自然、简约以及深远意境的营造。它注重材质和精湛工艺，融合了哲学、道德、精神和艺术，展现了东方对美的独特理解和追求。在东方美学的视角下，美不仅仅是表面的华丽与炫目，更是一种内在的精神气质和文化底蕴的体现。

吉利博瑞被业界人士和消费者赞誉为"大美中国车"，它的设计每一个细节都凸显了东方美学的精髓（图2-25a）。以徽标为中心，格栅内部层叠的回纹造型，不仅富有动感，更透露出独特的东方韵味。这种回纹造型的线条灵感来源于中国毛笔的绘画效果，与东方美学中对于线条的精湛运用紧密相连。博瑞的车身线条流畅而优雅，灵感来源于中国古代拱桥的优美弧线，完美融入了东方美学中的简约与和谐。这种设计不仅使车身看起来更加修长、优雅，还赋予了博瑞一种独特的东方气质。博瑞的外观设计还巧妙地运用了东方文化中的"协调"原则。设计师从迅速奔跑的非洲猎豹身上提取线条灵感，将其巧妙地转化到金属面板上。即使博瑞静止不动，其车身依然散发出一种强烈的动感气息。整体造型张力十足，充分展现了东方美学的动态与静态的完美结合。

a) 吉利博瑞　　　　　　　　　　　　　　　　　b) 比亚迪汉

图 2-25　吉利博瑞及比亚迪汉内饰

比亚迪汉、宋 PLUS 以及唐等产品采用的"龙颜"设计语言重现东方美学智慧。2021 年，比亚迪汉推出的苍穹灰浅色内饰更是中式美学和国际化设计迸发火花的灵感之作（图 2-25b）。苍穹灰意为山河与天空之间的薄雾颜色，令人联想到水墨丹青、烟雨江南，淡雅而不失格调，展现出汉浓厚的东方优雅之韵。比亚迪全球内饰设计总监米开勒·帕加内蒂（Michele JAUCH-Paganetti）从东方美景中感悟并凝萃出中国的"雅文化"，并从东方美学中汲取了设计灵感，雅是中式豪华生活方式中的重要审美意趣。苍穹灰与汉座椅的龙鳞纹元素相互呼应，将汉的中式豪华格调更是发挥得畅快淋漓。

2.1.4　人机交互中的感性需求

在人机交互设计中，不仅需要满足驾驶员和乘客的基本功能需求，还要满足他们的"感性需求"（Kansei Needs）。感性需求源自于日本的"感性工程"（Kansei Engineering），是一种通过设计来激发用户特定情感反应的方法。感性工程的目的是通过理解用户的情感和心理需求，将这些需求转化为具体的设计元素，从而提升产品的吸引力和用户满意度。这一方法强调用户在使用产品时的整体体验，包括他们的感受、情绪和心理反应。在汽车座舱的交互设计中，感性需求的实现尤为重要，因为驾驶不仅是一种实用活动，更是一种情感体验。汽车除了需要满足基本的功能需求（如安全性、操控性和舒适性）之外，还需要通过精心设计的感官刺激和情感共鸣来提升用户的整体驾驶体验。通过应用感性工程，设计师可以识别出用户在驾驶过程中的各种情感需求，如放松、愉悦、兴奋或安全感，并选择合适的材料、色彩、形状和技术手段，将这些情感需求具体化到座舱的各个设计细节中，通过创新的技术和设计手段，为用户提供更加个性化和感性的乘车体验。

如今的人机交互正日益专注于打造更为人性化、贴合个人需求的丰富功能和优质服务。例如，通过语音助手、触摸屏控制台以及高质量音响系统等技术，驾乘者可以享受便利、高效且愉悦的驾驶体验。随着物联网和人工智能技术的逐渐成熟，座舱与外界的连接更加紧密，驾乘者可以随时访问在线服务，获取实时信息并与外界保持联系。这种联网功能让智能座舱成为驾乘者的"移动第三空间"，不仅满足出行需求，还为驾乘者提供丰富的娱乐、学习和社交体验。

在探索人机交互设计如何与驾乘者的感性需求相融合的过程中，我们可以借助马斯洛需求层次理论。该理论将人类需求分为 5 个层次，从基本的生理需求、安全舒适需求，到情感和归属需求、尊重的需求和最高层次的自我实现需求（图 2-26）。其中，生理和安全舒适需求被认为是低层次需求，而其他需求则属于高层次需求。该理论指出，只有在低层次需求得到满足之后，更高层次的需求才会逐步显现。此外，即使高层次需求出现，低层次需求仍然存在。智能座舱中的交互设计正好反映了该理论的某些层次。从心理学的视角分析，马斯洛需求层次理论指出，当人们的基本生理和安全需求得到满足后，他们会进一步追求更高层次的精神需求和自我实现。在当代社会中，这种需求的转变意味着人们不再仅满足于产品的基本功能性，而是寻求通过产品获得美学上的享受和情感上的满足。通过应用这一理论，我们能够更好地理解人机交互在满足驾乘者各个层次需求方面的潜力，从而为用户提供更好的体验。

图 2-26　马斯洛需求层次理论与人机交互功能

随着汽车座舱智能化和网联化的发展，相比传统座舱，智能座舱在软件和硬件上都经历了巨大的变革，驾驶员对汽车的认知也从"交通工具"转变为"第三空间"。这一转变推动了人车交互的革新，包括交互方式、交互内容和交互模态等方面的变化。单一的交互方式难以满足日益丰富的交互需求，而多模态交互可以提供更安全、高效和舒适的体验，成为未来智能座舱中人机交互的主流方式。将马斯洛需求层次理论应用到智能座舱与人机交互设计中，可以更好地理解驾乘者在不同层次上的需求，并通过多模态人机交互技术进行有效的满足。如上节所述，多模态人机交互技术，包括视觉、听觉、语音、触觉和嗅觉，能够通过多感官的结合提供丰富而全面的体验。通过这种方式，汽车座舱不仅能够满足驾乘者的基本需求，还能在更高层次上满足他们的情感和自我实现需求，打造出更加人性化和个性化的驾驶体验。多模态交互作为未来设计的发展趋势，将与汽车融合产生新的"火花"。人类通过语音、手势、表情、嗅觉和脑机等多种方式输入信息，计算机则通过视觉、听觉等渠道进行响应，这便是典型的多模态交互。多模态交互融合了人的视觉、听觉和触觉等多种感官，计算机利用多种通信通道响应输入，充分模拟人与人之间的交互方式，如今已广泛应用于各种智能产品的交互设计中。

多模态交互设计及众多功能的引入，使驾驶变得更加安全和舒适。各种网络连接使车载空间成为一个复杂的信息承载体，在智能控制技术的加持下，多屏交互、触控交互、手势交互、语音交互、表情交互和眼动交互等自然交互方式逐渐融入其中。在 2.1.2 节中，本书详细介绍了人机交互中的视觉、听觉、触觉、嗅觉及手势多模态传达。下面本书将多模态交互设计与马斯洛需求层次理论相结合，从生理需求、安全需求、归属需求、尊重需求和自我实现需求 5 个层次探讨上述模态人机交互技术在汽车座舱设计中的应用，并结合实际案例进行说明。

1. 生理需求与功能维度

在马斯洛需求层次理论中，生理需求是最基础的需求层次，涉及人类生存所需的基本条件，如空气、水、食物、睡眠等。在汽车智能座舱的设计中，满足驾驶员和乘客的生理需求是确保其安全性、舒适性和整体驾驶体验的关键。结合功能维度来看，智能座舱中的人机交互可以通过多种先进技术和设计手段来满足这些基本需求。

（1）**视觉交互**　在智能座舱设计中，视觉交互技术能够显著提高用户的驾乘体验，满足他们的生理需求。其中，自适应照明系统是一个重要的例子，该系统可以根据外界光线和驾驶环境自动调节车内外的灯光亮度，减少视觉疲劳并提升驾驶安全性（图 2-27a）。例如，奥迪的矩阵 LED 大灯系统会根据路况和周围车辆自动调节灯光的范围和强度，确保驾驶员在不同条件下都有最佳的视野。此外，抬头显示技术通过将重要的驾驶信息（如车速、导航指示、警告信息等）投影到驾驶员的视线范围内，使其无须低头查看仪表盘，减少视线分散，提高驾驶安全性和便利性。宝马的 HUD 系统就是一个典型的案例，它将导航、速度和其他关键信息直接投射到风窗玻璃上，让驾驶员能够保持目光在道路上（图 2-27b）。这些视觉方面的交互设计不仅提升了驾驶体验，也满足了驾驶员的基本生理需求。

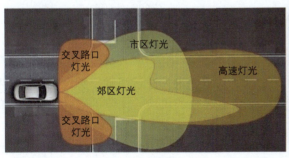

a) 自适应照明系统　　　　　　　　　　b) 宝马 HUD 系统

图 2-27　自适应照明系统与宝马 HUD 系统

（2）**听觉交互**　听觉体验的优化显著提升了生理舒适度，例如汽车内配备的音响系统，用户可以播放音乐、广播和播客等内容，让驾驶员和乘客在旅途中享受愉悦的音乐体验。许多汽车品牌的车载娱乐系统配备了高品质的音响系统和智能音频播放功能，如奥迪的 Bang & Olufsen 音响系统和宝马的 Harman Kardon 音响系统，为车内提供清晰、逼真的声音效果，提升了驾乘者的听觉体验。

（3）**触觉交互**　在汽车座舱的人机交互设计中，触觉功能通过直接的物理反馈，给予用户良好的触觉感受，从而满足生理需求的重要方面。举例来说，座椅加热功能能够在寒冷的冬季迅速为乘员提供温暖的触感，避免因为车内低温而产生的不适感。座椅通风功能在炎热的夏季通过提供凉爽的气流，防止乘员因高温产生的不适感，确保乘坐过程中的清爽和舒适。除此之外，转向盘加热功能在寒冷的天气中加热转向盘表面，提供温暖的手感，增加驾驶员的舒适度和安心感。这些功能的设计不仅关注了乘员在不同气候条件下的舒适需求，还通过触觉反馈提升了整体驾乘体验的品质的同时，也体现了现代汽车座舱设计中对人性化细节的关注。

（4）嗅觉交互　智能空气净化系统可以监测车内空气质量，自动过滤和净化空气，提供一个清新健康的驾驶环境。如图 2-28a 所示，沃尔沃 XC90 空气净化系统采用了先进的 CleanZone 空气质量管理技术。该系统使用高效的多层过滤器，能够有效去除车内空气中的微尘、花粉、细菌和其他有害物质，还能够实时监测车内空气质量，并自动调节净化模式，确保车内空气的清洁和新鲜。这对于敏感人群（如过敏患者和儿童），尤其重要，能够显著减少空气污染带来的健康风险。

a) 沃尔沃智能空气净化系统　　　　　　　b) 智能远光灯系统

图 2-28　沃尔沃智能空气净化系统与智能远光灯系统

2. 安全需求与形态维度

安全需求是指人类对个人安全和财产安全的基本要求。通过视觉、听觉、触觉和嗅觉等多种感官的全方位监控和警示，可有效降低交通事故的风险，保障了驾驶员和乘客的人身安全，提升了整体驾乘体验。

（1）视觉交互　除了上节中介绍的 HUD 等视觉交互技术外，智能远光灯系统是另一个安全方面的重要应用。如图 2-28b 所示，它通过摄像头感知前方车辆或路灯，自动调整前照灯照射范围，以确保驾驶员获得良好的视野同时避免对其他驾驶员造成不必要的干扰，提高了夜间驾驶的安全性和舒适性。

（2）听觉交互　听觉技术在提升安全性方面同样不可或缺。声音警示系统能够在紧急情况下发出警告声，提醒驾驶员注意潜在的危险。这种听觉提示在驾驶员注意力不集中或视线被遮挡时，为其提供了额外的安全保障。例如，当车辆检测到前方有障碍物或行人时，声音警示系统会立即发出警报，促使驾驶员迅速采取行动，避免潜在的碰撞事故。研究表明，这类声音警示系统能够显著减少由于驾驶员反应迟钝或注意力分散而引发的交通事故，从而提升整体驾驶安全性。此外，声音警示系统还可以与其他辅助驾驶系统相结合，如车道保持辅助和盲点监测系统，共同构建一个全面的安全驾驶环境。车道偏离预警系统是另一项关键的听觉技术。该系统通过前置摄像头监测车道标线，并在检测到车辆偏离车道时，立即发出声音警告，提醒驾驶员纠正方向；结合振动转向盘的触觉反馈，驾驶员可以迅速察觉到车辆的偏离情况并及时进行调整。研究表明，车道偏离预警系统能够有效减少因驾驶员疲劳或分心导致的车道偏离事故，从而提升行车安全性。通过声音和触觉的双重反馈，系统能够提供更为直观和有效的驾驶辅助。

（3）**触觉交互**　触觉反馈可以增强驾驶员的感知能力，并提高驾驶安全性。丰田普锐斯的智能感应制动系统也是一种典型的触觉反馈技术应用，当车辆检测到前方有潜在碰撞风险时，转向盘会发出微弱的振动，提醒驾驶员及时采取制动措施。这种触觉提示在紧急情况下能够迅速吸引驾驶员的注意力，帮助他们及时做出反应，避免碰撞事故的发生。此外，别克昂科威配备的车道偏离警示系统也采用了触觉反馈技术。当车辆偏离车道时，转向盘会发出轻微的振动，提醒驾驶员注意行车方向。

（4）**嗅觉交互**　嗅觉技术也在一定程度上提升了车内安全性。例如，现代汽车的空气质量监测系统可以检测车内有害气体的浓度，并在超标时发出警报，确保车内空气的清新和健康。多模态交互技术的运用显著增强了现代汽车座舱的安全性。

3. 归属需求与社会维度

归属需求是指人类对社交和归属感的需求，强调了人类对社交联系、人际关系和社区认同的需求。在汽车设计中，满足这一需求意味着创造一个社交友好、亲密和令人愉悦的车内环境，使驾驶员和乘客感受到归属和社会融合的愉悦。

（1）**视觉交互**　视觉技术通过提供舒适和温馨的车内环境，增强了用户的归属感。一个例子是特斯拉的车载娱乐系统，如图 2-29a 所示，特斯拉汽车配备了大型触摸屏显示屏，不仅提供了丰富的娱乐内容（如音乐、视频和游戏），还允许驾驶员和乘客在车内共享内容和互动。这种设计创造了一个有趣和社交的车内环境，使驾驶员和乘客能够在旅途中享受社交互动，增强彼此之间的归属感和亲密感。另一个例子是通用汽车的 OnStar（安吉星）系统。如图 2-29b 所示，OnStar 系统不仅提供了车辆追踪和紧急救援等功能，还通过提供 24 小时客户服务和车载 Wi-Fi 等功能，为驾驶员和乘客创造了一个安全、便利和舒适的车内环境。驾驶员和乘客可以通过 OnStar 系统与家人和朋友保持联系，分享旅途中的喜悦和挑战，从而增强彼此之间的社会联系和归属感。

a) 特斯拉车载娱乐系统　　　　　　　　　b) OnStar 系统

图 2-29　特斯拉车载娱乐系统及通用汽车的 OnStar 系统

（2）**听觉交互**　除了前文中介绍的音乐、语音、警示音外，许多汽车企业推出了智能座舱语音助手，如蔚来的 NOMI、理想的理想同学、小鹏的小 P 等，这些语音助手在车内提供车机控制和娱乐信息控制等功能。蔚来汽车的 NOMI 智能助理便是从感性需求出发的典型实践。NOMI 不仅仅是一个技术功能的展现，更是对车与驾驶员互动关系的重新定义。它通过拟人化的设计和互动，不仅提升了驾驶安全性，还丰富了驾驶员的情感体验，从而将一辆汽车转化为一个有情感的伴侣。这种设计充分展示了在产品设计中融入用户感性需求的重要性。

（3）**触觉交互**　触觉技术在提升社交体验方面的应用不仅局限于座椅和转向盘，还延伸到了车内的中控系统。特斯拉 Model S 的中控屏幕就是一个很好的例子。首先，它采用了多点触控技术，使得用户可以轻松地进行手势操作，从而提高了用户的交互体验。无论是放大缩小地图、调节音乐音量还是浏览车辆信息，都可以通过触摸屏幕轻松完成，为驾驶员和乘客提供了便利。其次，特斯拉 Model S 的中控屏幕还提供了丰富的娱乐和社交功能，如视频通话和在线游戏等。通过与互联网的连接，乘客可以在车内轻松进行视频通话，与家人朋友进行交流，或者在长途旅行中与其他车内乘客共享愉快时光。此外，特斯拉还提供了一系列在线游戏，为乘客提供了丰富多彩的娱乐选择，增强了车内的社交氛围。这些社交功能不仅丰富了车内的娱乐体验，还增强了乘客之间的互动和联系。无论是与家人朋友的视频通话，还是与其他车内乘客的游戏竞技，都能够促进乘客之间的交流和沟通，增强了车内的社交体验。

4. 尊重需求与感知维度

尊重需求是指人类对自尊和他人尊重的需求。在汽车座舱设计中，通过提供高档、个性化的设计和音响体验和个性化的香氛选择等，以此来营造尊贵的氛围，增强了用户的自尊感和幸福感，体现了对用户个人价值的尊重和重视。

（1）**视觉交互**　视觉技术通过高档的内饰设计和精致的细节，提升了用户的自尊感。例如，宾利添越（Bentley Bentayga）（图 2-30a）作为一款豪华 SUV，其内饰设计可谓是奢华至极。车内采用了最高级的皮革和木材，配以精湛的手工艺，每一个细节都展现出了宾利品牌的尊贵气息。从仪表板到座椅，从门板到中控台，每一处都散发着奢华和尊贵的氛围，使驾驶员和乘客感受到极致的享受和尊重。另一个例子是保时捷 911 的内饰设计（图 2-30b），保时捷一直以来以运动和奢华并重的内饰风格著称，保时捷 911 的内饰设计简洁大方，但在细节处理上依然十分考究，采用了高品质的材料和精致的工艺，使得驾驶员和乘客在车内感受到了优雅和尊贵。这些例子都彰显了汽车内饰设计对用户自尊感的重要影响。精心设计的内饰能够增强用户的自尊感和自信心，提升他们在驾乘过程中的幸福感和满足感。因此，视觉技术在汽车设计中的运用不仅是外观造型的体现，更是为了满足用户对品质和尊贵的追求。

（2）**听觉交互**　听觉技术通过提供高品质的音响体验，增强了用户的自尊感。例如，劳斯莱斯幻影的 Bespoke Audio 音响系统是一款专为每一位用户量身定制的高端音响系统。这一系统通过精密调校，将声音质量和音频效果优化到最佳状态，为每位用户提供了个性化且无与伦比的听觉享受。用户可以根据自己的喜好和需求调节音量、音色和音效，让每一次乘车体验都充满个性和独特性。这种个性化的音响体验不仅展现了汽车制造商对用户需求的尊重和关注，更让每位用户感受到了被重视和被理解的温暖。

a) 宾利添越　　　　　　　　　　　　　　　　b) 保时捷911

图 2-30　宾利添越内饰及保时捷 911 内饰

（3）触觉交互　触觉技术在满足用户自尊感方面也起到了重要作用。豪华车型的座椅设计不仅注重舒适性，还具备了精致的缝线和优质的材料，座椅还配备了智能按摩功能，可以根据用户的身体状况和偏好进行个性化调节，为用户提供极致的乘坐体验和极佳的触觉体验，使得用户在驾驶和乘坐过程中感受到极大的自尊和满足。例如，梅赛德斯·奔驰 E 级轿车配备了高级座椅系统，具有加热、通风和按摩功能，其座椅采用了多区域加热技术，可以根据乘员的需求进行个性化调节，提供精准的温度控制。这种智能座椅设计不仅提供了极致的舒适性，还彰显了用户的尊贵身份和个性化需求，从而增强了他们的尊贵感和满足感。

（4）嗅觉交互　良好的嗅觉体验对驾乘者的情绪和舒适感有着显著的影响。适宜的车内香氛和空气质量管理不仅能提升驾乘者的情绪，缓解驾驶疲劳，还能显著提升整体的乘车体验。通过引入先进的香氛系统和空气净化技术，现代汽车座舱设计能够为驾乘者提供一个更加健康和舒适的车内环境。在尊重需求与感知维度这一阶段，个体需要被认可、被尊重和被重视。通过提供个性化的香氛选择，汽车制造商可以满足用户对独特性和个性化的渴望，让他们感受到被重视和被关注的尊贵体验。林肯大陆和沃尔沃 XC90 等车型通过其先进的香氛系统和空气净化功能，为驾乘者创造了一个宜人的车内环境。其中，林肯大陆配备了创新的"林肯迎宾"系统，能够在乘客进入车辆时散发出清新、自然的香气。香氛系统（图 2-31a）提供多种香氛选择，从淡雅的花香到温馨的木质香，用户可以根据个人偏好，通过中控系统选择和调节香氛的种类和浓度，确保车内始终保持怡人的香气。研究表明，适宜的香氛可以提升乘客的情绪，缓解压力，还能减轻驾驶疲劳。此外，凯迪拉克

a) 林肯香氛系统　　　　　　　　　　　　　b) 凯迪拉克空气质量管理系统

图 2-31　林肯香氛系统及凯迪拉克空气质量管理系统

CT6在嗅觉体验方面也有出色表现，其空气质量管理系统和香氛系统同样处于领先地位。凯迪拉克CT6的空气质量管理系统（图2-31b）能够自动监测车内空气质量，并根据需要进行调节，确保车内始终保持最佳的空气状态。

5. 自我实现需求与思想维度

自我实现需求是指人类在实现自身潜力和价值方面的需求。在现代驾驶体验中，人机交互系统逐渐成为满足驾驶员自我实现需求的一个重要途径。然而，尽管现有技术已经取得了显著进展，智能座舱在人机交互方面仍存在一些局限性。例如，当前的语音识别系统和人工智能助手在处理复杂指令和理解驾驶员的情感需求方面仍有待提高。同时，系统的个性化程度和响应速度也需要进一步优化，以适应不同用户的独特需求和偏好，从而更好地帮助用户达到自我实现的需求层次。尽管存在这些局限性，智能座舱的个性化信息显示功能已经在一定程度上帮助驾驶员实现了自我需求。例如，理想汽车曾推出过一部名为《理想智造·开启未来》的特效大片，旨在展示其智能座舱技术和对未来出行的愿景。该影片以沉浸式体验为核心，通过先进的视觉效果和创新的叙事手法，将观众带入一个充满未来感的科技世界，突显了理想汽车在智能座舱及人机交互设计方面的前沿技术和独特理念。这部特效大片展示了理想L9创新的五屏三维空间交互，把智能车的驾驶、视听和娱乐体验提升到全新的高度。旗舰级的智能空间匹配旗舰级的音响系统，一家人在车里即可享受4D沉浸式影音体验。理想L9的五屏三维空间交互系统允许用户根据个人喜好定制车内的显示内容和交互方式，驾驶员和乘客可以根据自身需求调整娱乐、导航和信息显示，充分实现自我价值。因此，理想L9不仅仅是一辆汽车，更是一个高科技的移动空间。通过前沿技术的应用，如增强现实抬头显示器、智能语音助手和高级驾驶辅助系统，理想汽车为用户创造了一个融合了科技和人性的驾乘环境，这种创新不仅满足了用户对娱乐的需求，更是在心理层面上提供了一种沉浸和放松的环境，有助于用户在忙碌的生活中找到片刻的宁静和自我实现的空间。换句话说，自我实现需求与思想维度并无定式可言，是集大成与高度简化的完美平衡。

汽车中的人机交互设计通过多模态交互技术激发了用户的创造力和自我实现需求。提供个性化、创新的设计和功能选择，满足了用户对自我表达和实现潜力的追求，体现了对用户独特性和个性化需求的尊重和重视。这些多模态交互技术的应用，充分展示了在人机交互设计中融入用户感性需求的重要性。它们不仅提升了汽车的功能性，还在更深层次上满足了用户的情感需求，使汽车真正成为一个融合了科技和情感的"第三空间"。人机交互的应用前景是光明的，越来越多的车辆将智能座舱及人机交互作为主要卖点。其人机交互目标是利用座舱内的硬件和软件，打造一个能够深刻理解驾驶员和乘客需求的"个人助理"。

随着交互需求的增加和技术的发展，多模态交互已成为主流趋势。在未来的发展中，多模态人机交互将朝着以下方向发展：

1）不同模态将会融合，以提高交互的有效性和舒适性。例如，当驾驶员与座舱进行语音交互时，根据语音指令类型的不同，可以在HUD或者仪表盘上显示不同的图形提示，从而增强驾驶员对交互类型的感知。

2）语音交互将得到大力发展，座舱内的语音智能体会更加接近真人。随着自然语言处理技术的进步，语音智能体将逐渐掌握自然的对话模式，理解更复杂的指令，并且能够识别情绪，同时也会具备明确的人格特征。

3）人机交互将开始出现主动交互行为。随着人工智能赋予机器环境感知和自主认知的能力，座舱内的智能体将逐渐具备主动服务的行为，包括驾驶相关的疲劳检测和提醒，以及非驾驶相关的出行目的地服务推荐等功能。

随着用户个性化需求的不断释放，汽车座舱的设计正逐渐从以功能性需求为主转向以"用户体验"为核心。因此，如何打造符合驾乘者特定需求的"千人千面"的智能化体验，成为车企当下智能座舱与人机交互发展的核心方向之一。

2.1.5　智能驾驶中的人机共情

人机共情是指机器在与人类互动时能够理解和回应人类的情感与需求，从而创造更加自然和人性化的互动体验。它不仅可以显著提升驾驶体验，使驾乘者感受到更高的舒适度和安全感，还能通过更加灵活和智能的反馈机制，提高整个驾驶系统的安全性和效率。本节深入分析人机共情的概念及其在智能驾驶中的具体表现，探讨相关技术实现途径，并通过典型案例总结其应用效果。

1. 人机共情概念

共情（Empathy）是一个在哲学和心理学领域广泛讨论的概念，在日常语境中一般指能够站在他人的角度想问题。迈克尔·斯洛特（Michael Slote）把共情定义为："当我们看见另一个人身处痛苦时，我们会在自己身上（不自觉）唤起对他的感觉，就像这种痛苦进入到了我们身体一样。"按照这个定义，共情不仅需要有情感上的体验，还要与他人的情感有所共鸣。共情是对他人情感体验的反应，引发人类的生理反应、情感反应和行为反应。人机共情（Human-Machine Empathy）指的是通过智能系统，使机器能够理解、感知并回应人类的情感和心理状态，从而建立一种更加自然和人性化的互动方式。在智能驾驶领域，人机共情的目标是使车辆不仅能够执行驾驶任务，还能理解和响应驾驶员的情感需求，从而提升驾驶体验和安全性。人机共情不仅仅是技术的实现，更是人类对科技期待的一种体现，即希望机器能像人类一样具备情感智能，能够在人机互动中展现出同理心和关怀。这种共情不仅包括识别驾驶员的情绪状态，如焦虑、愤怒、疲劳等，还包括通过适当的方式进行回应，如调整车内环境、提供建议或直接干预驾驶行为，以确保驾驶安全和舒适。如图 2-32 所示，一个典型例子是《钢铁侠》中的"贾维斯"（Jarvis）。

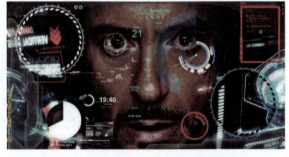

图 2-32　《钢铁侠》电影中的贾维斯

2. 人机共情在智能驾驶中的具体表现

在人机共情的框架下，智能驾驶系统能够通过多种途径实现与驾驶员的情感交互，从而提升驾驶体验和安全性，其具体表现体现在如下 3 个方面。

（1）**情感识别**　通过摄像头和传感器，智能驾驶系统可以监测驾驶员的面部表情、语音语调和生理指标（如心率、皮肤电反应等），从而判断其情绪状态。例如，驾驶员在紧张或疲劳时，系统可以检测到这些信号并做出相应调整。当驾驶员表现出疲劳迹象时，摄像头可以捕捉到眼皮下垂、打哈欠等面部特征，传感器则能够监测到心率减慢或不规则。基于这些数据，系统可以识别出驾驶员的疲劳状态，并采取相应的措施，如建议驾驶员休息或自动切换到自动驾驶模式。这种情感识别技术使得系统能够实时了解驾驶员的状态，从而提供个性化的响应。

（2）适应性响应　根据情感识别的结果，智能驾驶系统可以采取不同的措施来缓解驾驶员的负面情绪。例如，在检测到驾驶员疲劳时，系统可以建议休息或开启自动驾驶模式；在驾驶员情绪激动时，可以通过播放舒缓的音乐或调整座椅位置来缓解驾驶员的紧张情绪；系统还可以调节车内环境温度和灯光，以适应驾驶员的情绪状态。这样的适应性响应不仅提高了驾驶的舒适度，也能有效减少因为情绪波动导致的安全风险。

（3）互动式反馈　智能驾驶系统不仅能被动识别驾驶员情感，还能主动进行情感交流。例如，通过虚拟助手的拟人化界面，系统可以与驾驶员进行对话，提供安慰、建议或提醒，增强人机互动的自然性和亲和力。当驾驶员感到焦虑或沮丧时，虚拟助手可以通过语音对话提供鼓励或建议，帮助驾驶员放松心情。系统还可以根据驾驶员的反馈不断调整和优化其行为，使互动更为人性化和个性化。

滑铁卢大学曹东璞教授团队研究了在元宇宙环境下智能驾驶舱中通过声音调节人类情感的共情机制[109]。通过智能语音助手与驾驶员的互动，可以有效调节驾驶员的情绪，降低驾驶疲劳和焦虑感，从而提升驾驶安全性和用户体验。研究表明，不同的声音类型（如舒缓的音乐、自然环境音等）对情感调节的效果有所不同，并进一步优化了声音调节算法，使其能够更精准地适应驾驶员的情感变化。此研究揭示了在智能驾驶环境下，声音作为一种非视觉信号，能够显著提升人机互动的共情体验，为智能驾驶舱设计提供了新的方向和方法。通过这些途径，人机共情在智能驾驶中得以实现，使得车辆不仅是一个交通工具，更像是一个能够理解和响应驾驶员情感的伙伴。这种人性化的互动方式不仅提高了驾驶员的舒适度和满意度，还显著提升了驾驶安全性，减少了因为情绪波动而导致的潜在危险。

3. 人机共情对智能驾驶的意义

人机共情在智能驾驶中的应用，正逐渐成为提升用户驾驶体验和安全性的重要手段。通过情感识别和响应技术，智能驾驶系统能够测量驾驶员的情感状态，并提供相应的互动支持反馈。具有"共情"能力的智能驾驶系统不仅改善了驾驶员的驾驶体验，还可显著保证行车安全，增强驾驶员对技术的信任和接受度。具体而言体现在以下几个方面。

（1）提升驾驶体验　通过测量驾驶员情感状态，智能驾驶系统能够提供更为个性化的驾驶体验。例如，情感计算与识别技术可以帮助系统根据驾驶员的情绪状态调整车内环境（温度、照明和音乐等），使驾驶过程更加愉悦和放松。智能系统将适时自动做出情绪反馈，可以通过调节座椅、空调和音响系统，为处于疲劳或压力状态的驾驶员创造一个更为舒适的环境。系统在检测到驾驶员的情绪低落时，可以播放其喜欢的音乐或调节灯光以改善其当前情绪。人机共情带来的个性化体验，不仅显著提升了驾驶员舒适度与满意度，更使驾驶过程充满愉悦。

（2）增强驾驶安全　人机共情在智能驾驶中的另一个重要作用是提升驾驶安全性。当系统能够实时监测并识别驾驶员的情绪和状态变化时，可以提前预防潜在危险。例如，在驾驶员疲劳时发出警报，或者在驾驶员情绪激动时进行辅助驾驶干预，这些措施都能够有效减少事故发生的可能性；在驾驶员情绪激动或注意力不集中时，系统进行适时干预（如自动减速或控制车辆），以确保驾驶安全。

（3）促进信任与连接　智能驾驶中的人机共情还有助于建立驾驶员与智能系统之间的技术信任与情感连接。当系统能够理解和响应驾驶员的情感需求时，驾驶员对技术的接受度和信任感将显著提高。同时，情感连接的建立也有助于缓解驾驶员对智能驾驶技术的恐惧和抵触心理，推动智能驾驶技术的普及和应用。具有共情能力的智能驾驶系统可以增强驾驶员对技术的信任和接受度，共情技术使汽车不再是一个冷冰冰的机器，而是一个能够理解和回应驾驶员的共驾伙伴。通过人机共情的应用，智能驾驶系统能够更好地理解驾驶员的需求和情感变化，不仅提升了驾驶体验和安全性，还使智能驾驶技术更加符合人类的需求和期望。情感连接是提升用户体验的重要途径，共情技术使得智能驾驶系统能够感知和响应用户的情感状态，从而提供更贴心、更人性化的服务。智能驾驶系统中的虚拟助理能够通过与用户的对话，在长期使用中形成对智能驾驶系统的依赖。例如，驾驶员在长时间驾驶过程中会产生孤独感，而具有共情能力的虚拟助手可以通过对话和互动，提供情感支持和个性化建议，减轻驾驶员的孤独感和疲劳感，从而在人机互动中建立一种类似于人际关系的情感连接。这种深层次的情感互动，促进驾驶员对智能系统形成情感依赖，增强其对智能系统的好感与信任。

梅赛德斯 - 奔驰的 MBUX 虚拟助理不仅是一款集成了最前沿生成式 AI 技术的智能系统（图 2-33），更是一位深刻理解并预测驾驶员需求的智能伙伴。在 2024 年国际消费电子展（International Consumer Electronics Show，CES）上，这一系统以其独特的人机共情能力，改变了我们对汽车智能交互的传统认知。MBUX 虚拟助理的核心在于其对驾驶员情感的深刻洞察和反应。它通过先进的神经网络

图 2-33　奔驰 MBUX 虚拟助理

语音合成技术，能够以不同的语言表达风格与驾驶员进行情感交流，从而建立起一种超越传统机械交互的情感联系。这种交流不仅限于简单的命令和反馈，更包括了对驾驶员情绪的感知和回应，使得每一次对话都充满人性化的温度。这种人性化的交流不仅提升了驾驶体验，还在个性化服务方面展现了巨大的潜力。MBUX 虚拟助理通过持续学习和记忆驾驶员的行为模式，能够在各种生活场景中提供贴心的建议和辅助。无论是早晨的新闻播放、下班后的按摩程序启动，还是会议前的提醒和电话拨入，MBUX 虚拟助理都能够准确把握时机，主动提供服务，展现出其预测性和情境感知的强大能力。MBUX 虚拟助理的应用案例，不仅展示了人机共情在智能驾驶系统中的重要作用，更为未来智能驾驶系统的发展提供了新的方向，预示着一个更加人性化、情感化、智能化的驾驶新时代的到来。

4. 人机共情技术挑战

虽然人机共情在智能驾驶中具有巨大的潜力和应用前景，但在实际应用中也面临着一系列风险与挑战。在技术上，人机共情的核心在于多模态情感识别和响应，这要求智能系统能够综合处理和分析来自不同感官通道的信息，并做出恰当的情感反馈。然而，目前的

多模态情感识别技术仍存在一定的局限性，这对其在智能驾驶中的应用构成了主要技术瓶颈。具体而言体现在以下几个方面。

（1）多模态数据融合　多模态情感识别需要同时处理来自摄像头、传声器、触摸传感器、心率监测器等多个传感器的数据[110]。这些数据在采集和传输过程中可能会存在时间延迟和不同步的问题，导致融合后的数据不一致，影响情感识别的准确性。不同模态的数据通常具有不同的特性和格式，例如视觉数据是图像和视频、语音数据是音频、触觉数据是压力或温度传感，这些数据需要在时间和空间上进行对齐，以确保情感识别模型能够有效地整合和分析。

（2）情感表达个体差异　不同驾驶员在情感表达上的差异性很大，有些人可能比较外向，情感表达较为明显，而有些人则可能比较内敛，情感表现不易察觉。情感识别系统需要能够适应和学习不同用户的情感特征，这增加了算法设计和训练的复杂度。要构建个性化的情感识别模型，需要收集和分析大量的个体情感数据，这不仅涉及数据隐私和安全问题，还需要处理和存储大量的数据，增加了系统的负担。

（3）训练数据的多样性和质量　情感识别算法需要大量的高质量训练数据来提高其准确性。这些数据必须覆盖各种可能的情感状态和表达方式，但获取和标注这些数据的成本高昂，且在不同驾驶情境下，情感表达的多样性和复杂性也增加了数据采集的难度。如何获取具有足够多样性和代表性的高质量数据仍然是一个重大挑战，数据质量和多样性不足可能导致算法在实际应用中的表现不佳。

（4）实时处理的要求　情感识别在智能驾驶中的应用需要实时处理，这对系统的计算能力和响应速度提出了高要求。情感识别系统不仅需要在短时间内处理大量多模态数据，还必须在毫秒级的时间内做出准确的判断和响应。实时处理的要求进一步增加了情感识别的技术难度和复杂性，需要高效的算法和强大的计算资源支持。目前，系统需要通过并行处理和优化算法来减少延迟，同时确保情感识别的高准确性。

（5）情感识别精度　情感表现形式多样且复杂，不同个体在表达同一种情感时可能有不同的方式。例如，同样的愤怒情绪，有人可能表现为大声喊叫，而有人可能只是表情严肃。这使得情感识别模型需要具备高度的泛化能力，以应对不同情感表现。在实际驾驶环境中，情感识别系统可能会受到外界噪声、光线变化、复杂背景等因素的干扰，例如强光可能导致摄像头捕捉到的面部图像质量下降，而车内的噪声可能影响语音情感识别的准确性。

5. 人机共情伦理界限

（1）人机共情的伦理风险　人机共情的情感感知和交互，促进了人与智能体亲密关系的建立，"想象性知觉"的共情把人类带入不真实的关系中，对人的自主性产生威胁，尤其对老年人和儿童。预先对人机共情的伦理风险进行评估十分必要，这些风险主要集中在自主性降低、情感欺骗和行动力降低三个方面。

1）自主性降低：人对智能机器共情的可能性有助于系统操纵人类的反应，从而让用户更容易、更亲切地与机器人互动。同时，这种单向度的情感关系之所以如此危险，是因为这种关系会对人类社会产生一定的心理依赖，降低人的自主性。自主是人做自己主人的品质，自主性是个体能够独立做出有意义的决策能力，个人的自主性是指能够出于自身的原因、动机、欲望做出自己的选择。人对智能机器的情感刺激进行响应，自主性存在两种风险：一是智能机器似乎关心人类，在情感认知上容易带来欺骗的伦理风险，导致人的行为被操纵；二是高估智能机器理解人类行为的能力，在行动层面降低人的道德自主能力。人机共情技术可能导致人类对智能机器和智能系统的过度依赖，从而降低人的自主性。过度依赖智能系统可能会影响自身认知和社交能力的发展，限制自主决策的机会和能力。

2）情感欺骗：智能机器拟人化的设计和智能驾驶系统的情感识别能力可能引发人类的情感反应，但这种情感交流是单向的，机器并不真正理解或体验情感。这种情感欺骗可能导致对人类的情感操纵和欺骗，使人们误以为智能机器能够真正理解和关怀他们。Turkle[111]在其著作中提到，社交机器人与人类的互动可能给人一种虚假的亲密感，使人们误以为他们与机器之间存在真实的情感连接，这种误解可能导致情感依赖和心理健康问题。

3）行动力降低：人类可能过分信任智能机器和智能系统的能力，从而减少自己的道德判断和决策能力，影响个人的道德自主。过度依赖智能系统进行决策可能削弱个体在复杂情境中的应对能力，降低其批判性思维和道德判断力。Coeckelbergh[112]指出，依赖技术进行道德决策可能导致个体的道德行动力下降，因为他们不再需要面对道德困境和做出复杂的伦理判断，而是依赖技术来完成这些任务。

（2）治理路径 上述伦理风险不仅影响个体的生活质量和心理健康，还可能对社会的伦理价值体系产生深远影响。为了解决人机共情技术带来的伦理风险，学术界提出了四条治理路径，包括道德规范、用户参与、多方引导、提升判断。

1）道德规范：在智能技术的应用中引入道德规范原则。拟人化设计应符合道德期望，避免因文化、性别产生的偏见和歧视。智能机器不仅需要在功能上满足用户需求，还应在设计中体现出对多样性和包容性的尊重。例如，在外观和行为设计上应考虑不同文化背景用户的独特需求和习惯，以确保能够在全球范围内被广泛接受和信赖。

2）用户参与：用户参与自下而上的设计方法。发展具有道德意识的机器人，促进人机良性交互。自下而上的设计方法强调从用户实际需求和体验出发，通过逐步迭代和改进来实现机器人功能和行为的优化。这种方法不仅能更好地满足用户需求，还能通过实际应用反馈不断完善机器人道德行为规范，确保机器人在不同情境下的行为符合伦理标准。坚持用户参与的包容性设计原则，考虑不同文化背景和生活需求，通过用户反馈和参与设计过程，使机器人更具人性化和道德性。例如，在设计过程中邀请来自不同文化和社会背景的用户参与测试和反馈，以确保机器人设计的多样性和包容性。

3）多方引导：多方引导与治理措施。除了在技术设计上采取措施外，还需要通过培养人的道德素养以应对人机共情技术带来的伦理挑战。增强人的共情能力，通过公共教育、家庭引导和社会合作，促进高质量的人机情感互动。其中，公共教育可以通过学校课程、社区活动和媒体宣传等途径，提高公众对社交机器人伦理问题的认识和理解，从而促进理性和负责任的使用；家庭引导则可以通过父母和长辈的示范和教育，帮助孩子正确认识和使用社交机器人，避免过度依赖和情感欺骗；社会合作方面，可以通过政府、企业和非营利组织的合作，推动人机共情技术的伦理规范和标准的制定和实施。

4）提升判断：提升判断能力和自律品质并理性使用。自律能力是一种重要的个人品质，能够帮助个体在面对技术诱惑时保持理性和自律，从而避免过度依赖和滥用技术。通过品格教育和道德实践，可以提高人们对道德素养的认知和理解，帮助他们在使用智能机器时做出更加理性和负责任的决策。

治理人机共情伦理风险需进行跨学科研究，以上路径相辅相成，构建有效伦理治理体系，保障人机和谐共生，为技术可持续发展提供坚实保障。

6. 人机共情隐私与安全

人机共情技术在智能驾驶中的应用需要处理大量的个人数据，包括面部表情、语音语调、生理指标等，这些数据的采集和使用带来了数据隐私和安全问题。这些问题如果处理不当，将对用户的隐私和安全构成严重威胁，进而影响人机共情技术的信任度和普及。为了应对数据隐私和安全问题，必须在技术和法律两方面同时采取措施。在技术上，数据加密、访问控制和匿名化处理等措施是必要的，以确保数据在整个产品生命周期中的安全性。例如，通过使用高级加密标准（AES）对数据进行加密处理，可以有效防止数据在传输和存储过程中被窃取和篡改。同时，采用严格的访问控制机制，确保只有授权人员能够访问和处理数据，从而提高数据的安全性。在法律上，制定并实施严格的数据保护法规，确保数据的采集、存储、使用和共享过程符合伦理和法律标准，保护用户的隐私和权益。

除技术和法律措施外，数据隐私和安全问题还需要从伦理角度进行考虑。数据处理的透明度和用户知情权是保障数据隐私的重要方面。开发者和企业需要向用户清晰地说明数据的采集、存储和使用目的，并在使用前获得用户的明确同意。此外，还需要建立有效的监督和反馈机制，让用户能够及时了解和控制自己的数据使用情况。这不仅有助于增强用户对技术的信任，也能够促进数据处理的伦理化和透明化。

通过技术和法律的双重保障，以及对伦理和透明度的重视，可以在充分利用人机共情技术提升驾驶体验和安全性的同时，有效保护用户的隐私，避免数据滥用带来的风险。智能驾驶与人机共情的伦理界限问题的研究是对其应用中可能出现的伦理风险进行预测和评估并给出治理路径与建议，最终目标是建构智能驾驶中人机和谐共生的"未来第三生活空间"。有效应对"人机共情"中的自主性、情感欺骗等伦理风险及其数据安全问题，不仅有助于提高用户对智能驾驶技术的信任和接受度，也为人机共情技术的可持续发展提供了坚实的基础。

2.2 智能驾驶人机交互技术类型

智能汽车人机交互的三大内涵指的是人机功能交互、人机认知交互以及人机智能交互。在智能汽车人机功能交互方面，随着感知、芯片、AI 等技术的飞速发展，出现了大量新型交互设计与新型驾驶辅助功能，这些新设计和新功能极大地拓展了传统人机功能交互的形态和效能，为用户提供了更愉悦、更安全、更便捷的驾乘体验，但技术使用不当也会导致潜在的负面影响。在智能汽车人机认知交互方面，随着高等级自动驾驶技术的不断发展，人机交互从对驾驶员姿态、语音等显性特征的关注逐渐深入到对驾驶员认知特征的关注，让自动驾驶系统理解驾驶员认知过程乃至脑功能区的认知响应规律，能够更有效地提升交互质量、对齐人机认知并管控潜在风险，支撑自动驾驶系统在风险场景中的接管等关键系统设计。在智能汽车人机智能交互方面，机器擅长计算与存储，而人脑擅长复杂决策，融合机器与人类的智能，能够令人机交互朝着更高层次的智能交互发展，人机共融驾驶与混合智能增强已成为下一代人机交互的研发关键点之一。

在具体技术上，人机交互技术应用的出发点是以人为本，最终目标是使交互完全符合人类的使用习惯，而不只是提高精度和速度。综合 2.1 节的分析可以看到，面向智能汽车的人机交互技术主要包括语音交互、手势识别、头部追踪（包括人脸、眼睛、嘴巴等元素）、虚拟现实、智能助理、情感识别等 6 项技术，本书将在后续章节中就下述技术细节进行详述。

（1）**语音交互技术**　语音交互技术是智能汽车中最为常见且重要的人机交互方式之一。通过语音指令，驾驶员可以实现多种操作，如拨打电话、导航、播放音乐等。语音交互技术的优势在于可以保持驾驶员的双手在转向盘上不需要分散注意力操作中控屏幕，从而提高行车安全性。

（2）**手势识别技术**　手势识别技术是近年来在智能汽车中逐渐兴起的人机交互方式。通过识别驾驶员的手势动作，智能汽车可以实现一系列操作，如调整音量、切换歌曲、接听电话等。手势识别技术能够使驾驶员在不触碰任何按钮的情况下完成操作，更为便捷和安全。

（3）**头部追踪技术**　头部追踪技术是一种通过摄像头追踪驾驶员头部动作的技术。通过头部追踪技术，智能汽车可以根据驾驶员的注视方向来自动调整后视镜、车灯亮度等参数，提供更为个性化的驾驶体验。此外，头部追踪技术还可以在驾驶员疲劳或分神时提醒其注意力，并采取相应措施以保证行车安全。

（4）**虚拟现实技术**　虚拟现实技术是一种将虚拟信息投射到驾驶员眼前的技术。通过虚拟现实技术，驾驶员可以获得更多实时信息，如导航指引、交通状况等，而无须偏离视线观察中控屏幕或其他显示器。虚拟现实技术的应用不仅提高了驾驶员的行车安全，还提供了更为沉浸式的驾驶体验。

（5）**智能助理技术**　智能助理技术是一种通过人工智能技术实现语音交互、问答和推荐等功能的技术。在智能汽车中，驾驶员可以通过智能助理与车辆进行对话，获取路况信息、天气预报、电子邮件等内容。智能助理具备快速响应和精准推荐的能力，可以为驾驶员提供了更为智能化和便捷的使用体验。

（6）**情感识别技术**　情感识别技术是一种通过面部表情、声音和生理参数等信息来分析驾驶员状态的技术。通过情感识别技术，智能汽车可以根据驾驶员的情绪状态，调整音乐、照明和座椅等配置，提供更为舒适和人性化的驾驶环境。情感识别技术的应用有助于减小驾驶员的压力和缓解疲劳，提升驾驶安全性。

┃2.3┃ 智能驾驶人机交互安全性标准

智能驾驶人机交互的安全性是指驾驶员一边驾车一边执行交互任务时，系统能够抑制驾驶分心、确保行车安全的能力。与其他人机交互系统不同，安全性是汽车人机交互独有的评价指标。因为汽车人机交互中的常用任务通常都是驾驶次任务（Secondary Task），用户需要一边驾驶一边完成，而又不能对驾驶安全产生显著的影响。而对于手机等设备，用户通常都可以专心操作，不存在次任务，也就不需要评价安全性。换句话说，安全性所评价的不是人机交互系统本身，而是这套系统作为驾驶次任务对于驾驶主任务的影响，需要系统平衡驾驶主任务与次任务的关系。

1. 驾驶次任务与驾驶安全

驾驶分心已被认定为造成行驶碰撞等交通事故的重要因素。根据全球学者不同的研究，驾驶分心所占道路交通事故的比例为 8.3% ~ 29%，驾驶次任务是驾驶过程中最常见的分心活动（68.7%），这几乎与注意力不集中的状况一样常见（71.8%），且远高于看外面的人或事（57.8%）、与乘客交谈（39.8%）、喝东西（11.3%）、吃东西（6.0%）或吸烟（10.6%）[113]。驾驶次任务包括使用免提电话、发送手机短信、使用转向盘按键、使用中控区域按键、用中控屏输入信息、访问网页、玩游戏等。近年来，随着汽车人机交互功能的日益强大，越来越多的驾驶员倾向于使用汽车人机交互系统，而非手机来完成驾驶次任务。以车载导航这一功能为例，2018 年，中国汽车用户中只有 19% 更倾向于使用车载导航系统，而到了 2021 年这一比例上升至 54%[114]。但是，汽车人机交互的功能越来越丰富、屏幕越来越大、信息越来越复杂，都有可能让驾驶分心更加严重。因此，对于汽车人机交互安全性的评价与优化十分重要。

驾驶员的注意力是有限的，如果驾驶员尝试执行任何驾驶次任务，注意力的重新分配都可能会导致驾驶表现的下降。由次任务引起的注意力分心有三种类型，包括视觉分心、认知分心和肢体分心，三种分心的原因与表现见表 2-5。

表 2-5　驾驶员三种驾驶分心的原因与表现

类别	视觉分心	认知分心	肢体分心
原因	视线从道路上移开去观察屏幕或按键	注意力从驾驶中转移到次任务	一只手从转向盘上移开来操作其他设备
表现	无法观察周围的道路环境	驾驶相关的信息处理和记忆检索道变慢	转向盘的控制精度降低
影响	车速降低、车道偏离、突发事件响应变慢	突发事件响应变慢、跟车距腐增加、走错路	车道偏离

（1）**视觉分心**　视觉分心会弱化感知，增加注视时间，并伴有较大的横向车道偏离。此外，视觉分心也会提高驾驶员的警惕性，使他们降低速度并增加行车间距，以补偿他们对潜在突发事件的反应不足。

（2）**认知分心**　认知分心会影响对道路上其他车辆接下来可能行动的预期。许多研究发现，在前方没有车辆或突发事件的简单路况下，认知分心会减少视线分散和车道偏离。然而，认知分心能改善车道保持的发现仍存在争议。有研究提出越线时间（Time-to-Line Crossing）是比车道偏离更有效的指标，这一指标显示出认知分心期间会有更差的车道保持安全性。驾驶时的视觉分心通常比认知分心对驾驶安全的影响更大，并且由于视觉分心而导致的感知障碍会造成相比认知分心更慢的驾驶员反应速度。

（3）**肢体分心**　肢体分心主要影响车辆横向控制能力，并会因为更复杂的身体动作而加剧。虽然肢体分心在学术界的研究相对较少，但它所带来的安全隐患是显而易见的。在实际驾驶过程中，由于一只手要离开转向盘去操作触屏或按键，只能用另一只手单手握持转向盘，这可能会导致控制精度降低，同时如果出现身体的扭转或侧倾，还可能会导致转向盘握持的抖动。

三种类型的驾驶分心所造成的影响是综合的，而且也很难对每一种驾驶分心都进行独立的测量。因此，在对驾驶分心进行客观评价时，通常会选取驾驶表现和视觉需求两大类的指标。驾驶表现的测量指标包括纵向的速度控制、前方车距控制、制动反应时间，以及横向的转向误差、车道偏离、越线时间等。驾驶表现可能由视觉分心、认知分心、肢体分心中的任何一种或几种所导致。驾驶表现一旦出现问题，就可能直接引起交通事故。例如，前方车距太近、制动反应太慢，有可能导致追尾前车，而车道偏离有可能与侧方车辆或道路护栏发生碰撞。视觉需求的测量指标包括眼睛的扫视次数、平均扫视持续时间、最长扫视持续时间、视线偏移时间百分比、视线偏移总时间等。视觉需求主要针对视觉分心，而基本不受认知分心和肢体分心的影响。视觉需求过大是驾驶表现不佳的其中一个原因，但驾驶表现的评价并不能替代视觉需求，原因有两点：①过大的视觉需求是否会导致显著的驾驶表现下降，有一定的随机性，如果只分析后者则可能错过一些潜在的安全隐患；②视线轨迹是驾驶分心成因中最底层的数据源之一，同时也是非常精准细致的数据，对它的分析有利于定位汽车人机交互的设计问题，并做出有针对性的改进。

2. 智能驾驶人机交互安全性评价指标

汽车人机交互评价中的安全性可以拆分为驾驶保持、车速保持、车道保持、突发事件响应、视线偏移、功能限制等二级评价指标。

（1）驾驶保持　驾驶保持是指驾驶员一边执行汽车人机交互系统的任务一边驾驶车辆时，车辆能够维持与无交互任务时相似的驾驶表现的能力。驾驶保持是驾驶表现的一部分，是对器觉分心、认知分心、肢体分心的综合考察。驾驶保持包括纵向的车速保持以及向的车道保持。

（2）车速保持　在日常驾驶过程中，车辆多数时间会基本保持匀速。在车流量较小的道路上，这个车速一般是道路的限速，而在车流量较大的道路上，这个车速一般低于道路限速，为周围多数车辆的共同速度。匀速行驶时，驾驶员的驾驶主任务负荷较小，更适合在这些时间使用汽车人机交互系统。而在加速、制动过程中，驾驶员通常会避免使用人机交互系统。车速保持的能力体现在车速偏差的大小，也就是实际车速与目标车速的平均偏差，即

$$\mathrm{SpDev} = \sum_{t=0}^{T} |V_t - V_0|$$

式中，SpDev 是车速偏差；V_t 是在 t 时刻的实际车速；V_0 是目标车速；T 是交互任务对驾驶保持的影响时间，单位为实际车速的采样间隔时长。需要注意的是实际车速与目标车速的差值应该取绝对值，以避免正偏差与负偏差相互抵消。交互任务对驾驶保持的影响时间会比交互任务的时间更长。它的起点是任务开始的时间，而终点则晚于任务结束的时间，根据经验，可以取到任务结束后的 3s。

图 2-34 所示为某款车型在某次测试中，以 60km/h 为目标车速行驶时的实际车速变化曲线。在无交互任务时，驾驶员可以很好地保持 60km/h 的车速。而在用触屏完成下一曲任务时，驾驶员由于视觉分心无法持续观察车速数字，并由于认知分心无法精确控制加速踏板的行程，导致车速升高。在任务进行 2.5s 时，驾驶员意识到车速的偏差，并开始减速。但即便任务在 5.4s 时已经完成，驾驶员不再有视觉分心，其精力并不能瞬间全部回到驾驶

任务中，因而车速还在以恒定的变化率持续下降。直到 8.5s 左右，驾驶员才开始调整加速踏板，让车速逐渐回归至目标车速。可见，记录任务结束之后 3s 内的数据依然是有必要的。对于那些时间很短、只有一个步骤的简单任务，延后 3s 更为重要，因为在短暂任务时间内，车速的偏差还无法得到足够的积累，偏差峰值往往出现在任务结束之后。

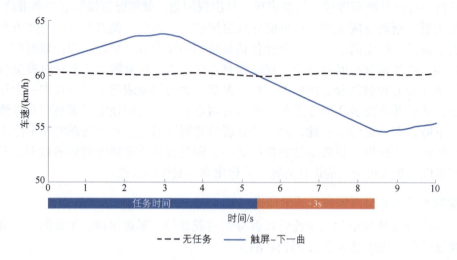

图 2-34   某车型无任务与触屏完成下一曲任务时的车速变化曲线

（3）**车道保持**   在有车道线的道路上，除非驾驶员有意变换车道，车辆都应当在一条车道内行驶，并跟随车道同步地直行或转弯。沿着一条车道行驶时，驾驶员的驾驶主任务负荷较小，更适合使用汽车人机交互系统。而变换车道或穿越路口时，驾驶员通常会避免使用人机交互系统。车道保持的能力体现在车道偏离标准差，也就是车辆实际横向坐标的标准差，即

$$\text{LDSD} = \sqrt{\frac{1}{T}\sum_{t=0}^{T}(d_t - d_{\text{avg}})^2}$$

式中，LDSD 是车道偏离标准差；d_t 是在 t 时刻车辆相对车道中心线的实际横向坐标；d_{avg} 是 T 时间段内车辆的平均横向坐标；T 是交互任务对驾驶保持的影响时间，单位为实际车辆位置的采样间隔时长。车道保持应该考察横向位置的标准差，而不是相对车道中心线的绝对偏差。这是因为驾驶员坐在车辆左侧（右舵车在右侧），而非车辆的横向中心，想判断车辆精准的横向位置是困难的，也就不容易将车辆开在道路的绝对中心线上。只要不出现突然的、预期之外的横向位置变化，即便在车道内稍微偏左或稍微偏右，对交通安全也不会造成隐患。一旦车辆过车辆越过车道线，则有可能与旁边的车辆或道路护栏发生碰撞。但通常汽车人机交互系统并不会让驾驶员产生如此巨大的分心，所以对车道保持的评价一般并不需要考虑这种情况。此外，与车速保持一样，测试车道保持时，交互任务对驾驶保持的影响时间也会比交互任务长约 3s。图 2-35 所示为某款车型在某次测试中的实际横向位置变化曲线。在无交互任务时，驾驶员可以在 0.12m 的位置附近基本驶出一条直线。而在用触屏完成下一曲任务时，驾驶员由于视觉分心无法持续观察车辆位置，由于认知分心无法精确控制转向盘的转角，由于肢体分心使握持转向盘的手发生抖动，结果导致车辆横向位置

不断偏离。在任务于 5.4s 结束后，驾驶员才意识到车道偏离，开始朝反向纠正，并在 8s 时回到了横向位置的平均值。

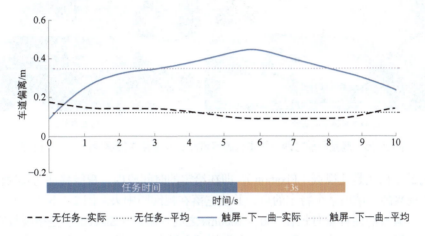

图 2-35　某车型无任务与触屏完成下一曲任务时的实际横向位置变化曲线

（4）**突发事件响应**　安全的驾驶并不仅仅是以恒定速度沿着固定车道行驶。在遇到突发情况时，驾驶员可能需要紧急制动或紧急转向以避免事故，例如，行人突然横穿马路、周围车辆突然变换车道、突然发现道路上有障碍物等。突发事件的响应能力也是驾驶表现的一部分，是对视觉分心和认知分心的综合考察，同时也是对认知分心最直观的考察方法。突发事件响应可以体现为驾驶员的制动反应时间，即从突发情况出现到驾驶员踩下制动踏板的时间。突发事件响应也可以体现为碰撞时间（Time-To-Collision，TTC）。TTC 是指在事件发生的时刻，例如前方车辆紧急制动的时刻，如果被测车辆与前方的目标车辆都按照当前车速继续行驶，将会发生碰撞的时间。在确保不会发生碰撞的前提下，突发事件出现时刻所对应的 TTC 最小值越短，代表驾驶员的反应速度越快，即受到的分心影响越小。TTC 在车辆自动紧急制动系统（AEB）和前方碰撞预警系统（FCW）的测试中经常使用。突发事件响应的评价通常都需要较大的样本量来消除偏差，这在科学实验中是可行的，但在真实产品的测试过程中是非常低效的，所以该指标有时会被舍弃。

（5）**视线偏移**　视线偏移是指驾驶员在操作汽车人机交互系统时，视线离开前车窗外的道路，移动到车内屏幕或按键区域。视线偏移是对视觉分心最直接的考察。在分析视线偏移时，需要将驾驶员前方的视野分为不同的兴趣区域（Area of Interest，AOI）。一般可以设置两个基本的兴趣区域，如图 2-36a 所示，前车窗外的道路场景是一个兴趣区域（橙色区域），车内的中控屏、仪表屏、按键位置是另一个兴趣区域（绿色区域）。在驾驶员操作人机交互系统时，会将视线从道路场景离开，转移到屏幕或按键区域。但考虑到行车安全，驾驶员还会不时地将视线回到道路上，确认驾驶表现没有问题后，再继续注视屏幕或按键区域。所以，驾驶员的视线会在这两个兴趣区域之间反复来回，并且几乎所有的注视点都出现在这两个兴趣区域内。对于一些需要看后视镜的驾驶任务或人机交互任务，有时也会将后视镜位置设置为单独的兴趣区域。在对视线进行精细分析时，兴趣区域可以被进一步细分，例如中控屏可以是一个兴趣区域，而其中的一个图标可以是更小的兴趣区域。不过在考察视觉分心的时候，并不需要将兴趣区域划分得如此精细。

a) 基本兴趣区域划分　　　　　　　　　　　　b) 视线轨迹

图 2-36　驾驶员前方两个基本兴趣区域划分及使用中控屏期间的视线轨迹

视线的最小构成是注视点（Fixation），即在给定的时间段内，视线移动的短暂停留。该停留使眼睛注视兴趣区域内某个特定的点，并使它落在视网膜中央。图 2-36b 中的每一绿点就是一个注视点，典型的注视点时长在 100～2000ms 之间。眼跳（Saccade）是指视线在相邻两个注视点之间短暂、快速的移动。图 2-36b 中相邻两个绿点之间的连线就是一次眼跳。眼跳的最大速度可达 500°/s，而眼跳的距离通常在 1°～5°之间。扫视（Glance）是视线在某一个兴趣区域内的停留，一般包含多个注视点和眼跳。扫视时间（Glance Duration）包括兴趣区域内所有注视点的时间、眨眼时间、这些注视点之间或与眨眼之间的眼跳时间，以及兴趣区域内第一个注视点之前的一次眼跳时间，也就是从前一个兴趣区域到这个兴趣区域之间的过渡时间（Transition Time）。典型的扫视时间在 500～3000ms 之间。如果去除第一个注视点之前的眼跳时间，视线在兴趣区域内的时间称为访问时间（Visit Duration）或者停留时间（Dwell Time）。

视线偏移中两个最重要的评价指标是扫视总时间（Total Duration of Glances）和最长扫视时间（Maximum Duration of Glances）。扫视的兴趣区域是中控屏、仪表屏按键及其周边区域的总和，即图 2-36a 中的绿色区域。扫视总时间是某个具体交互任务导致的视觉分心的总时间。总时间越长，驾驶员不能观察道路情况的时间就越长，所带来的安全隐患就越大。交互任务所造成的扫视通常不是连续的，因此还需考察每一次扫视的情况。最长扫视时间是某个具体交互任务造成的最大一次连续的视觉分心。在单次扫视时间内，驾驶员无法观察自己车辆的行驶情况，导致车道偏离持续增加，也无法关注周围环境的变化，导致难以对突发事件做出响应。所以，2 次 3s 的扫视要比 3 次 2s 的扫视更加危险，虽然它们的扫视总时间都是 6s。在总扫视时间恒定的情况下，尽可能缩短每一次的扫视时间，尤其是缩短最长一次的扫视时间，可以提高车辆的行驶安全性。在最长扫视时间难以测量时，可以考虑用平均扫视时间来代替，但要注意后者的度量标准应该比前者更加严格。汽车制造商联盟（The Alliance of Automobile Manufacturers，AAM）建议，完成一项交互任务所需要的扫视总时间不应该大于 20s，其中每一次的扫视时间都不应超过 2s，即最长扫视时间不大于 2s。AAM 的建议是比较宽松的。在车速 72km/h 时，2s 的扫视也会导致驾驶员在长达 40m 的路段中无法观察道路情况。因此，在设计汽车人机交互系统时，对减少视觉分心的设计不应该止步于达到 AAM 的标准。

（6）功能限制　随着汽车人机交互系统的不断发展，越来越多与驾驶无关的娱乐与生活服务功能进入到车内。其中很多功能需要驾驶员长时间注视屏幕，会造成极大的视觉分心，应该在行车过程中限制使用。例如，在车内播放电影时，必然需要用户长时间注视屏幕来观看，即使不去测量视线偏移，我们也知道行车时播放电影有巨大的安全隐患。功能限制是对那些与驾驶无关的、有巨大视觉分心隐患的功能进行的筛查。在车辆行驶过程中，中控屏、仪表屏上不能出现需要驾驶员长时间注视的功能，包括但不限于观看视频、玩有动态画面的游戏、阅读无优先级排序的长列表（如餐厅菜单、新闻、微博等）。并不是所有的列表都要禁止，因为有些列表带来的视觉分心有限，并且可能是驾驶过程中的必需内容。有优先级排序的列表不被禁止，例如驾驶员输入文字后，导航系统显示出相关的目的地列表，此时驾驶员通常会选择前几个之一，因此无须长时间注视。长度在两三项以内的短列表也不被禁止，例如车辆设置菜单、系统推荐的有限长度的歌单列表。

3. 智能驾驶人机交互安全性标准

以下将分析每种典型交互模态安全性水平以及优化设计建议，重点集中在中控屏触摸、按键、手势控制及语音控制 4 个方面。

（1）中控屏触摸　可触摸式中控屏是当前汽车人机交互的核心模态，这一地位在几年内是难以被替代的。中控屏有更高的信息传递效率，它可以在一个页面中同时显示多达 20 ~ 40 个不同层级的图标和词组，而驾驶员只需 0.5 ~ 2s 就可以在这个页面中找到自己想去点击的目标。这种信息传递的效率是按键和语音都无法比拟的。但是，较高的信息传递效率也更容易导致更大的驾驶分心，使触屏成为安全性不佳的主流交互模态。与语音、中控按键、转向盘按键相比，触屏的安全性存在以下显著的劣势：

1）触屏影响车速保持，带来的车速偏差比其他 3 种交互模态的平均值高 14%。

2）触屏影响车道保持，与语音控制类似，车道偏离标准差比其他 2 种交互模态平均值高 52%。

3）触屏几乎必然会带来视线偏移，盲操作（包括用余光操作）的可能性不足 5%。

4）触屏有着最长的扫视总时间，比其他 3 种交互模态的平均值高 191%。

5）触屏的平均扫视时间明显高于其他交互模态，比其他 3 种交互模态的平均值高 93%。

通过对触屏硬件及软件方面交互设计的优化，可以改善触屏所带来的驾驶分心。基于随机森林算法的计算，触屏交互设计中可被优化的自变量对于各安全性指标的重要程度见表 2-6，其中，重要性小于 0.07 被视为不重要，从而不会被重点分析（标记为 "—"）。其中最重要的 5 个指标如下：

表 2-6　触屏交互设计自变量的重要性（重要性大于 0.07）

自变量	因变量（评价指标）			
	车速偏差	车道偏离标准差	扫视总时间	平均扫视时间
球面积	—	—	—	0.122
中心距离深度	0.127	—	—	—
水平转动角	—	—	—	0.154
操作步数	—	0.161	0.232	—
操作区域最右位置	0.092	0.081	—	0.078
作区域最上位置	0.089	—	—	—
点击位移量	—	0.125	0.174	—
平均点击图标面积	0.078	—	—	0.146
大图框触点占比	—	0.089	—	—

1）操作步数：操作步数对于车道偏离和扫视总时间都有着显著的影响。一步操作对于车道偏离和扫视总时间都可以达到最低的数值。但在实际交互设计中，一步操作的任务十分罕见。一步操作则意味着这个任务的图标直接布置在中控屏的首页，但是首页的面积是有限的，不可能布置过多的任务图标。对于很多车型而言，首页通常只有一级目录的菜单图标，而没有任何具体任务的图标。而且，中控屏触摸相比实体按键的优势就在于它的图标的位置可以进行变化、实现界面的"折叠"。因此，即便对于常用的基本任务，例如调节空调温度、调节音量，最佳的设计依然是按键，而不一定是在中控屏的首页设计一步的快速图标。两步操作的任务会导致车道偏离的显著增加，但是扫视总时间的增加相对有限。因此，对于常用的任务，最好可以将它们的操作步数设计为两步。两步的任务一般来讲第一步是进入二级目录菜单（如音乐菜单、导航菜单等），第二步则是具体的任务图标。这要求菜单的逻辑结构设计得简单高效，同时比较常用的功能可以在二级目录菜单中设有快速操作，而不需要一层一层地深入下去。

2）点击位移量：即用户在使用触屏实现某个功能操作时，手指从第一步到最后一步在屏幕上移动的总长度。点击位移量与高效性中的三级指标操作位移量相似，但不包括手指从进入屏幕范围到点击第一步之间的距离。点击位移量对于车道偏离和扫视总时间都有较为显著的影响。当点击位移量达到20mm时，扫视总时间显著增加；达到60mm时，车道偏离开始快速增加。对于两步或三步操作的任务，尽量将每一步的图标设计在尽可能相同或相近的位置，从而把手指移动距离控制在60mm甚至20mm以内。这要求中控屏交互设计需要对驾驶员的操作步骤有较强的预判能力，并有针对性地做出设计。对于四步或更复杂的任务，将屏内手指移动距离控制在60mm是非常困难的。那么也最好可以将其控制在240mm以内，以避免过大的车道偏离。

3）操作区域最右位置：即某一交互任务的所有步骤分布在最右侧图标的中心位置在球坐标中所对应的侧向角度 θ。球坐标中侧向角度的测量方法如图2-37所示。操作区域最右位置对于车速偏差、车道偏离、平均扫视时间3个评价指标都有着显著的影响。操作区域最右位置的最优分布是35°~45°之间。过大的角度一方面会导致驾驶员的手臂难以触及非常靠右的位置，从而需要移动身体，这样的操作会导致驾驶员控制转向盘的左手也出现不稳定的动作。因此，超过47°的位置会带来车道偏离的显著增加。另一方面，过大的角度还会导致驾驶员需要将视线大幅向右移动，更远的注视点路径会增加每一次扫视的耗时。平均扫视时间会在操作区域最右位置超过45°后逐步增加。操作区域最右位置小于35°时也会带来观察的困难。这与一般的常识有所不同，并不是中控屏的内容越靠近驾驶员一侧就越容易观察。小于35°带来的平均扫视时间提升可能是因为在中控屏的左侧，驾驶员的视线中不仅有中控屏，还有转向盘的右端、仪表盘的右端，有些车型还会有较为复杂的仪表板或者空调出风口造型，而且它们通常都在不同的平面内，层次错落。这些元素即使不会直接遮挡中控屏左侧的内容，较为复杂的周围环境也会对驾驶员眼睛的对焦带来一定影响，并且两只眼睛中的成像也会有明显的差异。反观中控屏的右侧，它的周围通常只有仪表板。这个区域的元素较为简单，眼睛的对焦更加容易，双眼成像也没有显著差异。

4）平均点击图标面积：即某一交互任务需要点击的所有图标面积的平均值。它对于平均扫视时间有着很高的重要性，对车速偏差也有一定影响。对于平均扫视时间而言，700mm² 是一个非常显著的值。当图标面积不足 700mm² 时，随着图标的增大，平均扫视时间会逐渐减小；而当图标面积大于 $700mm^2$ 时，则不会再对平均扫视时间有显著的影响。由于驾驶员在操作中控屏时，需要通过肩部来控制整个手臂，力臂明显比操作手机时的手指移动更长，因此中控屏上较大的图标可以让驾驶员更加容易寻找，且更加容易点击。对于那些最常用的图标，$700mm^2$ 是一个比较合适的尺寸，例如 $35mm \times 20mm$。更大的图标会影响界面设计美观性与灵活度，同时也不会显著减少视觉分心。对于经常需要在颠簸路面行驶的汽车（如越野车），可以考虑进一步加大图标。

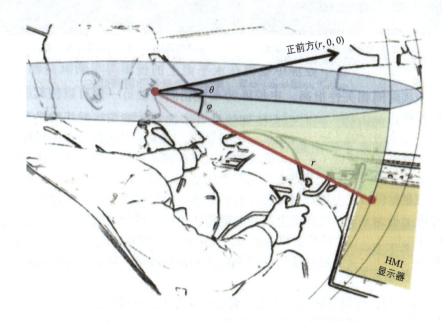

图 2-37　以驾驶员眼睛为中心的中控屏测量球坐标

5）水平转动角：即中控屏中垂线在水平面上的投影与车辆纵向轴心的夹角。它与平均扫视时间相关性很高。中控屏朝向驾驶员一侧，可以使驾驶员更加容易观察中控屏上的内容，同时也会缩短驾驶员点击屏幕右侧图标时手臂的伸展距离。中控屏的水平转动角不可能、也不需要完全正对驾驶员。当转动角达到 7° 时就可以显著降低视觉分心。7° 的水平转动角对于多数汽车内饰设计而言，都是容易实现的。

横竖屏是一个针对中控屏布局广泛讨论的问题。然而，对于驾驶分心而言，这并不是一个重要的问题，因为对于任何安全性评价指标而言，中控屏纵横比在计算中的重要性都不大，可以忽略不计。相比之下，中控屏在球坐标中占据的面积是一个更重要的变量，尤其是对于平均扫视时间。较大的显示尺寸将导致平均扫视时间更长，因为驾驶员很难在巨大的区域中搜索特定的图标。如果将大尺寸的中控屏进行合理的区域划分，可以缩短平均扫视时间。

（2）按键　在分析按键对驾驶分心的影响时，有必要将其区分为功能键与导向键两类，如图 2-38 所示，无论是转向盘还是中控区域，都可能存在这两种按键。

1）功能键：功能键拥有唯一的、固定的功能（例如回到主页、增加音量），并且可以一步完成任务。用户通常不需要根据中控屏或仪表屏上显示的状态来判断如何操作。功能键的表现形式既可以是一个普通的按键，也可以是滚轮或摇杆中的其中一个方向。

a) 转向盘(1–回到主页–功能键–普通按键；2–调整　　　b) 中控区域(1–回到主页；2–调整音量–功能
　　音量–功能键；3–上/下/左/右–导向键–触摸板)　　　　　键–滚轮；3–左/右–导向键–旋钮)

图 2-38　梅赛德斯－奔驰 C 级（2019 年）轿车的转向盘和中控区域的功能键和导向键

　　功能键的操作造成的驾驶分心很小，因而拥有很好的安全性。相比触屏上的图标，功能键的位置是完全固定的，便于驾驶员记忆和寻找，减少了对认知的占用和视线偏移的时间。同时，多数类型的按键（除了无振动的触摸式按键）都拥有明显的触感反馈，也可以帮助驾驶员确认点击的位置以及点击成功与否的状态，减少了视线偏移。当然，如果按键设计得过于密集，也可能会增加驾驶员寻找的难度。但是在当今实体按键越来越少的潮流之下，这种情况很少出现。转向盘上的功能键相比中控区域的功能键安全性更好，这是因为操作转向盘按键时，驾驶员只需移动拇指，无须将手掌离开转向盘，几乎没有肢体分心。同时，只有拇指移动也会更容易凭借触感来定位到目标按键，从而有可能实现盲操作，减少视觉分心。

　　2）导向键：导向键没有固定的功能，而是要配合中控屏或仪表屏上显示的状态来进行操作，例如让屏幕上的光标向上、向下、确认、返回等。导向键的表现形式多种多样，可以是滚轮、摇杆、旋钮、触摸板，也可以是普通的按键。

　　导向键带来的驾驶分心比功能键更大，甚至还有可能比中控屏触摸更大。导向键的使用必须配合屏幕上的状态，也就是说驾驶员必须像使用触屏交互那样长时间注视屏幕，丧失了按键原本的一大优势。此外，使用导向键的过程常常比较烦琐。因此，对于中控屏而言，导向键的存在价值不大，但对于不可触摸的仪表而言，控制其中的菜单还必须使用导向键。中控屏导向键的诞生拥有其独特的历史。20 年前，触控屏技术并不成熟，同时中控屏幕尺寸较小、逻辑结构较为线性，很多汽车企业都设计了自己的导向键来控制非触摸式中控屏，并在当时创造出了优秀的体验，例如早期的宝马 iDrive、奔驰 COMAND 等。但随着技术和理念的发展，继续沿用导向键对于中控屏的交互而言已经不再有任何显著的优势。不过，在保证其他交互模态体验良好的前提下，保留留导向键，给用户多一个选择，也并没有什么不妥。

　　（3）手势控制　目前车载主机上的手势功能包括开屏、关屏、上一曲播放、下一曲播放、接听电话、挂断电话等，常见的手势识别定义见表 2-7。手势检测的算法我们将会在后续章节中介绍。车机主机收到手势状态时，根据当前所在的功能模块，可以做出不同的响应。以多媒体模块为例，可以做出上一曲、下一曲、加音量、减音量、播放 / 暂停的动作；再以蓝牙模块为例，可以做出挂电话、接电话、加音量、减音量、播放蓝牙音乐的动作。对于手上下滑动，手停止在感应器前方不动的状态也可作为其他应用。采用手势识别技术的车机可以使驾驶员更方便对车机进行操作，保障行车安全。手势识别技术通过减少驾驶员在行驶过程中分散注意力的操作，提高了驾驶安全性。传统的车机操作，如调整音量、切换歌曲或接听电话，通常需要驾驶员分神去触摸屏幕或按钮，这无疑增加了驾驶风险。而手势识别技术允许驾驶员通过简单的手势动作就能完成这些操作，无须离开驾驶视线或双手离开转向盘，从而确保了驾驶员的注意力始终集中在道路上。但如果手势识别系统设计得过于复杂，驾驶员需要花费更多的时间和精力去学习和适应，这可能会增加驾驶的难度和复杂度。

表 2-7 常见的手势识别定义

手势运动方向	应用
从左往右	下一曲
从右往左	上一曲
从上往下	关屏、减音量
从下往上	开屏、加音量
手停在中间不动	暂停 / 继续播放
手上下滑动	接听 / 挂断电话

（4）语音控制　在所有交互模态中，语音控制的视觉分心是最少的。在对 2019 年中国市场上的 8 款主流智能汽车的测试中，约 40% 的语音交互任务可以完全不产生视线偏移，即实现盲操作。对于其中较为简单的任务，这一类操作的比例可上升至约 55%。理论上，语音交互似乎应该达到 100% 的操作比例，但在实际使用过程中并非如此。一方面，很多用户在使用语音控制时，习惯于看着一个特定的形象，例如语音助手的类人化虚拟形象或者抽象的动态形象，这种习惯来源于和真人说话时看着对方的眼睛。虽然这种注视本身对于交互没有实际意义，但这确实是人们难以改变的习惯。另一方面，对于某些交互任务，中控屏本身也是语音控制的重要输出设备之一，读取上面显示的信息可以提高交互的效率，增强用户的信任。例如，语音输入导航目的地后的备选列表，用屏幕显示就比一条一条朗读更加高效。此外，当用户说出指令而交互系统没有立即用声音回复时，用户还可以根据屏幕上的显示，判断系统是正在处理还是没有听到自己的指令。对于较为复杂的任务，例如层级很深的任务以及需要输入具体文字的任务，语音控制相比其他交互模态通常步数更少、速度更快，使得各类驾驶分心的总时间较短，这可以有效避免车速偏差和车道偏离的不断累加，也可以减少视线偏移的总时间。

语音控制并不是没有缺点，它所造成认知分心的程度有时大于其他交互模态，与车内的真人交谈会占用驾驶员的精力，造成认知分心，而与人机交互系统对话所造成的认知分心有时则更加显著。首先，语音控制有一些特定的指令词语，驾驶员需要在没有提示的情况下，刻意地回忆并说出这些指令，例如"把温度调到 ×× 度"。虽然很多车型可以提供更加多样化、自然化的指令，但现阶段语音识别系统的理解力还是不如真人，驾驶员很难不刻意地、完全自然地与它交谈。与此相比，用按键去调整空调温度，驾驶员只需要下意识地点击位置固定的按键即可，几乎不需要占用认知。另外，对于较长指令的输入，驾驶员为了保证识别准确率，需要尽可能做到不间断地一次说完，避免词语的重复以及"嗯""啊"等语气词，这要求驾驶员比平时说话更加集中精力。其他交互模态所造成的各类驾驶分心通常与任务的复杂度成正比，但语音控制所造成的认知分心存在一个相对较高的下限。因此，对一些简单交互任务，语音控制有时无法充分发挥在视觉分心方面的优势，却更加凸显在认知分心方面的劣势。

练 习 题

一、选择题

1.【单选】智驾系统中，哪种技术的融合可以显著提高车辆在极端天气条件下的安全性（　　）。

A. 虚拟现实（VR）与手势识别

B. 自动驾驶系统与激光雷达

C. 5G 通信与传感器（如毫米波雷达、激光雷达）

D. 增强现实（AR）与高感度摄像头及红外成像技术

2.【多选】智能驾驶中人机共情的关键技术包括（　　）。

A. 情感识别　　　　B. 适应性响应　　　　C. 互动式反馈　　　　D. 智能算法与人工智能

3.【单选】SAE J3016 标准定义了自动驾驶的（　　）。

A. 人机交互界面设计标准　　　　B. 自动驾驶系统分级

C. 网络通信协议　　　　D. 车辆动力学性能评估

4.【单选】在汽车座舱设计中，（　　）主要满足用户的生理需求。

A. 自适应照明系统　　　　B. 语音助手

C. 车载娱乐系统　　　　D. 空气净化系统

5.【多选】在汽车座舱设计中，文化因素如何影响人机交互体验？（　　）

A. 提升了专业性的交互效率　　　　B. 提升了视觉和感官体验

C. 关注了对女性操作的便利性　　　　D. 促进了智能化、多功能化的发展

二、填空题

1. 增强现实（AR）技术在智能驾驶中的应用，如城市道路驾驶中，可以将_____、交通信号和动态物件叠加在卫星导航的视野中，提供更智能的驾驶体验。

2. 在设计智能驾驶人机交互界面时，应确保界面布局合理，避免_____驾驶员的注意力。

3. 在汽车座舱设计中，多模态交互技术融合了视觉、听觉、_____、触觉和嗅觉等多种感官，以提供更全面的体验。

4. 在汽车座舱设计中，文化因素对设计元素的选择和功能的布局产生影响，这主要体现在_____和_____两个方面。

5. 相较于单模态交互，_____交互能够传达更丰富的信息，在一些特定场景具有很大的优势。

三、判断题

1. 智能驾驶系统目前大部分已经实现了 L4 或 L5 级别的完全自主驾驶，无须人工监控。　　　　　　　　　　　　　　　　　　　　　　　　　　　　（　　）

2. 智能驾驶系统中的人机共情技术主要依赖于摄像头和传感器捕捉驾驶员的面部表情和生理指标，而与驾驶员的语音语调无关。（　　）

3. 智能驾驶系统的人机交互界面设计应充分考虑驾驶员的认知特性和操作习惯。（　　）

4. 马斯洛需求层次理论指出，只有在低层次需求（如生理和安全需求）完全满足后，人们才会追求更高层次的需求（如情感和归属需求）。（　　）

5. 在汽车座舱设计中，转向盘的位置设计仅受技术因素的影响，与文化因素无关。（　　）

四、简答题

1. 结合汽车座舱设计中对感性需求的满足，谈谈你对"以人为本"设计理念的理解，并探讨这一理念在推动社会可持续发展中的作用。

2. 简述智能驾驶中人机共情技术在提升驾驶体验和安全性方面的具体作用。

3. 讨论在智能驾驶系统中，如何平衡系统自动化与驾驶员干预的需求。

五、实训题

1. 请结合感性需求与智能座舱技术，设计一款能够体现爱国情感和民族自豪感的汽车座舱，并阐述如何通过多模态交互技术实现用户的爱国情感表达。

2. 设计一个面向中国市场的汽车座舱交互系统，该系统需要体现对本土文化的尊重和融合。请列出至少三种设计元素或功能。

第3章　智能驾驶人机交互系统架构设计

本章将详细介绍智能驾驶人机交互的技术架构及整体开发流程。本章也是后面几章的基础，通过学习，读者可以对汽车人机交互架构及开发流程有一个大概的了解，并且可以了解后面几章内容在整体架构及流程中所处的位置。

案例导入：智能驾驶语音识别技术架构

唤醒词识别是一种最简单的语音识别系统。它需要识别出事先定义好的唤醒词语音，对于其他非唤醒词语音需要拒识。我们以"小安，你好！"唤醒词为例，描述一下整个识别系统的技术架构，如图3-1所示。

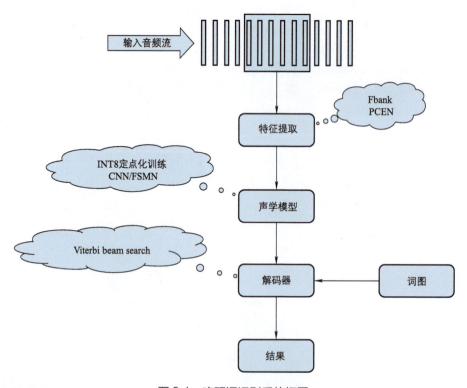

图3-1　唤醒词识别系统框图

　　首先根据输入的音频流截取有效语音部分，对语音提取声学特征，一般采用 40 维 Fbank 特征加上一阶、二阶差分。然后，将声学特征输入到唤醒词训练的声学模型中，计算声学打分。声学模型采用 CNN-DNN 结构，Fbank 声学特征输入模型的时候，左拼 20 帧，右拼 10 帧，网络输入大小即为 $3 \times 31 \times 40$。输入特征首先通过 1 层二维卷积层，卷积输出通道数 256，卷积核大小为 31×5，步长为 1，卷积后接 BatchNorm 和 ReLU 激活函数。然后使用 1 层最大池化层进行降采样，池化窗大小和步长均为 1×4。经过卷积和降采样后的特征大小为 $256 \times 1 \times 9$，再通过 1 层输出通道数 256，卷积核大小 1×9 的卷积层，输出大小为 $256 \times 1 \times 1$ 的隐层特征。然后经过 reshape 操作转换为大小为 256 的二维特征，后接 3 层 512 节点和 1 层 128 节点的全连接层，每层全连接层均使用 ReLU 激活函数。网络输出层是使用 Softmax 激活的全连接层，节点数为输出分类数。

　　模型以音素为建模单元，唤醒词"小安你好"的发音音素序列为："x iao aa an n i h ao"，其中"安"为单韵母音节，为了声韵结构的统一，把"安"这个音节拆分为 aa+an 两个音素。唤醒词一共包含 8 个音素，再加上表示静音 / 噪声的音素 sil，声学模型一共对 9 个发音单元进行建模，输出 9 分类。最后，在由唤醒词和垃圾吸收网络构成的搜索空间上，根据声学打分结果进行 Viterbi 解码，得到识别结果，判断唤醒还是拒识。唤醒词和垃圾网络构造的搜索空间采用如图 3-2 所示的结构，图中把唤醒词拆分为以音素为单位的 HMM 状态序列。如果唤醒词有多发音，则所有发音的状态序列并联构成一个单一入口单一出口的网络。除了唤醒词，网络中还并联了一个可以循环的垃圾吸收单词 filler，用于吸收唤醒词范围之外的语音，实现集外词拒识的功能。单词 filler 的发音为 sil，表示静音或噪声。

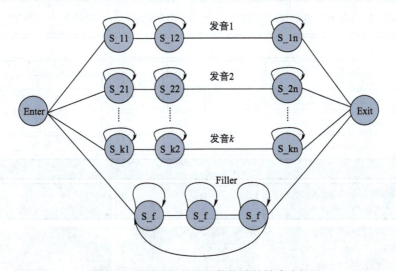

图 3-2　唤醒词和垃圾网络构造的搜索空间

3.1　智能驾驶人机交互系统架构设计

　　面向智能驾驶的人机交互是一个跨行业、多领域技术高度融合的产品。其产业链长、体系结构复杂，而且涉及的技术也很广泛：从芯片到操作系统，从车端到云端，从通信到控制，从驾驶域、控制域到娱乐、导航、音乐等上层应用，从图像传感器到音频传感器，更包含机器学习、深度学习、信号处理等各类算法。因此，人机交互技术架构非常复杂且没有统一标准，在技术规划时需要考虑场景、资源、多方协同甚至法律等多方面因素（后面会详细介绍）。特别是在车端，座舱发展经历了从分布式到集中式多个阶段，其对应的技术架构也在不断变化。

在传统汽车人机交互中，仪表、娱乐、中控等系统相互独立，主要由单一芯片驱动单个功能或系统，通信开销大。随着芯片的运算能力迅速提升，单一可以满足一些域控制器的基本硬件条件，甚至可以满足自动驾驶的算力要求，各大芯片厂商都推出了算力匹配的主控芯片，从而让座舱内的人机交互技术架构往中心式方向发展。中心式架构允许座舱作为单独的域出现，有利于产品的统一性，因此座舱域控制器的发展在一定程度上又代表了人机交互技术架构的发展。本节首先简要介绍人机交互系统的整体架构及其组成部分，然后分车端与云端分别进行详细介绍。在介绍的过程中，本书也会举一些真实的例子，便于读者理解。

3.1.1　人机交互系统架构总览

图 3-3 所示为一个典型的座舱内人机交互技术整体框架，我们可以看到端侧主要包含硬件平台、系统层、框架层以及应用层 4 个部分。

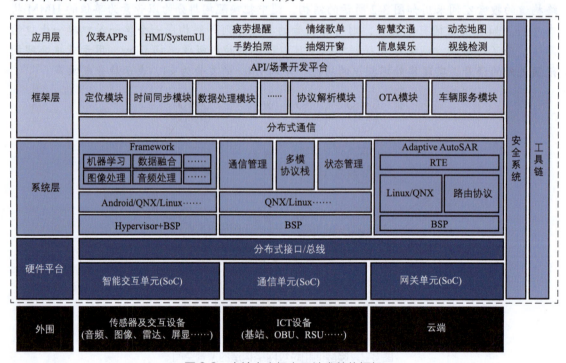

图 3-3　座舱内人机交互技术整体框架

1. 硬件平台

硬件平台包含了智能交互、通信以及网关三个单元。其中通信单元实现互通互联，包含 GSM/GPRS/C-V2X、GPS、WiFi 以及蓝牙等无线连接。网关单元用于保障座舱域内安全可靠的数据传输、内置存储和常用网关接口，包括车载以太网（ETH）、控制器局域网（CAN 及 CANFD）、本地互联网（LIN）和 FlexRay 等接口。通信单元和网关单元属于比较标准的模块，这里不再赘述。对于开发者来说，接触最多的是智能交互单元，因为这个单元主要用于处理各类传感器的感知结果（音频、视频或其他信号），并且在处理后传入处理器进行推理计算。为了确保 AI 算法的高效运行，将会使用多种不同类型的 AI 芯片。本书的第 4 章将专门讲述这类 AI 芯片的相关知识。

2. 系统层

系统层直接运行在硬件之上，用于提供底层的算法、通信、状态管理等服务。一般来说，系统层先是通过虚拟机（Hypervisor）+ 板级支持包（Board Support Package，BSP）的方式实现硬件平台的虚拟化，使得系统软件可以更方便地与不同硬件平台对接。Hypervisor 可以被简单地理解成我们在计算机中使用虚拟机（Virtual Machine），一种可以运行在硬件平台与座舱操作系统之间的中间软件层。在系统层中，还有一个模块叫汽车开发系统架构（Automotive Open System Architecture，AutoSAR），这是一个由全球各家汽车制造商、零部件供应商，以及各种研究、服务机构共同参与的一种汽车电子系统的合作开发框架，并建立了一个开放的汽车控制器（ECU）标准软件架构。许多中国厂商都是 AutoSAR 联盟成员，例如长城、东风、一汽、上汽、吉利、蔚来、宁德时代等。AutoSAR 成立的初衷是通过提升 OEM 以及供应商之间软件模块的复用性和互换性，来改进对复杂汽车电子电气架构的管理。为此，AutoSAR 对应用软件与底层软件之间以及应用软件之间的接口进行标准化，给出一个控制器软件参考架构，而且规范分布式开发流程中的交换格式。这样，整车厂和供应商就可以专注于功能的开发，而无须顾虑目标硬件平台。这样一来，整车和零部件就好比是计算机和外设的关系，它们之间通过标准的 USB 接口来连接。然而在实际应用当中，AutoSAR 还是有诸多限制。例如目前提供 AutoSAR 开发工具链及基础层软件的基本上就是 Vector、Elektrobit（Continental）和 Bosch 三家，由于各家对 AutoSAR 标准的理解和具体实现方式不同，导致其基础层软件在某些方面是不兼容的，这使得应用时的灵活性受到了限制。其次，AutoSAR 的整套工具链价格还是相当昂贵的，特别是对于一些小供应商来说。另外，传统 AutoSAR 用的是静态操作系统，其进程的数量、优先级、内存分配等都是固定的。一旦需要做一个改动，比如添加一个通信信号，都需要重新生成一遍整个 ECU 的代码并刷写，不够灵活。于是人们又开发出了 Adaptive AutoSAR 来满足汽车越来越高的智能化、越来越快的功能和软件更新频率要求。AutoSAR 目前主要用于仪表和车机部分，对于人机交互开发来说，主要关注点在框架（Framework）及通信，因为在这里主要用于提供机器学习、数据融合、图像及音频处理等基础软件开发包（Software Development Kit，SDK）及内部数据通信协议，从而支撑上层感知功能的开发及运行。本书将会在下面用实际例子加以说明。

3. 框架层

框架层基于系统层提供的感知、通信及管理等基础服务，框架层主要是实现座舱不同功能的模块化，用于上层座舱场景的开发。以图 3-3 中的框架层为例，这是一个典型的面向服务的架构（Service-Oriented Architecture，SOA），这种架构既可以实现业务和技术的分离，又可以实现业务和技术的自由组合，为上层的场景开发带来便利。为此，这里还专门基于这些模块提供了场景开发平台，以进一步降低场景开发的难度。对于汽车座舱及人机交互来说，这里的模块除了常用的空中下载技术（OTA）、协议解析等模块外，还可以包含各类感知模块，如情绪感知、行为动作感知、疲劳感知等。场景开发平台可以根据这些感知结果进行具体的场景开发，例如检测到驾驶员轻度疲劳进行语音提醒、检测到抽烟开窗、检测到打电话降低音响音量等。本书的第 7 章将详细介绍人机交互中常见的场景算法及实现。

4. 应用层

应用层就是用户直接体验到的各类场景及功能。常见的人机交互场景及应用已经在本书的第 1 章及第 2 章介绍过，这里不再赘述。除了上面 4 个部分之外，座舱还包含各类外设，例如以摄像头、传声器为代表的舱内传感器，以触摸屏为代表的人机交互设备，还有通信设备以及用于 OTA 及个性化服务的云端等。因此可以看到，当前座舱系统拥有智能化、网络化的特征，同时覆盖端侧与云侧，通过端云一体的方式为座舱用户提供主动、人性化的关怀。

目前座舱内人机交互架构没有统一标准，不同厂商会根据业务、车型及硬件平台搭建不同的架构，下面我们以地平线推出的 Halo 智能座舱解决方案以及斑马智行智能座舱操作系统为例加以说明，方便读者参考。

Halo 是地平线基于其征程系列芯片而打造的智能座舱及人机交互产品，于 2020 年在长安 UNI-T 上首次实现了量产。如图 3-4 所示，Halo 包含了硬件层（车机硬件、各类传感器等外设）、系统平台（HAL+ 驱动）、Android Framework 车机服务、基于 Antares 策略中心的框架层以及最终的交互应用层（包含第三方应用）。除此之外，还有 J2 中的系统与感知软件，这些是后续算法与开发的重心之一。在外设方面，有专门的地平线云提供相关的 OTA、账号、数据等服务。以手势举例，主要以摄像头（车机硬件）为感知终端，并且将相关的图像信息输入到 AI 芯片中（以 BPU 为核心 IP 的 SoC，本书将会在第 4 章做详细介绍）进行手部区域检测与手势识别，这是因为相关的检测与识别模型均运行在 AI 芯片中。以上流程均是在系统平台与硬件的支撑下完成的。为了方便感知算法的开发与扩展，以上手势识别模型可以在插件化模块中进行集成。另外，手势识别结果及交互指令也会通过决策中心发送给车机服务模块和交互应用模块，用于实现系统音量调节等场景。而在云端，除了常见的 OTA 服务外，还有账号管理、数据安全等服务，并且逐步扩展到个性化服务，用于实现部分场景的"千人千面"特征。

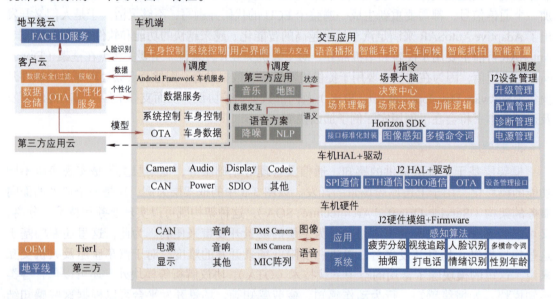

图 3-4　Halo 智能座舱与人机交互架构

斑马智行智能座舱基于 AliOS 打造，在智己 L7 等车型上得到应用。如图 3-5 所示，斑马智行智能座舱架构（又称为斑马智行智能座舱操作系统）是基于 AliOS 打造的一种全新的多核分布融合架构，包含生态娱乐核、安全仪表核、实时自驾核、实时车控核，既有负责安全的微内核，也有宏内核，可同时满足车内不同域的功能隔离和功能安全要求。最后通过 SOA 的框架把多核整合起来成为一个虚拟化的整体大操作系统。在图 3-5 中我们可以看到，该架构分为了三个核（Core），分别是仪表 Core、车机 Core 以及 AI 智能 Core，通过系统级 Fusion 技术将三个核整体融合打通。可同时支持仪表 Core 和车机 Core 的运行。因此，图 3-5 与图 3-3 最大的区别在于：图 3-3 通过不同操作系统（QNX+ Android+Linux）+应用级融合中间件来"拼装"智能，本质上仅是两个系统间的简单"通信"和应用端部分数据融合，而图 3-5 是基于底层操作系统级别的融合，能让汽车内的各个端真正融为一体。另外，图 3-5 中异构融合式的操作系统方案能够充分发挥硬件平台的优势，大幅提升操作系统的流畅性和协同性，这也代表了智能座舱架构未来的发展趋势。下面本书将从车端与云端两个方面分别进行剖析。

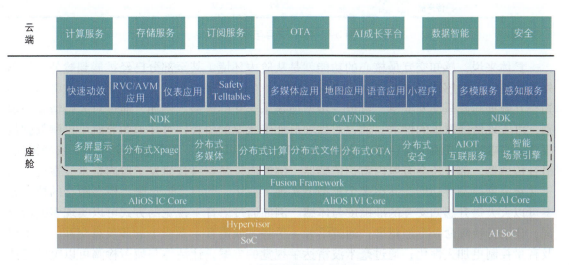

图 3-5　斑马智行智能座舱架构

3.1.2　人机交互车端系统架构设计

从功能的角度看，目前车端交互呈现出了两个功能各异但相互协作的子域——交互娱乐域和交互感知域。在详细讨论前，我们先明确两个经常用到但容易混淆的名词：车载信息娱乐系统（In-Vehicle Infotainment，IVI）和音频视频及导航（Audio, Video and Navigation，AVN）。IVI 是集成于汽车中控台的智能多媒体设备。AVN 是音频、视频、导航集成一体化的车载主机。简单来说，IVI 跟 AVN 都是车载主机的代名词，有诸多重复性的功能，但 IVI 是 AVN 的下一代，更加偏向于车云结合与智能应用。在 3.1.1 节中介绍的应用层中，大部分功能最后都是以 IVI 或 AVN 的方式进行呈现的。图 3-6 所示的娱乐交互中部分功能也是以 IVI 及 AVN 的方式呈现，但随着技术的进步，车端有了更多感知交互方面的扩展，如透明 A 柱、AR-HUD、手势控制、语音控制等。

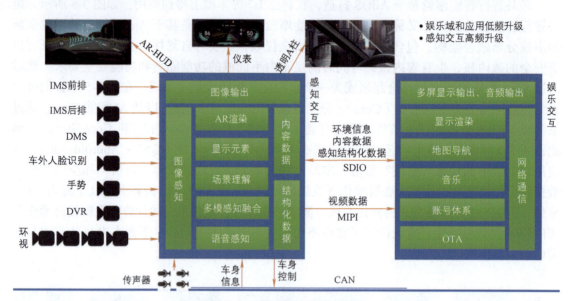

图 3-6   感知交互与娱乐交互

具体来说，感知交互最核心的功能就是从舱内环境（甚至部分已经扩展到舱外，如车外动作控灯）中感知到乘员的交互意图，进而衍生出更多的人机交互功能。通过将部分感知交互数据与娱乐交互共享，可进一步增加娱乐交互的体验。例如，通过对人脸情绪的识别，可实现情绪歌单的推送；通过对驾驶员疲劳状况的监控，可在地图导航中提醒驾驶员服务区、咖啡店或酒店信息等。从图 3-6 中我们还可以看到，目前感知交互主要依赖视觉、语音传感器，部分还会有舱内雷达传感器，例如南京楚航科技研发了舱内毫米波雷达，用于儿童遗留检测等功能，并在多个车型上实现了应用。同时，近年来多模态融合的技术方案可以大大提升感知交互的准确度与体感。例如通过语音 + 视觉的方式可以实现多模命令词，让语音唤醒命令更加精准；通过语音 + 手势（或语音 + 视线）的多模态交互，让车窗及音量控制更加人性化；通过毫米波雷达 + 视觉的方案，让活体与疲劳检测可以突破遮挡等诸多限制，进一步降低误报及漏报。而真正高性能的感知交互还可以根据具体场景推送交互请求，如提供咨询信息、提供车辆状态信息、提供"车对人"的主动交互、降低驾驶员在驾驶过程中的交互负担、改善交互体验等。

从架构的角度看，目前端侧也在不断进行变化，特别是随着人机交互功能与交互模式的升级，不同系统之间的数据交互需求也在升级，目前业界开始探索在底层系统方面的融合创新。以 AliOS 为例，面向智能座舱的 AliOS 是管理仪表、车机、后座屏等座舱元素的分布式操作系统。各个子系统承载不同的任务，也具备不同的应用框架和编程接口。同时，通过基于 SOA 的融合机制，AliOS 分布式系统之间可实现硬件互享、服务互通和应用互动，助力开发者打造极具座舱化体验的产品或服务。但是要真正打破多屏间的物理边界，让感知交互与娱乐交互在不同场景应用中无缝衔接，就需要在操作系统层面具备感知、连接、计算的融合交互的功能。因此，在 2020 年初，斑马智行提出了 AliOS 操作系统演进三部曲战略，即智能车机操作系统、智能座舱操作系统、智能整车操作系统。如今斑马智行已经进入到座舱 OS 阶段，如图 3-7 所示。

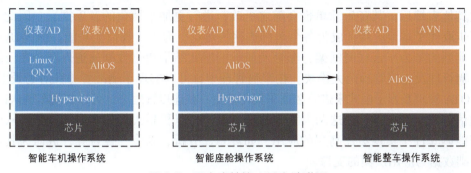

图 3-7　面向座舱的 AliOS 演进图

3.1.3　车 – 云结合的人机交互系统架构设计

为了优化汽车的移动与"第三生活空间"属性，车与万物互联（Vehicle-to-Everything，V2X）已经逐步成为研究与产品热点，让车辆通过传感器、网络通信技术，与周边其他车、人、物联系起来，从而方便分析决策。如图 3-8 所示，V2X 包含车与车（V2V）、车与基础设施（V2I）、车与人（V2P）、车与云（V2N）四方面。

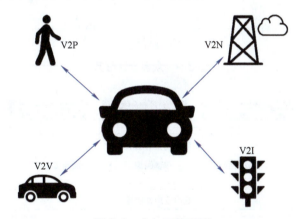

图 3-8　车与万物互联

对于人机交互而言，V2N 尤为重要，一方面部分场景需要与云端连接提供更加优质丰富的内容服务，另一方面部分场景也要通过 OTA 来进行升级与更新，确保系统的稳定性与可靠性。本节将详细介绍车云结合中云端的技术架构以及 OTA 技术的相关内容。最后，本节还会讨论在车云结合中相关的隐私保护与相关法律问题。

1. 云端

在实际应用中，云端会为车辆提供各类服务（图 3-9），因为服务的场景及供应商等不同，这些服务大都独立且分散，因此所对应的架构也有所不同。在本书中，我们主要探讨与人机交互相关的服务。在汽车座舱中，经典的人机交互如手势识别、语音识别、行为动作识别、表情识别、疲劳识别、拍照等大都以离线的方式在本地运行，与云端互联的主要目标是提供基于内容的服务。例如，当识别到疲劳驾驶后，除了警告、开窗、香氛等本地疲劳缓解策略外，还有可能通过云端推送一些音乐、广播、呼叫等服务；当识别到驾驶员开心或其他表情后,其音乐歌单也会随之更改,进行更加个性化的音乐推送。因此,智能车云逐步取代了本地应用,成为各个车厂追逐的热点。为了实现以上功能,图 3-10 展示的是一个典型的华为车云联网框架:车辆及座舱的感知结果通过数据通道入网。在云端主要包含车辆管理及连接管理两大模块。在车辆管理中,可以实现车辆配置(针对场景)、车辆控制、OTA 管理及影子模式来进行数据采集与挖掘;在连接管理中,可以实现车辆认证管理、双向通信监控及管理等。在这两大管理的基础上,可以积累大量的车内外数据,从而在车联网智能体套件中实现更加高层的应用,如规划、分析、画像、警告等,进而为其他平台提供基础数据与应用层面的支撑。

图 3-9　众多云端服务

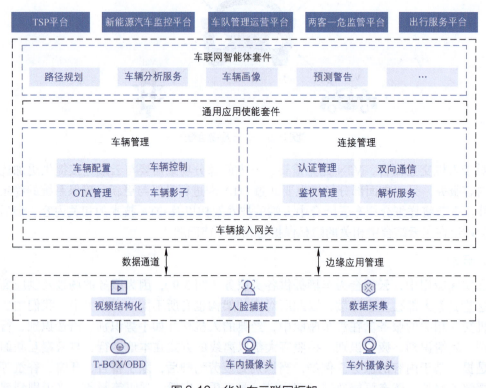

图 3-10　华为车云联网框架

目前来说，车联网云服务目前逐步朝着公有和私有两大方向发展。例如，以特斯拉（Tesla）、蔚来（NIO）为代表的私有云为相应的车主及车辆提供云端及线下服务；以华为、百度等为代表的公有云供应商提供标准及个性化的车联网云服务。其中，华为智能车联网云服务包含了 OTA、数字钥匙以及连接服务。特别是连接服务中，除了基础的可靠性及并发能力上的保证外，还支持多种协议接入、协议插件化，客户灵活定制协议解析规则。百度阿波罗（Apollo）智能车云在业务层面有更多服务，如用户洞察、广告投放、线索筛选、智能场景推荐、驾驶行为分析、售后等。然而，随着移动互联网的发展，部分汽车厂商认识到数据的价值以及隐私保护等问题，要求将车辆、感知及服务数据存储在自己的私有云中，其他计算、业务及场景相关的内容可在公有云中完成，于是开始采用公有云的私有化部署或混合云方案。目前，部分公有云供应商也开始接受这种部署的方式。综上，在开发车云结合相关功能时，开发者可以选择在私有云或本地服务器中实现部分功能开发与调试。在最终量产后，需要考虑云端服务的稳定性、安全性（如通过 ASPICE 认证）以及可靠性。如果自身私有云无法达到以上要求，则可以考虑选择公有云或混合云。

2. 空中下载技术（Over-the-Air Technology，OTA）

空中下载技术是通过网络从远程服务器下载新的软件更新包对自身系统进行升级，包含固件升级和应用升级，从而满足终端厂商的应用管理需求和运营商对入网终端的管理要求。如图 3-11 所示，OTA 可以理解为一种远程无线升级技术。具体来说，OTA 升级可以分为三个阶段，即生成更新包、传输更新包和安装更新，整个阶段通过网络通信连接，最终实现终端内存储数据的更新，进而改善终端的功能和服务的技术。OTA 技术最早应用在个人计算机上，后来广泛应用在移动通信行业，近几年才开始在汽车行业里广泛应用。

图 3-11　OTA 技术原理

OTA 可以让汽车在已经离厂并且服役中的状态下，能通过互联网从远程进行系统升级，以达到功能更新或是漏洞补救的目的，从而让车企可以进行车辆的远程诊断、大数据等应用，快速修复系统故障，并增加新的功能。OTA 对于人机交互尤为重要，这是因为各类算法在出厂前虽然做了充足的测试，但依然不能确保可以涵盖所有的场景，在这种情况下，通过 OTA 来发现问题并升级算法模型，可以更好地提升座舱内人机交互场景的用户体验。

另外，OTA 还可以对部分场景实现"千人千面"，提供更好的个性化服务。

汽车 OTA 升级分为固件在线升级（Firmware-Over-The-Air，FOTA）和软件在线升级（Software-Over-The-Air，SOTA）两类，前者是一个完整的系统性更新，后者是迭代更新的升级。具体来说，FOTA 指的是给一个车辆设备、ECU 闪存等下载一个完整的固件镜像，或者修补现有固件，更新闪存，是一个完整的软件安装文件（镜像）下载的过程。SOTA 指的是通过无线网络或移动网络将文件从云端服务器下载到车辆上。SOTA 一般作为一个"增量"，整车企业仅发送需要更改的部分，在减少下载的数量和时间的同时，降低了成本和失败的可能性。软件增量文件和对应于车辆的安全凭据被称为"更新包"，更新包中可能包含多个增量文件和多个 ECU 的补丁。综上，SOTA 对整车的要求较低，由于影响范围有限，且大多是娱乐系统，稍微高级点的 ECU 接一个 4G 网卡就可以实现简单的应用升级。但 FOTA 的实现（一般需要进行固件更新的都是高阶复杂的 ECU）往往涉及整车重要的控制器，包括车身、动力和自动驾驶系统，整车要求较高。

图 3-12 所示为 OTA 架构，主要包括五部分：OTA 管理平台、OTA 升级服务、任务调度、文件服务、任务管理。待升级的软件包一般由设备软件供应商提供，给到 OTA 服务营运方。软件包包括要更新的内容，被放在 OTA 云端服务器上开始交互。车端通过 4G/5G 网络与云端进行安全连接，并且将全新的、待更新的固件安全地传输到车辆的车载智能终端（T-BOX）。而之后的升级过程，主要由 OTA 升级管理程序（OTA Manager）和升级代理程序（Update Agent）完成。

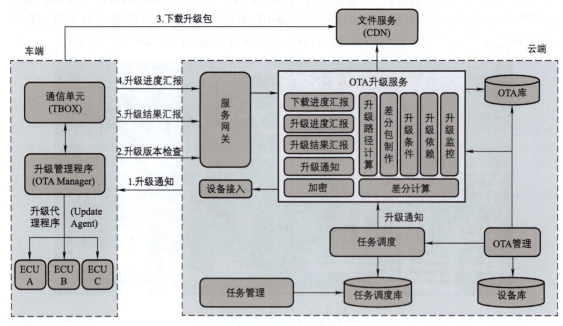

图 3-12　OTA 架构

（1）OTA Manager　OTA Manager 是整个更新的核心，它负责连接车辆与 OTA 云平台的管理程序，管理车辆所有 ECU 的更新过程，它控制着将固件更新分发到 ECU，并告知 ECU 何时执行更新（在多个 ECU 需要同时更新的情况下尤为重要）。OTA 升级任务下发到车辆后，升级管理程序也必须判断车辆条件是否符合。对于不符合条件的车辆，升级管理程序必须中止升级任务并上报给云平台，升级完成后，也要上报云端（图 3-12 所示的步骤 4 和 5）。OTA 升级还需要能够灵活定义升级的具体范围、升级时机、升级内容、提示事项、失败后给用户的失败处理提示，从而提升大规模升级中的运营效率和运营体验。另外，它实现了端云的安全通信，包括协议通信链接管理、升级指令接收和升级状态发送、升级包下载、升级包解密、差分包重构、对升级包进行合法性验证，还包括密钥证书管理服务、数据加密服务、数字签名服务等功能。

（2）Update Agent　Update Agent 是为了兼容不同的车内通信网络和通信协议（包括CAN、以太网）以及不同品牌车型的接口差异而进行封装适配的部分。应对不同的安全等级的域控制器（动力系统域、车身系统域、智能座舱域、自动驾驶域）的多个 ECU，不同ECU 有不同版本的软件，升级先后次序、依赖关系也各不相同。升级代理程序提供了统一接口，由 OTA 厂商负责实现接口，完成接口和业务逻辑的适配。

OTA 直接影响到用户的使用体验，是一个集技术与运营的复杂工程，需要考虑各方面因素。OTA 实操过程中部分需要考量的因素见表 3-1。最后需要强调的是，OTA 虽然是间歇性的，但也是长期性的。要确保这项工作能够安全、稳定、高效运行，OTA 云平台要至少要包含升级模型管理、升级包管理、升级任务、升级策略以及日志管理功能。

表 3-1　OTA 实操过程中部分需要考量的因素

考量方面	具体因素	详细描述
安全	升级文件	保证升级文件被安全下载到车辆；升级文件不被恶意替换掉；升级文件来自于车企自己的云端
	下载过程	软件更新内容需要认证与加密（标识密钥技术），以保证数据在传输过程中不被仿冒和窃取
	刷写过程	硬件上需专门的安全芯片进行校验、解码，一旦检测到安全芯片中的数据存在安全风险，数据自动销毁；通过汽车功能域隔离，划分不同 ASIL 等级，通过冗余设计保证整车的功能可靠性；通过安全启动来保证可信软件在 ECU 上加载启动运行；采用并行独立的 OTA 路径
鲁棒性	传输过程	外界干扰或者其他因素导致刷写异常或者中断，车载 ECU 必须支持软件回滚、断点续传、丢失重传等处理机制
	刷写过程	处理刷写过程断电、刷写失败、刷写后不兼容等，防止车机变砖
升级速度	下载速度	4G/5G 网络下载；减小包大小；采用静默预下载等逻辑
	刷写速度	刷写过程特别涉及动力域传统 ECU 的刷写，是通过 CAN 进行安装包分发的。由于 CAN 传输速率很低，且 CAN 总线负载率要控制在 30% 以内，因此在带宽允许的情况下，尽可能采取采用并行刷写模式，选取刷写时间最长的节点优先处理等设计原则减少 OTA 升级时长

3. 隐私保护及相关法律

在车云结合中，难免会产生各类数据交换、存储、分析以及商业化利用，而在这个过程中，相关的隐私保护已经成为当前人机交互领域的核心关注点之一。其中最主要的原因是座舱中主要使用摄像头及传声器来进行各类感知，部分数据还可能会被用于用户画像及行为分析，从而通过云端推送来实现"千人千面"的个性化服务。另外，由于深度学习的自身局限，需要依赖大量的数据进行模型调优，采集并挖掘实车数据成为算法高效迭代的重要途径之一。本书不赘述各类企业的做法及相关讨论内容，主要介绍国内在法律层面的进展，相信随着监管环境的变化与用户数据隐私意识的觉醒，智能汽车过度收集用户数据并滥用的乱象将在未来一段时间内大量减少。

2021年5月12日，国家互联网信息办公室与有关部门起草了《汽车数据安全管理若干规定（征求意见稿）》（以下简称"征求意见稿"）。征求意见稿对部分数据的收集及存储都做出了严格规定，例如明确和限制了车企可收集的用户数据的范围，此外征求意见稿中的诸多条款也增强了用户对其被收集信息的掌控力，将数据处置权让渡给用户。在数据收集端，征求意见稿强调，默认不收集原则，除非确有必要，否则每次驾驶时默认为不收集状态，驾驶员的同意授权只对本次驾驶有效。此外，征求意见稿也提出车内处理原则，除非确有必要，否则用户数据不向车外提供。在保护用户数据不被过度收集的情况下，征求意见稿也规定车企必须告知用户收集每种类型数据的触发条件以及停止收集的方式。这一条款将带给用户更多的个人信息支配权。但依据前述条款的原则，车企在保持数据收集正当性的前提下，依然保留了通过用户数据优化产品及算法的空间，在效率与正义之间实现了相对平衡。

2021年6月10日，《中华人民共和国数据安全法》由第十三届全国人民代表大会常务委员会第二十九次会议通过，自2021年9月1日起施行。该法为我国第一部数据安全领域的专门法律，相较于《中华人民共和国网络安全法》则更强调数据安全保护和行业发展并重，相较于《中华人民共和国个人信息保护法》则更关注数据宏观层面的安全和数据处理的规范，为我国网络、信息及数据安全构筑更加全面和完善的法律框架，也标志着我国数据安全全面进入"法制"时代。

2021年8月，《工业和信息化部关于加强智能网联汽车生产企业及产品准入管理的意见》（以下简称《意见》）发布，目的在于加强智能网联汽车生产企业及产品准入管理，维护公民生命、财产安全和公共安全，促进智能网联汽车产业健康可持续发展。《意见》分为总体要求、加强数据和网络安全管理、规范软件在线升级、加强产品管理、保障措施共5个部分、11项内容。其主要内容如下：

1）明确管理范围、强化企业主体责任。《意见》明确管理范围为智能网联汽车生产企业及其产品。智能网联汽车是指搭载先进的车载传感器、控制器、执行器等装置，融合现代通信与网络、人工智能等技术，实现车与X（车、路、人、云等）智能信息交换、共享，具备复杂环境感知、智能决策、协同控制等功能，可实现"安全、高效、舒适、节能"行驶，并最终可实现替代人来操作的新一代汽车。《意见》明确企业应落实主体责任，加强汽车数据安全、网络安全、软件升级、功能安全和预期功能安全管理，保证产品质量和生产一致性。

2）加强数据和网络安全管理能力。在强化数据安全管理能力方面，《意见》明确企业应当建立健全汽车数据安全管理制度，依法履行数据安全保护义务、实施数据分类分级管理、加强个人信息与重要数据保护；建设数据安全保护技术措施，确保数据持续处于有效保护和合法利用的状态，依法依规落实数据安全风险评估、数据安全事件报告等要求；在中华人民共和国境内运营中收集和产生的个人信息和重要数据应当按照有关法律法规规定在境内存储，需要向境外提供数据的，应当通过数据出境安全评估。在加强网络安全保障能力方面，企业应当建立汽车网络安全管理制度；具备保障汽车电子电气系统、组件和功能免受网络威胁的技术措施，具备汽车网络安全风险监测、网络安全缺陷和漏洞等发现和处置技术条件，确保车辆及其功能处于被保护的状态，保障车辆安全运行；依法依规落实网络安全事件报告和处置要求。

3）规范软件在线升级。《意见》明确企业生产具有在线升级功能的汽车产品的，应当建立与汽车产品及升级活动相适应的管理能力。企业实施在线升级活动前，应当确保汽车产品符合法律法规、技术标准及技术规范等相关要求，并向工业和信息化部备案。升级涉及技术参数变更的，要求企业应提前按照《道路机动车辆生产企业及产品准入管理办法》办理变更手续。要求在线升级活动保证产品生产一致性。明确未经审批，不得通过在线等软件升级方式新增或更新汽车自动驾驶功能。

4）加强产品管理。《意见》提出企业生产具有驾驶辅助和自动驾驶功能的汽车产品的，应当明确告知车辆功能及性能限制、驾驶员职责、人机交互设备指示信息、功能激活及退出方法和条件等信息。企业生产具有组合驾驶辅助功能的汽车产品的，还应采取脱手检测等技术措施，保障驾驶员始终在执行相应的动态驾驶任务。企业生产具有自动驾驶功能的汽车产品的，应当确保汽车产品至少满足系统失效识别与安全响应、人机交互、数据记录、过程保障和模拟仿真等测试验证的要求。应当确保汽车产品具有安全、可靠的时空信息服务，鼓励支持接受北斗卫星导航系统信号。

5）完善保障措施。《意见》明确企业应当建立自查机制，发现产品存在数据安全、网络安全、在线升级安全、驾驶辅助和自动驾驶安全等严重问题的，应当依法依规立即停止相关产品的生产、销售，采取措施进行整改，并及时报告。工业和信息化部指导有关机构做好智能网联汽车生产企业及产品准入技术审查等工作，各地主管部门要与相关部门协同配合，按照《道路机动车辆生产企业及产品准入管理办法》有关要求，做好对《意见》落实情况的监督检查。工业和信息化部将加快推动汽车数据安全、网络安全、在线升级、驾驶辅助、自动驾驶等标准规范制修订，并鼓励第三方服务机构和企业加强相关测试验证和检验检测能力建设，不断提升智能网联汽车相关技术和网络安全、数据安全水平。

3.2　智能驾驶人机交互系统功能开发

从用户的角度来看，智能的人机交互是由一个个的场景组成的，例如在车内吸烟会自动开车窗与空调，在车内打电话会自动降低车内音响音量，在疲劳驾驶的时候会自动提醒与主动关怀等。而在人机交互开发过程中，也是从一个个场景开始设计、开发与测试的。在本节中，我们将会详细介绍人机交互的场景开发流程及开发工具。

3.2.1　人机交互系统开发流程

1. 开发流程

图 3-13 所示为座舱内人机交互场景的整体开发流程，一共包含 7 个步骤。

| 场景定义 | UE/UI设计 | 平台搭建 | 开发 | 测试 | 部署 | 维护 |

图 3-13　场景整体开发流程

1）场景定义：明确了场景面向的群体（驾驶员、乘客、儿童、老人、婴儿等）以及想要解决的问题。场景一般包含了时间、地点、人物、事件任务、情境等元素，作为座舱内人机交互开发的第一步，有着独特的指导意义。在场景定义中，不但要充分析要解决的问题，还要考虑软硬件平台、技术可行性等各方面因素，最后定义出合理的场景。对于一些比较复杂的场景，可以分为若干个小场景分别展开。以 DMS 中的疲劳检测为例，可以按照算法难易程度及出现频次来开发实现轻度疲劳检测（打哈欠），中度疲劳检测（中高频眨眼、眯眼呆滞等）及重度疲劳（长时间闭眼等）。

2）UE/UI 设计：用户体验（User Experience，UE）设计主要是针对上面定义的场景进行更加具象化的设计，以交互为主、设计为辅。它关注用户使用前、使用中、使用后的整体感受，包括行为、情感、成就等各个方面。UE 注重座舱系统与驾驶员、驾驶员与乘客、乘客与座舱系统的双方互动，在思维上要考虑更周全、缜密，以用户为中心。需要深入到需求分析阶段，站在更高的层面上去思考如何在动态变化的过程中找到两者的连接和契合之处，从而使整个产品能够在完整的场景下增强用户体验。通常情况下，UE 的重要性在一定意义上与产品经理并驾齐驱，需要做好对产品设计的把关工作。与之不同的是，用户界面（User Interface，UI）主要面向用户使用界面的视觉设计，负责相关场景中的图形、图标、色彩搭配等，致力于打造产品的美感、风格、气质等。具体在人机交互中，涉及对仪表盘、车内屏幕展示、提示内容等的设计。在大多数情况下，UI 和 UE 是两个互有交集的概念。UI 是专注于细节的页面交互设计，而 UE 则专注于需求、任务和目标三者的有效实现。在产品工作中，UI 和 UE 都有着不可替代的作用，两者只有与产品经理协同配合，才能打造出界面精美、符合用户使用习惯、提升用户体验的交互产品。

3）平台搭建：主要是进行算法开发平台以及软件开发平台的搭建。其中算法开发平台主要包含了数据管理、数据标注、模型训练及评测、模型的版本管理等功能。软件开发平台核心是感知插件化模块的开发，包括模型输入输出的预处理与后处理等。除此之外，还有回灌测试平台、座舱的台架环境与实车环境等，方便后续进行场景测试与体验。对于刚开始进行人机交互开发的小团队来说，以上平台可以由单独的模型训练机器（带 GPU 的机器）、简单场景开发工具包，以及相应芯片的开发验证板（Development Verification Board，DVB）构成，这种配置可以用于开发简单的座舱演示。但是如果要实现功能量产，则正式的开发平台就必不可少了。

4）开发：主要包含算法开发、感知插件化模块开发以及交互应用场景开发。具体工具以及开发方法，将会在本书的第 7~9 章做详细介绍。

5）测试：这里主要指的是场景功能测试。具体来说，就是对于开发完成的场景进行各类测试，包含压力测试、全量测试、定点测试等，以帮助开发者发现问题，确保交付的场景能够稳定高效运行。本书将会在第 10 章详细介绍这部分内容。

6）部署：这里的部署可以分为两部分，一部分是对于初次开发的场景进行部署，一部分是对已开发完成的场景进行升级。对于前者，通常没有严格的定义，会随着合作模式以及场景的变化而变化；对于后者，通过使用 OTA 的方式进行升级，在极端情况下（如返厂维修），可能会采用 USB 的方式进行升级。

7）维护：在人机交互场景中，维护的方式可以有多种。由于机器学习固有的缺点，并不能完全泛化到所有场景中，因此系统容易在陌生场景中出现误报漏报等问题。对于加入

"用户体验计划"的用户来说，可以尽快反馈以上问题，从而让服务商通过 OTA 等方式来进行系统升级，降低错误发生率。而对于其他用户，以上周期就会拉长，因此需要在客户与服务商之间搭建方便客户反馈的桥梁，从而尽早发现问题并解决问题。

2. 开发团队

为了完成以上流程，一个人机交互场景研发团队往往包含以下子团队：

1）数据团队：负责模型训练及测试相关数据的采集与管理，一般使用网络附属存储（Network Attached Storage，NAS）、移动硬盘以及数据管理平台来进行数据采集及管理。

2）标注团队：负责训练及测试数据的筛选、标注等，一般使用数据标注平台。

3）算法团队：负责算法模型研发及交付等工作，一般使用算法开发平台。

4）工程团队：负责感知插件化模块开发以及交互应用场景开发、工具打磨等工作，一般使用软件开发及场景开发平台。

5）测试团队：负责场景测试及反馈等工作，一般使用测试平台。

在项目初期，以上团队及平台可能会随着项目的变化而变化，但是伴随着交付与量产经验的积累，以上团队及相关平台会逐步趋于稳定。下面，我们着重介绍在开发阶段使用的相关工具，包含 UI/UE 开发平台、算法开发平台、软件开发平台以及场景开发平台。其中对于算法、软件以及场景开发平台及使用方法，本书还会在第 7~9 章做更加详细的介绍。

3.2.2　人机交互系统开发工具

"工欲善其事，必先利其器"。好的开发工具，将会极大方便场景算法，提高应用的开发效率，促进团队之间的沟通与协作，最终体现在人机交互产品的稳定性、高效性及丰富度上。

本节重点介绍 UI/UE 开发平台、算法开发平台、软件开发平台以及场景开发平台的相关概念。图 3-14 所示为以上开发工具的相互关系。具体来说，算法开发平台一般是在云端，主要用于算法模型的相关训练、测试及管理，最终输出该场景的算法模型。软件开发平台靠近 AI 芯片，能够将算法模型在 AI 芯片上顺利部署起来，并且对其推理结果进一步的处理，最终传到车机端。场景开发平台主要是面向于车机端，接收芯片的感知结果，并且根据场景的定义进行进一步的开发，最终实现人机互动，并且将部分互动结果传递给 UI/UE 设计出来的车内显示系统。

图 3-14　座舱内人机交互开发工具及其相互关系

1. UI/UE 开发平台

关于座舱 UI 及 UE 开发，目前市面上已经有较多工具可以直接使用。具体来说，一个好的座舱 UI/UE 开发平台应该至少满足以下要求：

① 可以实现与高级端游相媲美的特效。

②能够稳定且高质量的运行在资源有限的车机系统里。

③符合苛刻的车规级质量标准（功能安全、ASPICE[⊖] 等）。

④能够快速上手并有效提高设计及开发效率。

⑤能够与安卓生态完美整合。

⑥支持多屏互联、支持云端升级。

⑦有丰富的参考案例和组件资源。

⑧经过量产验证。

⑨长期稳定且响应及时的技术支持。

可以看到，以上条件不仅考虑使用体验，还考虑到安全、生态、效率、资源、稳定等各方面因素。如图 3-15 所示，目前国内外有诸多工具可以使用，例如 Unity 是一家进军汽车行业的游戏引擎公司，他们推出了用于汽车人机交互界面的 3D 渲染技术，还与全球最大的半导体供应商恩智浦合作，展示可在恩智浦 i.MX8QuadMax 应用处理器上运行座舱人机交互系统。设计师和开发工程师可以使用 Unity 作为跨设计、原型设计、开发和批量生产的端到端座舱内人机交互图形工具链。Epic Games 公司推出的 Unreal engine enterprise 业务，支持座舱内人机交互界面开发，将新的合作伙伴关系和工作流程结合起来，开发汽车人机交互界面、信息娱乐和数字驾驶体验。而 KANZI 是较早开展座舱内人机交互专业设计工具之一，不仅能够大大缩短智能车载交互界面从设计开发到量产的时间，更能为汽车的数字仪表盘和信息娱乐系统的交互创意提供进一步的延展空间。在车载电子行业可供选择的优秀图形引擎还有 Qt，使用它的人较多，领域广，目前网络上有大量的资料可以参考学习。

图 3-15　一些常见的座舱 UI/UE 设计及开发工具

2. 算法开发平台

算法开发平台主要用于算法研发，特别是深度学习模型的研发。为此，大部分算法开发平台包含数据管理、数据标注、模型训练与测试、模型管理、测试管理等功能。算法开发平台一方面用于提升算法研发的效率，另一方面用于提升算法团队与其他团队（如测试、工程等）之间的工作效率。与传统的"小作坊式"用本地机进行算法开发不同，算法开发平台主要集中在云端，特别是对于集群与任务之间进行有效管理，增加资源利用率，进一步降低算法开发成本。目前市场上有多个算法开发平台可供选择，如华为八爪鱼、地平线艾迪、百度 BML、微软 Azure 等。以华为八爪鱼为例，该平台旨在通过车云协同的能力封装、标注能力、升级的虚拟仿真和安全合规的一站式云服务，协助车企零基础构建自动驾驶跟人机交互开发能力，降低开发门槛。

　　⊖　ASPICE 全称为"Automotive Software Process Improvement and Capacity Determination"，即汽车软件过程改进及能力评定，是汽车行业用于评价软件开发团队的研发能力水平的模型框架。

地平线艾迪（AI Development Infrastructure，AIDI）系统则更加简化了中间的流程，一共包含四大模块（图 3-16）：用于数据管理的 AIDI-Data、用于数据标注的 AIDI-Label、用于模型训练的 AIDI-Model 以及用于测试及问题分析的 AIDI-Issue。通过该平台可以实现从数据采集到场景测试全流程，大大提升了人机交互算法开发效率。

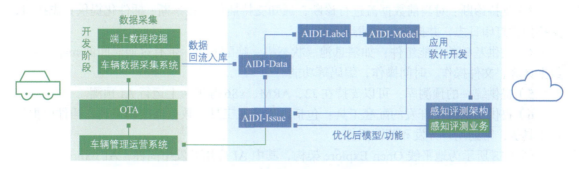

图 3-16　地平线艾迪系统（蓝色部分）

百度 BML 平台为企业及个人开发者提供机器学习和深度学习一站式 AI 开发服务，并提供高性价比的算力资源，助力企业快速构建高精度 AI 应用（图 3-17）。例如其 EasyData 数据管理模块，就提供了包括数据采集、数据清洗、数据标注、数据回流等各数据相关环节所用工具。在模型仓库中，也提供了诸如模型管理、模型转换、模型评估及模型优化相关工具。

图 3-17　百度 BML 全功能 AI 开发平台

另外有一些平台逐步走向开放性，提供各类基础算法模型供不同的场景适配与扩展，例如虹软推出的虹软视觉开放平台、科大讯飞推出的 AI 大学堂以及商汤推出的 SenseAR 开发者平台等。这些平台的特点是面向不同程度开发者提供了较多学习素材，并且有较多 SDK（部分收费）来支持不同场景的扩展与实验。

3. 软件开发平台

软件开发平台在形式上更加类似于机器人操作系统（Robot Operating System，ROS）的编程框架，这个框架把原本松散的模块耦合在了一起，为它们提供了通信架构。软件开发平台本身不是操作系统，而是一个中间件，连接了操作系统跟开发的算法模型与上层策略。这个中间件在应用程序之间建立起了沟通的桥梁，让座舱的感知、决策、控制算法可以更好地组织和运行。因此，软件开发平台至少包含通信框架、开发工具及应用功能三个模块。这三个模块为人机交互开发提供了硬件抽象、底层驱动、消息传递、程序管理、应用原型等机制，整合了第三方工具及库文件，便于用户快速完成座舱应用的建立、编写和整合等。具体来说，软件开发平台主要包含以下几个方面：

1）支持第三方库开发：提供开发接口，可以支持用户进行插件开发，framework 支持插件发布订阅消息，插件与插件之间的消息流程，插件产生数据的序列化和反序列化，支持插件接入自己的配置。

2）提供一套通信接口：可进行进程间和跨平台通信，支持插件接入自己的消息交互逻辑。

3）支持诊断：对当前数据流进行诊断，通知支持插件上报诊断；插件化提供日志接口，支持插件打印日志，并提供日志清理策略。

4）提供基础的功能组件：如消息池、状态机、唤醒 buff、带有过期时间的 map、常用数据计算、文件操作、时间操作，编码等功能。

5）提供统一的预测库：可以支持在 J2、ARM、x86 等平台上运行 AI 预测。

6）提供一套插件开发的配套工具：包括插件开发工具、数据流绘制工具、插件模拟运行工具等，帮助用户开发和调试插件。

图 3-18 所示为地平线 Open Explore 架构，其中 AI 应用开发中间件（AI Express）就类似于上述软件开发平台，包含了 XStream 和 XProto 两套应用开发框架，内置丰富且可复用的算法模块、业务策略模块、应用组件，用于快速搭建高性能的算法工作流。如同搭积木一样，可灵活组合产品算法，高效组成适用于各类应用场景的算法解决方案，全面降低边缘 AI 应用的开发门槛。AI Express 又与下面两个模块进行配合，让整个上层策略开发及部署更加方便：

图 3-18   地平线 Open Explore 架构

1）AI 芯片工具链（AI Toolchain）：覆盖了从算法模型训练、优化和转换和部署到芯片运行模型预测的完整 AI 开发过程，包含模型结构检查器、性能分析器、模型编译器、模型模拟器在内的全套工具。在与 AI 芯片架构的深度耦合下，能够带来性能的显著提升。

2）模型仓库（Model Zoo）：模型仓库开放了三类算法，即产品算法、基础算法和参考算法，充分响应不同合作伙伴的需求。其中涉及人脸、人体、非车等多种类别，具备较高的算法质量和精度，可有效避免合作伙伴"重复发明轮子"，大幅节省算法训练和开发的时间与成本。

如图 3-19 所示，AI Express 由 XStream 开发框架和 XProto 原型框架组成，覆盖算法模型集成和场景应用 APP 开发的全流程。其中 XStream 是一套独立的算法 SDK 编程框架，将预测任务拆分到一系列 Method 中，提供能力将 Method 串联成 Graph，完成基于 Graph 的计算；可以根据不同的业务场景（不同的 workflow），快速生成对应的预测 SDK。XProto

图 3-19　AI Express 功能

是一套独立的原型应用开发框架。该框架将整个应用划分成一系列的 Plugin，各个 Plugin 之间通过消息总线通信，完成了模块的解耦、复用、可扩展等需求。除此之外，AI Express 还包含了各类内置参考解决方案，如人脸结构化、人体结构化、人体行为分析等，可以直接基于这些示例修改，完成上层策略功能开发。因此，AI Express 可以加速从业务模型集成到应用程序的整个开发流程，规避嵌入式 AI 应用研发过程中常见问题，提高交付效率，具体有以下几方面：

1）提高算法模型复用能力：算法模型本身是一个参数和配置文件，在缺乏前后处理等代码加工情况下，无法高效复用。而 XStream 框架支持将算法模型封装为算法 Method，可以快速对 Method 进行算法集成，验证和交付。

2）提高算法模型交付效率：XStream 内置常用检测、跟踪、属性识别等算法 Method，适配同构算法模型。比如内置 Faster RCNN Method 支持适配人脸检测、猫脸检测等，直接替换模型即可以快速进行集成和测试，提高算法人员以及工程人员交付效率。

3）提高策略模块复用能力：通过 XStream 框架式编程方式来约束策略模块实现方式，避免因为策略多样化需求以及多样性实现方式导致策略复用率低的问题。

4）简单灵活的流程式开发：基于两套开发框架以及内置场景解决方案，我们可以快速应付各种场景化需求，进行灵活任务流编排，实现 AI 应用开发。

5）高效的 AI 应用执行效率：对于复杂数据流，XStream 内部的数据驱动调度方案可自动解析 Method 之间的依赖关系，最大程度并行化执行，进而高效利用芯片的计算能力、减小处理延迟。

综上可以看到，以 AI Express 为代表的软件开发平台是对算法推理结果的进一步封装，完成模型的加载、预测及前后处理，从而降低模型集成的成本，并且提供了一整套框架，更加有效利用计算资源。它们与场景开发平台一起，能实现快速场景应用的落地。我们还可以看到，离开了软件开发平台，感知及交互功能开发将会变得非常复杂，感知结果在稳定性、扩展性及高效性方面都会存在问题。因此，在项目初期选择合适的软件开发平台对于人机交互场景开发来说非常关键。

4. 场景开发平台

场景应用开发平台是在算法感知结果输出的基础上提供一套智能交互应用的开发框架，其目的是降低交互场景的开发难度、提高开发效率并提供在车机端（一般是安卓系统）场景功能开发等功能。具体来说，场景开发平台的输出可以作为一个完整的应用，独立在车机系统中完成内置 AI 场景功能，结合车机内的车控、音乐、导航等接口实现一个完整的场景功能。另外，场景开发平台作为应用开发框架，可以提供 SDK 供开发者重载或开发自定义的交互场景应用，完成继承重写场景功能或者使用原始的控制和感知接口完成深度定制化的 AI 功能。最后，场景开发平台可以对外提供封装好的 API 接口，赋能其他应用模块实现具有 AI 功能的应用。在实际开发中，场景开发平台有时候是作为平台单独存在（如地平线 Antares 平台、仙豆智能的 MO.Life 平台），有时是分散嵌入其他平台中，一起对外提供服务（如飞鱼智云中的场景立方）。上面提到的这些平台所针对的场景也互有不同：仙豆与飞鱼平台是针对传统的传感器触发车载场景，如检测到关门信号做一些场景，检测到车内外温度差做一些场景；Antares 平台是针对座舱 AI 感知（视觉及语音）与人机交互场景专门开发的平台。

Antares 架构如图 3-20 所示，是以系统级 Service 形态运行在车机端，此处只截取部分功能进行举例。可以看到，基于这个框架，用户可以进行场景自定义，并且还有较多内置场景可供选择，大大简化了场景开发的难度，并且提升了效率。综上所述，无论是软件开发平台还是场景开发平台，其核心在于封装。通过层层的封装，可以将复杂的接口与常见操作模块化，最终提升整个座舱人机交互开发的效率以及系统稳定性和可扩展性。

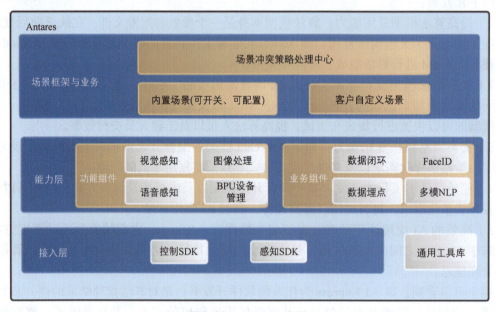

图 3-20　Antares 架构

3.3　智能驾驶人机交互系统开发流程

本节主要介绍舱内人机交互项目管理相关的基础知识，将从人机交互项目管理体系的演变、人机交互研发项目管理流程和注意点等方面进行介绍。为便于读者更好地理解项目管理相关内容，本节将以实际研发管理案例来进行说明。

3.3.1　面向量产的人机交互系统开发实践

项目管理作为一门学科，目前流派和分支众多，呈现出庞杂的体系。2000 年至今，随着计算机软件及互联网高速发展，已经形成了比较完善的软件研发项目管理体系。近几年，汽车智能化成为新兴领域，需求剧增，各路资本、技术及人才争相进入，使得项目管理人员面临更高的要求与挑战。

　　座舱及人机交互项目管理完全从标准项目管理体系中发展而来，其主要推动力来自于近几年 AI 芯片技术突破，使得以自动驾驶为代表的智能化能力得以在汽车行业大规模落地。在方案落地过程中，引发了芯片、AI 算法、软件工程、汽车工程等领域的交叉融合，在学术、技术、流程、管理上都产生了新的变化和发展，这也使得座舱及人机交互项目管理复杂度变高，需要项目经理了解相关各个领域的流程和关键路径（甚至关键技术），才能保证项目目标的高质量达成。

3.3.2　开发团队高效协作方法

　　人机交互功能必然和汽车的整车功能结合在一起，从大的方面来讲要符合整车生命周期，包括上市、售后管理全流程各个节点。在开始介绍具体内容前，先介绍几个汽车行业关联方及其分工构成，以便更好理解后续的内容。人机交互产品定义、研发生命周期内的外部关联方见表 3-2。在整车研发过程中，各关联方必须分工明确、通力合作，才能满足整车上市节点要求。下面将通过一个实际的矩阵分工图来进行阐释。从功能维度，人机交互AI 部分主要分为 DMS 和娱乐相关两部分。DMS 相关主要包括人脸识别、疲劳检测；娱乐相关部分主要包括多模语音、主动关怀、智能车控和手势。人机交互的场景与详细功能见表 3-3。

表 3-2　人机交互产品外部关联方

关联方	产品形态	责任	主要部门
OEM	整车产品，如某品牌汽车	整车产品策划、功能定义、研发、供应商管理、车辆销售、售后维护等	整车产品策划、功能定义、研发、供应商管理、车辆销售、售后维护等
Tier1	一级供应商，直接供应零部件给主机厂。比如底盘 Tier1，车机系统 Tier1，域控制器 Tier1	满足整车节点，向主机厂交付功能定义和质量要求的零部件并维护生命周期售后服务	产品部门、研发部门、测试部门、生产部门、质量部门
软件 Tier1	车机系统软件平台车身软件	结合零部件形态，向主机厂交付符合功能定义和质量要求的软件系统	产品部门、研发部门、测试部门、质量部门
Tier2	二级供应商，通常直接向 Tier1 供零部件。包括硬件 Tier2 和软件 Tier2	结合零部件形态，向软硬件 Tier1 交付符合功能定义和质量要求的软硬件产品	产品部门、研发部门、测试部门、生产部门、质量部门
芯片供应商	严格意义上可以归属到硬件 Tier2 范畴。比如 AI 芯片、主控 SoC、定位芯片等	在符合车规，功能安全和接口的整车要求下，定义整个计算单元的 Roadmap，是整体功能发展的基石	芯片定义部门、IC 研发部门、芯片生产部门、芯片评测部门
AI 算法公司	算法严格意义上可以归属到软件 Tier2 范畴。比如视觉算法供应商、语音算法供应商	结合传感器（摄像头，传声器，雷达）形态向 Tier1 交付高识别率、低误报率的算法软件产品	产品部门、视觉算法部门、语音算法部门、软件工程部门、数据部门、测试部门、IT 工具部门
内容生态提供商	目前主要是互联网公司，如 BAT（百度、阿里、腾讯）	向主机厂提供车联网所需的网络内容服务，比如音乐、地图、视频内容	产品部门、运营部门

表 3-3　人机交互的场景与详细功能

功能分类	场景	场景描述	实现
人脸识别	无感账号登录	车辆启动，人脸关联账户无感登录	SOP
疲劳检测	疲劳驾驶检测	时刻检测驾驶员的状态，识别驾驶员疲劳后主动发起语音交互、播放动感音乐、调节车空调风量、模拟来电、刮水器等策略来缓解驾驶员疲劳	SOP
	分心驾驶检测	驾驶分心提醒、道路路口分心提醒、聊天分神（会判断有没有看后视镜等）	SOP
	干扰驾驶行为检测	在判断驾驶员长时间拿起手机接打电话而没有专心开车时，提醒驾驶员专心开车、注意前方路况，乘客打电话时智能音量调节	SOP
多模语音	特定场景语音识别	通过多模算法提升语音识别的识别率、降低误唤醒率、提升在嘈杂环境下的识别准确度	SOP
主动关怀	上车欢迎候语	通过对乘员的年龄性别识别，在车机启动时给出个性化欢迎语策略	SOP
	情绪抓拍	检测到车内人数大于 1；导航的目的地类型为景点、餐厅、购物中心，导航时间大于 40min；车内检测到的所有对象情绪为高兴，置信度大于 70 时	SOP
	情绪调节	通过对乘员的情绪识别，匹配情绪给出个性化的一些场景推荐及音乐推荐	SOP
智能车控	人脸启动车辆	通过人脸识别到车主信息用于进行车辆的启动	SOP
	智能座椅和后视镜调节	当检测到驾驶员和乘客的身份时，座椅按照上次记录的位置、高度、倾斜度进行调节，后视镜按照之前的记录恢复位置	SOP
	视线点亮车机屏幕	当驾驶员凝视车机达到 1s 时，车机屏幕从熄屏模式点亮	SOP
	乘客打电话时的智能音量调节	当乘客手持手机进行打电话时，主动将多媒体播放的音量调低调，导航播报的音量保持正常；主动关闭车窗，降低噪声干扰，提升通话质量；主动降低空调风速	SOP
	抽烟时的智能车窗和空调调节	当检测到驾驶员或者乘客抽烟时，且当前刮水器没有工作，天气预报没有雨雪天气时，开启车窗，并打开空调外循环	SOP
手势	系统自带手势或自定义手势	控制车机系统翻页/音量/收藏/导航放大、缩小/电话接听挂断等功能；控制车内空调风量/温度等调节；快速抓拍车内照片并保存等	SOP

注：SOP（Standard Operating Procedure）表示标准作业程式。

　　为实现上述所有功能场景，整个系统由车机 IVI、域控制器、AI 芯片、DMS+OMS 视觉算法和语音算法构成，摄像头和传声器通过相关接口接入域控制器，经过 AI 芯片处理，感知结果传到车机 IVI 系统，实现智能交互相关的逻辑控制。

　　表 3-4 所列内容是一个实际的主机厂人机交互研发项目的场景开发分工，由 OEM、域控制器 Tier1、车机硬件 Tier1、车机软件 Tier1 和 AI 芯片算法公司构成，智能交互部分由 AI 芯片算法公司负责定义和研发。各领域项目经理需要按照功能定义和分工进行工作分解结构（Work Breakdown Structure，WBS）功能拆解和排期，厘清系统开发的协作关系和工作量，确保系统的按时交付。

表 3-4　场景开发分工

模块	功能	OEM	域控制器Tier 1	AI 芯片算法公司	车机硬件Tier1	车机软件Tier1
硬件 / 结构	硬件结构设计	—	R	S	—	—
	硬件测试	—	R	—	—	—
DMS/OMS视频显示	产品功能定义	R	—	S	—	—
	本地与远程显示	—	R	S	R	R
AI	场景功能定义	R	—	R	—	R
	语义算法输出	—	—	R	—	—
	语义的后级应用开发	—	—	—	—	R
	感知软件开发	—	—	R	—	—
	DMS FACE ID	—	—	R	—	R
	AI 升级入口集成	—	—	—	R	—
域控制器	电源管理	—	R	—	—	—
	诊断	—	R	—	—	—
	网络管理	—	R	—	—	—
OTA	产品功能定义	R	R	R	R	R
	与升级服务器通信，获取升级包	—	—	—	—	R
	车机上的升级 APP	—	—	—	—	R
	车机上域控升级接口的实现	—	—	R	—	—
	域控制器升级接口的实现	—	—	R	—	—
	域控制器升级	—	R	S	—	—
BSP	车机 BSP	—	—	—	—	R
	域控制器 BSP	—	R	S	—	—
域控制器与车机通信	链路打通，两端的 HAL 层实现	—	R	S	S	R
集成	系统集成	—	R	—	—	—

注：1. BSP（Board Support Package）表示板级支援包。
　　2. R=Responsibility，负责；S=Support，支持。

上面介绍了人机交互研发范围定义和责任分工，接下来继续从整车项目入手来介绍人机交互项目计划。图 3-21 所示为产品维度的计划排期示例，为满足整车厂各节点要求，各关联方制订出与之匹配的计划，包括域控制器 Tier1 和车机硬件 Tier1 的硬件计划，及 AI 算法公司和车机软件 Tier1 制订的软件计划。各关联方通力合作，形成了整个人机交互项目计划。整体计划制订完成之后，各关联方按照项目制，在各公司组织内部立项，形成各专业零部件的研发计划。

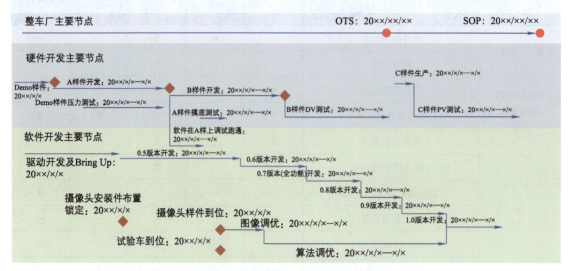

图 3-21   人机交互研发计划排期示例

图 3-22 所示为人机交互研发全生命周期，可以说，人机交互开发过程是软件工程的一个分支，软件开发和测试过程完全可以复用 CMMI 和 ASPICE 流程。这里不同的是，AI 开发过程是以数据进行驱动，数据在开发过程中占据很大的比重。数据相关的过程包括了数据采集、数据标注、数据验收以及训练和测试数据集的构建。本书后续章节会分别介绍人机交互研发过程中的各个技术细节，这里不再展开。

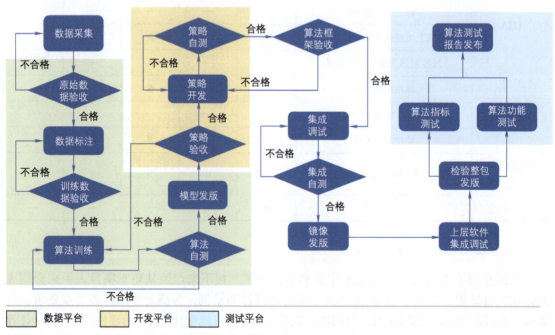

图 3-22   人机交互研发全生命周期

<h1 style="text-align:center">练 习 题</h1>

一、选择题

1.【单选】关于语音唤醒词，下列说法错误的是（ ）。

A. 唤醒词识别是一种最简单的语音识别系统

B. 语音唤醒词不需要事先定义

C. 需要对音频流截取有效语音部分，对语音提取声学特征

D. 唤醒词模型以音素为建模单元

2.【单选】关于人机交互系统架构，下列说法错误的是（ ）。

A. 人机交互系统架构分为端侧和云侧

B. 端侧包含了硬件平台、系统层、框架层以及应用层

C. 在无互联网联接的情况下无法完成人机交互

D. SOA 架构既可以实现业务和技术的分离与自由组合

3.【多选】车云结合的系统架构中，下列说法正确的是（ ）。

A. 与云端互联的主要目标是提供基于内容的服务

B. 经典的人机交互功能大都以离线的方式在本地运行

C. OTA 技术可以理解为一种远程无线升级技术

D. 汽车 OTA 升级分为固件在线升级和软件在线升级两类

4.【单选】下列关于人机交互场景，说法错误的是（ ）。

A. 场景定义明确了场景面向的群体以及想要解决的问题

B. 用户体验设计主要是针对定义的场景进行更加具象化的设计，以交互为主、设计为辅

C. 人机交互是从一个个场景开始设计、开发与测试的

D. UI 与 UE 设计相互独立、没有交集

5.【单选】下列关于地平线艾迪（AIDI）系统，说法错误的是（ ）。

A. 艾迪系统是一套 UI/UE 开发平台

B. 艾迪系统可用于数据管理、数据标注、模型训练及算法测试

C. 艾迪系统可以实现从数据采集到场景测试全流程

D. 百度 BML 与地平线艾迪都是典型的一站式 AI 开发平台

二、填空题

1. 面向量产的人机交互开发团队至少包含_____、_____、_____。

2. 在人机交互架构中，系统层通过_____及_____的方式实现硬件平台的虚拟化。

3. AutoSAR 成立的初衷是通过提升 OEM 以及供应商之间软件模块的_____和_____来改进对复杂汽车电子电气架构的管理。

4. IVI 是集成于汽车中控台的_____设备。

5. V2X 包含_____、_____、_____、_____四方面。

三、判断题

1. AliOS 分布式系统之间可实现硬件互享、服务互通和应用互动。 （ ）

2. 目前来说，车联网云服务目前逐步朝着公有、私有两大方向发展。（　　）

3. OTA 技术是通过网络从远程服务器下载新的软件更新包对自身系统进行升级，包含固件升级和应用升级。（　　）

4. OTA 只能提供公共服务，尚无法提供个性化服务。（　　）

5. OTA 是间歇性及短期性的。（　　）

四、简答题

1. 人机交互场景开发流程主要包括哪几个步骤？

2. 人机交互场景研发团队主要包括哪几个子团队？请简述其职责。

3. 一个算法平台至少要提供哪些服务？

五、实训题

1. 调研我国目前有哪些著名的 Tier1、Tier2 及 OEM。

2. 调研我国面向智能驾驶而制定的相关隐私保护法律条文。

第4章 智能驾驶人机交互系统硬件基础

面向智能驾驶的人机交互是多种硬件技术及模块的集成，如芯片、各类传感器、屏幕和车内娱乐系统（音响、氛围灯等）。对于开发者来说，需要重点掌握计算模块（芯片）与传感器模块（视觉及语音）的相关基础知识。本章首先介绍芯片技术的演化与发展历程，之后分别介绍车载传声器以及车载摄像头两个重要的传感器模组，包括相关类型及安装方式，最后将会介绍基于芯片的硬件设计方法。硬件设计需要统筹考虑场景需求、芯片性能、传感器类型与数量以及传感器接入方式等各类因素，最终设计合理的硬件选型及接入方案。

案例导入：基于地平线征程芯片的硬件接入设计

2019年，地平线推出了中国首款车规级AI芯片J2（征程2代）；2020年，推出新一代高效能汽车智能芯片J3（征程3代）；2021年，进一步加速AI芯片迭代，J5（征程5代）芯片发布；2024年上半年，J6（征程6代）芯片发布。通过高效能的人工智能芯片及解决方案，在智能驾驶、智能座舱及人机交互领域，目前地平线已经赋能包括上汽、长安、长城、红旗、奥迪、广汽、比亚迪、大陆集团、佛吉亚、博世等国内外众多的顶级合作伙伴。本案例主要基于J3来介绍相关的硬件设计方案。J3是地平线第2代车规AI芯片，通过强大的边缘计算能力和软硬件高效协同，能够高效灵活地实现多类AI任务处理，表4-1列举了相关规格参数。

表4-1 J3芯片规格参数

名称	参数
CPU 处理器	4核 Arm® Cortex® A53，主频 1.2GHz
AI 处理器	2核伯努利架构 BPU，算力 5TOPS
外围存储接口	32bit DDR4/LPDDR4 @ 3200MHz 容量最大为 4GB
视频输入输出	3个 MIPI CSI RX 端口，包含 1个 4 lane 数据通道，2个 2 lane 数据通道，每 lane 数据通道支持 2Gbit/s 传输速率 1个 MIPI CSI TX 端口 处理图像格式支持 4096×2160@30帧 支持 4路 YUV 摄像头接入或者 6路 RAW 摄像头接入 1组 DVP 输入，1组 BT1120 输入

（续）

名称	参数
外围接口	2×I2S，3×SPI，4×I2C，4×UART，1×RGMII，2×SDIO
芯片物理规格	车规级认证：AEC-Q100 Grade 2 台积电 16nm 制程 封装：FCBGA484，15mm×15mm，0.65mm pitch

1. 案例：基于 J3 的一体机硬件接入

在一体机的方案中，J3 通过板对板插接器和车机主板连接，以单独的 AI 子板形式存在，通过接入多路摄像头和语音，可以实现多模态交互的功能，如图 4-1 所示。

1）J3 摄像头接入能力：

① 具有 3 组 MIPI CSI RX 端口：包括 1 组 4lane 的 MIPI 端口，2 组 2lane 的 MIPI 端口。

② 每 lane 速率为 2Gbit/s，4lane 可以达到 8Gbit/s。

③ 支持 MIPI CSI TX 输出。

④ 达到 800 万像素 @30 帧的处理能力。

⑤ 支持 4 路 YUV 格式接入或者 6 路 RAW 格式接入。

在实际的量产项目中，摄像头的接入方式可以根据功能场景来自由组合，表 4-2 列举了几种组合及接入方式。

2）J3 语音的接入能力：

① 支持主 / 从模式。

② 接收支持 1/2/4/8/16 通道音频输入。

③ 发送支持 1/2 通道音频输出。

④ 采样率支持 8/16/32/44.1/48/64kHz。

⑤ I2S0 和 I2S1 的采样率可以分别设置。

通常，传声器通过车机接入，经过 ADC 连接到车机 DSP，在 DSP 内部将原始的传声器信号和参考信号经过降采样、数据排列，以 TDM8、16kHz、16bit 的方式通过 I2S 接口传给 J3，J3 接收到音频信号之后，会利用 CPU 和 BPU 高效的算力，进行语音信号的处理，包括语音降噪、回声消除、盲源分离，自动增益等。通过图像和语音的同时接入，进行多模态的融合，可以实现更丰富的功能场景，提升用户的实际体验。

3）关键器件选型：J3 同时接入图像和语音进行多模态的融合和处理，地平线在关键器件的选型上，也会给出一些推荐型号：

① PMIC：可以选择 NXP PF8100 + MPSPF5024 或者 MPS MPQ7920 + NXP PF5024 的组合。

② LPDDR4 可以选择 Hynix（海力士）H54G46BYYQX053N，容量 16GB，速率 4266Mbit/s，温度范围 –40～105℃。DDR 的选型比较关键，当型号发生变化时，会涉及 DDR 参数的调整和压力测试，地平线会根据项目的实际情况，和客户一起探讨适配一些新的 DDR 颗粒的型号。

③ EMMC 可以选择三星 KLM8G1GEUF-B04P，其他主流车规厂家的量产型号也可以。

4）J3 AI 板与车机主板的引脚连接定义：J3 的 AI 板与车机主板的硬件 I/O 连接，一般使用 60 引脚的插接器，接口定义见表 4-3。

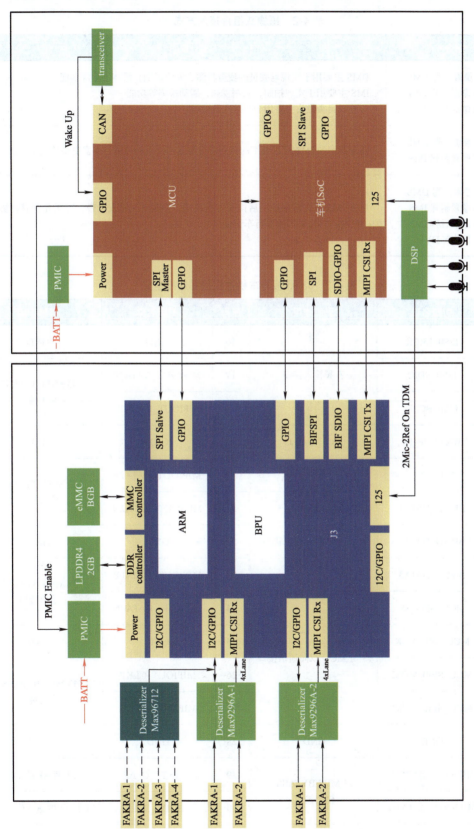

图 4-1　基于 J3 的一体机方案

表 4-2   摄像头组合接入方式

组合	说明
200 万像素主驾 DMS 200 万像素副驾 IMS 200 万像素车外双目	DMS 主要用于实现驾驶员的疲劳检测、人脸识别、活体检测等功能 IMS 主要用于实现拍照，录制视频，唇动检测等功能 车外双目摄像头主要用于车外人脸解锁
200 万像素主驾 DMS 600 万像素副驾 IMS	高分辨率的 IMS 可以精细的识别前排和后排的人脸表情，丰富更多的娱乐场景
200 万像素主驾 DMS 200 万像素副驾 IMS 200 万像素后排 IMS 200 万像素 DVR	后排 IMS 可以精细检测后排乘客的表情，检测有无系安全带，有无儿童或者物品遗失在车内；DVR 可以用作行车记录仪

表 4-3   J3 AI 板与车机主板引脚连接定义

序号	引脚名称	引脚作用	序号	引脚名称	引脚作用
1	I2S0_LRCK		16	GND	GND
2	I2S0_SDIO	音频输入接口	17	MIPIOUT_DATA3P	J3 MIPI BYPASS 输出接口
3	I2S0_BCLK		18	MIPIOUT_DATA3N	
4	WAKEUP_IN	MCU 唤醒 J3	19	GND	GND
5	GND	GND	20	MIPIOUT_DATA2P	J3 MIPI BYPASS 输出接口
6	BIFSD_DATA1		21	MIPIOUT_DATA2N	
7	BIFSD_DATA2	J3 与 AP 双向通信接口	22	GND	GND
8	BIFSD_DATA3		23	MIPIOUT_DATA0P	J3 MIPI BYPASS 输出接口
9	MCU_SPI0_SS		24	MIPIOUT_DATA0N	
10	MCU_SPI0_CLK		25	GND	GND
11	MCU_SPI0_MOSI	J3 与 MCU 双向通信接口	26	MIPIOUT_CLKP	J3 MIPI BYPASS 输出接口
12	MCU_SPI0_MISO		27	MIPIOUT_CLKN	
13	GND	GND	28	GND	GND
14	MIPIOUT_DATA1P	J3 MIPI BYPASS 输出接口	29	J3_INT_TO_AP	J3 到 AP 的中断
15	MIPIOUT_DATA1N		30	BOOT_SEL	AP 使能 J3 进入升级模式

（续）

序号	引脚名称	引脚作用	序号	引脚名称	引脚作用
31	GND	GND	46	BIFSPI_CS	J3 从 AP 启动的升级接口
32	I2C2_SCL	预留	47	BIFSPI_MISO	
33	I2C2_SDA		48	BIFSPI_MOSI	
34	I2C_SCL	MCU 控制 PMIC 的 I2C	49	GND	GND
35	I2C_SDA		50	BIFSPI_SCLK	J3 从 AP 启动的升级接口
36	POWER_EN	MCU 使能 PMIC	51	GND	GND
37	ERROR	J3 指示故障输出	52	AI_LED_PWM	驱动 DMS 补光灯控制脚
38	SPI_INVAILD	MCU SPI 数据 ready	53	J3_READY	J3 启动完成通知 AP
39	SPI_READY	J3 侧 SPI buffer ready	54	AP_INT_TO_J3	AP 到 J3 的中断
40	GND	GND	55	预留 I/O	预留 I/O
41	BIFSD_CLK	J3 与 AP 双向通信接口	56	GND	GND
42	GND	GND	57	GND	GND
43	BIFSD_CMD	J3 与 AP 双向通信接口	58	SW_12V	Power
44	BIFSD_DATA0	J3 与 AP 双向通信接口	59	SW_12V	Power
45	GND	GND	60	SW_12V	Power

2. 基于 J3 芯片的 ECU 硬件接入

基于 J3 的 ECU 方案，在摄像头接入方式上和一体机方案相同。在语音的接入方式上有一些区别：传声器首先通过车机接入车机主板，经过 ADC 连接到车机 DSP；在 DSP 内部，原始的传声器信号和参考信号经过降采样、数据排列等处理之后，通过 I2S 接口传给车机 AP，AP 再将语音数据通过车载以太网转发给 J3，最后在 J3 内部进行语音的算法处理。基于 J3 的 ECU 硬件框图如图 4-2 所示。

对于关键器件，相对于一体机方案，该方案会新增 MCU，以太网 PHY 芯片和 CAN 收发器等：

① MCU：可以选择 NXP FS32K142HF，主要用于电源管理，休眠唤醒管理和数据通信。

② 以太网 PHY 芯片：可以选择 Marvell 88Q1110，用于实现网口通信。

③ CAN 收发器：可以选择 NXP TJA1043T，用于实现 CAN 通信。

J3 ECU 和车机插接器引脚定义可以参考表 4-4。

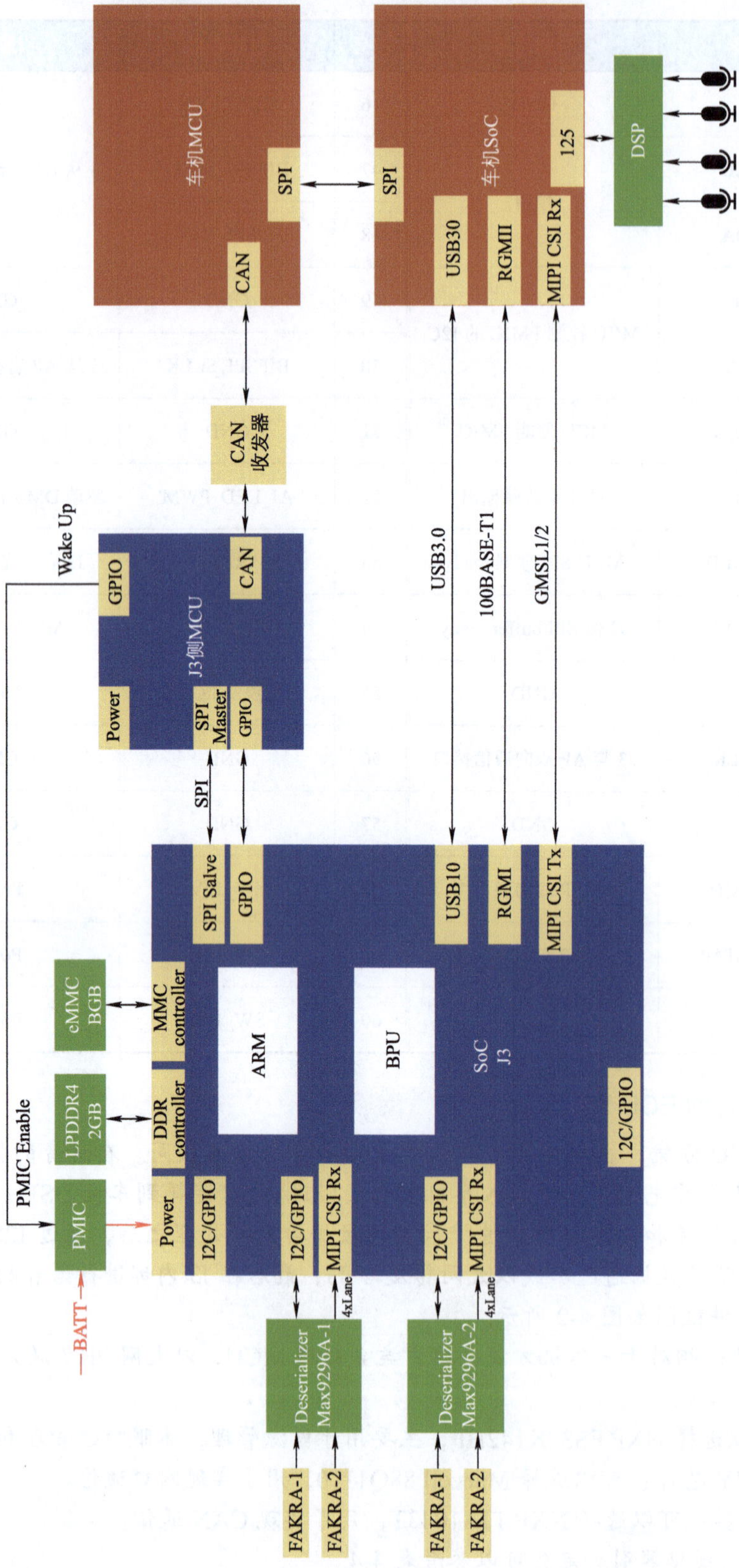

图 4-2　基于 J3 的 ECU 硬件框图

表 4-4　J3 ECU 与车机插接器引脚定义

序号	引脚名称	引脚作用	序号	引脚名称	引脚作用
1	BAT_12V	12V 电源	7	GND	GND
2	ACC	ACC 点火信号	8	GND	GND
3	GND	GND	9	NC	预留
4	IR_P-OUT	补光灯供电电源	10	NC	预留
5	CANL	CAN 总线	11	PHY_T1_DP	车载以太网接口
6	CANH	CAN 总线	12	PHY_T1_DN	车载以太网接口

4.1 车规级芯片

首先简要回顾一下芯片的发展。1947 年，贝尔实验室的约翰·巴丁（John Bardeen）、沃特·布拉顿（Walter Brattan）和团队主管威廉·肖克利（William Shockley）等人发明了晶体管（图 4-3），这也标志着整个半导体行业的开端[115]。1958 年，来自仙童公司的诺伊斯（Robert Noyce）与德州仪器公司的基尔比（Jacky Kilby）间隔数月分别发明了集成电路，开创了世界微电子学的历史。1968 年，诺伊斯和摩尔从仙童公司离职，创办了我们所熟知的英特尔（Intel）。紧随其后，同样来自仙童的销售高管杰瑞·桑德斯（Jerry Sanders）则在 1969 年成立了我们所熟知的另一家公司——AMD。或许是因为创始人背景的不同，从而导致了后来的 Intel 与 AMD 分别走了技术驱动与市场驱动的道路。

图 4-3　早期晶体管

1965 年，摩尔（Gordon Moore）提出摩尔定律（Moore's Law），预测晶体管集成度将会每 18 个月增加一倍，而 Intel 不断推出的芯片（图 4-4）也证明了这一点：1971 年 Intel 推出了世界上第一块商用微处理器4004（10μm，2250 个晶体管）；2013 年推出的酷睿 i7（22nm，18.6 亿个晶体管）。到现在，一块手机芯片包含几十亿个晶体管，而智能汽车所需芯片将会突破数百亿个晶体管，芯片行业摩尔定律到今天依然有效。

作为智能驾驶与人机交互的核心部件之一，芯片是汽车智能化的重中之重。当硬件传感器接收到环境及交互信息后，数据会被导入计算平台，由不同的芯片进行运算。特别是在软件定义汽车的趋势下，汽车智能化的实现与功能迭代对汽车智能芯片不断提出了更高的性能需求。一直以来，全球车载芯片市场由高通、德州仪器（TI）、恩智浦（NXP）、瑞萨电子等头部企业主导。随着座舱内对于视觉感知、语音交互等功能需求的提升，AI 发挥越来越重要的作用，于是 AI 芯片新势力和消费领域半导体巨头纷纷进入这一赛道。下面将会重点围绕芯片制造、图形处理（GPU）、片上系统（System on a Chip，SoC），以及域控制器等 AI 芯片相关的基础知识进行展开。

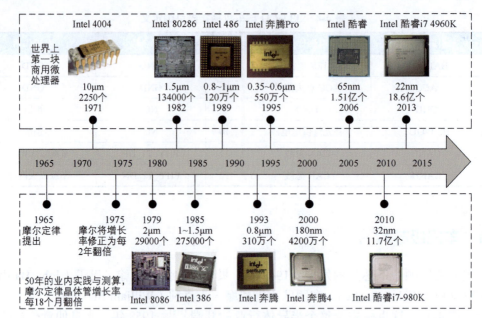

图 4-4   摩尔定律与芯片技术发展

4.1.1   芯片性能

汉车 AI 芯片处于人工智能、智能汽车与集成电路三大战略性产业的交汇点，是当代硬件科技的"珠穆朗玛峰"。图 4-5a 所示为近几年车载芯片与手机芯片在晶体管数量上的对比，我们可以明显看到，车载芯片已经超越手机芯片，成为半导体技术引领者。如非常复杂的华为麒麟 980 手机芯片大约有不到 100 亿个晶体管，而英伟达的 Xavier 已经突破了100 亿个，Orin 则达到了 200 亿个。图 4-5b 展示的是车载 AI 芯片从设计到量产的全流程，我们可以清楚地看到车载 AI 芯片开发周期长、难度大，是硬科技与长跑道的创新。

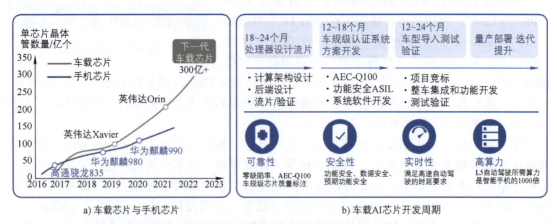

a) 车载芯片与手机芯片   b) 车载AI芯片开发周期

图 4-5   车载芯片与手机芯片晶体管数量对比以及车载 AI 芯片开发周期

表 4-5 从多方面对比了消费级、工业级以及车规级芯片的标准要求，可以看到车规级芯片的标准远高于消费级芯片，这也对从事智能汽车芯片研发的企业提出了很高的要求。例

如，国际汽车电子协会车规验证标准（Automotive Electronics Council Qualification，AECQ）是 AEC 组织专门制定的车规芯片的可靠性测试标准，由克莱斯勒、福特、通用等主要汽车制造商在 1994 年发起，其目的是针对车载应用、汽车零部件、汽车车载电子实施标准规范，建立车载电子部件的可靠性及认定标准规格化质量控制标准，提高车载电子的稳定性和标准化。表 4-5 中的 AEC-Q100 是专门针对集成电路提出的标准。目前，座舱控制器芯片市场的主要参与者包括恩智浦、德州仪器、瑞萨电子等传统汽车芯片厂商，主要面向中低端市场；此外，手机领域的厂商如联发科（MTK）、三星（Samsung）、高通（Qualcomm）等也加入市场竞争中，主要面向高端市场；国内的车规级芯片厂家主要有华为、芯驰、地平线等。

表 4-5　消费级、工业级、车规级芯片标准的对比

参数要求	消费级	工业级	车规级
温度	0 ~ 40℃	−10 ~ 70℃	−40 ~ 155℃
湿度	低	根据使用环境而定	0 ~ 100%
验证	JESD47（芯片） ISO16750（模组）	JESD47（芯片） ISO16750（模组）	AEC-Q100（芯片） ISO16750（模组）
出错率	<3%	<1%	0
使用时间	1 ~ 3 年	5 ~ 10 年	15 年

如图 4-6 所示，在传统半导体上，PPA（功耗 Power，性能 Performance，面积 Area）常被用来标定一个芯片的质量：功耗越低越好、性能越高越好、面积越小越好。其中，面积直接影响的是芯片的成本。在 AI 时代，这个逻辑有所变化，其中较为常见的是 TOPS（Tera Operations Per Second），1TOPS 代表处理器每秒可进行一万亿（也就是 10^{12}）次操作，用于描述 AI 芯片的算力。而 TOPS 并不能反映最终客户感受到的 AI 识别性能，也就是 DPS（Data Processing Per Second），它们中间还有两个系数：① Utilization，也就是芯片的有效利用率，这是因为 AI 计算不光是强计算，还是强带宽吞吐的，而 AI 芯片中的乘法器阵列是否可以最大限度用满，这也是各家芯片设计公司中差别较大的地方；② DPS/TOPS，也就是每 TOPS 可以有效处理多少数据，这部分得益于算法的演进与优化。随着学术界中越来越优秀算法的提出，可以用更小的模型更快更准确地处理数据，芯片在相关 AI 任务中的处理精度也会随之提升。综上，一个 AI 芯片的性能，体现在 TOPS × 利用率 × 每 TOPS 所完成的工作，最终才能反映出 AI 芯片的真实性能。因此可以看到，一个好的 AI 芯片是需要硬件、软件、算法一同发力，特别是要用算法的演化来指导 AI 芯片的设计。在业界，这种模式被称为软硬联合设计。

图 4-6　AI 芯片性能评估方法

4.1.2 图形处理器与片上系统

进入 AI 时代，图形处理器（Graphics Processing Unit，GPU）的重要性不言而喻，无论是谷歌、亚马逊，还是百度和阿里巴巴，他们都在依靠 GPU 加速来推动其基于 AI 服务的关键应用。为什么要使用 GPU 来进行模型训练与推理？CPU 与 GPU 的工作原理有何异同？在座舱及人机交互中，我们又会使用什么处理器？针对这些问题，本节将会加以简单说明。

1. 图形处理器（GPU）

CPU 和 GPU 因为最初用来处理的任务不同，所以设计上有较大的区别，图 4-7 所示为二者架构对比：其中绿色的是计算单元是算术逻辑单元（Arithmetic Logic Unit，ALU），橙红色的是存储单元（包含缓存与存储器），橙黄色的是控制单元。

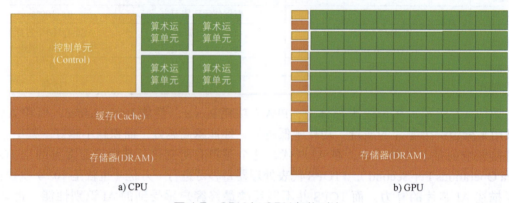

a) CPU   b) GPU

图 4-7　CPU 与 GPU 架构对比

可以看到两者有相同之处：它们都有总线与外界联系，有自己的缓存体系以及算数运算单元。一句话，两者都为了完成计算任务而设计。然而它们的不同之处更加明显：

① 缓存体系上，CPU 的缓存远大于 GPU。

② 控制单元上，CPU 拥有复杂的控制单元，而 GPU 的控制单元非常简单。

③ 算术逻辑单元上，CPU 虽然有多核，但总数没有超过两位数。

GPU 的核数远超 CPU，被称为众核（NVIDIA Fermi 有 512 个核）。因此 CPU 擅长处理具有复杂计算步骤和复杂数据依赖的计算任务，如分布式计算、数据压缩、人工智能、物理模拟等。GPU 擅长处理计算量大、复杂度低、重复性高的大规模并发计算，如游戏中的大规模多边形运算、颜色渲染等。简而言之，当程序员为 CPU 编写程序时，他们倾向于利用复杂的逻辑结构优化算法从而减少计算任务的运行时间，即延迟（Latency）；当程序员为 GPU 编写程序时，则利用其处理海量数据的优势，通过提高总的数据吞吐量（Throughput）来掩盖延迟。

有了以上知识的铺垫，就容易理解为什么 GPU 适合做模型训练（Training）与推理（Inference）。这是因为模型通常具有许多参数，例如，流行的 VGG 图像分类模型有 16 层，大约 1.4 亿个参数。在运行推理时，需要将输入数据（如图像）传递到每个图层，通常将该数据乘以图层参数。在训练期间，还必须稍微调整每个参数以更好地拟合数据，那是很大的计算量。GPU 的多核结构刚好可以同时并行完成以上的简单拟合运算，虽然单个核相对于 CPU 来说较慢，但在大规模的并行下，依然比 CPU 的整体性能高出一个数量级。例如 Macbook 拥有运行速度为 3.1GHz 且 4 个内核的 CPU，NVIDIA K80 GPU 拥有近 5000 个内核，尽管单核运行速度要慢得多（562MHz，时钟速度只有 CPU 的大约 1/6），但是并行速度提高了 1250 倍。

在现实场景中，GPU 大部分在云端使用，而对于像座舱及人机交互这样的端侧推理来说，往往需要更加小型化、低功耗的芯片来做网络模型推理。特别是随着深度学习（Deep Learning）技术的深入研究与广泛应用，做 AI 芯片的公司也越来越多，很多家都采用了 "xPU" 的命名方式，因此名字非常相似，表 4-6 对其加以区分并进行简要介绍。需要注意的是，大部分缩写可能有多个来源，这里只选取与芯片相关的含义。

表 4-6　常见 "xPU" 列表

简称	全称	简介
TPU	Tensor Processing Unit 张量处理单元	一款谷歌为机器学习而定制的芯片，因为 TPU 是专为深度神经网络量身定做的，执行每个操作所需的晶体管数量更少，因此它有更高效能（每瓦计算能力）。TPU 与同期的 CPU 和 GPU 相比，在效能上有大幅度的提升。目前一代 TPU 面向推理，二代面向训练
NPU	Neural-network Processing Unit 嵌入式神经网络处理器	专门为物联网人工智能而设计，用于加速神经网络的运算，解决传统芯片在神经网络运算时效率低下的问题。例如在 GX8010 中，CPU 和 MCU 各有一个 NPU。NPU 包括了乘加、激活函数、二维数据运算、解压缩等模块
APU	Accelerated Processing Unit 加速处理单元	AMD 公司推出加速图像处理芯片产品。AMD 在一颗芯片上集成传统 CPU 和图形处理器 GPU，这样主板上将不再需要北桥，任务可以灵活地在 CPU 和 GPU 间分配。AMD 将这种异构结构称为加速处理单元，即 APU
	Audio Processing Unit 声音处理器	顾名思义，处理声音数据的专用处理器，大部分声卡里都有
BPU	Brain Processing Unit 大脑处理器	地平线公司主导的嵌入式处理器架构。目前已经推出了征程 2/3/5 代等系列车规级端侧推理芯片，大部分已量产上车
DPU	Deep learning Processing Unit 深度学习处理器	最早由国内深鉴科技提出
	Dataflow Processing Unit 数据流处理器	Wave Computing 公司提出的 AI 架构
	Data storage Processing Unit 数据存储处理器	深圳大普微推出的智能固态硬盘处理器
FPU	Floating Processing Unit 浮点计算单元	通用处理器中的浮点运算模块
HPU	Holographics Processing Unit 全息图像处理器	微软出品的全息计算芯片与设备
IPU	Intelligence Processing Unit 智能处理器	DeepMind 投资的 Graphcore 公司出品的 AI 处理器产品
RPU	Radio Processing Unit 无线电处理器	Imagination Technologies 公司推出的集合集 WiFi/ 蓝牙 /FM/ 处理器为单片的处理器
VPU	Vector Processing Unit 矢量处理器	Intel 收购的 Movidius 公司推出的图像处理与人工智能的专用芯片的加速计算核心
WPU	Wearable Processing Unit 可穿戴处理器	Ineda Systems 公司推出的可穿戴片上系统产品，包含 GPU/MIPS CPU 等 IP

（续）

简称	全称	简介
XPU	Processing Unit for Diverse Workloads 多样化任务处理器	百度与赛思灵（Xilinx）公司在 2017 年 Hotchips 大会上发布的一款 256 核、基于 FPGA 的云计算加速芯片。XPU 的目标是在性能和效率之间实现平衡，并处理多样化的计算任务。基于该架构，百度推出了昆仑 818-100 推理芯片和昆仑 818-300 训练芯片
ZPU	Zylin Processing Unit	由挪威 Zylin 公司推出的一款 32 位开源处理器，相关的代码可在开源托管平台 Github（https：//github.com/zylin/zpu）中查看

2. 片上系统（SoC）

图 4-8 所示为半导体的分类，可以看到半导体器件主要分为四大类：包括传感器、光电器件、分立器件以及大家最为熟知的集成电路芯片（Integrated Circuit，IC）。而集成电路芯片又分为模拟集成电路和数字集成电路两大类。模拟集成电路主要包含了电源管理芯片（如电压保护芯片、快充芯片等）以及信号链芯片（又被称为线性芯片，如滤波器）。数字集成电路在日常生活中应用比较多，如处理器芯片、存储芯片以及执行特定任务的 ASIC 芯片（如视频编解码、音乐播放器等使用的芯片）等。图 4-8 中的绿色部分是一个特殊的领域，叫功率半导体（或功率芯片），由各类模拟器件和高集成度的电源管理集成电路（Power Management IC，PMIC）构成，主要有电源管理、为系统提供电源保护等功能。

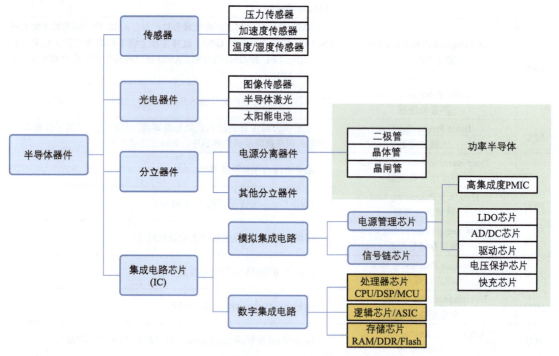

图 4-8　半导体分类

可以看到，每颗芯片都有一定的功能，将它们组合在一起才是一个完整的电路。随着半导体技术的发展，大家发现即使每个功能的芯片集成度会变高、变复杂，但每个独立功能的芯片所构成的电路依然会很占面积且经济性较差，所以就出现了 SoC，将上述特定功能的器件在一颗芯片上实现。如图 4-9 所示，在 SoC 出现之前，可编程核、IP、定制逻辑、存储器等都在一个 PCB 上。这些分离的芯片需要通过 PCB 进行互联，其可靠性、功耗以及效率等方面均不是最优。后来随着半导体工艺技术的发展，SoC 技术将上面这些芯片的功能完全做在一颗芯片上，而集成度变高会让整个性价比和可靠性也变高（图 4-9）。这是因为在 SoC 中是完全基于芯片内部总线的互联，会让可靠性和功耗等各方面变得最优。在设计层面，SoC 有两个显著的特点：①硬件规模庞大，通常基于 IP 设计模式；②软件比重大，需要进行软硬件协同设计。由于 SoC 可以充分利用已有的设计积累，可以显著提高 ASIC 的设计能力。SoC 在性能、成本、功耗、可靠性以及生命周期与适用范围各方面都有明显的优势，它是集成电路设计发展的必然趋势。

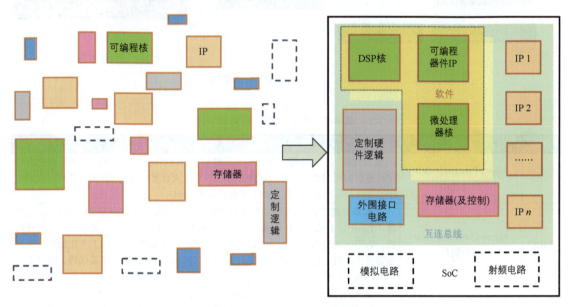

图 4-9　SoC 结构理论演进

图 4-10 所示为一个 SoC 结构演进案例。图 4-10a 是 PC（Personal Computer）架构图，一共有两颗芯片：Intel 的 CPU 处理器（Intel Core processors）和桥接芯片（Intel H55 Express Chipset）。可以看到，处理器上通过高速接口连接着 DDR、集成 GPU 等。桥接芯片上主要连接了一些如 USB、网络、BIOS、HDMI 等外设。虽然 PC 的这种方式直观上比较复杂，但好处是上面的处理器和桥接芯片有更多的独立性，可以采用各自的工艺（其中 CPU 的工艺更高一些），并且可以分离演进。因此，到现在 PC 依然沿用主处理器与桥接芯片这样的架构。但是在手机端，这样的设计就显得过于冗余且面积过大，无法适用，因此就自然过渡到图 4-10b 所示的 SoC 的架构（高通发布的骁龙 845 板图）：其中左下部分是 Adreno 630 GPU，中部是 Hexagon 685 DSP（协处理器），右下部是 X20 LTE Modem（千兆级调制解调器）等。高通在一颗芯片上把图 4-10a 中所有的这些功能都做进去了，显而易见，这样的性能会更好、成本会更低，性能也更可靠。综上所述，可以看到 SoC 强调的是一个整体，用"麻雀虽小五脏俱全"来形容它再确切不过了。

在实际开发过程中，刚刚进入自动驾驶、智能座舱及人机交互领域的研发人员容易对几个名词与 SoC 混淆，通过表 4-7 简要做一下对比及说明。

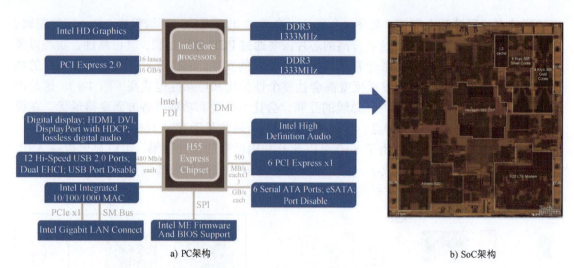

a) PC架构   b) SoC架构

图 4-10   SoC 结构演进案例

表 4-7   常见混淆名词对比

简称	全称	简介
MPU	Micro-Processor Unit 微处理器	通常代表一个功能强大的 CPU（可理解为增强版的 CPU），但不是为任何已有特定计算目的而设计的芯片。这种芯片往往是个人计算机和高端工作站的核心 CPU，Intel X86、全志 A20、TI AM335X 等都属于 MPU
MCU	Micro-Controller Unit 微控制器	又称单片机，是把 CPU 的频率与规格做适当缩减，并将内存（Memory）、计数器（Timer）、USB、A/D 转换等周边接口都整合在单一芯片上，形成芯片级的计算机，为不同的应用场合做不同组合控制。因此，在 MCU 的基础上直接加简单的外围器件（电阻，电容）就可以运行代码了。而 MPU 就不能直接放代码，它只不过是增强版的 CPU
DSP	Digital Signal Processor 数字信号处理器	一种专用于实时的数字信号处理的微处理器。DSP 是一种特殊的 CPU，特别适合信号的处理，这是因为经过 ADC（模数转换器）转化好的数字信号，其数据量往往很庞大，直接交由 CPU 处理的效率是不高的，并且 CPU 还要进行更多通用计算的任务。因此，常常采用专用的电路来处理数字信号，如数字滤波、快速傅里叶变换、时频分析、语音信号和图像信号的处理加工等。这些运算往往很复杂，很多涉及复数的累加、累乘运算，举个例子：离散傅里叶变换的计算就十分复杂，但是运用时域抽取或频域抽取的快速傅里叶变换算法后就可以大大减少运算量，但是电路较为复杂。将能完成这些复杂运算的电路集成在一块芯片上，能在一个时钟周期完成一次乘加运算，使其能完成如音频滤波、图像处理等复杂运算，这样的芯片叫作 DSP。DSP 对于流媒体的处理能力远远优于 CPU，现在手机上的语音信号都是由 DSP 处理的。现阶段 DSP 的概念正在变得模糊，如 ARM9 的架构就不像是一颗 CPU，更像是一颗 DSP。现在有很多芯片上都集成了 DSP、GPU、基带处理器等，越来越多传统上分立的芯片被集成到一起协同工作，以提高效率、降低能耗。因此，DSP 在有些情况下作为协处理器内核，是 SoC 的一部分
FPGA	Field-Programmable Gate Array 现场可编程门阵列	Xilinx 公司 1985 年首家推出一种新型的高密度 PLD（Programmable Logic Device，可编程逻辑器件），FPGA 作为专用集成电路（ASIC）领域中的一种半定制电路，既解决了定制电路的不足，又克服了原有可编程器件门电路数有限的缺点。现在，随着超大规模 FPGA 以及包含 SoC 内核 FPGA 芯片的出现，软硬件协同设计和系统设计变得越来越重要。传统意义上的硬件设计越来越倾向于与系统设计和软件设计结合。综上，FPGA 可以被理解为用来设计芯片的芯片，采用 FPGA 设计 ASIC 电路，用户不需要投片生产，就能得到合用的芯片

这里特别需要指出的是，与 SoC 比起来，FPGA 内部结构复杂，有丰富的触发器和 I/O 引脚，可包含 SoC 内核，它是 ASIC 电路中设计周期最短、开发费用最低、风险最小的器件之一。FPGA 和 MCU 比起来，本质上是软件和硬件的区别，FPGA 更偏向于硬件电路，而 MCU 更偏于软件。具体来说，MCU 设计属软件范畴，因为它的硬件（单片机芯片）是固定的，通过软件编程语言描述软件指令在硬件芯片上的执行。FPGA 设计属硬件范畴，它的硬件是可编程的，是一个通过硬件描述语言在 FPGA 芯片上自定义集成电路的过程。

3. 域控制器（Domain Controller，DCU）

在学习域控制器之前，我们需要先了解电子控制单元（Electronic Control Unit，ECU）。随着车辆的电子化程度逐渐提高，ECU 覆盖了整个汽车。从防抱死制动系统、四轮驱动系统、电控自动变速器、主动悬架系统、安全气囊系统，逐渐延伸到了车身安全、网络、娱乐、传感控制系统等。就 Strategy Analytics 统计数据显示，各级别汽车 ECU 数量都在逐年递增。汽车电子软件爆炸式增长，对电子电气构架带来了巨大的挑战。如图 4-11a 所示，这些控制器遍布车身各个区域，导致线束的布置会笼罩整个车身，如同人体的血管一样。如何在越来越复杂的线路中保证数据处理以及网络安全的最优化成为难题，而用一个或几个"大脑"来操控全车的 ECU 与传感器正逐渐成为汽车电子电气架构公认的未来。

a) 连接ECU的线束　　　　　　　　　　　　　　　b) DCU

图 4-11　连接 ECU 的线束与 DCU

图 4-12 所示为博世在 2017 年公布的其在整车电子电气架构方面的战略，他们将整车电子电气架构的发展分为三大类，分别是分布式电子电气架构、域集中电子电气架构和车辆集中式电子电气架构。可以看到，伴随汽车自动化程度逐级提升，传统车企电子电气架构从分布式向域集中过渡。分布式的电子电气架构主要用在具备 L0～L2 级别智能驾驶的车型，此时车辆主要由硬件定义，采用分布式的控制单元、专用传感器、专用 ECU 及算法，资源协同性不高，有一定程度的浪费；从 L3 级别开始，域集中电子电气架构走向舞台，DCU 在这里发挥重要作用，通过 DCU 的整合，分散的车辆硬件之间可以实现信息互联互通和资源共享，软件可升级，硬件和传感器可以更换和进行功能扩展。再往后发展，以特斯拉 Model 3 领衔开发的集中式电子电气架构基本达到了终极目标：车载计算机级别的中央控制架构。

目前市面上大多数车型的架构方案都位于模块化和集成化架构方案，在这个大背景下，DCU 的出现将大大优化整车电子电气线路。当前，随着 DCU 的算力需要，车载电子电气主要形成了功能"域"的架构，即 Domain 的架构。典型的架构是分为动力总成、底盘控制、车身控制、ADAS、娱乐系统这 5 个主要的域。座舱及人机交互大部分属于娱乐系统域，或与其他域进行结合形成新的域。图 4-11b 展示了英博超算发布的"悟空二号"——双 J3（地平线）+ X9H（芯驰）高性能多域控制器，实现 ADAS 域和智能座舱域的融合。

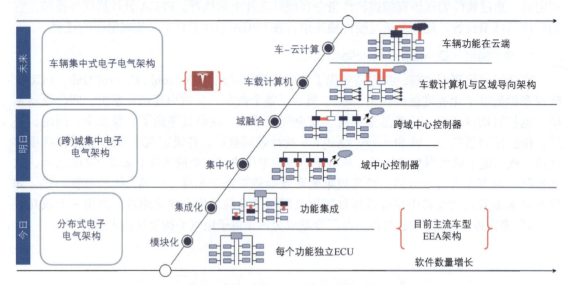

图 4-12　电子电气（EEA）架构技术战略图

综上所述，DCU 可以将汽车电子各部分功能划分成几个域，然后利用处理能力强大的多核 CPU/GPU 芯片相对集中地控制域内原本归属各个 ECU 的大部分功能，以此来取代传统的分布式架构。而智能座舱 DCU 的使命已经不再局限于实现多屏互联，还将扩展至抬头显示屏（HUD）、空调控制、后视镜、人机交互、驾驶员监控系统（DMS），以及 T-BOX 和车载单元（OBU）等。

4.2　车载传声器

传声器是将声音信号转换为电信号的信号转换器件或者模组（俗称"麦克风"）。汽车传声器是车载音频信号的接收模块，由外壳、电路板、传感组件、信号转换器和密封组件、黏附件等部分组成，壳体上设有装置槽，电路板上开设有声孔。汽车用传声器可以分为汽车 A2B（Automotive Audio Bus）传声器、普通有源模拟传声器、无源模拟传声器等。基于语音的车载人机交互系统在智能驾驶领域占据重要地位，因此车载传声器阵列已成为智能汽车的标配。传声器阵列是指由 2 个及以上的传声器单元，以一定的空间结构组成的声学系统，配合高效的语音信号处理算法，可以实现回声消除、声源定位、语音分离和噪声抑制等功能。

4.2.1　传声器类型及规格

传声器的远场指向性 $\Gamma(\theta)$ 定义为传声器随着入射方向 θ 变化的幅度响应[116]。N 阶指

向性传声器的指向特性可以表示为

$$\Gamma_a(\theta)=1-\sum_{i=1}^{N}a_i+\sum_{i=1}^{N}a_i\cos^i\theta$$

式中，θ 为入射声波与传声器振膜的夹角（图 4-13），$a_i=a_1,\cdots,a_N$ 是决定传声器指向性的参数。

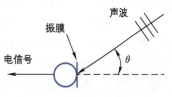

图 4-13　传声器单元示意图

　　常用的传声器指向性包括全指向（Omnidirecitonal）、心形指向（Cardioid）、超心形指向（Hypercardioid）、高心形指向（Supercardioid）、宽心形指向（Subcardioid）和偶极子指向（Dipole）等，其指向特性公式见表 4-8，指向性如图 4-14 所示。

表 4-8　常用传声器指向性公式

指向性类型	指向性公式	指向性类型	指向性公式
全指向	$\Gamma(\theta)=1$	心形指向	$\Gamma(\theta)=\dfrac{1}{2}+\dfrac{1}{2}\cos\theta$
超心形指向	$\Gamma(\theta)=\dfrac{1}{3}+\dfrac{2}{3}\cos\theta$	高心形指向	$\Gamma(\theta)=(\sqrt{2}-1)+(2-\sqrt{2})\cos\theta$
宽心形指向	$\Gamma(\theta)=\dfrac{7}{10}+\dfrac{3}{10}\cos\theta$	偶极子指向	$\Gamma(\theta)=\cos\theta$

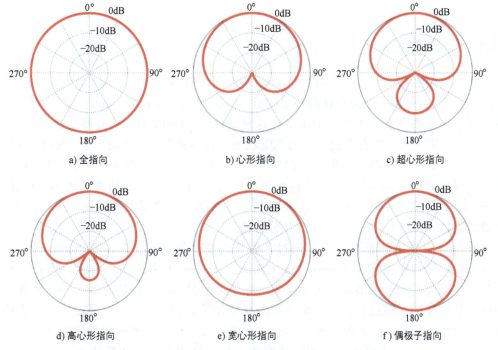

a) 全指向　　　　　　b) 心形指向　　　　　　c) 超心形指向

d) 高心形指向　　　　e) 宽心形指向　　　　　f) 偶极子指向

图 4-14　常用传声器指向性

4.2.2 传声器阵列参数及安装规则

车载传声器阵列根据安装方式，可分为集中式阵列和分布式阵列两种。集中式阵列安装方式简单，布线成本相对较低，而分布式阵列在多音区实现上更有优势。合理的传声器选型及安装方式，可降低算法研发的难度，提升车载语音增强的性能。

传声器安装需要远离空调出风口等声源位置，集中式阵列通常安装在车机或者顶灯位置，图 4-15 所示为顶灯处集中式传声器安装方案。图 4-15a 所示的安装方式适用于全指向型传声器和单指向性传声器，图 4-15b 所示的安装方式适用于单指向性传声器。使用第一种安装方式时，单指向性传声器接收到的信号可以抑制来自发动机的噪声；而使用第二种安装方式时，单指向性传声器接收到的驾驶员和前排乘客原始语音信号有一定的能量区分度，配合阵列前端信号处理算法，可提升驾驶员和前排乘客语音分离度。

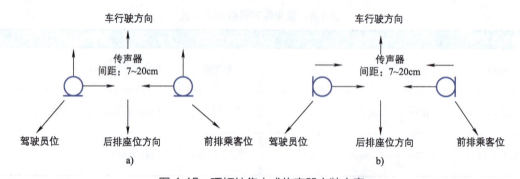

图 4-15 顶灯处集中式传声器安装方案

4.3 车载摄像头

座舱内摄像头有多种类型，如 2006 年雷克萨斯在其 GS 450h 上第一次搭载了驾驶员监控系统（DMS），使用一个装在转向柱上的近红外摄像头（Near-infrared），红外光发射器补光可以满足摄像头全天候工作的需求。在这种条件下，DMS 能适应外界变化的环境光线，可更准确地识别驾驶员在开车过程中的危险状态，包括疲劳、注意力分散、喝水、抽烟等，并通过警告声音甚至制动来避免事故的发生。随着行车安全越来越受到人们的重视，欧盟新车安全评鉴协会（NCAP）在五星碰撞评级项目中加入了 DMS 的测试条例，从 ENCAP 2020 开始，引入了 Driver Monitoring 的概念。根据最新的欧洲安全法规，2024 年 7 月起，新申请的欧盟准入新车必须安装 ADDW 分心警告。

2020 年 3 月推出的长安 UNI-T 通过一颗主驾交互摄像头（Driver Interaction Camera，DICam）和一颗前座摄像头（Front Seat Camera，FSCam）来感知车内座舱驾驶员和乘客的行为，并在此基础上提供人机交互服务。除了上面提到的两种传感器之外，深度相机在座舱的搭载率逐渐大幅提升，为了满足舱内高精度手势交互的需求，深度信息为手势识别带来本质的性能提升，从而令驾驶员可以和车内屏幕进行一些更加精细化的交互操控。下面重点介绍舱内常见摄像头类型和安装方式，基于摄像头的相关算法在本书第 7 章详细介绍。

4.3.1　摄像头类型及规格

座舱人机交互摄像头安装位置及覆盖区域如图 4-16 所示，其对应名称、位置及用途见表 4-9。驾驶员监控系统（DMS）的摄像头一般都会配备 IR 补光，满足白天和夜晚的识别需求。乘客监控系统（Occupant Monitoring System，OMS）的摄像头一般需要兼顾拍照以及座舱人机交互功能，大多需要彩色传感器，同时也会增加 IR 单元来增加夜晚工作的需求。OMS 与毫米波雷达常用来识别儿童是否有危险行为，以及是否出现了儿童或者宠物被遗留在车里的事件。随着座舱的可交互原件（屏幕及可电控的各种组件）逐渐丰富，座舱交互所用的摄像头也更加普遍。安装在顶灯或者后排屏幕前方位置的飞行时间（Time-of-Flight，TOF）深度传感器让驾驶员能够便捷地进行手势控制屏幕等操作，也有很多供应商正在舱内提供双目或者多目的深度估计方案。车外交互摄像头可以通过人脸识别达到非触碰式车门解锁的功能。座舱内还会存在 DVR 摄像头（Digital Video Recorder Camera，DVR-Cam）用以记录行车信息，结合座舱内的屏幕，电子后视镜（Camera Monitor System，CMS）可以为驾驶员提供宽广的智能后视视野。

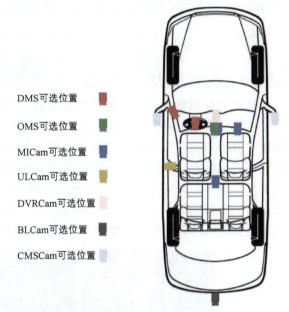

DMS可选位置
OMS可选位置
MICam可选位置
ULCam可选位置
DVRCam可选位置
BLCam可选位置
CMSCam可选位置

图 4-16　座舱人机交互摄像头安装位置及覆盖区域

表 4-9　不同位置摄像头列表

简称	全称（英文）	全称（中文）	位置及用途
DMSCam	Driver Monitioring System Camera	主驾交互摄像头	一般放置在 A 柱或转向管柱，用于疲劳 / 视线等场景
OMSCam	Occpant Monitoring System Camera	前排交互摄像头	一般位于顶灯，用于前排交互，比如手势控制等场景
MICam	Multimedia Interaction Camera	多媒体交互摄像头	包含 TOF、双目以及多目几种形式，一般位于后排娱乐屏附近或者前排顶灯附近
DVRCam	Digital Video Recorder Camera	行车记录仪摄像头	一般在风窗玻璃靠顶部位置，可用于手势挪车等场景
ULCam	Unlock Camera	解锁摄像头	一般在车外 B 柱，用于人脸开车门等场景
BLCam	Backward-Looking Camera	后视摄像头	一般在尾部，用于识别车主搬东西自动开启行李舱
CMSCam	Camera Monitor System Camera	电子后视镜摄像头	代替普通镜面后视镜

4.3.2　摄像头选型及安装规则

表 4-10 列举了量产车内常见摄像头的布置位置、类型和视野范围（Field of View，

FOV）。其中，位置包括后视镜、仪表盘、工作台、A柱、转向柱、两侧B柱、后排两侧B柱、车外B柱等，从而实现面对驾驶员、前排乘客、后排乘客以及车外乘客的各类场景。下面以转向柱为例说明。

表 4-10　座舱内常见摄像头信息

名称	布置位置	类型	视野范围（FOV）
DMSCam	A柱底部，转向柱，仪表盘	IR/RGBIR	CAM：VFOV（35°~45°），HFOV（50°~70°）
OMSCam	顶灯位置	RGB/RGBIR/TOF	CAM：VFOV（>80°），HFOV（>125°） TOF：VFOV（>68°），HFOV（>54°）
RSCam	B柱顶篷位置	RGBIR/IR/TOF	CAM/TOF：VFOV（>80°），HFOV（>80°）
ULCam	左后视镜（折叠），车外B柱	RGBIR/IR/TOF	CAM/TOF：VFOV（>67°），HFOV（>80°）

转向管柱摄像头安装位置及其成像效果如图4-17所示。具体来说，图4-17a中的红色箭头所指位置表示转向柱安装的DMS摄像头，其光心到人脸的距离大概在50~70cm，该布置位置可以近距离采集到清晰的人脸面部细节信息，并且仰视照射的角度可有效避免眼皮遮挡造成的误识别问题。同时由于安放在转向盘后部，也一定程度避免了强光对摄像头的干扰。图4-17b展示了从转向柱部署的摄像头拍摄到的人眼图像数据，从这个角度可以清晰地看到人眼的瞳孔、虹膜和巩膜的差异，甚至能看到红外补光灯在虹膜上的反光点。这对基于视线追踪的注意力分散算法有很大的性能提升。

a) 安装位置　　　　　　　　　　　　　　b) 成像效果

图 4-17　转向管柱摄像头安装位置及成像效果

4.4　基于芯片的硬件设计

在实际开发中，基于芯片的硬件设计一般包含两种方案：一体机方案和ECU方案。这两种方案各有优点和缺点，芯片公司一般会提供设计指导，客户根据实际车型和项目情况评估哪一种方案更合适。下面将会介绍两种方案的优缺点，并重点用案例来讲述相关的设计思路。

1. 一体机方案

一体机方案就是把芯片相关的电路设计放到车机的机壳内，进行一体化设计。这种方案又分为两种：AI子板形式和Chip on board形式。

（1）AI子板形式　AI子板就是把AI芯片相关的电路单独设计成一块PCB，通过板对板插接器与车机主板连接。其优点是硬件形态是一个单独的模块，只要保持板对板插接器的接口定义不变，PCB布局和布线自由度比较大，可以单独进行硬件升级和迭代，与车机端电路的耦合比较小。其缺点在于新增板对板插接器会抬高整机 PCB 堆叠的厚度，需要考虑 AI 板的固定方式、摄像头插接器的布置位置和散热设计，很难兼容已量产车型的车机结构，需要在全新开发的车型上进行车机结构的整体设计；同时因为增加了板对板插接器，成本也会适当上升。

（2）Chip on board 形式　Chip on board 就是把 AI 芯片相关的电路放在车机的主板 PCB 上。其优点是和车机端电路共用 PCB，节省了板对板插接器的成本。其缺点是 PCB 布局布线的约束比较多，对客户的设计能力要求比较高。

2. ECU 方案

ECU 方案也叫作分体机方案，是一个更加独立和灵活的电路单元。其优点是独立的 PCB 和结构设计，只通过车规级以太网网口、USB、CAN 总线和车机进行连接，与车机端的 PCB、结构、软件耦合较少，容易升级迭代，兼容性好，可以快速复制到不同的车型项目。其缺点是单独的机壳、插接器、线束增加了成本，同时需要考虑固定和安装方式。

练　习　题

一、选择题

1.【单选】下列哪种方案在设计中可以通过车规级以太网网口连接车机？（　　　）

A. 一体机方案　　　　　　　　　B. SoC 方案

C. ECU 方案　　　　　　　　　　D. 分布式架构方案

2.【多选】关于 SoC 和传统芯片架构的区别，以下哪些描述是正确的？（　　　）

A. SoC 将多个独立功能的芯片集成在一颗芯片，降低了功耗

B. 传统芯片架构由于采用了分离的处理器和外设会导致较大的体积和更高的成本

C. SoC 注重系统的整体性，而传统芯片更注重各个模块的独立性

D. 由于 SoC 硬件规模庞大，所以通常不采用 IP 设计模式

3.【单选】以下哪项最能概括 FPGA、SoC 与 MCU 的主要区别？（　　　）

A. FPGA 侧重于硬件的可编程性，SoC 强调系统集成，MCU 则主要用于控制简单系统

B. SoC 主要用于存储，而 FPGA 和 MCU 则主要用于运算

C. FPGA、SoC 与 MCU 的主要区别在于生产成本的高低

D. FPGA 适用于低功耗设备，SoC 适合高性能计算，MCU 则专注于大数据处理

4.【多选】以下哪些类型的传声器可以用于车载语音交互？（　　　）

A. 汽车 A2B 传声器　　　　　　　B. 普通有源模拟传声器

C. 超声波传声器　　　　　　　　D. 无源模拟传声器

5.【多选】智能座舱 DCU 主要整合哪些功能？（　　　）

A. 抬头显示屏（HUD）　　　　　B. 空调控制

C. 驾驶员监控系统（DMS）　　　D. 图像处理器

二、填空题

1. 在实际开发中，基于芯片的硬件设计一般包含_____方案和_____方案。

2. AI 芯片的高速数据接口通常包括_____、_____、以太网。

3. DMS 摄像头通常安装在 A 柱或_____，用于识别驾驶员的疲劳和视线状态。

4. 传声器是将_____信号转换为_____信号的转换器件。

5. GPU 适合处理计算量大和_____的大规模并发计算任务。

三、判断题

1. SoC 的出现主要的目的是降低芯片的生产成本和缩短设计周期。　　　　（　　　）

2. 分布式传声器阵列在多音区实现上比集中式阵列有优势。　　　　　　（　　　）

3. 车载摄像头中的 DMS 摄像头必须具备 IR 补光功能，来应对白天和夜晚的识别需求。　　　　　　　　　　　　　　　　　　　　　　　　　　　　　（　　　）

4. AI 芯片从 EMMC 启动失败之后，可以选择从 USB 启动。　　　　　（　　　）

5. 目前市面上大多数车型的电子电气架构方案都是集中式架构。　　　　（　　　）

四、简答题

1. 车规级芯片相比于消费级芯片有哪些关键要求？

2. 什么是传声器阵列？车载传声器阵列的安装方式有哪些？

3. 如何评估 AI 芯片的性能？

五、实训题

1. 对当前市场上我国在车规级芯片方面的自主创新进行调研，分析其产品的主要特点和应用领域。

2. 调研我国面向智能驾驶的摄像头技术发展现状，并结合实际应用场景进行分析。

第 5 章 智能驾驶人机交互系统算法基础

第 4 章主要介绍了座舱与人机交互相关的硬件基础知识，包括芯片、车载传声器以及摄像头等。本章开始介绍人机交互相关的算法基础。顾名思义，面向智能驾驶的人机交互就是在传统车载座舱系统的基础上增加了智能化的属性，通过感知、认知、决策及服务的过程使车能够主动化地服务于驾驶员和乘客，从而提升座舱的科技感，带来更安全、便捷、趣味性的体验。为此，本章首先介绍了深度学习相关的理论基础，其次介绍基于深度学习的机器视觉和语音识别相关基础算法，通过学习，读者可以基本了解人机交互研发的软硬件理论基础。

案例导入：面向智能驾驶的 VarGNet 网络结构设计

为了更好地将深度学习模型部署在边缘设备上，满足任务在实时性等方面的需求，许多工作提出了用于常见计算机视觉任务的轻型网络，如 SqueezeNet、MobileNet、Mobile-NetV2、ShuffleNet 等。它们大量使用 1×1 卷积，与 AlexNet 相比，可减少参数至 1/50，同时在 ImageNet 上保持 AlexNet 级别的准确性。这种轻量化网络结构设计，能明显减少网络模型本身对平台资源的消耗，同时能具备不错的网络性能。

组卷积（Group Convolution）是一种常用的轻量化结构，在介绍组卷积之前，可以先回顾一下常规的卷积操作。如图 5-1a 所示，如果输入特征图尺寸为 $c_1 \times H \times W$，过滤器有 c_2 个，输出特征图的通道数量与过滤器的数量也是 c_2，每个过滤器的尺寸为 $c_1 \times h_1 \times w_1$，$c_2$ 个过滤器的总参数数量为 $c_2 \times c_1 \times h_1 \times w_1$。然而组卷积是对输入的特征图进行分组，然后每组分别卷积。如图 5-1b 所示，假设输入特征图的尺寸仍为 $c_1 \times H \times W$，输出特征图的通道数量为 c_2 个，假定输入特征图要分成 g 个组（group），每组的输入特征图的数量为 $\frac{c_1}{g}$。由于每组要分

别卷积操作，每个过滤器拥有的 $h_1 \times w_1$ 大小的卷积核数量从常规的 c_1 变成 $\frac{c_1}{g}$。为确保输出的特征图的数量仍为 c_2，总共的 c_2 个过滤器被分成 g 个 group，每个 group 的过滤器数量为 $\frac{c_2}{g}$。从总体参数量来看，总体参数量为 $c_2 \times \frac{c_1}{g} \times h_1 \times w_1$，因此组卷积这种结构使用的参数量为常规卷积的 $\frac{1}{g}$。

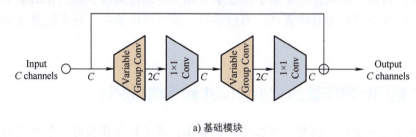

a) 常规卷积   b) 组卷积

图 5-1   常规卷积与组卷积

通过以上对比可以看到,组卷积本质上通过减少每张输出特征图连接输入特征图的数量(即是过滤器的通道数量)来降低参数数量。基于组卷积思想,地平线的算法研究人员提出了一种适用嵌入式系统计算的网络模型 VarGNet,并且重点考虑以下两个方面:

1)模块(block)内平衡计算强度。为此,研究人员将组卷积中的通道数量进行了固定。

2)模块之间尽量为小的中间特征映射。为此,研究人员减少了层间特征图的数量。

基于以上方面,最终设计提出了如图 5-2 所示的模块结构作为 VarGNet 的基础结构。

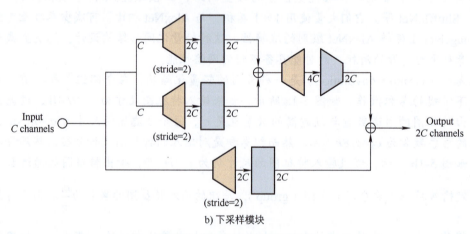

a) 基础模块

b) 下采样模块

图 5-2   VarGNet 的基础结构

VarGNet 的结构设计旨在缓解内存瓶颈,将固定数量的输入特征图加载到片上内存 SRAM,可以充分提高网络的访存效率,VarGNet 计算过程如图 5-3 所示,整个 block 的权重和一个 group 的输入特征图分别在同 $t=1$ 和 $t=2$ 时刻加载到 SRAM 中,然后权重和特征图在计算单元上进行卷积操作,最终得到一个 group 大小的输出,按照 group 大小重复加载特征图和计算获得整个输出特征图。

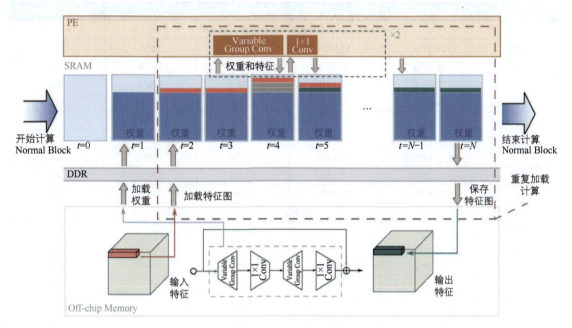

图 5-3　VarGNet 计算过程

在实际使用中，基于 MobileNet v1 的结构，研究人员将 basic blocks 替换为上述的 blocks 后的整个网络的结构见表 5-1，Out Channels 中展示了不同 model scale 下的通道数量，可以看出在 model scale 为 1 时，block 间的最大特征图通道数为 512。

表 5-1　VarGNet 网络结构（Str：Stride；Rep：Repeat）

Layer	Output Size	KSize	Str	Rep	Output Channels						
					0.25x	0.5x	0.75x	1x	1.25x	1.5x	1.75x
Image	224 × 224				3	3	3	3	3	3	3
Conv 1	112 × 112	3 × 3	2	1	8	16	24	24	40	48	56
DownSample	56 × 56		2	3	16	32	48	64	80	96	112
DownSample	28 × 28		2	1	32	64	96	128	160	192	224
DownSample	14 × 14		2	1	64	128	192	256	320	384	448
Stage Block	14 × 14		1	2	64	128	192	256	320	384	448
DownSample	7 × 7		2	1	128	256	384	512	640	768	896
Stage Block	7 × 7		1	1	128	256	384	512	640	768	896
Conv 5	7 × 7	1 × 1	1	1	1024	1024	1024	1024	1280	1536	1792
Global Pool	1 × 1	7 × 7	—	—	—	—	—	—	—	—	—
FC					1000	1000	1000	1000	1000	1000	1000

设置不同的固定通道数 G，VarGNet 在 ImageNet 数据集上的实验效果见表 5-2。可以看出，VarGNet 在同样的 Model Scale 下 block 间最大的特征图通道数量比 MobileNet v1 在加载权重能更多地减少 off-chip 内存与 on-chip 内存进行数据交换的时间，同时 VarGNet 能有更好的识别准确率。

表 5-2　VarGNet 在 ImageNet 数据集上的结果

Model Scale	Acc-top1（float32）	Acc-top1（int8）	Model size	MAdds	Max Channels
VarGNet $G=4$					
0.25	64.57%	65.02%	1.44M	55M	128
0.5	69.67%	70.33%	2.23M	157M	256
0.75	72.36%	72.56%	3.34M	309M	384
1	74.04%	74.11%	5.02M	509M	512
VarGNet $G=8$					
0.25	65.44%	65.61%	1.5M	75M	128
0.5	70.67%	70.84%	2.37M	198M	256
0.75	73.28%	73.35%	3.66M	370M	384
1	74.87%	74.90%	5.33M	590M	512
MobileNet v1					
0.35	60.4%	—	0.7M	—	358
0.6	68.6%	—	1.7M	—	614
0.85	72.0%	—	3.1M	—	870
1.0	73.3%	—	4.1M	—	1024
1.05	73.5%	—	4.4M	—	1075
1.3	74.7%	—	6.4M	—	1331
1.5	75.1%	—	8.3M	—	1536

目前，VarGNet 在常见的视觉任务（如分类、检测、分割、人脸识别等）以及相应的大规模数据集进行实验，以此验证 VarGNet 的实用价值⊖。

5.1 人机交互系统中的深度学习基础

进入 21 世纪后，得益于数字化变革和相关技术的发展，人工智能发展迅速，其应用场景变得十分广泛。人工智能的表面含义是人类通过技术为机器赋予人的智能。其中的关键领域——机器学习，则是让机器拥有学习的能力，从而实现机器的智能化。机器中的深度学习则是让机器进行学习的一种重要技术，使得机器学习的应用更加的宽广，能够满足更多的任务要求。上述三个名词的关系如图 5-4 所示。

2016 年 3 月，随着 Google 的 AlphaGo 以 4：1 的大比分战胜韩国的围棋高手李世石九段，深度学习这一未来人工智能领域最重要、最核心的科技立刻成为人们关注的焦点。传统的机器学习与深度学习的流程对比如图 5-5 所示，两者都需要对数据进行预处理。传统的机器学习算法通过人工设计特征提取器，在复杂任务下，人工设计的特征提取器效果不佳，将提取到的特征传输到训练好的分类器中进行预测；深度学习的算法则是

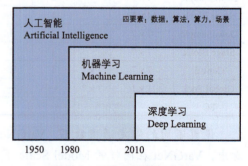

图 5-4　三个名词的包含关系

⊖　相关内容见 https：//arxiv.org/abs/1907.05653。

在数据预处理后，根据任务的复杂性设计模型，然后对模型进行训练，将用于特征提取和分类预测的模块联系起来进行"端到端"的训练。虽然深度学习算法在复杂任务中仍然有较好的效果，但该类算法也有模型可解释性差等缺点，比如无法解释模型中的各个模块分别提取什么样的具体特征。

图 5-5　传统机器学习与深度学习流程对比

随着算法突破、数据爆发以及算力增长，深度神经网络作为深度学习的一类实例化结构逐渐被广泛应用。其中在视觉感知场景，针对图像数据量较大的特点，通常采用卷积神经网络（Convolutional Neural Network，CNN）这一结构对图像数据进行处理。深度学习算法通常由 3 部分组成，即神经网络模型、损失函数和优化方式。深度神经网络模型本质就是一个复杂的函数，这个函数将输入映射到输出值，该函数是由许多个简单函数复合而成。卷积神经网络就是一个拥有大量可训练参数的复杂函数，其中参数可训练意味着通过参数的更改，模型的预测能力越来越强，预测值与真实值之间的差距越来越小。衡量模型输出值与预测值之间的差距的方式就是通过设计的损失函数。优化方式的选择意味着模型通过怎样的方式进行参数的优化，从而实现损失函数的最小化，一般的优化方式为反向传播算法加上梯度下降。

5.1.1　卷积神经网络

卷积神经网络在计算机视觉中应用广泛，常见的应用任务为图像分类识别、目标检测追踪、图像分割等。自从 2012 年 AlexNet 在 ImageNet 数据集上取得了不错的效果后，大量的 CNN 模型被提出，广泛被使用的 CNN 模型包括 VGG、ResNet、DenseNet、MobileNet、ResNeXt 等。

根据"端到端"的设计思路，网络结构大致分为输入层、隐藏层和输出层，其中隐藏层主要完成对输入数据进行特征提取和对提取到的特征进行信息整合，用于预测。结构中用于特征提取的层包括卷积层、池化层、激活函数层等，用于分类识别的包括全连接层等。其中，用于特征提取的模块，一般被称为 backbone，其基本模块结构如图 5-6 所示，输入图像传入到网络中后，通常由卷积层对输入进行卷积，实现特征提取；批量归一化层对卷积后的操作进行处理，统一数据分布；激活层通过激活函数实现数据的非线性转换，增加网络表达能力，从功能上模拟生物神经元的激活和抑制状态；池化层降低特征图的尺寸，使得图像特征凸显。由多个基本模块搭建而成的 backbone 对输入图像进行特征提取，在提取过程中，数据以一定数量的特征图进行传输。

基于以上模块，在 1998 年，Y. LeCun 等人提出了通过反向传播算法（Back Propagation，BP）进行训练的卷积神经网络模型 LeNet-5，其结构如图 5-7 所示。LeNet-5 通过包括卷积层、池化层、激活函数层和全连接层在内的不同模块层层堆叠，使得模型可以直接从图片中提取特征信息并进行分类识别。具体来说，在模型中的最后几层以全连接层为基础，根据模型前面部分得到的特征信息进行预测，输出 10 分类上每类的预测值，一般选取预测值中的最大值为模型对输入数据的最终预测结果。在模型推理过程中，卷积计算后的高层的特征信息被输入到全连接层，全连接层利用这些特征信息进行分类识别，并通过反向传播算法指导卷积层进行更好的特征提取。同时，从其结构图中可以看出，随着网络层次的加深，特征图的尺寸逐渐降低，特征图通道的数量会逐渐增多，后续大多数模型的结构都参考了这种设计思想。LeNet-5 模型采用的设计结构成了一种经典的卷积神经网络基本结构，是大量卷积神经网络结构的起点。下面将依次介绍基本结构中的各个计算层的原理和作用。

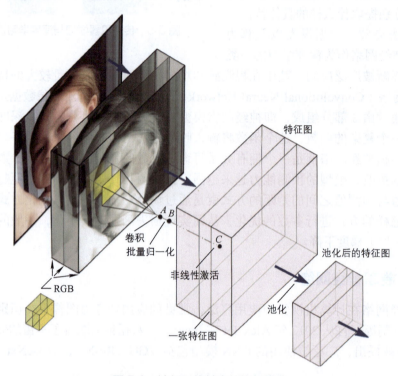

图 5-6 神经网络基本结构与模块

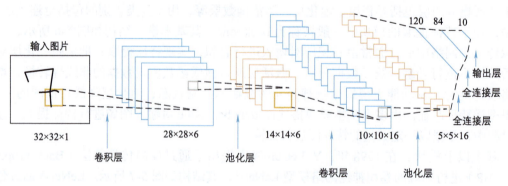

图 5-7 经典的卷积神经网络模型 LeNet-5

1. 卷积层

卷积层是卷积神经网络中的核心结构之一，其作用是使用一定数量的过滤器对数据进行特征提取。针对输入数据的维度较大的情况，得益于局部感知和权值共享，卷积神经网络中的参数数量被有效减少。局部感知即是卷积层中的每个神经元仅与输入图像的一块区域像素连接，如图 5-8 所示，Layer2 中的一个神经元只与 Layer1 中的一块区域有连接。由于图像的局部像素关联较强，局部连接保证了经过训练后的过滤器能够对于图像的局部特征有很好的感知能力。同时，在网络结构中靠前的卷积层提取一些低级的局部语义特征（如边缘、线条等），靠后的卷积层从这些特征中不断提取更高级的语义特征，感知的区域也更大。

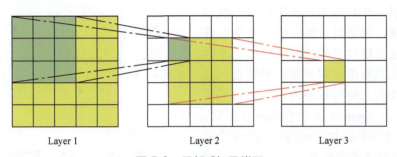

图 5-8　局部感知及卷积

权值共享则是指卷积核中的权重被整张特征图所共享。每一层卷积层中存在着许多用于提取不同类型特征的过滤器，每个过滤器含有的卷积核的数量与输入特征图的通道数量相同，即滤器中的每个卷积核与输入中的一张特征图相对应，并不会因为卷积核在该特征图上移动到不同的位置而改变权值。

接下来通过一个简单的例子来讲述如何计算卷积：假设对一张 5×5 的二维图像数据，使用一个 3×3 的过滤器（filter）进行卷积，卷积时的偏置（bias）为 0，将得到一个 3×3 的特征图。如图 5-9a 所示，从输入图像的左上角进行卷积操作，即将输入图像上的像素值与相对应的 filter 上的参数值进行相乘，然后进行累加，得到的特征图上的第一个输出值为

$$f_{0,0} = 1 \times 1 + 1 \times 0 + 1 \times 1 + 0 \times 0 + 1 \times 1 + 1 \times 0 + 0 \times 1 + 0 \times 0 + 1 \times 1 = 4$$

得到第一个卷积操作输出值后，向右滑动 filter，假设此处的步长（stride）为 1，滑动后的结果如图 5-9b 所示，则第二个输出值为

$$f_{0,1} = 1 \times 1 + 1 \times 0 + 0 \times 1 + 1 \times 0 + 1 \times 1 + 1 \times 0 + 0 \times 1 + 1 \times 0 + 1 \times 1 = 3$$

以此类推，将 filter 在输入图像上进行从左到右及自上而下滑动，并与输入图像进行卷积操作，提取图像中的特征，最终卷积输出如图 5-9c 所示。

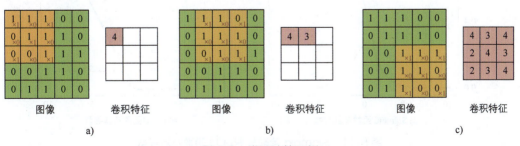

图 5-9　卷积计算示例

2. 激活函数

由于卷积层中只提供线性的表达能力，即卷积层中的计算可以简化为 $f(x) = wx + b$，这样在数据为线性可分时是没有问题的，线性可分即一条 $f(x) = wx + b$ 的直线就可以区分数据，如图 5-10a 所示。但数据并非都是线性可分的，特别是复杂场景下的数据，比如图 5-10b 所示的数据，并不是一条线性直线就可以划分。模型如果只拥有区分线性数据的能力，则该模型不足以区分复杂的非线性可分的数据。

因此，引入非线性函数使得网络非线性表达能力增强，网络可以胜任更为复杂的任务。同时，这也构建了稀疏性，模拟了生物大脑中神经元具有激活和抑制两种状态，且只使用部分神经元进行推理的过程。常见的非线性函数为 Sigmoid 函数和 ReLU 函数。Sigmoid 函数在早期的神经网络研究应用中被广泛使用，其数学表达式为

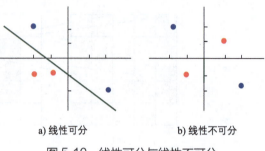

a) 线性可分   b) 线性不可分

图 5-10   线性可分与线性不可分

$$\sigma(x) = \frac{1}{1 + e^{-x}}$$

图 5-11a 展示了 Sigmoid 函数及其导数，可以看到在饱和区域无论输入值多大或多小，输出值变化微乎其微且趋近于 1 或 0，使得导数值趋于 0。为了避免梯度消失的情况发生，ReLU 函数成了目前使用最多的激活函数之一，其定义公式为

$$R(x) = \max(0, x)$$

图 5-11b 所示为 ReLU 函数及其导数。ReLU 函数在输入值为非负时，输出值与输入值相等且导数恒为 1，在输入值为负数时，输出值则为 0 且导数恒为 0。这样的函数有效地解决了梯度消失的问题，使得模型收敛加快。同时，该函数计算简单，且可以增大网络的稀疏性，增强模型的泛化能力，即在同样的输出下，ReLU 的网络使用到的神经元比 Sigmoid 少。

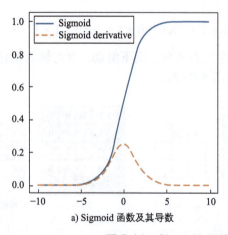

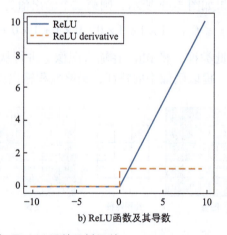

a) Sigmoid 函数及其导数   b) ReLU 函数及其导数

图 5-11   Sigmoid 函数与 ReLU 函数及其导数

除了上述两种激活函数以外，还有 Tanh 和 Leaky ReLU 等几十种函数及其变种。例如 Tanh 将输出控制在 [−1，1]，均值接近 0，使模型收敛更快，但仍然存在容易导致梯度消失的问题。Leaky ReLU 函数解决了 ReLU 函数在输入为负的情况下产生的梯度消失问题。与网络模型一样，目前新的激活函数还在不断被设计出来，相关的资料可以非常方便地在互联网上查阅，这里不再展开介绍。

3. 池化层（Pooling）

在网络设计时，通常按照一定间隔设置一个池化层。设置池化层的主要作用是逐渐降低特征图的尺寸，使得图像特征凸显的同时在一定程度上减少网络中用于卷积的参数和计算，有效提高所提取的特征的鲁棒性。池化的方法很多，最常用的是最大池化（Max Pooling）、平均池化（Mean Pooling）和全局平均池化（Global Average Pooling，GAP）等。如图 5-12 所示，假设池化的 Filter 大小为 2×2，Max Pooling 实际上就是在这 2×2 的区域内取最大值，作为采样后的值；Mean Pooling 即是在这 2×2 的区域内取各样本的平均值；GAP 则在每个特征图上求全局平均值，输出值的数量与特征图数量相同。

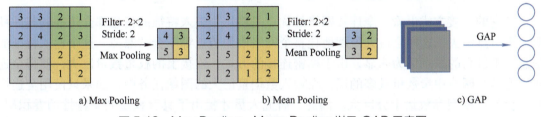

图 5-12　Max Pooling，Mean Pooling 以及 GAP 示意图

4. 全连接层

在常见的卷积神经网络中，使用一层或多层全连接层来对卷积后提取到的特征进行分类识别。如果说卷积层、池化层和激活函数等操作是将原始数据中进行特征提取和特征凸显的话，通常使用"展平"（flatten）的方式将数据转换为一维的向量输入到全连接层后，全连接层则是将这些特征信息整合到一起（高度提纯特征），然后根据类别输出每个类别的预测值。

全连接层即为传统的多层感知机（Multi-layer Perceptron，MLP），每一个神经元节点的输入都来自于上一层的每一个神经元的输出。如图 5-13 所示，假设在二分类任务中，输入到全连接层的特征有 x_1、x_2 和 x_3，经过两层全连接层后，将特征 x_1、x_2 和 x_3 整合为 y_1 和 y_2，即二分类中，对每个类别的预测概率值。全连接层的输出通常被认为是网络预测输入为每个类别的概率。二分类任务通过 sigmoid 将全连接层输出转换为类别概率，即将图 5-13 中的 y_1 和 y_2 转换为（0，1）之间的值。在多分类的任务中最后一层全连接层的输出会通过 Softmax 函数进行转换，保证最终的输出全部在（0，1）之间，且和为 1，因此，经过 Softmax 函数处理的最终输出才能被视为网络预测输入为每个类别的概率。Softmax 的函数定义公式如下：

$$y_i = \frac{e^{z_i}}{\sum_j e^{z_j}}$$

式中，z_i 为网络的最终输出数组 z 中的第 i 个元素；y_i 为该元素的 Softmax 值。

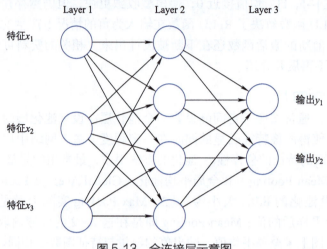

图 5-13　全连接层示意图

从它的连接方式上看，全连接网络的优点是将每个输入特征的信息都会传播到其后任何一个节点中去，这样会最大限度地让整个网络中的节点都不会"漏掉"这个输入特征的信息。不过它的缺点更为明显，由于稠密连接的方式，连接上的权重数量巨大，使得全连接层是整个网络中参数量最多的层。在输入数据量巨大的图像任务中，如果只使用全连接层，会使得模型参数量十分巨大。因此，研究人员才提出了具有权重共享特性的卷积层，用于减少权重的数量。除了上述提到的参数冗余的问题以外，全连接层还要求固定的输入维度（如 4096），使得整个卷积神经网络模型无法接受可变化尺寸输入，因此通常使用全局平均池化层或卷积层替换全连接层。

5. 批量归一化层

假定输入某一层网络的数据分布如图 5-14a 所示，通过 H1 将数据进行了划分。但由于模型在训练阶段，每层的权重值都可能在发生变化，在迭代一次后，传输到该层的数据分布可能如图 5-14b 所示，因此本层的权重将从直线 H1 更新成 H2，模型中的权重需要去适应学习不同给数据分布。同样，在训练阶段，输入模型中的不同批次的数据分布也可能存在着较大的差异，同样可能造成在每次迭代中网络要去适应学习不同的数据分布，这个现象称之为内部协变量偏移（Internal Covariate Shift）。该现象容易导致网络在训练过程中的收敛速度变慢，即需要更多次的迭代，模型输出才会收敛。特别是在较深的网络中，这种现象会更加严重。

为了解决以上问题，研究人员提出了在网络中添加批量归一化层（Batch Normalization，BN），用于加快模型的收敛，使得较深的网络也能够很快得到收敛。将数据输入到网络中的某一层之前，对数据进行批量归一化的处理，如图 5-14c 所示，使得每一层接收到的数据都处于同一分布，对每一层的输入进行归一化至均值 0、方差 1 的预处理，避免了权重去适应不同分布输入数据的问题。批量归一化层具有许多的优点，几个主要的优点总结如下：

1）添加批量归一化层除了使得网络中每层输入数据的分布相对稳定，还可以加速模型的学习速度。

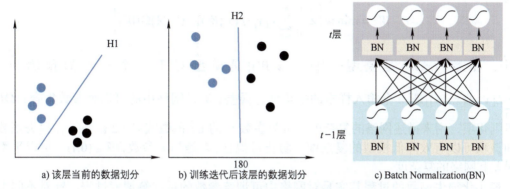

a) 该层当前的数据划分　　b) 训练迭代后该层的数据划分　　c) Batch Normalization(BN)

图 5-14　迭代前后的数据分布与批量归一化层

2）批量归一化层使得模型对训练中的超参数不那么敏感，简化了调参过程，使得网络学习更加稳定。比如经常会谨慎地采用一些权重初始化方法（例如 Xavier）或者合适的学习率来保证网络稳定训练，在网络中添加批量归一化层后，使得网络对数据不敏感，进而使得网络对影响每层输出的超参数不敏感。

3）BN 缓解梯度消失问题，使得可以在网络使用饱和性激活函数（例如 Sigmoid、Tanh 等）。在不使用 BN 层的时候，由于网络的深度与复杂性，很容易使得底层网络变化累积到上层网络中，导致模型的训练很容易进入到激活函数的梯度饱和区。通过归一化操作可以让激活函数的输入数据落在梯度非饱和区，缓解梯度消失的问题。

4）BN 具有一定的正则化效果。由于我们使用 mini-batch 的均值与方差作为对整体训练样本均值与方差的估计，尽管每一个 batch 中的数据都是从总体样本中抽样得到，但不同 mini-batch 的均值与方差会有所不同，这就为网络的学习过程中增加了随机噪声，与 Dropout 通过关闭神经元给网络训练带来噪声类似，在一定程度上对模型起到了正则化的效果。

5.1.2　损失函数

在网络的训练过程中，需要通过损失函数来评估模型对输入数据的最终预测和真实标签之间的误差，在深度学习中的损失函数需要根据当前的应用场景进行相应的设计。但不管是哪种损失函数，都可以总结出以下几个特点：

1）恒非负。损失函数计算的是模型预测值与真实值之间的差距，模型根据损失函数优化后，最好的情况是损失函数的值为 0，即模型的预测输出完美拟合真实值，只要有一点拟合的偏差那就会让损失增加。

2）模型预测值与真实值之间的误差越小，函数值越小。这个性质也是非常重要的，如果损失函数定义的不好，优化起来没有方向或者逻辑过于复杂，对于问题处理显然是不利的。

3）损失函数收敛快。收敛快的意思就是指在迭代优化这个损失函数的过程中，需要让它比较快地逼近函数的极小值，逼近函数值的低点。

损失函数最小化是神经网络迭代学习训练的目标，实现损失函数最小化意味着让神经网络拥有了更好的预测能力，预测和真实标签之间的差异在不断较少。最小化的过程可以

总结为

$$W^* = \min w \left\{ \lambda \frac{1}{m} \sum_{i=1}^{m} L[y_i, f(x_i; W)] + (1-\lambda)\Omega(W) \right\}$$

式中，函数 $f(x_i; W)$ 是模型；$L[y_i, f(x_i; W)]$ 是模型对于一个样本的预测误差；$\frac{1}{m} \sum_{i=1}^{m} L[y_i, f(x_i; W)]$ 是 m 个输入样本的平均训练误差；W 是网络中的可训练参数集合；$\Omega(W)$ 是正则化项，用来描述网络的复杂度，常为参数 w 的 L1 范数或者 L2 范数，在损失函数中添加该项可以有效降低模型的复杂度，防止过拟合；λ 是相关参数，$\lambda \in (0,1)$，可以平衡训练误差和网络的复杂度。

最小化损失函数的过程其实是对网络中可训练参数的最优解搜索过程。针对不同类型的预测任务，一般选择不同的损失函数。根据任务的特点，通常将任务的类型大致分为分类和回归这两类。分类任务即根据预先设置的类别，对输入数据进行每个类别上的概率预测，其最终的预测结果是离散的。回归任务是对连续值的预测，如某地区房价的预测、坐标的预测。因此，回归任务主要使用基于距离度量的损失函数，分类主要使用基于概率分布度量的损失函数。基于距离度量的损失函数主要包括均方误差损失函数（Mean Square Error，MSE）、L2 损失函数、Smooth L1 损失函数、Huber 损失函数等。基于概率分布度量的损失函数包括 KL 散度函数（相对熵）、交叉熵损失、Focal Loss 等。例如，在图像识别分类任务中，通常采用的分类损失函数为交叉熵损失函数。在实际应用中，会针对不同的需求、模型或项目设计不同的损失函数。

5.1.3　模型训练及测试

卷积神经网络的训练过程即为模型通过对训练数据的迭代学习，不断对网络中可训练参数进行优化直到损失函数最小化的过程。训练是模型的多次迭代，每次迭代涉及两个过程，即前向传播和反向传播。而模型测试是在模型没有学习过的测试数据集上进行前向传播。前向传播中，数据根据网络中的计算图从输入层到输出层进行计算。具体来说，当图像输入后，经过网络中的卷积层和池化层的运算，抽象出图像中的高级特征，然后将特征图展平后传输到全连接层等 head，完成模型的预测。在反向传播中，根据链式法则，推理误差对于网络中所有可训练参数的偏导数依次从输出层向输入层被求解，存储下来的梯度被用来优化参数。

和许多其他机器学习模型相同，卷积神经网络同样是通过梯度下降来优化模型的参数。根据凸优化理论可知，由于神经网络模型复杂度较高，同时其损失函数一般为非凸（non-convex）函数，最小化损失函数时存在着局部最优解，使得非凸优化实现全局最优的难度增加。因此，在深度神经网络模型的反向传播中，一般采用小批量随机梯度下降（Mini-Batch Stochastic Gradient Descent，MBSGD）。具体来说，小批量随机梯度下降的思想是在每一次迭代中随机选择 n 个作为一个批次（batch），然后用一个批次的输入的推理误差来优化参数，而不是使用全体样本或者随机选择一个样本。一个批次的样本输入到神经网络中，网络进行一次前向传播和后向传播，这个过程被称为一个"迭代过程"（iteration），一个批次选择的样本数量 n 被称为"批次大小"（batch size），网络对全体样本进行迭代的过程被称为一个"轮次"（epoch）。

下面总结一些深度学习调参技巧，使用这些技巧，可以有效提高训练后的模型性能。

1）激活函数选择。常用的激活函数有 ReLU、Leaky-ReLU、Sigmoid、Tanh 等。对于输出层，多分类任务选用 Softmax 输出，二分类任务选用 Sigmoid 输出，回归任务选用线性输出。而对于中间隐层，则优先选择 ReLU 激活函数，ReLU 激活函数可以有效地解决 Sigmoid 和 Tanh 出现的梯度弥散问题，同时它的计算更加简单。

2）初始学习率设定和训练中学习率的衰减策略。一般学习率从 0.1 或 0.01 开始尝试。学习率设置太大会导致训练十分不稳定，甚至出现非数（NaN），设置太小会导致损失下降太慢。学习率一般要随着训练进行衰减，衰减策略包括阶段下降、指数下降、预选下降、warmup 等。

3）防止过拟合。在对模型进行训练时，有可能遇到模型相对复杂性较高、训练数据较少无法代表该任务的真实的数据分布等问题，导致模型的过拟合（overfitting）。也就是导致模型能完美地预测训练集，但对新数据的测试集预测结果较差，过度拟合了训练数据，而没有考虑到泛化能力。因此，过拟合主要是由训练数据太少和模型太复杂这两个原因造成的。减少过拟合的方法可以大致总结为：

① 获取更多数据：从数据源头获取更多数据；数据增强（Data Augmentation）。

② 使用合适的模型：减少网络的层数、神经元个数等均可以限制网络的拟合能力；

③ 在损失函数中添加正则化项，在训练的时候限制权值的更新。

④ Dropout：训练时以一定的概率（通常是 50%）关闭隐藏层神经元的输出，即输出为 0。

⑤ 避免过度训练：避免训练迭代的次数过多。

⑥ 数据增强：常见的数据增强方式有旋转、缩放、平移、裁剪、改变视角、随机遮挡、添加噪声等。

⑦ 数据清洗（Data Cleaning/Pruning）：将错误的 label 纠正或者删除错误的数据。

⑧ Bagging 等方法结合多种模型：用不同的模型拟合不同部分的训练集，将多个模型进行集成。

4）优化策略的选择。SGD 虽然能达到极小值，但是比其他算法用时更长，而且可能会被困在鞍点。如果需要更快的收敛，或者是训练更深更复杂的神经网络，需要用一种自适应的算法，即 Adagrad、Adadelta、RMSprop 和 Adam。整体来讲，Adam 是最好的选择。

5）残差块与 BN。如果希望训练一个更深更复杂的网络，那么残差块绝对是一个重要的组件，它可以让你的网络训练得更深。BN 具有加速训练速度、有效防止梯度消失与梯度爆炸，以及防止过拟合的效果，构建网络时最好要加上这个组件。

5.1.4　模型压缩

卷积神经网络中的模块根据是否含有可训练参数，可以大致分为两类：一类是含有权重和阈值的卷积层、全连接层等，且权重和阈值的数量在具体任务下有优化的空间；另一类是非线性激活层、池化层等，这类模块不含有任何可训练参数。在一定程度上，模型参数量决定着模型对设备的存储消耗，该模型的计算量决定着模型运行时的实时性。模型压缩和加速则是针对具体任务，在保持模型性能的同时，降低模型的复杂度和计算量的一种方法。

1. 压缩加速主要原因

对模型进行压缩加速的主要原因，大致可以总结为以下几点：

1）模型性能提升的同时，模型对平台的资源消耗变得巨大。从开始的应用在手写字符数据集上进行 10 分类任务的 LetNet-5 模型，到后面的应用在 ImageNet 数据集上进行 1000 分类的 VGG/ResNet/DenseNet，模型的性能得到了极大的提升，同时意味着模型变得更加的复杂，对平台的资源消耗变得十分巨大。

2）针对具体任务，常见模型结构本身存在冗余。模型可训练参数数量和结构大小经过反复试验后得出，作为先验知识引入到模型中，虽然这样设置让模型应对各种类似任务的兼容性较好，但在具体任务中，直接采用常见模型结构设置并不能实现最优的部署效果，模型结构存在着可以针对具体任务进一步优化的空间。

3）针对某些任务，在边缘端部署模型具有极大的收益。对于实时性具有高要求的任务（如自动驾驶等），将模型部署在边缘端可以使实时性得到极大的提高，避免了和云端进行实时数据交互带来的时延。同时，边缘端部署模型也可以保护数据的私密性，提升相应功能的稳定性和可靠性，云端与边缘端部署对比见表 5-3。因此，为了将 CNN 模型很好地应用到端设备上，对模型进行压缩和加速的相关研究便受到了广泛的关注。

表 5-3　云端与边缘端部署对比

部署方式	云端部署	边缘端部署
部署地点	模型主要部署在云端服务器上	模型主要部署在嵌入式设备上
常见模式	通过端通过向云端服务器发送相关请求和数据，云端收到请求后处理并返回结果给用户	主要通过将模型打包封装到 SDK，集成到嵌入式设备，数据处理和模型推理都在终端设备上执行
优化关键点	多路的吞吐量优化	功耗、内存、计算资源消耗
部署环境	训练框架提供推理服务	SDK 高效推理引擎库
主要优点	计算、内存等平台资源丰富	实时性、数据安全性、功能稳定性和可靠性有一定保障
主要缺点	实时性、数据安全性、功能稳定性和可靠性在一些场景中无法保障	由于模型自身和边缘平台资源受限，存在高存储、高功耗、高计算等问题

2. 研究层次

模型压缩和加速是一个庞大的领域，为了实现算法及软硬件协同优化，可以将该领域的研究可以总结为三个层次：硬件层压缩加速、框架层压缩加速、算法层压缩加速。

（1）硬件层压缩加速　相关工作主要是根据模型存储计算的特点设计硬件芯片。目前，一些针对人工智能应用而设计的芯片方案包括图像处理器（GPU）、现场可编程逻辑门阵列（FPGA）、特殊应用集成电路（Application Specific Integrated Circuit，ASIC）等，其中 ASIC 包含 BPU、NPU、TPU 等不同芯片方案。总之，相关研究主要根据深度学习模型存储计算的特点进行硬件设计，通过底层硬件的优化实现压缩加速模型。GPU、FPGA、ASIC 三种芯片的对比见表 5-4。

表 5-4　三种芯片的对比

芯片类型	GPU	FPGA	ASIC
定制化程度	通用型	半定制化	定制化
成本	单价成本高	较低的试错成本	成本高，可复制，量产规模成产后成本可有效降低
编程语言/架构	CUDA，OpenCL	Verilog/VHDL 等硬件描述语言，OpenCL，HLS	—
算力和能效	算力高，能效比重	算力中，能效比优	算力高，能效比优
主要应用场景	云端训练，云端推理	云端推理，边缘推理	边缘推理

（2）**框架层压缩加速**　相关工作主要是针对边缘端设计端侧推理框架。此类框架主要针对资源受限的移动边缘平台，对模型存储和计算进行了一定的优化，如 Horizon 异构编译器、谷歌的 TF-lite、腾讯的 NCNN、阿里的 MNN、百度的 PaddleLite、TensorRT、小米的MACE 等。主要的存储计算优化包括编译优化、缓存优化、稀疏存储和计算、算子支持等。其中的算子支持需要重新开发端侧的算子，并同时对算子进行比如支持定点化等优化。

（3）**算法层压缩加速**　相关研究主要是设计实现压缩加速算法，通过减少模型对平台的存储和计算的资源消耗，从而实现对模型压缩和加速。算法主要包括轻量化结构设计、知识蒸馏、参数量化和模型剪枝等（图 5-15）。实现算法层次的压缩加速效果在成本上是最低的，实现的效果也是最为明显的。在三个层次的压缩加速研究中，算法层面的方法由于其高收益、低成本和易实现等特点被广泛用于对模型的压缩和加速，下面重点进行介绍。

1）轻量化结构设计。由于传统的卷积结构设计容易造成权重冗余，目前，研究人员通过经验和技巧设计出一些轻量化的结构。大致总结为以下思路：

① 矩阵分解：将 $M \times N$ 的矩阵（M 远大于 N）分解为 $M \times K$，$K \times N$ 两层，只要让 $K \ll M$ 且 $K \ll N$，就可以大大降低模型体积。分解前，矩阵参数量为（$M \times N$），分解后，参数量为（$M \times K + K \times N$）。

② 分组卷积：比如 ShuffleNet、MobileNet

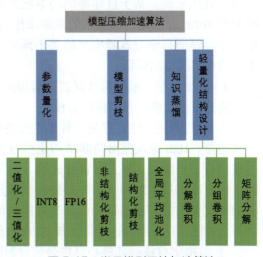

图 5-15　常见模型压缩加速算法

等，以 MobileNet 的 Depthwise Separable Convolution 为例，该卷积由 Depthwise Convolution 和 Pointwise Convolution 构成。一般卷积核采用 3×3，而 $N \gg 9$，因此深度可分离卷积的参数量和计算量都是标准卷积的 $1/8 \sim 1/9$。

③ 分解卷积：用两层使用小卷积核的卷积层来代替一层使用大卷积核的卷积层。比如VGGNet 中使用两个 3×3 的卷积核代替一个 5×5 的卷积核。在输出特征图相同大小的情况下，参数量仅为原先的 $3 \times 3 \times 2 / (5 \times 5) = 18/25$，加速效果近似。

④ 全局平均池化：在 AlexNet 和 VGGNet 等模型中，全连接层参数量相对巨大，NIN创新性地使用全局平局池化可以代替全连接层。NIN 取得了 Alexnet 的效果，Alexnet 参数

大小为 230M，而 NIN 仅为 29M。

2）知识蒸馏。通常大型深度模型相对于轻量化的模型会获得更好的性能，但鉴于大模型的自身参数量，其计算量巨大，部署在边缘端的难度较大，轻量化模型的部署虽然难度低，但性能往往不能达到要求。为了提高轻量化网络的性能，基于知识蒸馏的方法被提出。在知识蒸馏中，小模型（学生模型）是在一个大模型（教师模型）的监督下学习（训练）。如图 5-16 所示，一个知识蒸馏系统由知识、蒸馏算法和师生架构 3 个主要部分组成。

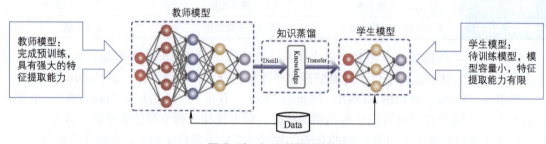

图 5-16　知识蒸馏原理图

知识蒸馏受到越来越多的关注，其方法已扩展到师生学习、相互学习、终身学习和自监督学习。对于"知识"的定义可以概括为两种：基于目标的蒸馏方式和基于特征的蒸馏方式。具体来说，基于目标蒸馏的本质是让学生模型去学习教师模型的泛化能力，将教师模型中 Softmax 层输出的类别的概率来作为"Soft-target"，让学生模型去拟合。与目标蒸馏中的学生模型只学习教师模型的关于预测输出的知识不同，基于特征的蒸馏是学习教师模型中的中间层输出特征。

3）模型剪枝。模型剪枝通过修剪掉重要性较低的参数，对于修剪的粒度大小，可以将其分为非结构化剪枝和结构化剪枝。

① 非结构化剪枝：这是一种细粒度剪枝方法，剪枝对象是模型中的神经元之间的单个权重连接。Han 等人提出的非结构化剪枝方法认为低于阈值的权重连接是冗余的。该剪枝方法包括 3 个阶段，即正常训练连接、置零冗余连接以及重新训练剩下权值。在存储网络时，该方法通过压缩稀疏矩阵存储和参数量化来实现真正的网络"瘦身"。值得注意的是，非结构化剪枝的方法通常会引入非结构化稀疏，需要对稀疏矩阵存储和计算具有一定优化的平台才能实现压缩加速效果，该类方法对平台环境有特定的要求，方法的普适性较差。

② 结构化剪枝：其核心思想是通过删除那些冗余的、贡献度低的结构化权重（如过滤器）来减少模型权重的数量，实现模型的压缩加速。对权值的重要性定义是剪枝的关键点，目前被提出的针对结构化权值的评判标准主要有以下 3 种：

a）基于结构化权值范数值的评判标准，其认为范数值越大的结构化权重，包含的信息越多，也越重要。

b）基于结构化权值之间欧式距离或相似性的评判标准，其认为结构化权值的可替代性越高，也越冗余。

c）基于通道信息评判标准，将输出通道的相关信息看作结构化权重的重要性。如 Network Slimming 方法将 BN 层的 γ 系数作为通道的重要性，方法简单高效，被广泛应用。

4）参数量化。参数量化的过程主要是将原始浮点 FP32 的参数映射成定点 INT8（或者 INT4/INT1）的参数，量化后模型规模理论上可以直接降为原来的 1/4，直接降低内存带宽需求和存储空间。一个寄存器为 128 位的 SIMD 指令（单指令多数据流），可以处理 4 个 FLOAT 数值或 16 个 INT8 数值，在这种情况下，可以让芯片的理论计算峰值增加 4 倍。一般将量化分为量化感知训练（Quantization Aware Training，QAT）和训练后量化（Post-Training Quantization，PTQ）。具体来说，量化感知训练需要在量化时的训练阶段对量化误差进行建模，这种方法一般能够获得较低的精度损失。训练后量化直接对普通训练后的模型进行量化，不需要在量化时训练，因此，训练后量化方法相对高效，但是在精度上一般要稍微逊色于 QAT。以线性量化将 FP32 权重转化为 INT8 权重为例，量化浮点值可以分为以下两个步骤：

① 通过在权重张量（Tensor）中找到 min 和 max 值从而确定 x_{scale} 和 $x_{zero\text{-}point}$。

② 通过以下公式将权重张量的每个值从 FP32（x_{float}）转换为 INT8（$x_{quantized}$）：

$$x_{float} \in [x_{float}^{min}, x_{float}^{max}]$$

$$x_{scale} = \frac{x_{float}^{max} - x_{float}^{min}}{x_{quantized}^{max} - x_{quantized}^{min}}$$

$$x_{zero\text{-}point} = x_{quantized}^{max} - x_{float}^{max} \div x_{scale}$$

$$x_{quantized} = x_{float} \div x_{scale} + x_{zero\text{-}point}$$

需要注意的是，当浮点运算结果不等于整数时，需要额外的舍入步骤。计算范围和零点，一般通过校准数据来对 FP32 的权值和激活进行范围采样。如图 5-17a 所示，量化方法的关键之一在于剔除离群点的影响，使量化损失最小化。图 5-17b 所示为确定范围后，在线性量化中将离群点量化为最大值。在实际情况中，可以根据图 5-18 所示的逻辑来选择合适的量化方法。

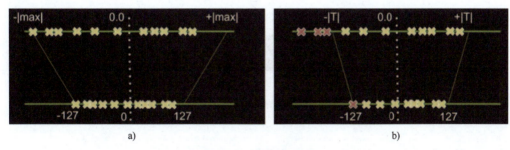

图 5-17　剔除离群点

例如，根据部署平台可以选择两种方案：第一种方案如图 5-19a 所示，在低精度模式下，计算过程是两个量化数据乘加之后通过 Dequtize 还原到 FP32 高精度，然后再量化成低精度。深度学习框架加载模型时，需要重写网络以插入 Quantize 和 Dequantize 层，也被称为伪量化。第二种方案如图 5-19b 所示，直接将网络整体转换为 INT8 格式，因此在推理期间没有格式转换，该方法要求几乎所有算子（Operator）都支持量化，因为运算符之间的数据流是 INT8。

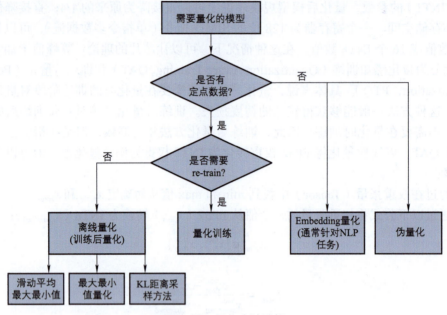

图 5-18 量化方法选择

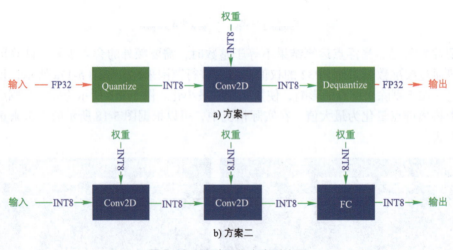

图 5-19 两种量化方案对比图

5.2 人机交互系统中的机器视觉算法基础

随着人机交互技术的发展，机器视觉的应用需求也逐步扩大，包括了人脸识别、手势识别、驾驶员行为识别等。机器视觉通过机器来模拟生物视觉，可代替人眼完成对目标进行分类、识别、跟踪等任务。机器视觉目前是人工智能领域应用最广的方向之一，在智能汽车中发挥着重要作用。与人机交互相关的视觉常见任务见表 5-5，下面重点介绍这些任务的相关算法。

表 5-5　与人机交互相关机器视觉常见任务

任务名称	输入	输出
分类	图片	类别预测分数
检测	图片	每个目标的位置信息和类别信息
分割	图片	像素级的类别预测
关键点	视频	每个关键点的位置信息和类别信息

5.2.1　分类

图像分类简单来说是输入一个图像，得到对图像内容分类描述的问题。随着分类算法的快速发展，图片分类已经从最简单的灰度图数字 10 分类，发展到现在千万级别 ImageNet数据集的 20000 多类，计算机的推理精度和速度已经远远超越了人眼。图像分类是计算机视觉的核心，是检测、分多割等算法的基础，应用于智能驾驶、智能安防、智能家居等各领域。分类算法是从已知的分类集中给图像分配一个标签，比如猫、狗、老虎等，而在座舱应用包括驾驶员性别分类、是否在打电话等。目前常见的分类算法有如下几种。

（1）ResNet　ResNet 的提出解决了深度 CNN 模型难训练的问题，其深度达到了 152层，"残差块"的设计是为了避免模型越深的情况下其识别准确率反而会降低。如图 5-20所示，残差块主要思想可以概括为特征复现，即前面层提取出的特征可以通过快捷连接传递到除下一层以外更靠后的层，与那一层的输出直接相加，特别是如果两者的维度不匹配，在快捷连接中通过额外的卷积层等操作进行转换。

（2）DenseNet　DenseNet 脱离了加深网络层数和加宽网络结构来提升性能通过特征重用和旁路设置，减少了网络的参数量，也部分缓解了梯度消失的问题。包括 ResNet、DenseNet 在内

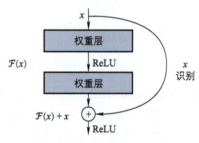

图 5-20　残差块

的这类模型有一个明显的共有特点，即缩短前面层的输出到后面层的路径，其主要目的都是增加不同层之间的信息流动。基于信息流动的方式，DenseNet 采取了"稠密块"（dense block）的结构，其结构如图 5-21 所示，这种稠密连接的结构使得每一层的输入来自于前面所有层的输出，在前向传播中加强了特征传播，实现了特征图的复用，在反向传播中，避免了更深的模型中传递到前层的梯度消失。

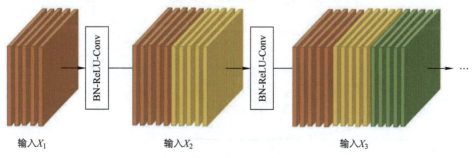

图 5-21　稠密块

（3）ResNeXt   该网络采用组卷积的思路，模型性能超过 ResNet，二者对比如图 5-22 所示。一般来说，增加网络表达能力的途径有以下三种：

1）增加网络深度，如从 AlexNet 到 ResNet，但是实验结果表明由网络深度带来的提升越来越小。

2）增加网络模块的宽度（即每层过滤器的数量），但是宽度的增加必然带来参数规模提升，也非主流 CNN 设计。

3）改善 CNN 网络结构设计，如 Inception 系列和 ResNeXt 等。试验发现增加基数（Cardinality），即一个模块中所具有的相同分支数目，可以更好地提升模型表达能力。

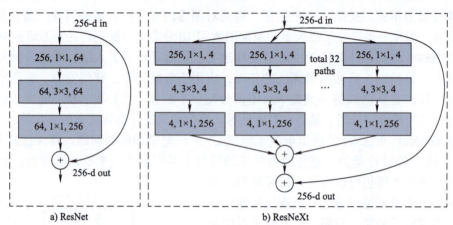

图 5-22   ResNet 与 ResNeXt 对比

（4）SqueezeNet   SqueezeNet 中将传统的卷积模块用轻量化的 Fire Module 进行替代。如图 5-23 所示，Fire Module 由 Squeeze 层和 Expand 层组成，在 Squeeze 层中，3×3 的卷积核被 1×1 的卷积核代替，同时该层减少了输出通道数量，并在 Expand 层中将部分 3×3 的卷积核也改为 1×1 的卷积核，以此减少 3×3 的卷积核的个数。总之，SqueezeNet 通过使用更多紧凑的卷积核来尽可能地减少自身参数量和计算量，也实现了和 AlexNet 模型相似的识别准确率。

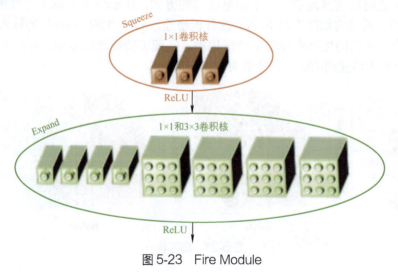

图 5-23   Fire Module

（5）MobileNet V1 和 V2　MobileNetV1 是轻量级网络，使用深度可分离卷积进行堆叠。如图 5-24 所示，输入数据的维度为 $M \times D_F \times D_F$，该层过滤器数量为 N，卷积核大小为 $D_K \times D_K$，标准卷积和深度可分离卷积相比，输出的特征图维度相同的，但是计算量的比较为

$$\frac{M \cdot D_F \cdot D_F \cdot D_K \cdot D_K + N \cdot D_F \cdot D_F \cdot M}{N \cdot D_F \cdot D_F \cdot M \cdot D_K \cdot D_K} = \frac{1}{N} + \frac{1}{D_K^2}$$

也就是说，假设当卷积核的尺寸为 3×3 时，与标准卷积相比，深度可分离卷积可以减少至 1/8~1/9 的计算量，仅仅有很小的准确率损失，同时压缩效果类似。

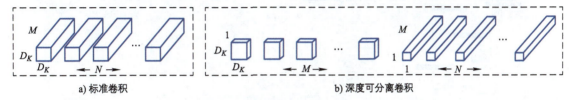

a) 标准卷积　　　　　　　　　　b) 深度可分离卷积

图 5-24　标准卷积与深度可分离卷积

MobileNet V2 沿用了 V1 的深度可分离卷积，主要创新点是线性瓶颈层（Linear Bottle-necks）和反转残差块（Inverted Residuals）。具体来说，线性瓶颈层指的是在 Bottleneck 模块的最后使用的是线性转换而不是 ReLU，这是因为设计者分析认为 ReLU 破坏了特征图的通道，导致丢失了信息。如图 5-25a 所示，传统的残差块将高维特征先使用 1×1 conv 降维，然后再使用 3×3 conv 进行滤波，并使用 1×1conv 进行升维（这些卷积中均包含 ReLU），得到输出特征，并进行以元素方式（element wise）的相加。如图 5-25b 所示，反转残差块则是将低维特征使用 1×1 conv 升维（不含 ReLU），而后使用 3×3 Dwiseconv + ReLU 对特征进行滤波，并使用 1×1 conv + ReLU 对特征再降维，得到本层特征的输出，并进行 element wise 的相加。

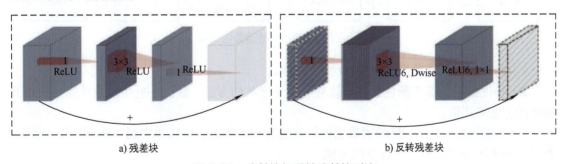

a) 残差块　　　　　　　　　　　b) 反转残差块

图 5-25　残差块与反转残差块对比

5.2.2　检测

目标检测是机器视觉领域最具挑战的方向之一，它涉及物体的分类和定位。简而言之，检测的目的是得到目标在图像中的定位，并且判断物体的类别。图 5-26 所示为一张在目标检测中的常用图像，可以看到图像里的每个目标，包括人和风筝，机器视觉算法都可以精确地定位和识别。

图 5-26　目标检测示意图

随着人机交互技术的发展，目标检测在交互中作用也不断扩大，通过深度学习方法，可以检测到座舱内的人和物体，为后续的目标跟踪、行为判断等打好基础。

1. 经典目标检测算法流程

经典目标检测算法流程如图 5-27 所示，大部门检测算法也是在这个流程图的基础上进行删减或改进的。其主要包括以下几个步骤。

图 5-27　经典目标检测算法流程

1）候选框：通常采用滑动窗口的方法提取。

2）特征提取：基于颜色、基于纹理、基于形状的方法，以及一些中层次或高层次语义特征的方法来提取。

3）目标判定：对候选区域提取出的特征进行分类判定，包括单类别（区别背景、目标）及多类别（区分当前窗口中对象的类别）。

4）非极大值抑制（Non-Maximum Suppression，NMS）：解决候选框重叠问题，NMS对候选框进行合并。NMS 是目标检测常用的后处理算法，用于剔除模型的预测结果中冗余检测框，如图 5-28 所示。其具体流程如下：

①将所有框的得分排序，选中最高分及其对应的框。

②遍历其余的框，如果和当前最高分框的重叠面积（Intersection over Union，IoU）大于一定阈值，就将框删除。

③从未处理的框中继续选一个得分最高的，重复上述过程。

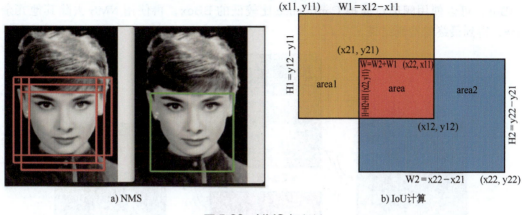

a) NMS   b) IoU计算

图 5-28　NMS 与 IoU

IoU 即两部分面积的交并比，用来衡量两个框之间的重合度。如图 5-28b 所示，area1 和 area2 的 IoU 值为

$$IoU(area1, area2) = \frac{area}{(area1 + area2 - area)}$$

2. 基于深度学习的常见检测算法

（1）Faster R-CNN　图 5-29 展示了 Faster RCNN 的原理。其算法流程如下：首先将图像输入网络得到相应的特征图。在特征图上使用区域候选网络（Region Proposal Network，RPN）生成候选框（300 个），将 RPN 生成的候选框投影到特征图上获得相应的兴趣区域（Region of Interests，ROI）。之后将每个 ROI 通过 ROI 池化层缩放到 7×7 大小的特征图，接着将特征图展平，通过全连接层得到分类概率和回归偏移量。

虽然 Faster RCNN 在实时性以及计算量方面有改进的空间，但它依然是基于深度学习的目标检测最经典、使用范围最广的网络。它的提出无论在学术界还是在工业界都具有里程碑式的意义。作为种子模型，在其基础上产生了大量的变种。

（2）YOLO 系列　YOLO 最大的特点是运行速度快，并且可以运用于实时系统。这里主要介绍 v1，v2 以及 v3 三个版本。

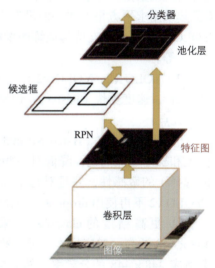

图 5-29　Faster RCNN 原理图

1）YOLO v1。YOLO v1 原理如图 5-30 所示。其流程如下：给个一个输入图像，首先将图像划分成 $S \times S$ 个网格，如果某个物体（object）的中心落在这个网格中，则这个网格就负责预测这个 object；每个网格同时需要预测多个检测框（Bounding Box，BBox），一个 BBox 对应预测框的位置信息和置信度（Confidence）信息，这里的 Confidence 代表了 box 中含有目标（object）的置信度，进而可以反映该 box 预测得有多准；基于上面预测

的 BBox，可以使用阈值过滤掉 Confidence 比较低的 BBox，再使用 NMS 去除其他冗余的
BBox，得到最终的检测结果。

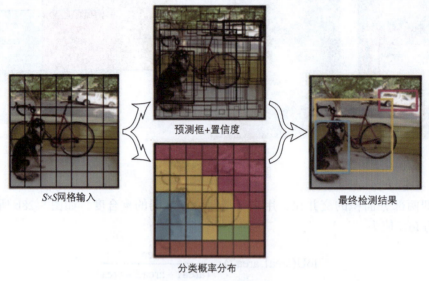

预测框+置信度

S×S网格输入

分类概率分布

最终检测结果

图 5-30　YOLO v1 原理

虽然 YOLO v1 有速度快、流程简单、泛化能力强等优点，但也有多个缺点：对拥挤
物体检测结果不太好，大物体 IoU 误差和小物体 IoU 误差对网络训练中 loss 贡献值接近
（虽然采用求平方根方式，但没有根本解决问题）；由于输出层为全连接层，因此在检测时
YOLO 训练模型只支持与训练图像相同的输入分辨率；没有批量归一化（Batch Normaliza-
tion）等。

2）YOLO v2。YOLO v2 相对 v1 版本，在继续保持处理速度的基础上，从预测更准确
（Better），速度更快（Faster）、识别对象更多（Stronger）这几个方面进行了改进。具体有
以下几点：

① 批量归一化（Batch Normalization）：批量归一化有助于解决反向传播过程中的梯度
消失和梯度爆炸问题，降低对一些超参数（比如学习率、网络参数的大小范围、激活函数
的选择）的敏感性，并且对每个 batch 分别进行归一化的时候，起到了一定的正则化效果
（YOLO v2 不再使用 dropout），从而能够获得更好的收敛速度和收敛效果。

② 更高精度的 classifier：采用 224×224 图像进行分类模型预训练后，再采用
448×448 的高分辨率样本对分类模型进行微调（10 个 epoch，v1 中没有），使网络特征逐
渐适应 448×448 的分辨率，然后再使用 448×448 的检测样本进行训练，降低了分辨率突
然切换造成的影响。

③ 引入先验框（anchor）：YOLO v1 直接预测 Bounding Boxes 的坐标值，借鉴 Faster
R-CNN 的方法，使 YOLO v2 预测 Anchor Box 的偏移值（而不是直接预测坐标值），同时
借鉴 Faster RCNN 的做法，YOLO v2 也尝试采用先验框（anchor）。在每个 grid 预先设定一
组不同大小和宽高比的边框，以此来覆盖整个图像的不同位置和多种尺度，这些先验框作
为预定义的候选框，在神经网络中将检测其中是否存在对象，并以此为基础来微调预测边
框的位置。在设置 anchor 的尺寸时，采用在训练集上聚类标注边框来获得 anchor 的尺度信

息，而不是手动设置。

④ 细粒度（fine-grained）特征：包括浅层特征直连（concatenate）高层特征，浅层的物理信息和高层的语义信息都重要；引入新层 reorg，即使大图变小图，相比池化层，reorg 能更好地保留细节信息。

⑤ 多尺度输入：包括移除 FC 层，使得网络能够承接任意 size 的输入（实现跨尺度），提升模型鲁棒性。训练时每 10 个 epoch 改一下输入 size,，网络会随机从 {320，352，…，608} 中选择一个新的图片尺寸。

3）YOLO v3。它的模型比之前复杂了不少，可以通过改变模型结构的大小来权衡速度与精度。具体来说，做了如下改进：

① 新的结构：采用 ResNet 残差结构，更好地获取物体特征。

② 真正多尺度预测：更好地应对不同大小的目标物体，如图 5-31a 所示，引入特征金字塔网络（Feature Pyramid Network，FPN）来实现，让网络必须具备能够"看到"不同大小的物体的能力。图 5-31b 所示的是传统的金字塔型特征层级（pyramidal feature hierarchy）结构。这种结构在不同深度的 feature map 获得后，直接进行目标检测，但是实际上精度并没有期待的那么高。与之不同的是，FPN 的方式是当前层的 feature map 会对未来层的 feature map 进行上采样并加以利用。这样一来，当前的 feature map 就可以获得"未来"层的信息，从而使得低阶特征与高阶特征有机融合起来，提升检测精度。YOLO v3 在这三种尺度的特征图上对 anchor 进行回归，从而生成框。

③ 更新分类方式：Softmax 层被替换为一个 1×1 的卷积层 + 多个 logistic 激活函数的结构。使用 Softmax 层的时候其实已经假设每个输出仅对应某一个单个的 class，但是在某些 class 存在重叠情况（例如 woman 和 person）的数据集中，使用 Softmax 就不能使网络对数据进行很好的拟合。

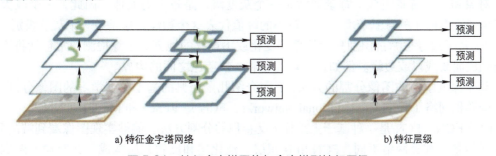

a) 特征金字塔网络　　　　　　　　　　　　　b) 特征层级

图 5-31　特征金字塔网络与金字塔型特征层级

5.2.3　分割

许多计算机视觉任务需要对图像中的内容进行理解与分割，并使每个部分的分析更加容易。目前，图像分割技术主要通过计算机视觉深度学习模型，来理解图像的每个像素所代表的真实物体，进行"像素级别"的分类。图像分割，顾名思义就是根据某些规则将图片分成若干特定的、具有独特性质的区域，并抽取出感兴趣的目标。图 5-32 所示为图像分割的子领域，主要包括：

1）语义分割（Semantic Segmentation）：对于一张图像，分割出所有的目标（包括背景），但对于同一类别的目标，无法区别不同个体。例如，你可以将与猫相关的所有像素分离出来，并将它们涂成绿色。这也被称为 dense 预测，因为它预测了每个像素的含义。

2）实例分割（Instance Segmentation）：将图像中除背景之外的所有目标分割出来，并且可以区分同一类别下的不同个体。例如，图 5-32c 中每个人、每辆车都用不同的颜色表示。

a) 图像　　　　　　　b) 语义分割　　　　　　　c) 实例分割　　　　　　　d) 全景分割

图 5-32　分割的几个子领域

3）全景分割（Panoptic Segmentation）：在实例分割的基础上，可以分割出背景目标。

传统的图像分割在效率上不如深度学习技术，因为它们使用严格的算法，需要人工干预和专业知识。主要包括：

1）基于阈值：将图像分割为前景和背景。指定的阈值将像素分为两个级别之一，以隔离对象。阈值化将灰度图像转换为二值图像或将彩色图像的较亮和较暗像素进行区分。

2）基于 K-means 聚类：算法识别数据中的组，变量 K 表示组的数量。该算法根据特征相似性将每个数据点（或像素）分配到其中一组。聚类不是分析预定义的组，而是迭代地工作，从而有机地形成组。

3）基于直方图的图像分割：使用直方图根据"灰度"对像素进行分组。简单的图像由一个对象和一个背景组成。背景通常是一个灰度级，是较大的实体。因此，一个较大的峰值代表了直方图中的背景灰度。一个较小的峰值代表这个物体，这是另一个灰色级别。

4）基于边缘检测：识别亮度的急剧变化或不连续的地方。边缘检测通常包括将不连续点排列成曲线线段或边缘。例如，一块红色和一块蓝色之间的边界。

基于深度学习的图像分割的方法　下面介绍几个经典的基于深度学习的图像分割方法，包括全卷积网络（Fully Convolutional Networks，FCN）、ReSeg 和 Mask R-CNN。

（1）FCN　FCN 是一种基于上采样 / 反卷积的分割方法。能够实现图像端到端的分割。与普通的卷积神经网络不同，FCN 由卷积层、池化层和反卷积层构成，在对输入图像进行特征提取后，采用反卷积层对最后一个卷积层的 feature map 进行上采样，使它恢复到输入图像相同的尺寸，从而可以对每个像素都产生了一个预测，得到了原始输入图像中的空间信息，同时在上采样的特征图上进行逐像素分类。FCN 网络结构如图 5-33 所示，输入可为任意尺寸图像彩色图像；输出与输入尺寸相同，深度为 21：包含 20 类目标（在 PASCAL 数据集上进行的，PASCAL 一共 20 类）+ 背景。FCN 的优点主要是对图像进行了像素级的分类，从而解决了语义级别的图像分割问题；可以接受任意尺寸的输入图像，可以保留下原始输入图像中的空间信息。FCN 的缺点包括得到的结果由于上采样的原因比较模糊和平滑，对图像中的细节不敏感；对各个像素分别进行分类，没有充分考虑像素与像素的关系，缺乏空间一致性。

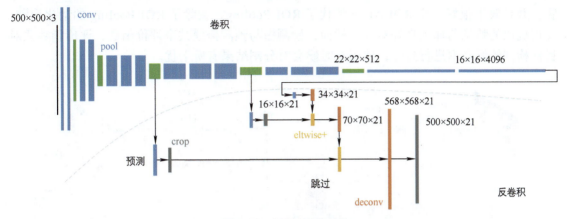

图 5-33 FCN 网络结构

（2）ReSeg 由于 FCN 没有考虑到局部乃至全局的信息，对各个像素分别进行分类，没有充分考虑像素与像素的关系，缺乏空间一致性，而在语义分割中这种像素间的依赖关系是非常有用的，所以在 ReSeg 中使用 RNN 去检索上下文信息，以此作为分割的一部分依据。具体来说，RNN 是由长短期记忆（Long-Short-Term Memory，LSTM）网络块组成的网络，RNN 来自序列数据的长期学习的能力以及随着序列保存记忆的能力，使其在许多计算机视觉的任务中游刃有余，其中也包括语义分割以及数据标注的任务。ReSeg 的网络结构如图 5-34 所示，该结构的核心就是 Recurrent Layer，它由多个 RNN 组合在一起，捕获输入数据的局部和全局空间结构。ReSeg 的优点非常明显：充分考虑了上下文信息关系。然而由于 ReSeg 使用了有噪声的分割掩码，增加了低频率类的分数，可能使得在输出分割掩码中错误分类的像素增加。

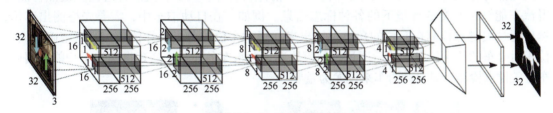

图 5-34 ReSeg 网络结构

（3）Mask R-CNN Mask R-CNN 本质是基于候选区域的分割方法，是一个基于 Faster R-CNN 模型的一种新型的实例分割模型。在 Mask R-CNN 的工作中，它主要完成目标检测、目标分类、像素级分割三件事。正是由于 Mask R-CNN 在检测模型上所进行的改进，才实现实例级别的分割。如图 5-35 所示，其中灰色部分为原来的 Faster-RCNN，红色部分为在 Faster-RCNN 网络上的修改。具体来说，Mask R-CNN 是在 Faster RCNN 的结构基础上加上了 Mask 预测分支，并且改良了 ROI Pooling（红色叉所示），提出了 ROI Align（绿色勾所示）。ROI Pooling 的作用为将大小不同的 ROI 变成统一的尺寸（比如 7×7），但 ROI Pooling 的方法通过量化取整的方式给特征框坐标带来了误差，改进后的 ROI Align 使用插值算法避免了这类误差。最终添加了并列的 FCN 层用来输出 Mask。Mask R-CNN 的优点包括：预测时加入了 Mask-Head，以像素到像素的方式来预测分割掩膜，并且效果很好；用 ROI Align 替代了 ROI Pooling，去除了 ROI Pooling 的量化取整，使得提取的特征与输入良好对齐。然而，检测框与预测掩膜共享评价函数，评价函数只对目标检测的候选框进行打分，使得有时候会对分割结果有所干扰。

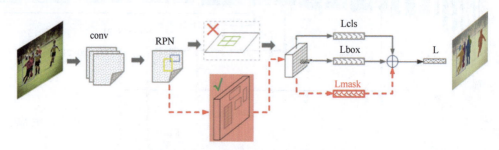

图 5-35　Mask R-CNN 网络结构

5.2.4　关键点

在图像处理中，关键点本质上是一种特征，在图像中用一个点表示物体特定部位的特征。它是对物体的一个固定区域或者空间物理关系的抽象描述，它不仅仅是一个点信息，更代表着关键点周围邻域特征的组合关系。

如图 5-36 所示，常见的关键点有人脸关键点、人体骨骼关键点、标识关键点等。人脸关键点涉及人脸识别的相关场景，人体骨骼关键点可以应用于分析人体的行为动作，标识关键点则一般和智能驾驶等场景相关。在自动驾驶中，通过关键点检测可以识别人或者其他不可控障碍物的行为动作，进而预测其下一步动作及意图。在人机交互系统中，通过人脸关键点的检测可以识别出驾驶员的情绪、精神状态等。其次，交通标志的关键点检测使得汽车能够感知交通环境下的各种标志信息。例如，在自动泊车中，需要先检测出车位，然后通过关键点检测把车位的角点识别出来；通过车位的角点坐标信息，可以精确获取车位相对自车的位置信息，然后通过控制模块实现对自车的控制，实现自动泊车功能。因此，车位关键点检测，对自动泊车来说尤为重要。

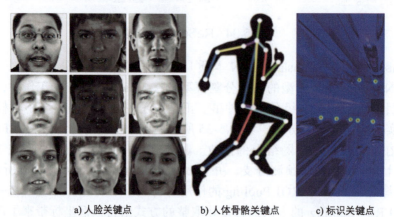

a) 人脸关键点　　　　　b) 人体骨骼关键点　　　　c) 标识关键点

图 5-36　常见关键点

关键点检测的算法在不同场景下差异较大而且方法众多，这里主要介绍两个基础检测方法，包括坐标点（Coordinate）方法以及热力图（Heatmap）方法。如图 5-37 所示，坐标点方法源自人脸关键点检测，用 CNN 提取特征，然后使用全连接层直接数值回归关键点的坐标。其经典网络包括 DeepPose（Human Pose Estimation via Deep Neural Networks）、MTCNN（Multi-task Cascaded Convolutional Networks）等。研究人员在研究人体关键点检测算法时发现，照搬人脸关键点的暴力回归做法效果不太好，主要由于人体的姿态动作变化较多，网络针对关键点的学习难度增大，而人脸的关键点基本在一个平面上，相对稳定，内在规律比较简单，网络学起来也相对容易。基于以上分析，研究人员进而提出使用热力图预测的方法，类似分割中的 dense 预测的思想，网络预测的结果也是一张热力图，通过对预测结果进行后处理提取关键点的坐标。其经典网络包括 Hourglass、Openpose、Simple-baseline、HRNet 等。下面通过人体关键点检测的实际案例来对比说明两种方法的技术细节及优缺点。

a) 坐标点方法　　　　　　　　　　　　　　　　b) 热力图方法

图 5-37　关键点检测

人体关键点检测（Human Keypoints Detection）是计算机视觉中一个相对基础的任务，是人体动作识别、行为分析、人机交互等的前置任务。人体关键点检测任务即是通过给定一张包含人体的图片，要求模型能够检测出人体关键点，如 mscoco 数据集则是定义了 17 个人体关键点。由于人体具有柔韧性，会出现各种姿态，人体任何部位的变化都会产生新的姿态，因此相比人脸的关键点检测，人体关键点的检测难度更高。穿着、视角，遮挡、光照等因素对关键点的可见性影响非常大，使得人体关键点检测成为计算机视觉领域中一个极具挑战性的课题。一般情况下可以将人体关键点检测细分为单人 / 多人关键点检测、2D/3D 关键点检测，同时有算法在完成关键点检测之后还会进行关键点的跟踪，也被称为人体姿态跟踪。

人体关键点检测常见的相关数据集包括：用于 2D 单人关键点检测的 LSP（Leeds Sports Pose Dataset）、FLIC（Frames Labeled In Cinema）等；用于 2D 多人关键点检测的 MSCOCO、AI Challenger、MPII 等；用于 3D 多人姿态估计的 human3.6M 等。如图 5-37 所示，目前关键点回归真值（Ground Truth）的构建主要有两种思路：坐标点（Coordinate）和热力图（Heatmap）。其中 Coordinate 即直接将关键点坐标作为最后网络需要回归的目标，这样直接可以得到每个关键点的位置信息。Heatmap 将每一类坐标用一个概率图来表示，即对图片中的每个像素位置都给一个概率，表示该点属于对应类别关键点的概率。显然，距离真实关键点位置越近的像素点的概率越接近 1，距离真实关键点越远的像素点的概率越接近 0，具体可以通过相应函数进行模拟，如二维高斯（Gaussian）等。如果同一个像素位置距离不同关键点的距离大小不同，即相对于不同关键点该位置的概率不一样，这时可以取最大值（Max）或平均值（Average）。总之，Heatmap 方案中虽然没有直接得到每个关键点的位置信息，但在给定模型输入且模型预测对应的 Heatmap 后，利用后处理从 Heatmap 中可以得到关键点的坐标。

对于两种回归真值的差别，Coordinate 网络在本质上来说，需要回归的是每个关键点的一个相对于图片像素坐标的偏移量。由于人体关键点位置变化较大，长距离偏移量在实际学习过程中是很难回归的，同时在训练中的过程，加上提供的监督信息较少，整个网络的收敛速度较慢。Heatmap 网络直接回归出每一类坐标的概率，而相应的标签在一定程度上为每一个关键点都提供了监督信息，网络能够较快地收敛，同时对每一个像素位置进行预测能够提高关键点的定位精度。在具体应用中，Heatmap 的效果确实要远优于 Coordinate。谷歌在 CVPR 2017 上提出了一种 Heatmap ＋ offsets 的回归真值构建思路。与单纯的 Heatmap 不同，这里考虑到对于点定位问题来说，stride 会引入系统误差，特别是当 stride 比较大的时候（如 16 或 32）。为了弥补这部分的系统误差，增加偏移量可以有效来弥补一些精度损失。目前人体关键点检测算法可以分为两大类：自上而下（Top-Down）及自下而上（Bottom-Up）。下面列举各类中的常见算法。

（1）自上而下的人体关键点检测 自上而下的人体骨骼关键点检测算法主要包含两个部分：先对人进行目标检测，然后对单人进行人体骨骼关键点检测。对于目标检测算法，这里不再进行描述。而对于关键点检测算法，首先需要注意的是关键点局部信息的区分性很弱，即在背景中出现相同局部区域的可能性较大，这样容易造成混淆，所以需要考虑较大的感受区域。其次，人体不同部位的关键点检测的难易程度是不一样的——显然，对于腰部、腿部这类关键点的检测要难于头部附近关键点的检测，所以不同的关键点可能需要区别对待。最后，自上而下的人体关键点检测十分依赖于目标检测算法预测出来的检测框，这就造成了检测不准和重复检测等现象。大部分相关算法都是基于这三个特征去进行相关改进，接下来简要介绍其中两个经典的算法思路。

1）Convolutional Pose Machines：该方法将深度学习应用于人体关键点检测，用卷积图层表达纹理信息和空间信息，同时对特定部位的检测进行加强。如图 5-38 所示，主要网络结构分为多个阶段，各个阶段单独进行监督训练，避免过深网络难以优化的问题。该方法通过改变卷积核大小来得到多个尺度输出的特征图，这样既能确保精度，又考虑了各个部件之间的远距离关系。其中第一个 stage 会产生初步的关键点的检测效果，接下来的几个 stage 均以前一个 stage 的预测输出和从原图提取的特征作为输入，进一步提高关键点的检测效果。

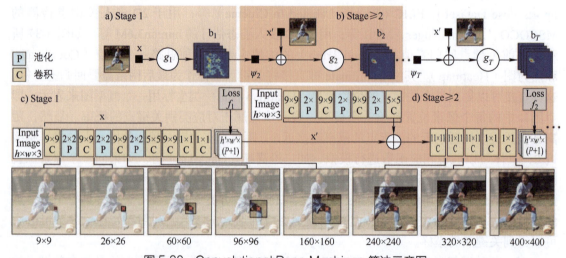

图 5-38 Convolutional Pose Machines 算法示意图

2）RMPE：该方法主要考虑到目标检测产生检测框的过程中，检测器可能会出现的检测框定位误差、对同一个物体重复检测等问题。检测框定位误差，会出现检测框的区域没有包含整个人，或者目标人体在框内的比例较小，造成接下来的单人人体骨骼关键点检测错误；对同一个物体重复检测，虽然目标人体是一样的，但是由于多个检测框的差异可能会造成对同一个目标人体生成多个关键点检测结果。而单人的姿态检测器（SPPE）多是基于单人图像训练，对整个人的定位误差十分敏感；多个检测框自然导致多个姿态检测结果。如图 5-39 所示，该方法提供了解决上述问题的思路，即通过空间变换网络（STN）从不准确的检测框中提取高质量的单人区域，如人体在检测框的正中央，然后将这样的区域输入到 SSPE 中，在 SSPE 输出基于单人区域的姿态检测结果后，通过空间逆变换网络（SDTN）还原到输入图像中，最后通过 Pose NMS 得到最终的人体姿态结果。这样解决了 SSPE 对于定位错误敏感的问题和对于一个人体产生多个姿态检测结果的问题。

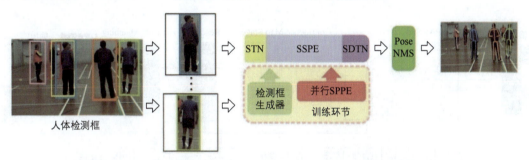

图 5-39　RMPE（Regional Multi-person Pose Estimation）算法示意图

（2）自下而上的人体关键点检测　自下而上的人体骨骼关键点检测算法主要包含两个部分：关键点检测和关键点聚类。其中关键点检测和单人的关键点检测方法上是差不多的，区别在于这里的关键点检测需要将图片中所有类别的所有关键点全部检测出来，然后对这些关键点进行聚类处理，将不同人的所有关键点连接在一块，从而聚类产生不同的个体。而这方面的方法主要侧重于对关键点聚类方法的探索，即如何去构建不同关键点之间的关系。

1）OpenPose：基本思路是先检测出身体的关节点，然后再连接这些部位点得到人的姿态骨架。为了快速地把点连到一起，提出了 Part Affinity Fields 概念来实现快速的关节点连接。如图 5-40 所示，原图经过 VGG-19，得到特征图（feature maps），记为 F；之后网络分上下两个分支（Branch），每个分支都有 t 个阶段（Stage）且提取特征越来越精细；每个阶段都会将特征图进行融合（Concatenate），其中 ρ、ϕ 表示网络的不同分支，Loss 表示损失函数。

2）Single-Network Whole-Body Pose Estimation：如图 5-41 所示，该方法是第一个二维全身姿态估计的单网络方法，它要求同时定位身体、脸、手和脚的关键点。该方法在 Open-Pose 的基础上有了很大的改进，与 OpenPose 不同的是，该方法不需要为每只手和每一张脸的候选对象运行一个额外的网络，这使得它在多人场景中运行速度大幅提高。在速度上，无论检测到多少人，该单网络方法都提供了一个恒定的实时推断。在准确性上，该方法也比之前的 OpenPose 更高，特别是在脸部和手部关键点检测上，更适用于遮挡、模糊和低分辨率的脸部和手部。

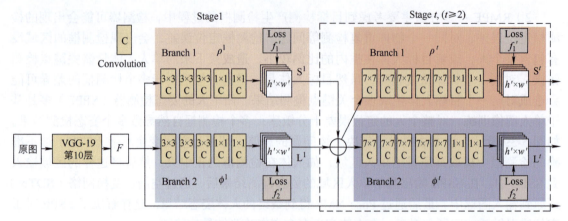

图 5-40   OpenPose 算法示意图

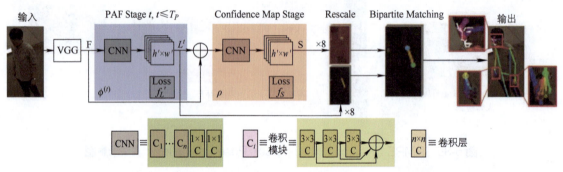

图 5-41   Single-Network Whole-Body Pose Estimation 算法示意图

5.3 人机交互系统中的语音识别算法基础

近年来人工智能技术快速发展，主要包括智能语音技术、计算机视觉技术和自动语音识别技术等。其中，自动语音识别（Automatic Speech Recognition，ASR）简称语音识别，是重要组成部分。其目标是把语音信号转变为相应的文字，从而让机器具有听觉功能，能够直接接收人的口语命令，实现人机自然的交互。语音识别是一门交叉学科，所涉及的领域有音频信号处理、声学、语言学、模式识别、人工智能等。其应用领域也非常广，涉及工业、军事、通信、消费电子等多个领域。在高度信息化的今天，语音识别及其应用已成为信息社会不可或缺的 AI 基础设施。

语音识别过程是个复杂的过程，但其最终的任务归结为：找到对应观察序列 O 的最可能的词序列 W。主流的语音识别系统理论是建立在统计模式识别基础之上的，在统计模型框架下可以用贝叶斯公式来描述语音识别问题。根据贝叶斯决策理论，语音识别的任务就是找到一个最优的单词序列 W，使得它在语音观察序列 O 上的后验概率 $P(W|O)$ 最大，即

$$\hat{W} = \arg\max_W P(W|O) = \arg\max_W \frac{P(O|W)P(W)}{P(O)} = \arg\max_W P(O|W)P(W) \quad （5-1）$$

式中，$P(O|W)$ 是声学模型概率，它描述的是一段语音信号对应的声学特征 O 和单词序列 W 的相似程度；$P(W)$ 是语言模型概率，它描述的是该文本序列 W 可能出现的概率。寻找最优的单词序列，即在所有可能的单词序列候选中寻找 W，使其声学模型和语言模型的概率乘积 $P(O|W)P(W)$ 最大。这中间包含三个问题：①如何遍历所有可能的单词序列；②如何计算声学模型概率；③如何计算语言。

为了解决这三个问题，典型的大词表连续语音识别（Large Vocabulary Continuous Speech Recognition，LVCSR）系统采用如图 5-42 所示的主流框架。用户语音输入后，首先经过前端处理提取声学特征，得到一系列的观察向量；然后将声学特征送到解码器中进行搜索，完成所有可能的单词序列 W 的遍历，得到识别结果。解码器在搜索过程中，需要使用声学模型和词典计算概率 $P(O|W)$，使用语言模型计算概率 $P(W)$。声学模型和语言模型由大量数据训练而成；发音词典根据语言学知识，定义了每个单词到发音单元的映射关系。整个系统的链路比较长、模块众多，需要精细调优每个组件才能取得比较好的识别效果。

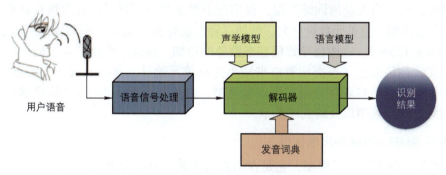

图 5-42　主流的语音识别系统框架

5.3.1　声学模型

人耳接收到声音后，经过神经传导到大脑分析判断声音类型，并进一步分辨可能的发音内容。人的大脑从婴儿出生开始就不断在学习外界的声音，经过长时间潜移默化的训练，最终才听懂人类的语言。机器和人一样，也需要学习语言的共性和发音的规律，建立起语音信号的声学模型（Acoustic Model，AM），才能进行语音识别。声学模型是语音识别系统中最为重要的模块之一。声学建模包含建模单元选取、模型状态聚类、模型参数估计等很多方面。

音素是构成语音的最小单位，它代表着发音的动作，是最小的发音单元，可以分为元音和辅音两大类。其中元音是由声带周期性振动产生的，而辅音是气流的爆破或摩擦产生的，没有周期性。英语中有 48 个音素，包含 20 个元音和 28 个辅音；汉语普通话包含 32 个音素，包含 10 个元音和 22 个辅音。普通话汉语拼音的发音体系一般分为声母和韵母。汉语拼音中原本有 21 个声母和 36 个韵母，为了建模方便，经过扩充和调整后，一般包含 27 个声母和 38 个韵母（不带声调）。另外，普通话是带调语言，共包含四声和额外的轻声。按照这五种声调，以上的 38 个韵母又可扩增为 190 个带声调的韵母。

音节是听觉能感受到的最自然的语音单位，由一个或多个音素按照一定的规律组合而成。英语音节可单独由一个元音构成，也可以由一个元音和一个或多个辅音构成。汉语的音节由声母、韵母以及声调构成，其中声调信息包含在韵母中。因此，汉语音节结构可以简化为：声母＋韵母。汉语中共有409个无调音节，大约1300个有调音节。

声学建模单元的选择可以采用多种方案，比如采用词组建模、音节建模、音素建模或者声韵母建模等。汉语普通话比较合适采用声韵母进行声学建模，因为不存在冗余，所以不同音节之间可以共享声韵母信息，如"tā"和"bā"均有韵母"ā"。这种建模单元方案可以充分利用训练数据，使得训练出来的声学模型更加稳健。如果训练数据足够多，则建议采用带声调的声韵母作为声学模型的建模单元。对于英文来讲，因为没有声调，可以采用音素单元来建模。为了表述方便，很多文献中也常常把普通话的声韵母归为音素级别。

音素的上下文会对当前中心音素的发音产生影响，使当前音素的声学信号发生协同变化，这与该音素的单独发音有所不同。单音素建模没有考虑这种协同发音效应，为了考虑该影响，实际操作中需要使用上下文相关的音素（也被称为"三音子"）作为基本单元进行声学建模，即考虑当前音素的前一个音素和后一个音素，使得模型描述更加精准。对三音子进行精细建模需要大量的训练数据，而实际上对于某些三音子而言数据很难获得，同时精细建模导致模型建模单元数量巨大。例如，音素表有50个音素，则需要的三音子总数为：$50 \times 50 \times 50 = 125000$，这样会导致模型参数急剧增加。因此，严格意义上的三音子精细建模不太现实，往往通过状态绑定策略来减小建模单元数目，典型的绑定方法有模型绑定、决策树聚类等。下面将着重介绍三类声学模型，包括基于 GMM-HMM 的声学模型、基于 DNN-HMM 的声学模型以及端到端模型。

1. 基于 GMM-HMM 的声学模型

HMM 是一种统计分析模型，它是在马尔可夫链的基础上发展起来的，用来描述双重随机过程。HMM 的理论基础在 1970 年前后由 Baum 等人建立，随后由 CMU 的 Baker 和 IBM 的 Jelinek 等人应用到语音识别中，L.R. Rabiner 和 S. Young 等人进一步推动了 HMM 的应用和发展。HMM 有算法成熟、效率高、易于训练等优点，自 20 世纪 80 年代开始，被广泛应用于语音识别、手写字识别和天气预报等多个领域，目前仍然是语音识别中的主流技术。

为了描述双重随机过程，HMM 包含五大要素：① N，模型中的状态数目；② M：每个状态可能输出的观察符号的数目；③ $A = \{a_{ij}\}$，状态转移概率分布；④ $B = \{b_j(k)\}$，观察符号的概率分布；⑤ $\pi = \{\pi_i\}$，初始状态概率分布。

以上参数可以简化表示为 $\lambda = (\pi, A, B)$。当给定模型参数后，就可以将该模型看成一个符号生成器（或称信号源），由它生成观察值序列 $O = o_1, o_2, \cdots, o_T$。在 HMM 的实际应用中涉及 3 个基本问题需要解决：如何基于已有模型计算观察值的概率、如何从观察值序列找到对应的状态序列以及如何训练模型参数的问题。归纳起来为以下三部分：

1）模型评估问题：如何求概率 $P(O|\lambda)$。

2）识别问题：如何寻找隐含状态序列 $Q = q_1, q_2, \cdots, q_T$。

3）模型训练问题：如何求模型参数 π、A、B。

对于模型评估问题，一种方式是采用穷举法，另一种方式是采用前向—后向（Forward-Backward）算法，后者可以解决高效计算 $P(O|\lambda)$ 的问题。Viterbi 算法用于解决如何寻找与给定观察值序列对应的最佳状态序列的问题（即识别问题）。对于 HMM 模型训练问题并没有一种方法能直接估计最佳的模型参数，因此要寻求替代的方法，即根据观测值序列选取

初始模型 $\lambda = (\pi, A, B)$，然后求得一组新参数 $\overline{\lambda} = (\pi, \overline{A}, \overline{B})$，保证有 $P(O|\overline{\lambda}) > P(O|\lambda)$，重复这个过程，逐步改进模型参数，直到 $P(O|\overline{\lambda})$ 收敛为止。HMM 的经典训练方法是基于最大似然（Maximum Likelihood，ML）准则，采用 Baum-Welch 算法。对每个模型的参数针对其所属的观察值序列进行优化训练，最大化模型对观察值的似然概率，训练过程不断迭代，直到所有模型的平均似然概率提升达到收敛。Baum-Welch 算法的理论基础是 EM（Expectation Maximization）算法，包含两个主要方面：一是求期望（Expectation），用 E 来表示；二是最大化（Maximization），用 M 来表示。

　　如图 5-43 所示，假设 HMM 包含 S_1, S_2, S_3, S_4, S_5 共 5 个状态，每个状态对应多帧观察值，这些观察值是语音特征序列 $(o_1, o_2, \cdots, o_T)$，沿时间 t 递增，其概率分布不是离散而是连续的。自然界中的很多连续随机信号都满足高斯分布（Gaussian Distribution），又称正态分布（Normal Distribution），包括语音信号。由于不同人发音会存在较大差异，具体表现是每个状态对应的观察值序列呈现多样化，单纯用一个高斯函数来刻画其分布往往不够，因此更多采用多高斯组合的 GMM 来表征更复杂的分布。在图 5-43 中，每个状态对应的 GMM 由 3 个高斯函数组合而成。这种用 GMM 作为 HMM 状态产生观察值的概率密度函数的模型就是 GMM-HMM，从 20 世纪 80 年代起，它一直是统计语音识别的经典模型，至今仍发挥着重要作用。

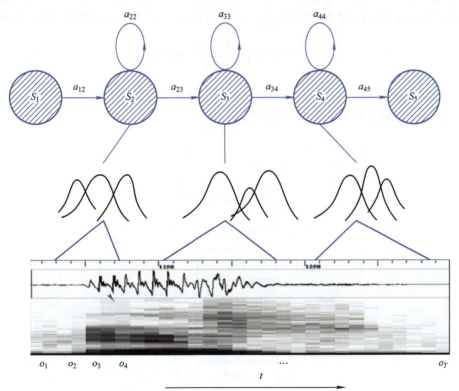

图 5-43　GMM-HMM 模型

　　GMM 包含三种参数，分别为混合权重、均值和方差。训练这些参数主要分为两个步骤：一是初始化，即构造初始模型；二是重估计，即通过 EM 迭代算法精细化初始模型。

在 GMM-HMM 中，HMM 模块负责建立状态之间的转移概率分布，GMM 模块则负责生成 HMM 的观察值概率。一个 GMM 负责表征一个状态，相邻的 GMM 之间相关性并不强，而每个 GMM 所生成的概率就是 HMM 中所需要的观察值概率。因为 GMM 是统计模型，所以原则上参数量要与训练数据规模匹配，即训练数据越多，对应的高斯函数也应该越多。大型的连续语音识别系统所用的 GMM 数目可达几万个，每个 GMM 包含 16 个甚至 64 个高斯分量。

2. 基于 DNN-HMM 的声学模型

尽管 GMM 具有拟合任意复杂分布的能力，但它也有一个严重的缺陷——对非线性数据建模效率低下。因此，很久以前相关研究人员提出采用人工神经网络代替 GMM，建模 HMM 状态后验概率。但是由于当时计算能力有限，很难训练两层以上的神经网络模型，所以其带来的性能改善非常微弱。21 世纪以来，机器学习算法和计算机硬件的发展使得训练多隐层的神经网络成为可能。实践表明，DNN 在各种大型数据集上都取得了远超过 GMM 的识别性能。因此，DNN-HMM 替代 GMM-HMM 成为目前主流的声学建模框架。

图 5-44 所示为 DNN-HMM 声学模型框架，HMM 建模语音信号的时变性，DNN 建模声学特征后验概率 $P(S|O)$。DNN 的输入为语音信号提取的声学特征，输出层的每个节点分别代表经过决策树聚类的声学状态，因此输出层的节点数目与声学状态数相同。解码中需要使用声学似然概率，因此 DNN 的输出需要通过如下贝叶斯公式转换再用于后续解码：

$$P(O|S) = \frac{P(S|O)}{P(S)} \cdot P(O) \tag{5-2}$$

由于声学特征已知，$P(O)$ 为固定值，所以把此项省略不会影响识别结果；$P(S)$ 为声学状态的分布概率，通常从训练数据中统计得到。

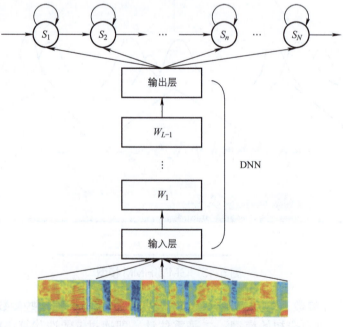

图 5-44　DNN-HMM 声学模型框架

DNN 的训练需要训练数据及其对应的标注，为得到每帧声学特征的状态标注，需要利用语音的文本标注和已训练完成的 GMM-HMM 模型，通过维特比算法做强制对齐。然后使用声学特征及其对应的状态级标注，利用误差反向回传算法更新神经网络的模型参数。在声学模型训练中一般选用交叉熵（CE）作为神经网络声学模型训练的准则。

各个基于 DNN-HMM 模型的语音识别系统所采用的 HMM 架构是相同的，差异主要在于 DNN 的网络结构不同，即 DNN 部分可使用不同的网络模型，如 CNN、LSTM 等。

（1）卷积神经网络　对发音单元频谱的统计建模可以借鉴图像处理的方式，把语音信号用语谱图表示为一张图片，然后使用卷积神经网络 CNN 在时间轴和频率轴上提取局部特征。CNN 由卷积层和池化层构成，如图 5-45 所示。网络的输入是二维矩阵，针对语音识别任务，一维表示时域，另一维表示频域。例如，对于上下文共扩展 11 帧的 40 维 Fbank 特征，CNN 的输入为 11×40 的矩阵。卷积层利用卷积核在输入矩阵上分别沿两个维度平移，对输入特征做卷积运算。两个连续的卷积层间存在一个池化层，对卷积层的输出进行降采样。依据池化的方法不同，可分为最大池化和平均池化。

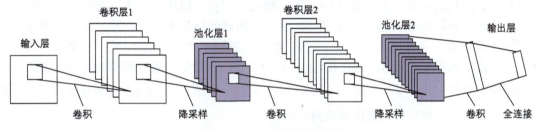

图 5-45　卷积神经网络结构

（2）长短期记忆网络（Long-Short-term Memory Networks，LSTM）　LSTM 网络特别擅长解决像语音这样的序列建模问题[117]。LSTM 网络中存在一个特殊的结构叫记忆单元，记忆单元包括可以储存历史信息的细胞状态，还有控制信息流的 3 个门：输入门控制输入到细胞的信息流；输出门控制从细胞输出的信息流；遗忘门对细胞内部状态进行更新，可以自适应地调节或者忘记细胞的状态。语音识别中常用的 LSTM 网络结构如图 5-46 所示。

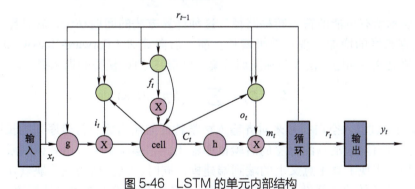

图 5-46　LSTM 的单元内部结构

3. 端到端模型

传统语音识别系统的声学建模一般通过发音单元、HMM 声学模型、词典等信息源，建立从声学观察序列到单词之间的联系。每一部分都需要单独的学习、训练，步骤较为烦琐。

端到端（End-to-End，E2E）结构使用一个模型把这三个信息源囊括在一起，实现从观察序列到文字的直接转换。最新的一些进展甚至把语言模型的信息也囊括进来，取得了更好的性能。自 2015 年以来，端到端模型日益成为语音识别的研究热点。

目前比较重要的端到端模型算法主要包括：基于连接时序分类模型（Connectionist Temporal Classification，CTC）的端到端模型，它由 Graves 等人在 ICML 2006 上首次提出 [118]；基于 Attention 机制的端到端模型，由 Chorowski 等人于 2015 年首先应用到音素识别中 [119]；另外，为了充分利用两者的优势，基于 CTC 和 Attention 的混合编解码端到端模型也被广泛研究和使用 [120]。

（1）连接时序分类模型（CTC） CTC 是一种解决时间序列数据分类问题的算法，该算法与传统声学建模技术类似，在训练中需要对每一帧数据获取符号标签。但是使用 CTC 准则作为损失函数的模型训练不需要预先做帧对齐，只需要输入观察序列与输出文字序列即可进行训练。为了解决观察序列与文字序列之间的多对少编码问题，在 CTC 模型中引入了空白符号标签 blank，并且在训练过程中，可以将多个连续帧对应同一符号标签；而在预测过程中，出现连续输出同一标签的时候，则把它们合并输出为一个。同时，为了反映输出真实连续的相同标签，引入符号"_"，该符号两侧的标签不进行合并。例如预测结果为"aa_aaa"的时候，合并结果为"aa"。CTC 准则一般用于 RNN 模型结构，预测符号集的后验概率。设字典符号集为 A，则存在 $\forall \pi_t \in A \cup \{\_\}$，由 T 个输入特征数据对应的预测符号构成初始解码路径 $\pi = \{\pi_1, \pi_2, \cdots, \pi_T\}$。设 t 时刻预测 π_t 的概率为 $y_{\pi_t}^t$，CTC 模型对路径 π 的后验概率计算为连续符号概率的乘积形式为

$$p(\pi \mid X) = \prod_{t=1}^{T} y_{\pi_t}^t \tag{5-3}$$

路径 π 由一串帧级别的符号排列而成，不同路径可能对应于同一识别结果（例如"aaa_b"和"aa_bb"最终都识别为"ab"），因此需要将具有相同识别结果的路径概率进行加和，计算得到总的概率。因此，CTC 模型对标注 l 预测的后验概率计算为

$$p_{\text{CTC}}(l \mid X) = \sum_{\pi = \Phi(l)} p(\pi \mid X) \tag{5-4}$$

式中，$\Phi(l)$ 表示所有可能的符号转移路径。这种计算方法的问题在于，转移路径的数量将随着输入数据长度的增加呈现指数级增长。前 – 后向算法（Forward-Backward Algorithm）可以很好地解决这一问题。设 S 为标注训练集，则最终 CTC 模型的训练损失函数计算为

$$L_{\text{CTC}}(S) = -\sum_{(x,l) \in S} \ln p_{\text{CTC}}(l \mid x) \tag{5-5}$$

CTC 准则通过引入空白符号来对齐输入声学特征与输出标签符号序列的长度，使得每一帧输入数据都有对应的预测标签的后验概率输出。它摆脱了传统语音识别系统中所需要的 HMM 模型，实现了真正意义上的端到端建模。同时，该模型的主要缺点在于，它依然存在数据之间的条件独立假设，且 CTC 模型只具备声学建模的能力，缺乏语言建模能力，整个系统还依赖额外的语言模型才能取得比较好的识别效果。

（2）Attention 模型 基于 RNN 的注意力模型是一个长序列对应短序列的模型。模型由编码器（Encoder）、解码器（Decoder）和注意力层三部分组成，其中编码器与解码器

均由 RNN 构成，注意力层则在两者之间建立映射关系，基于 RNN 的注意力模型结构如图 5-47 所示。

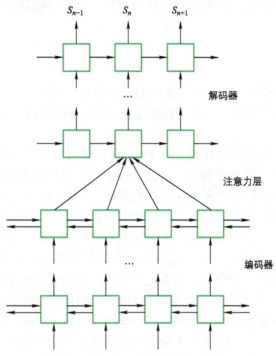

图 5-47　基于 RNN 的注意力模型结构

首先，使用 X 表示尺寸为 $T \times D$ 的输入特征矩阵，其中 T 和 D 分别表示该条语句所具有的帧数和输入特征维数。编码器 Encoder 将所有的输入特征 X 变换为高层表示矩阵 H：$H = \text{Encoder}(X)$。编码器一般由 BiLSTM 构成，也可以包含诸如 CNN 等网络成分。编码器将语音特征映射到一个高层表示空间中，为注意力机制的计算做准备。

注意力机制的设计灵感源自于"人在观察某个目标或场景时，人脑对于目标或场景内部的不同空间位置，具有不同的注意力"这一现象。在语音识别的注意力模型中，一般使用软注意力模型，即注意力权重针对所有的编码器输出数据都要计算出相应的值。另一种硬注意力模型，则通过截断窗等限制方法，仅通过部分时刻实现注意力的计算，多在实时的语音识别场景中使用。

由 RNN 组成的编码器和解码器都可以按照时间展开，设编码器在 t 时刻的输出记为 h_t，则高层表示矩阵 H 可表示为 $H = [h_1, h_2, \cdots, h_T]$；同理，解码器按照句子长度展开后，定义解码器在索引 n 处的状态向量表示为 s_{n-1}。注意力机制的作用就是在编码器和解码器的不同时刻的数据之间建立映射关系，从而实现长序列与短序列之间的建模。具体来说，使用 $e_{t,n}$ 表示 h_t 与 s_n 之间的注意力匹配得分，基于 $e_{t,n}$ 计算两者之间的注意力连接权重 $\alpha_{t,n}$：

$$\alpha_{t,n} = \frac{\exp(\gamma e_{t,n})}{\sum_{n=1}^{N} \exp(\gamma e_{t,n})} \tag{5-6}$$

式中，γ 为伸缩尺度，是一个经验性设置的常量。在注意力模型中，计算解码器每个时刻的状态时，除了需要前一时刻解码器的状态输出，还需要编码器所有时刻的数据作为背景信息。这种背景信息通过对编码器的所有输出加权求和得到。由于是使用注意力权值完成映射计算的，因此也将背景信息称为注意力背景向量。对应解码器 n 时刻状态的注意力背景向量 $\boldsymbol{r}_n$ 计算为

$$\boldsymbol{r}_n = \sum_{t=1}^{T} \alpha_{t,n} \boldsymbol{h}_t \tag{5-7}$$

不同类型的注意力机制，它们的主要区别在于计算匹配得分 $e_{t,n}$ 的方式不同。语音识别中的经典注意力类型主要包括基于位置的注意力机制、基于内容的注意力机制、点积注意力等。

Attention 模型是对整句进行建模，在 Encoder 层需要输入全部特征序列，而每一个输出标签是基于整句来进行预测得到的，因此，Attention 机制比 RNN/CNN 具有更强的上下文建模能力。Attention 模型的对齐关系没有先后顺序的限制，完全靠数据驱动得到，这给 Attention 模型的训练带来困难——它需要足够多的数据，另外对齐的盲目性会导致训练时间很长。而 CTC 的前向 – 后向算法可以引导输出序列与输入序列按照时间顺序对齐，因此 CTC 和 Attention 模型各有优势。可以把两者结合起来构建 Hybrid CTC/Attention 模型 [121]，采用多任务学习，通过 CTC 避免对齐关系过于随机，以加快训练过程。

（3）Transformer　为了进一步摆脱模型对 RNN 的依赖，从而更好地克服模型在长序列建模时的局限性，谷歌在自然语言处理（Natural Language Processing，NLP）领域率先提出了 Transformer 模型 [122]。该模型完全使用自注意力（Self-attention）等技术实现序列建模，把传统的 RNN 完全用 Attention 替代，从而在机器翻译任务中取得了更优的结果，引起了极大关注。随后研究人员把 Transformer 应用到端到端语音识别系统 [123]，也取得了非常显著的改进效果。

Transformer 模型摆脱了对 RNN 的依赖，摒弃了所有递归计算层，模型使用自注意力机制、残差连接机制、层归一化（Layer Normalization）、位置编码（Positional Encoding）等主要技术进行建模。在 Transformer 模型中，自注意力按照键值来源不同，可以分为两种：一种是每个层模块中的自注意力，另一种是编码器与解码器之间的注意力。Transformer 模型结构如图 5-48 所示。在输入方面，由于没有递归层，但是模型在建模中还需要时间信息，因此除了声学特征，还加入了时间位置编码信息。为了将声学特征与位置编码相融合，需要对声学特征进行采样和映射，同时也需要将位置编码进行变换，从而使得两种向量的维数相同再进行相加。Encoder 编码器包含若干个连续的层模块，每个层模块包含四个子模块，按照"层归一化 – 多头自注意力 – 层归一化 – 前向传播层"的方式堆叠，另外的跨越箭头表示残差连接，一共包含两个残差连接。Decoder 解码器同样包含若干个连续的层模块，每个层模块包含 6 个子模块，按照"层归一化 – 多头自注意力 – 层归一化 – 注意力层 – 层归一化 – 前向传播层"的方式堆叠，另外还包含 3 个残差连接。

Transformer 模型的基本注意力机制是尺度放缩点积（Scaled dot product）注意力，该方法在点积注意力的基础上进行了尺度调节，使得内积不会过大。设自注意力查询项为 $\boldsymbol{Q}$、键为 $\boldsymbol{K}$、键值为 $\boldsymbol{V}$，尺度放缩点积注意力函数表示为 $\mathrm{sdp}(\cdot)$，则有：

$$\mathrm{sdp}(\boldsymbol{Q},\boldsymbol{K},\boldsymbol{V}) = \mathrm{soft\,max}\left(\frac{\boldsymbol{Q}\boldsymbol{K}^{\mathrm{T}}}{\sqrt{d_K}}\right)\boldsymbol{V} \qquad (5\text{-}8)$$

式中，d_K 为向量 $\boldsymbol{K}$ 的维度。在自注意力的基础上使用多头注意力（Multi-head attention）[123]，其结构如图 5-49 所示。

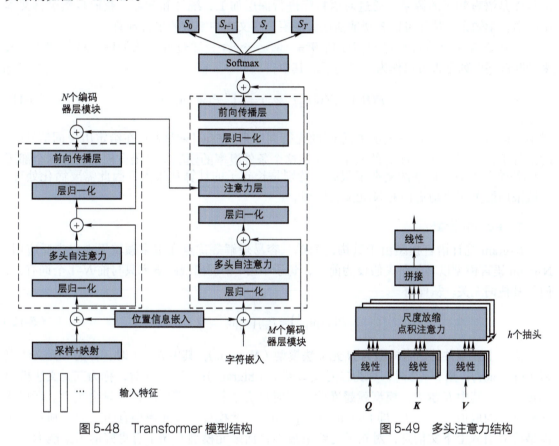

图 5-48　Transformer 模型结构　　　　　　图 5-49　多头注意力结构

每个抽头都使用自注意力机制进行计算，设有 h 个抽头，每个抽头中 $\boldsymbol{Q}$、$\boldsymbol{K}$、$\boldsymbol{V}$ 的变换权值矩阵分别为 $\boldsymbol{W}_h^Q$、$\boldsymbol{W}_h^K$、$\boldsymbol{W}_h^V$，设多头注意力函数表示为 MH($\cdot$)，则计算为

$$\mathrm{MH}(\boldsymbol{Q},\boldsymbol{K},\boldsymbol{V}) = \mathrm{Concat}_{h=1}^{H}[\mathrm{sdp}(\boldsymbol{Q}\boldsymbol{W}_h^Q,\boldsymbol{K}\boldsymbol{W}_h^K,\boldsymbol{V}\boldsymbol{W}_h^V)] \qquad (5\text{-}9)$$

式中，$\mathrm{Concat}_{h=1}^{H}(\cdot)$ 表示 h 个抽头的注意力进行拼接。然后进行线性变换得到最终的注意力背景向量：

$$r_t = \mathrm{linear}\{\mathrm{Concat}_{h=1}^{H}[r_t(h)]\} \qquad (5\text{-}10)$$

需要注意的是，Transformer 模型中的多头注意力有两种。对于编码器或解码器内部的自注意力，$\boldsymbol{Q}$、$\boldsymbol{K}$、$\boldsymbol{V}$ 均为来自内部同一层的输出向量；而对于编码器和解码器之间的注意力，$\boldsymbol{Q}$、$\boldsymbol{K}$ 为来自编码器内部同一层的输出向量，而 $\boldsymbol{V}$ 来自解码器内部的输出向量。

5.3.2 语言模型

$P(W)$ 是语言模型概率，表示单词序列出现的可能性，是语音识别系统重要的组成部分。主流语言模型一般采用基于统计的方法，通常是概率模型。计算机借助于模型参数，可以估计出自然语言中每个句子出现的可能性。统计语言模型采用语料库训练得到，强调语料库是语言知识的源泉，通过对语料库进行深层加工、统计和学习，获取自然语言文本中的语言学知识，从而可以客观地描述大规模真实文本中细微的语言现象。

统计语言模型是对给定的词序列 $W = <w_1 w_2 \cdots w_N>$，通过计算该词序列的概率 $P(W)$，来判断该词序列是否可以作为一个句子。其中

$$P(W) = P(w_1 w_2 \cdots w_N) = \prod_{i=1}^{N} P(w_i \mid w_1^{i-1}) \tag{5-11}$$

式中，$w_1^{i-1} = <w_1 w_2 \cdots w_{i-1}>$ 表示单词 w_i 的先行词序列，$P(w_i \mid w_1^{i-1})$ 表示在给定历史词信息 w_1^{i-1} 的条件下，预测得到单词 w_i 的概率，表述这个条件概率的模型就是语言模型。计算全部历史词条件下当前词概率的复杂度很高，特别是长句子的计算量很大，因此需要简化处理，一般采用最多 N 个历史词的 N 元文法模型。

1. N-gram 模型

N-gram 统计语言模型由于其构建简单、容易理解等优点在很多领域里得以广泛应用。N-gram 语言模型以马尔科夫假设为前提，句子中第 i 个词出现的概率只与前 $N–1$ 个词有关，而与其他词无关。从而有

$$P\left(w_i \mid w_1^{i-1}\right) = P_{NG}\left(w_i \mid w_{i-N+1}^{i-1}\right) \tag{5-12}$$

满足上述条件的语言模型为 N 元文法模型（N-gram），其中 $N = 1$ 时，称为一元文法模型（unigram）；当 $N = 2$ 时，称为二元文法模型（bigram）；当 $N = 3$ 时，称为三元文法模型（trigram）。其中 N 越大，模型就越准确，同时也会越复杂，需要的计算量会越大。所以 N 比较常见的取值为 2 或 3，即 bigram 或 trigram。一元模型和多元模型有明显的区别：一元模型没有引入上下文信息，对句子的约束最小；而多元模型对句子有更好的约束能力，对于语音识别的效果更好。

语言模型的概率均从大量的文本语料中估计得到，针对一元模型，可以简单地计算每个词的出现次数。对于二元模型，表示前后两个词组合的概率，为了计算概率 $P(w_i \mid w_{i-1})$，可以使用频率代表概率，公式如下：

$$P(w_i \mid w_{i-1}) = \frac{c(w_{i-1} w_i)}{\sum_{w_i} c(w_{i-1} w_i)} \tag{5-13}$$

三元模型也是类似处理，其概率计算公式为

$$P(w_i \mid w_{i-1} w_{i-2}) = \frac{c(w_{i-2} w_{i-1} w_i)}{\sum_{w_i} c(w_{i-2} w_{i-1} w_i)} \tag{5-14}$$

在 n-gram 模型中，每一个词的出现只依赖于它前面的 $n–1$ 个词，这降低了整个语言模型的计算复杂度。n 取值越大，区分性越好，但是模型的稀疏性也越大，从而影响语言模型

的性能。

训练语言模型,一般采用最大似然算法,通过大量的文本语料来估计参数。由于语料有限,训练数据中不可能包括所有可能出现的词序列,因此会导致零概率或估计不准的问题,这就是稀疏性问题。而且随着模型阶数 N 的增加,稀疏性问题越来越严重。对语料中未出现或少量出现的词组,非常有必要采用平滑技术对它们的概率予以补偿。主要的平滑技术包括折扣法、回退法和插值法等。下面介绍一些常用的平滑算法。

(1)加法平滑　加法平滑算法是最早出现的平滑算法。最简单的加法平滑算法是假设每个 N 元词组出现的次数比真实出现的次数多 1 次,即为加 1 平滑。这样就可以有效地避免零概率问题的出现。为了使得加法平滑算法通用化,每个 N 元词组出现的次数不再是比实际出现次数多 1 次,而是多 σ 次,其中, $0 \leq \sigma \leq 1$。则有

$$P_{\text{add}}\left(w_{i-n+1}^{i-1}\right) = \frac{\sigma + c\left(w_{i-n+1}^{i}\right)}{\sigma|V| + \sum_{w_i} c\left(w_{i-n+1}^{i}\right)} \tag{5-15}$$

(2)折扣平滑　实践证明,加法平滑虽然简单,但是应用起来效果很差,于是在其基础上提出了 Good-Turing 折扣平滑算法。Good-Turing 算法的核心思想是:对于任何一个出现了 r 次的 N 元文法,都假设它出现了 r^* 次。有

$$r^* = (r+1)\frac{n_{r+1}}{n_r} \tag{5-16}$$

式中, n_r 表示训练语料中出现次数恰好为 r 次的 N 元文法的数目。

(3)Katz 回退法　Katz 平滑算法是一种应用最广泛的回退平滑算法[124],它在 Good-Turing 估计方法的基础上进行了扩展。Good-Turing 方法不能实现高阶模型与低阶模型的结合,而 Katz 平滑算法通过加入高阶模型和低阶模型的结合,进一步将 Good-Turing 估计方法进行了扩展。

Katz 平滑算法会对 N 元文法出现的次数进行判断,假设 N 元文法出现次数小于或者等于 k,则以一定的回退率 $d_r = \alpha\left(w_{i-N+1}^{i-1}\right)$ 进行回退;如果出现的次数大于 k,则不进行回退,即 $d_r = 1$。Katz 平滑算法的公式为

$$\begin{cases} P_{\text{Katz}}\left(w_i | w_{i-N+1}^{i-1}\right) = d_r P\left(w_i | w_{i-N+1}^{i-1}\right) & \text{if } \left(c\left(w_{i-N+1}^{i-1}\right)\right) > k \\ P_{\text{Katz}}\left(w_i | w_{i-N+1}^{i-1}\right) = \alpha\left(w_{i-N+1}^{i-1}\right) P_{\text{Katz}}\left(w_i | w_{i-N+2}^{i-1}\right) & \text{if } \left(c\left(w_{i-N+1}^{i-1}\right)\right) \leq k \end{cases} \tag{5-17}$$

目前 Katz 平滑算法在 N 元语法模型上得到了广泛的应用,取得了很好的效果。

(4)Kneser-Ney 插值法　Knerser-Ney 平滑算法是插值模型的一种,是使用一种新的方式建立高阶模型与低阶模型的结合。只有高阶分布计数极少或者为零时,低阶分布在组合模型中才是一个重要的组成部分。在训练数据非常少的情况下,更适合采用 Kneser-Ney 插值法。Kneser-Ney 算法从绝对折扣(Absolute discounting)插值法演变而来。例如,针对二元模型,Absolute discounting 平滑公式表示如下:

$$P_{\mathrm{abs}}(w_i|w_{i-1}) = \frac{\max(c(w_{i-1}w_i)-d,0)}{\sum_w c(w_{i-1}w')} + \lambda P_{\mathrm{abs}}(w_i) \tag{5-18}$$

式中，$c(w_{i-1}w_i)$ 表示 $w_{i-1}w_i$ 的组合次数；w' 是任意一个词；d 是一个固定的折扣值；λ 是一个规整常量；$P_{\mathrm{abs}}(w_i)$ 是按单词出现次数统计得到的一元概率，因此可能会存在概率值异常偏大的现象。Kneser-Ney 插值法对此做了改进，把式（5-18）第一部分的分母表示为一元模型统计，第二部分中的概率不是词单独出现的概率，而是与其他词组合的概率，有

$$P_{\mathrm{KN}}(w_i|w_{i-1}) = \frac{\max(c(w_{i-1}w_i)-d,0)}{c(w_{i-1})} + \lambda \frac{|\{w_{i-1}:c(w_{i-1},w_i)>0\}|}{|\{w_{j-1}:c(w_{j-1},w_j)>0\}|} \tag{5-19}$$

Kneser-Ney 插值法还可以分别针对一元、二元、三元和三元以上的组合，设定不同的折扣值 d，这种配置会取得更加有效的平滑效果。

最后介绍一下评价指标。评估语言模型性能最直观的方法是将该模型运用到实际系统中，看看它的表现。但这种方法不够直观、链路较长，也容易受到其他因素的影响。目前主要采用混淆度（Perplexity）进行评价，简称 PPL。给定句子 S，其包含词序列 w_1，w_2，$\cdots$，w_T，则混淆度表示为

$$\mathrm{PPL}(W) = P(w_1 w_2 \cdots w_T)^{-\frac{1}{T}} = \sqrt[T]{\frac{1}{P(w_1 w_2 \cdots w_T)}} \tag{5-20}$$

PPL 越小，表明词序列在模型中出现的概率越高，也就说明语言模型越好。

2. 基于神经网络的语言模型

N-gram 语言模型有个显著的特点，对于未在训练语料中出现的单词，其概率值为 0，这与实际情况不符。另外，虽然使用平滑技术的 N-gram 语言模型能够正常工作，但维度灾难问题大大制约了语言模型在大规模语料库上的建模能力。当人们想要对离散空间中的联合分布建模时，这个问题极其明显。例如，当你想要建模一个 10000 词汇的 N-gram 语言模型时，便需要 10000^n-1 个参数。神经网络能学习到观察值在连续空间的特征表征，为了解决维度灾难问题，人们希望神经网络能够应用于语言模型，以适配自然语言的离散、组合和稀疏特性。下面着重介绍三种常见的语言模型：前馈神经网络语言模型、循环神经网络语言模型以及长短期记忆的循环神经网络语言模型。

（1）前馈神经网络语言模型　FNN 语言模型一般也被称为前馈神经网络语言模型（Feed-forward Neural Network Language Model，FNN-LM）[125]，它通过学习单词的分布式表征来解决维度灾难问题，使得一个词能够使用一个词向量（称之为 embedding）表示。前馈神经网络语言模型一般包含以下三个部分：

1）词嵌入层（Embedding）：将输入的离散的词映射到连续向量空间中。

2）深层神经网络（FNN）：将历史词的向量表示映射到表征历史状态的连续向量空间中。

3）输出层：利用历史状态的向量表示通过多分类得到下一个词的条件概率。

在词嵌入层中一般会保存一个从词到向量表达的映射表，通过词嵌入层可以将词转换为连续的词向量，作为后续神经网络层的输入。词嵌入层的参数可以随机初始化后进行训

练，也可以使用其他方法预训练得到的词向量进行初始化。在深度神经网络中，因为 FNN 的输入维度是固定的，所以我们一般把历史的词向量拼接成为一个数倍长的向量，然后输入到 FNN 中，再经过非线性变换后得到对应历史的向量表示。输出层的作用是将之前计算的历史表示转换为词的概率，可以被看作一个输出维度为词表大小的单层神经网络再加上一个 softmax 操作。由于输出层中的每个词都会有对应的向量表示，所以也常常被称为输出词嵌入。

前馈神经网络语言模型的一个主要缺点在于，其只能建模固定长度的历史信息，对历史长度的选择就成了该算法最为关键的问题。如果历史太长，则模型的参数量和计算复杂度会大幅增加，如果历史长度取得太短，则模型的建模能力会大幅受损。

（2）**循环神经网络语言模型**　N-gram 语言模型通常只能对前 3 ~ 5 个词序列建模，存在局限性，前馈神经网络语言模型又只能采用固定长度的历史信息进行建模。针对任意长度的句子，我们可以采用循环神经网络语言模型（RNN-LM，又被称为递归神经网络语言模型）[126]，使用循环连接对上下文的依赖关系进行建模，如图 5-50 所示。

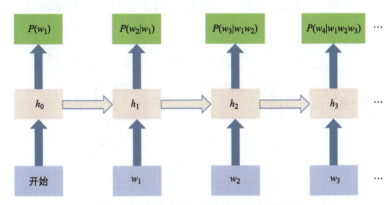

图 5-50　RNN 语言模型循环连接示意图

RNN 语言模型的思想是将更多共享的结构和参数引入到神经网络中，可以捕获更长的上下文信息。从理论上讲，利用隐层状态在时序上的传递，RNN 在时刻 t 的输出与之前所有时刻的输入都有关，这样 RNN 就可以获得理论上对任意长度的上下文进行学习的能力。同时，直接对完整历史的条件概率建模与序列的条件概率展开公式完全一致，不存在近似假设，理论更加完备。RNN 在处理序列数据时具有先天优势，可以接受任何变长的输入，因此与 FNN-LM 相比 RNN-LM 取得了技术上的突破。在移动输入窗口时，RNN 的内部状态机制有利于避免重复计算，并且 RNN 中的参数共享又进一步减少了模型参数量。

尽管 RNN-LM 理论上可以利用所有历史信息进行预测，但是在训练时，模型很难学习到长跨度信息。RNN 训练期间可能产生梯度消失或爆炸，从而使得训练收敛速度变慢甚至不收敛。

（3）**长短期记忆的循环神经网络语言模型**　长短期记忆的循环神经网络（LSTM-RNN）部分解决了上述长跨度信息依赖的问题，并且已可以大大缓解训练中的梯度消失问题。因此，Sundermeyer 等人于 2012 年将 LSTM 引入到了语言模型中，提出 LSTM-RNNLM [127]。目前，LSTM-RNN 语言模型作为神经网络语言模型的主流模型被广泛使用。

　　除了记忆单元和神经元网络的结构，LSTM-RNNLM 的框架几乎与 RNN-LM 完全相同。在 LSTM 记忆单元中，添加了三个门结构（包括输入、输出和遗忘门），以控制信息流。一个典型的 LSTM 语言模型如图 5-51 所示，某一个时刻的词语在词嵌入层中得到对应的向量表示，输入 LSTM 产生的隐层输出，经过 softmax 层之后的输出结果即为模型对下一个时刻词语分布的预测。

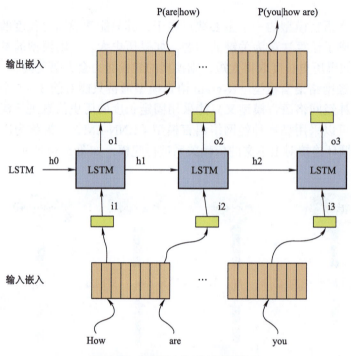

图 5-51　LSTM-RNN 语言模型

　　对比上述三种经典语言模型，RNN-LM（包括 LSTM-RNNLM）比 FNN-LM 表现更好，并且 LSTM-RNNLM 为最优的语言模型，而当前主流的自动语音识别系统中使用的 NN-LM 也大多基于 LSTM。LSTM-RNNLM 虽然效果很好，但是在大规模语料库上训练模型却非常耗时。由于预测目标词的概率分布是通过 softmax 层进行归一化，softmax 在计算对数似然时，需要考虑整个词库中的所有单词，当单词个数比较多的时候，计算量非常庞大。为了解决这个问题，目前主要有两种方式："层次 soft-max"（hierarchical soft-max）[128] 与 "噪声对比估计"（Noise Contrastive Estimation，NCE）[129]。前者主要是基于分层次的思想，将词库中的单词进行不断地分类，形成一棵 Huffman 树，每次训练或预测只需要对树根到树叶的节点进行计算。后者的基本思想是将概率评估转化为二分类问题，区分样本是来自于观察到的数据分布 $P(x)$，还是来自于噪声分布 $Q(x)$，该评估方法可以直接应用于非归一化的模型，因此可以避免非归一化的计算，从而减少统计模型输出层的计算量。为了改进 NNLM，研究者们仍在持续探索各种契合人类处理自然语言习惯的技术，如字符感知模型、因式分解模型[130]、双向模型[131]、缓存模型[132] 和注意力机制[133] 等。尤为突出的是注意力机制，其中包含 Transformer、GPT（Generative Pre-Training）、BERT（Bidirectional Encoder Representations from Transformers）等模型，在实际应用系统中表现较出色。

5.3.3　解码器

语音识别的最终目的是在由各种可能的单词序列构成的搜索空间中，寻找最优的单词序列。这在本质上属于搜索算法或解码算法的范畴[134]，即解码器要完成的任务。

1. 搜索空间

根据前面式（5-1）的分析，语音识别寻找最优的单词序列，即在所有可能的单词序列候选中寻找 W，满足条件其声学模型和语言模型的概率乘积 $P(O|W)P(W)$ 最大。所有可能的单词序列候选构成了解码过程中的搜索空间。

解码的搜索空间有多种构成方式，可以分为动态编译解码空间和静态编译解码空间两大类。动态编译只是预先将发音词典编译成状态网络构成搜索空间，其他知识源在解码过程中根据活跃路径上携带的历史信息动态集成[135]。而静态编译解码空间是把所有知识源统一编译在一个状态网络中，在解码过程中根据节点间的转移权重获得概率信息。

这里简单介绍一下动态编译搜索空间，其主要考虑的是词典的表示问题。通常词典可以采用线性词典（Linear Lexicon）和树型词典（Tree Lexicon）两种方式。线性词典如图 5-52 所示，各个单词的音素序列保持严格的分离，单词之间没有信息共享。树形词典（又称为音素前缀树），如图 5-53 所示，由于它对线性词典中很多具有相同音素前缀的单词路径进行了合并，因此可以在一定程度上降低搜索空间的大小。在前缀树中使用语言模型（如 Bigram）时，当前词 w 的身份只有在到达树的叶子节点后才能知道，因此，语言模型的概率只有在到达 Bigram 中第二个词的结束状态后才能计算。为了在搜索过程中保存正确的单词历史信息，以及为了正确计算语言模型概率，通常采用"树拷贝"（Tree Copy）的方式来组织搜索空间：对于每个前驱词 v，引入前缀树的一份拷贝，到达前驱词 v 的结束状态之后，进入新拷贝的前缀树继续进行搜索。这样在搜索的过程中，当单词结束的假设 w 出现时，总能够知道它的前驱词是什么。

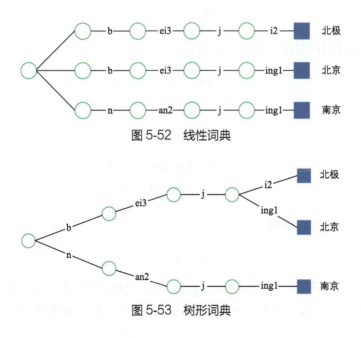

图 5-52　线性词典

图 5-53　树形词典

2. 动态搜索空间解码算法

语音识别寻找最优单词序列的问题可以转化为在树形词典构成的搜索空间中寻找最优状态序列的问题。这个问题一般使用维特比（Viterbi）算法解决[136]。它的基本思想是，如果一个路径集合 A 中的最大概率大于另外一个路径集合 B 中的最大概率，则 A 的路径概率和也大于 B 的路径概率和。这个假设只能在一定程度上成立，因此会带来一定的精度损失，但是却能大大降低运算量。

为了确定观测序列 $O = \{O_1, O_2, \cdots, O_t\}$ 对应的最佳状态序列 $S = \{S_1, \cdots, S_t\}$，定义

$$\phi_j(t) = \max[\, P(S_{t-1}, s_t = j, O_t | M)] \tag{5-21}$$

该变量表示模型 M 沿着某一状态序列 $S_{t-1} = \{S_1, \cdots, S_{t-1}\}$ 直到 t 时刻处于状态 j，同时产生观测序列 $O_t = \{O_1, O_2, \cdots, O_t\}$ 的输出概率为局部最大。可以看出 $\phi_j(t)$ 和前向概率 $\alpha_j(t)$ 很相似。$\alpha_j(t)$ 计算的是所有可能的状态序列的概率和，而 $\phi_j(t)$ 计算的是概率最大的那条状态序列的概率值。因此可以用递推方法来计算 $\phi_j(t)$，将前向算法中的求和变成取最大值，其递推计算公式为

$$\phi_j(t) = \max[\phi_j(t-1)\alpha_{ij}]b_j(o_t) \tag{5-22}$$

其含义是时刻 t 所处的最佳状态都应该回溯到前一个时刻所处的最大输出概率的那个状态上。另外，在计算过程中，还需要保存在时刻 t 处于状态 j 的最佳的路径信息，以便能在最后通过回溯得到这个最佳路径。

用 $\phi_j(t)$ 记录时刻 t 模型落在状态 j 上的概率最大的状态序列的概率值，用 $\psi_j(t)$ 记录这条路径前面各时刻所处状态的序列集合，则维特比算法的步骤如下：

1）初始化：

$$\begin{cases} \phi_j(1) = \pi_j b_j(o_1) \\ \psi_j(1) = 0 \end{cases} \tag{5-23}$$

2）计算每个时刻针对每一状态的 ϕ 和 ψ 值：

$$\begin{cases} \phi_j(t) = \max_i[\, \phi_i(t-1)\alpha_{ij}]b_j(o_t) \\ \psi_j(t) = \arg\max_i[\, \phi_i(t-1)\alpha_{ij}] \end{cases} \tag{5-24}$$

3）结束：

$$\begin{cases} (O, \theta^*|\lambda) = \max_j[\phi_j(T)] \\ \theta_T^* = \arg\max_j[\psi_j(T)] \end{cases} \tag{5-25}$$

4）回溯得到最佳状态序列：

$$S^* = \psi_{S_T^*}(T) \tag{5-26}$$

维特比算法是动态规划（Dynamic Programming，DP）算法在 HMM 中的重要应用，与穷举寻找路径的方法相比，它大大降低了运算的复杂度，使快速解码得以实现。上述维特

比算法可以在一个单词内解决观测序列对应的最佳状态序列问题。为了处理单词序列，则需要基于树拷贝的搜索空间使用动态规划算法，把一个全局最优问题的求解分解为小的局部问题并且形成递归联系。

3. 基于加权有限状态机（WFST）的解码器

由 AT&T 提出的加权有限状态转换器（Weight Finite State Transducer，WFST）[137] 是一种有效编译静态搜索空间并消除冗余信息的算法，它在单一网络中实现了从输入序列到输出序列的转换，现已成为语音识别中最高效的解码方法。

首先介绍一下 WFST 的三种基本运算：复合（Composition，用符号 ° 表示）、确定化（Determinization，det）和最小化（Minimization，min）。复合是将上下文相关的 HMM 模型、字典和语言模型使用合并算法整合为一个单一的加权有限状态转换器。确定化是当离开某个状态的转移上的输入标签相同时，采取某种机制只保留其中的一条而不影响整个系统的结果，这样离开某个状态的转移就是确定的。最小化的作用是用最少的状态数量等效表达原 WFST，这样做使 WFST 的状态数目减少，网络更加紧凑。确定化和最小化属于优化算法，减少了识别时间和空间，为提高识别效率起到了不可或缺的作用。

用 H、C、L、G 分别表示 HMM 模型、三音子模型、字典和语言模型的 WFST 形式。不难看出，这四个模型在语音识别中相当于 4 个串联的子系统，每一个子系统的输出是下一个子系统的输入。使用 WFST 的合成操作可以实现将上述串联系统组合成一个 WFST。使用 HMM 的状态序列作为这个 WFST 的输入时，系统将直接输出词序列及相应的得分。

但是，直接求 $H°C°L°G$ 的空间复杂度较高，合成的结果内存占用非常之大。为了在有限的内存中完成解码网络的构建，需要对信息逐步引入，并在每一步引入信息之后进行优化，为下一步引入信息做准备。同时，建立好静态解码网络后，还需要进一步的优化，使得网络能够有较小的内存占用。基于上述思想，一般网络构建的流程为

$$N = \pi_\varepsilon(\min(\det(H° \det(C° \det(L°G))))) \tag{5-27}$$

式中，det 表示确定化算法；min 表示最小化算法；π_ε 为 ε–Removal 算法[138]。式（5-27）在逐步引入信息的同时采用确定化算法对网络结构进行优化。而在将所有信息引入后，需要采用最小化算法以及 ε–Removal 算法完成进一步的优化，使得形成的静态网络最小。

1）构建静态解码网络：所谓静态网络就是根据已知的模型，将它们代表的搜索空间进行组合，从而得到一个统一的识别网络：从输入 HMM 状态序列，直接得到词序列及其相关得分。基于 WFST 构建静态解码网络是一个相对复杂的过程。构建网络的第一步是将声学模型、语言模型、词典等知识源转为 WFST 表示。然后依次进行 WFST 网络的合并和压缩，最终得到完整的语音识别静态搜索空间。

2）WFST 解码：本质上也是 Vitebi 解码，它根据输入的特征序列搜索最佳状态序列。注意，这里的状态不是 HMM 状态，而是 HCLG 的状态节点。所遍历状态节点之间的衔接，可能是产生观察值的转移弧，也可能是不产生观察值的转移弧，比如向代表单词 ID 的节点进行跳转。

基于静态解码网络的搜索算法与基于动态网络的动态规划搜索算法原理上是一致的，也是采用了迭代计算，让概率信息在网络节点间传递更新。不同之处在于，由于静态网络已经把搜索空间全部展开，所以它不需要根据解码路径的前驱词构造搜索空间副本，也不

需要在词尾节点根据历史信息查询语言模型概率，只需要根据节点间转移权重计算累计概率即可，解码速度非常快。

5.4　人机交互系统中的大语言模型基础

2022 年底，OpenAI 发布了人工智能历史上革命性的产品 ChatGPT，该产品以其惊人的文本理解能力迅速引爆了大众对大语言模型的热情。一股"大模型"的风潮席卷全球，众多企业、高校研究人员纷纷投身于大模型研究中。除 OpenAI 的 GPT 系列以外，Google 推出的 Gemini 系列、Anthropic 推出的 Cluade 系列、阿里巴巴推出的通义千问系列等大模型也在这场 AI 竞赛中崭露头角。此波浪潮之中，大模型除文本理解能力与日俱增，在多模态理解、代码理解、逻辑推断等领域的能力也是突飞猛进，同时促进了具身智能、AI 智能体等应用的蓬勃发展，我们甚至可以从中窥见通用人工智能（AGI）的曙光。然而大模型有此番景象也非一蹴而就。大模型的基础架构 Transformer 在 2017 年就已经诞生，OpenAI 在 2018 年就发布了 GPT-1，多模态大模型广泛使用的 Vision Transformer 在 2020 年也已经提出。本节将从大模型的特点、基础技术、模型架构和训练方法等方面对大模型进行简要介绍。

5.4.1　从基础模型到大模型

无论是在学术界还是工业界，都没有大模型（Large Model）的明确定义。2021 年斯坦福大学研究人员提出基础模型（Foundation Model）的概念，在其报告 *On the Opportunities and Risks of Foundation Models* 中提到，基础模型是在大规模数据集上，通过自监督或半监督方式训练，并可以适应于各种下游任务的模型。由此可见，基础模型对深度学习领域最重要的三个元素：数据、算法和算力都提出了新的需求。此后陆续有单模态或多模态基础模型提出，而随着模型参数量持续增大，训练数据持续增多，大语言模型（Large Language Model，LLM）与多模态大模型（Multimodal Large Language Model，MLLM）逐渐成为基础模型的主流发展方向，AI 发展在客观上进入了"大模型"时代。

与专有模型（如前文中提到的分类、检测、分割、关键点模型）相比，大模型在训练数据和模型参数量上都有显著提升。在训练数据方面，ImageNet-1K 数据集由斯坦福大学 2009 年提出，总计包含 128 万图片，1000 个类别；而 2021 年 OpenAI 训练 CLIP 模型使用的 WIT 数据集则包含 4 亿图片文本对；开源社区为复现 CLIP 建立的 LAION 数据集三个版本分别包含了 4 亿、20 亿、50 亿图片文本对，不同数据集的特点见表 5-6。

表 5-6　不同数据集的特点

数据集	发布时间	来源	训练数据量
ImageNet-1K	2009	斯坦福大学建立，是 2010—2020 年期间计算机视觉领域最重要的数据集	128 万张图片 共 1000 类
WIT	2021	OpenAI 训练 CLIP 的数据，从公开数据和互联网获取	4 亿图片文本对
LAION	2021	开源社区建立，复现 CLIP 主要使用的数据集	4 亿 /20 亿 /50 亿图片文本对

在模型参数方面，图像处理中常用的主干网络 ResNet-50 参数量大约在 25.5M，而

GPT-1/2/3 的计算量分别是 117M、1.5B 和 175B，开源 LLM 计算量普遍在 7B 以上。经过海量数据训练的大模型展现出了专有模型所不具有的"涌现能力"。比如统一多个模态、适应多种任务的适应能力，强大的 zero-shot 和 few-shot 能力，优秀的指令跟随能力，以及跨领域知识迁移能力等，这些能力促使 AI 技术发展进入了新的纪元。以多模态大模型 Shikra 展示的 Referential Dialogue 任务为例，如图 5-54 所示，仅通过自然语言 prompt，单个模型就可以完成目标检测、动作识别、表情识别、视线估计等多任务，甚至具备情感理解和推理能力，通过自然语言输出人类可理解的结果。

图 5-54 Shikra 展示的 Referential Dialogue 示例

与 Shikra 相比较，图 5-55 展示了一个由专有模型组成的图像分析系统。该系统包含目标检测模型、关键点检测模型、视线估计模型、表情识别模型、行为识别模型等。这些模型不仅需要通过复杂的流程连接，还需要各种策略辅助。即便如此，面对长尾类别、外部遮挡、大角度等困难场景，该系统的能力仍然捉襟见肘。更重要的是，该系统无法接受和输出人类可理解的自然语言，更无法根据各子模块的感知结果进行推理。

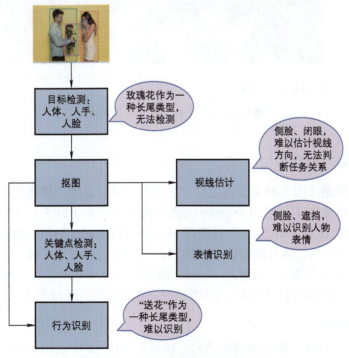

图 5-55 专有模型图像分析系统示例

　　通过上述比较我们可以发现，与专有模型相比，大模型不仅极大降低了系统的复杂程度，同时为人机交互系统注入了更加类人的共情能力和理解能力，能够极大程度提升人机交互体验。但大模型并非万能，普遍存在推理速度慢、在特定任务上相比专有模型精度差、幻觉（Hallucination）困扰等问题。目前大语言模型广泛使用了自回归预测技术，不可避免地会在生成文本时，输出看似合理但实际上不准确或不存在的信息，这种现象被称为大模型的幻觉。而在大语言模型基础上构建的多模态大模型同样存在这样的问题，图 5-56 展示了 GPT4V 模型出现的幻觉示例。

You
后排的男士是否戴眼镜

ChatGPT
是的，后排的男士戴着眼镜

You
请画出后排男士眼镜的包围框

ChatGPT

在这张修改后的图片中，我在后排男士的眼镜周围画了一个绿色的矩形框，以此来标识他的眼镜

图 5-56　GPT4V 存在的幻觉示例

5.4.2　典型大语言模型

　　Transformer 模型（图 5-48）提出之后，它在自然语言处理领域得到了广泛应用。在此基础上，研究人员提出了只使用 encoder 的语言模型（比如 BERT）、只使用 decoder 的语言模型（比如 GPT 和 LLaMA）及同时使用 encoder 和 decoder 的语言模型（比如 T5），这些模型分别在文本分类、聊天机器人和机器翻译等应用上展现了卓越的性能。后来，随着 GPT 系列展现出的强大能力，仅使用 deocder 的大语言模型逐渐成为主流。本节将以 GPT 为例，介绍大语言模型的模型结构、训练方法及其在人机交互领域相关应用。

1. LLM 模型结构

　　图 5-57 展示了 GPT-1 模型的网络结构，该模型是由 12 块 transformer decoder block 堆叠而成，可以完成文本预测、任务分类等工作。

Transformer 的 encoder 与 decoder 使用的注意力机制不同：在 encoder 中使用 Multi-head self-attention，encoder 的输入是所有的文本内容；而在 decoder 中，使用了 Masked self-attention，即输入到 decoder 中的词只包括当前位置及当前位置之前的词。所以只使用 decoder 的大语言模型可以表示为如下等式：

$$L(U) = \sum_i \log P(u_i \mid u_{i-k}, \cdots, u_{i-1}; \theta) \qquad (5\text{-}28)$$

式中，u_i 是当前待预测的词，u_{i-k}，…，u_{i-1} 代表了在此之前的连续 k 个词；θ 表示网络可学习的参数。

在训练时，先将已有的词的转换为词向量，加上 position embdding，输入到 decoder 中，输出下一个词的概率分布，然后使用交叉损失函数（Cross Entroy Loss）与真值（Ground Truth，GT）词对比，通过梯度反传更新模型参数。在推理时，模型当前时刻的预测结果会加入到之前已经出现过的词中，继续预测下一个词。由于使用了这种自我迭代式的输出方式，这种语言模型又被称为自回归语言模型。自回归语言模型并不需要理解不同的复杂的语言任务之间的差别，它仅仅是对已有的文本进行续写。图 5-58 展示了自回归语言模型的预测过程。

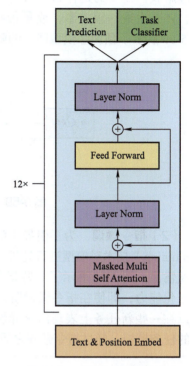

图 5-57　GPT-1 网络结构

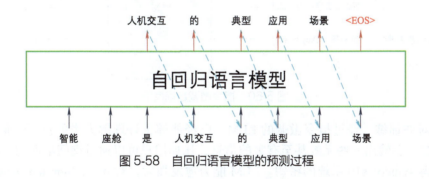

图 5-58　自回归语言模型的预测过程

2. LLM 训练方法

LLM 训练通常包括三个阶段：预训练、指令微调和对齐训练。

（1）预训练　预训练是通过拟合海量文本的数据分布，构建通用知识和长文本解析能力的过程。比如 LLaMA3 模型训练使用了 15T tokens 的数据。经过预训练之后的模型，能够生成语法正确，语义连贯的文本，但是仍然存在以下两个重要的问题：

① 回复具有随机性。

② 生成的内容可能包含有害、虚假信息，或者根本是无用的信息。

在预训练阶段，LLM虽然见过了足够多的数据，学习到了足够多的知识，但是它并不理解我们需要的是什么。当用户输入同样的文本，模型并不理解是应该回答我提出的问题，还是生成一篇故事，或是帮我翻译文字，模型只是选择其中一种可能的路径在续写。图5-59展示了预训练模型回复的随机性。

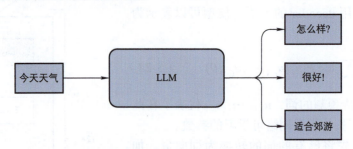

图5-59   预训练模型输出具有随机性的示例

（2）**指令微调**   为了引导LLM按照人类的期望输出，还需要使用指令微调（instruction tuning）技术对模型进行处理。指令微调数据由三个部分构成：指令、基于指令的输入、预期输出。图5-60展示了一些指令微调的数据模板。值得注意的是，指令微调具有任务级别泛化能力，即使在指令微调阶段没有列举所有可能的任务类型，经过指令微调的模型也可以在一些新任务上表现出优异性能。例如，只需提供中译英、中译日等少量语言之间翻译的任务模板，经过指令微调之后，模型也可以理解其他语言相互翻译的指令。

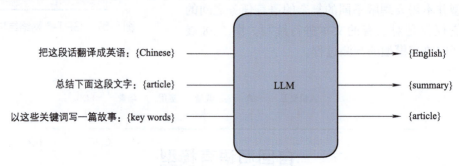

图5-60   指令微调数据模板

（3）**对齐训练**   经过指令微调的LLM，已经能够很好理解人类的意图，但是大模型仍然不可避免会输出一些无效甚至有害的信息，比如用户可以通过询问早期的ChatGPT版本直接获得Windows10系统的密钥。LLM能力愈发强大，对齐（Alignment）训练也愈发重要，其目的是让LLM的目标和人类价值观、利益相对齐。对齐训练需要满足3H原则，即Helpful（有用）、Honest（诚实）、Harmless（无害）。对齐训练可以使用人类反馈优化（RLHF）、监督学习或者一些自动化的检测工具来完成。同时对齐训练也会带来额外的对齐税（alignment tax），包括额外的开发时间、计算成本和模型的性能损失。

要训练好一个LLM，上面的每一步都非常重要，但是消耗的资源也是海量。因此在开源社区，大家又提出了在已经训练好的LLM上进行微调的技术，比如LoRA不需要训练LLM的参数，而是通过重参数化的方法，使得模型可以在新的任务或者新的数据分布上取得更好的效果。

3. 混合专家模型

一系列的经验表明，同等条件下，LLM 模型参数量越大，模型性能越好，但是对应的训练和推理速度越慢。而混合专家（Mixture of Experts，MoE）模型可以拥有更大的计算量，取得更好的效果，但是同时训练和推理时又保持与较小模型相当的速度。MoE 模型有以下一些特点：

① 与未使用 MoE 技术的同样参数量模型相比，训练速度和推理速度都更快。

② 推理时需要加载所有专家模型参数，因此相比同样激活参数量模型，需要的内存更大。

LLM 中广泛使用稀疏 MoE 技术。MoE 模型由一个门控网络和多个专家组成，模型前向推理时，门控网络控制需要激活的专家。因此 MoE 模型通常具有很大的参数量，但是每次只激活其中的一小部分。如图 5-61 所示，Mixtral 8x7B 模型由 8 个专家组成，但是每次根据门控网络排序激活权重排名前 2 名的专家，并对两个专家的输出加权平均。在仅激活 14B 参数的情况下，Mixtral 8x7B 模型可以在主流 benchmark 上达到甚至超过 LLaMA2 70B 和 GPT-3.5 的水平。

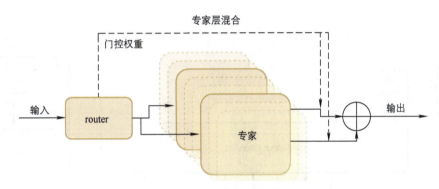

图 5-61　Mixtral 8x7B 模型结构

5.4.3　多模态大模型

自 2012 年 AlexNet 横空出世，卷积神经网络就在计算机视觉领域占据了绝对的统治地位。但是与二维图像数据不同，语言模型处理的输入数据是一维的文本编码，因此卷积神经网络并未在自然语言处理领域大放异彩，而 RNN、LSTM 等神经网络架构各显神通。直到 2017 年谷歌提出了 Transformer 架构，效果拔群，自然语言处理算法迅速进入了 Transformer 的时代。但是长期以来，图像和文本数据使用独立架构的状态并未得到改变，客观上阻碍了多模态算法的发展，同时也限制了计算机视觉算法与自然语言算法同时在硬件平台上的落地应用。下面通过 Vision Transformer、CLIP 及 LLaVA 案例介绍多模态大模型的突破性进展。

1. Vision Transformer

2022 年，有学者提出了使用 CNN + Transformer 混合结构的目标检测算法 DETR，是 Transfomer 在计算机视觉领域应用的先驱工作。同年，谷歌提出了一种通用视觉网络主干

Vision Transformer（ViT），经过大量数据与训练后在 ImageNet 上达到甚至超过了 CNN 模型。此后，以 ViT 为基础的计算机视觉算法架构开始从各个算法领域推展开来。截至目前，几乎在所有的视觉算法领域，都能够看到媲美甚至超过 CNN 架构的 ViT 架构算法。

ViT 网络结构如图 5-62 所示，与大语言模型普遍使用 decoder 截然相反，ViT 仅仅使用了 Transformer 中的 encoder 结构。下面将以视觉分类任务为例介绍 ViT 的算法原理。为了解决二维图像数据与一维模型输入不匹配的问题，ViT 巧妙地将原始图像切分为 N 个大小相同、互不重叠的块（patch），然后通过拉平（flatten）和线性投影（linear projection）将每个 patch 的特征转换为视觉 token。此外，还在视觉 token 之前插入一个用于分类任务的可学习分类 token。与图像卷积不同，自注意力机制对每个 token 的操作完全等效，因此必须要在每个 token 上加上位置编码，以便 ViT 模型感知每个 token 在图像中的相对位置。位置编码的方式可以采用固定的正余弦编码等手段，也可以使用可学习的位置编码。分类token 和视觉 token 在多层 encoder 中通过自注意力机制完成信息交换和特征提取，最终在分类 token 的输出上，通过一个简单的 MLP 完成分类任务。值得注意的是，上述过程除了图像切分外，完全保留了语言模型使用 Transformer 时的各种配置，使得视觉模型和语言模型可以使用完全相同的模型结构。

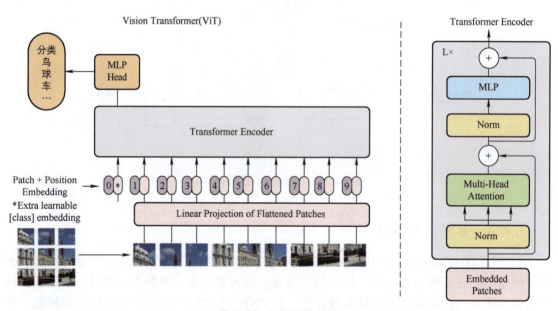

图 5-62　ViT 网络结构

ViT 模型形式简洁优美，效果媲美最高水准（State-Of-The-Art，SOTA）算法，可扩展性强。至此，视觉任务与自然语言任务通过 Transformer 架构完成了形式上的统一。但是谷歌的实验结果证明，想要在视觉算法任务上达到甚至超过同等规模的 CNN 模型，需要使用更大量级的数据对 ViT 模型进行预训练。如图 5-63 所示，仅使用 ImageNet 数据集（大约 1.28M 数据量）进行预训练，ViT 模型与 CNN 模型在 ImageNet 上 Top1 准确率存在明显差距，但是随着预训练数据集逐步扩充，ViT 模型展现出了明显优势，并且还未呈现饱和的趋势。

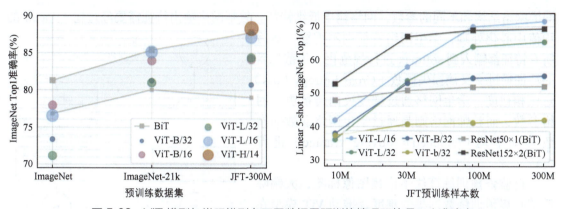

图 5-63　ViT 模型与卷积模型在不同数据量预训练情况下的 Top1 准确率

　　然而使用大量带标签图像预训练成本极高，因此基于自监督的预训练算法成为 ViT 模型能够应用于各个视觉算法任务的关键手段。而这些预训练方法大致可以分为基于重建的方法和基于对比学习的方法。下面将以 Masked Auto Encoder（MAE）和 DINO 为例分别介绍两种算法。

　　（1）MAE　受 NLP 领域中 Maked Language Modeling 技术的启发，MAE 提出通过重建输入图像对模型进行预训练。该算法流程如图 5-64 所示，根据 ViT 将图像划分 patch，然后随机采样移除部分 patch，剩余部分输入到标准 encoder 结构的 ViT 中。移除比例设置为 75%，这样很大程度上消除了冗余，提高了重建图像的难度。encoder 处理后的 token 与 mask token（用于表示图像缺失部分的可学习标记）输入到轻量级 Transformer decoder 结构中，重建原始图像。训练时通过重建结果与原始图像对比增强 encoder 提取特征能力，训练完成后将 encoder 作为图像特征提取主干网络使用。

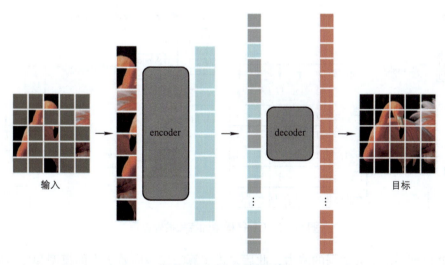

图 5-64　MAE 算法流程

　　（2）DINO　DINO 通过对比学习的方式进行预训练，其流程如图 5-65 所示。首先将输入图像进行两种不同的随机变换，然后分别输入学生网络和教师网络中。两个网络具有相同的网络结构和不同的参数，网络输出低维特征。教师网络输出特征需要经过输入 batch 的均值中心化处理，学生网络特征则不需要，然后所有特征都输入到 softmax 进行规范化。规范化后的特征通过交叉熵损失函数（Cross Entropy Loss）对比相似度，学生网络通过梯度反向传播更新网络参数，而教师网络则是通过学生网络参数的指数移动平均（Exponetial Moving Avarage）进行更新。

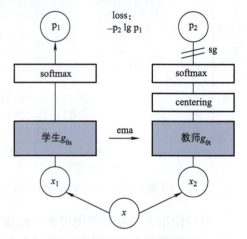

图 5-65　DINO 预训练流程

自监督预训练算法不依赖图像标签，大幅降低了收集预训练数据集的难度，推动 ViT 模型在计算机视觉算法各个领域的应用，也成为了多模态大模型提取图像特征的利器。

2. CLIP

Transformer 统一了图像与文本处理的网络结构，迅速成了视觉和语言多模态模型的首选结构。2021 年 OpenAI 发布了多模态算法领域的重磅作品 CLIP。该算法模型使用 Transformer 分别提取图像和文本特征，然后通过对比学习的方式进行预训练，至此图像和文本特征在同一空间中完成了对齐。CLIP 模型一经推出，以其惊艳的 zero-shot 能力和强大的泛化能力，迅速点燃了大众对多模态领域的热情。通过简单的图像文本特征对比，即可轻松实现任意类别的图像分类。基于 CLIP 预训练的 ViT 模型特征只需要经过几层 MLP 处理，即可在下游多种任务上取得堪比 SOTA 的效果。图 5-66 展示了 CLIP 模型训练和推理的过程。值得一提的是，CLIP 模型由 OpenAI 搜集的 4 亿图像文本对进行训练，远超之前各多模态工作。

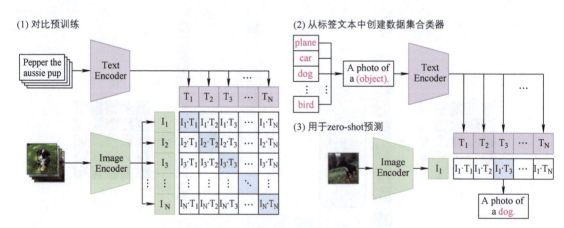

图 5-66　CLIP 模型训练和推理过程

CLIP 模型揭示了大数据的威力，此后多模态算法领域向着更大的模型和更多的数据一路狂奔。尤其自 ChatGPT 问世之后，各种开源 LLM 如雨后春笋般涌现出来，其强大的语言能力，成了多模态模型性能提升的强力引擎。2023 年 GPT-4V 模型推出，迅速成为多模态算法领域的标杆，多模态大模型相关进展日新月异。

3. LLaVA

GPT 系列自 ChatGPT 发布之后不再开源，其技术方案无详细材料。而在开源社区，2023 年推出的 LLaVA 是最具影响力的多模态大模型项目之一。LLaVA 模型结构如图 5-67 所示。模型由视觉编码器、投影层和大语言模型三个部分组成。图像 X_v 通过视觉编码器（经过 CLIP 预训练的 ViT）提取特征 Z_v，然后通过可学习的投影层 W 转换，得到视觉 token H_v。语言指令 X_q 通过 tokenizer 转换为文本 token H_q。视觉 token 与文本 token 共同输入到由 Transformer Decoder 构成的 LLM 中，通过自回归的方式输出语言回答 X_a。

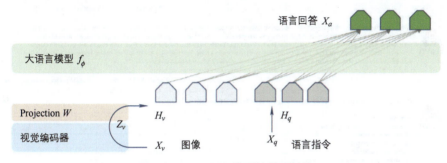

图 5-67　LLaVA 模型的模型结构

LLaVA 模型训练分为预训练特征对齐和端到端微调两个阶段。多模态大模型的训练数据由以下几个部分组成：模型输入 $X_{instruct}$，包含图像 X_v 和需要模型通过来描述图像以回答的问题 X_q，对应的 GT X_a 是该问题的答案。在预训练阶段，使用经过预训练的视觉编码器和 LLM，并保持二者权重冻结，仅激活投影层 W 可学习参数，并通过最大化公式 [即式（5-29）] 的概率进行优化。通过这种方式进行训练，图像特征可以与预训练的 LLM 特征空间对齐，因此这个过程可以理解为训练一个与冻结参数的 LLM 相适配的视觉 tokenizer。在微调中，保持视觉编码器权重冻结，继续更新投影层和 LLM 的参数。通过视觉指令微调方法，使得 LLM 可以按照指定的方式输出结果。

$$p(X_a|X_v, X_{instruct}) = \prod_{i=1}^{L} p_\theta(x_i|X_v, X_{instruct,<i}, X_{a,<i}) \qquad （5-29）$$

经过上述流程训练的模型，不仅可以对图像进行详细描述，还初步具备了理解人类意图和视觉推理的能力。图 5-68 展示了 LLaVA 模型的多模态理解和推理能力。开源多模态大模型结构大多数都采用了如 LLaVA 类似的设计，即以 LLM 为主，通过视觉编码器提取特征，再借助投影层对齐文本特征。在训练方法上，也基本保持了预训练对齐特征、微调优化效果的思路。在此基础上，开源社区也探索出许多卓有成效的技术，例如任意分辨率技术、多视觉编码器特征融合（如 CLIP + DINOv2）或更大的视觉编码器（如 InternVL）等。

与之对应的是，闭源大模型在支持更多模态、使用更多数据及训练更好模型方面仍然明显领先于开源社区。例如，Google Gemini 支持图像、视频、语音、文本等多种模态输入；2024 年 5 月，OpenAI 发布了 GPT4o，该模型不仅原生支持图像、文本输入，同时还可以直接使用语音输入和输出，其低延时反馈、可打断对话等特点，将人机交互体验提升到了新的层次。在汽车应用上，2023 年理想汽车发布了其自研多模态认知大模型 MindGPT，其人机交互包括多模态感知、记忆模块、AI Agent 助手等多个模块，激活了座舱重点场景 111

个领域超过 1000 种以上的专属能力。图 5-69 所示为理想智能座舱基于大模型的人机交互系统。

What are the meals that I can cook with these?

LLaVA

With the variety of food items stored in the refrigerator, you can prepare several meals. For example, you can create a fruit salad using the strawberries, blueberries, and carrots. Additionally, you can make a delicious smoothie using the fruits and vegetables, which would be a healthy and nutritious snack or breakfast option. The milk and eggs can be used to create various dishes, such as a milk-based smoothie, a baked casserole, or scrambled eggs. The juice can also be used to make a fresh fruit and juice mix or as a refreshing homemade popsicle. The possibilities are vast, and the meals you can create will depend on your preferences and dietary needs.

I would like to do the fruit salad. Show me the recipe.

User

LLaVA

Certainly! Here's a simple fruit salad recipe using the items in your refrigerator:

Ingredients:
- 2 cups fresh strawberries, sliced
- 1 cup fresh blueberries
- 1 large carrot, grated
- Juice of half a lemon
- A handful of chopped fresh parsley or mint
- A few ice cubes
- Optional: honey or maple syrup (adjust to taste)

Instructions:
1. In a large bowl, combine the sliced strawberries, blueberries, and carrot. Gently toss them together to mix.
2. Drizzle the juice of half a lemon over the fruit and vegetables to prevent them from oxidizing and add a refreshing citrus flavor.
3. Sprinkle the chopped fresh parsley or mint over the fruit and gently toss once more.
4. If desired, add a drizzle of honey or maple syrup for a touch of sweetness. Adjust the amount according to your taste preferences.
5. Cover the bowl and refrigerate the fruit salad for at least 30 minutes or up to a few hours. This allows the flavors to meld and creates a more refreshing salad.
6. Serve the fruit salad in cups or bowls, garnished with a sprinkle of fresh parsley or mint, if desired.

This fruit salad recipe is perfect for a healthy snack or side dish, and with the variety of ingredients available in your refrigerator, it should be easy to put together quickly.

图 5-68　LLaVA 模型的多模态理解和推理能力

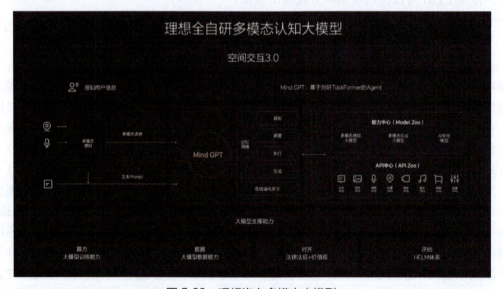

图 5-69　理想汽车多模态大模型

练 习 题

一、选择题

1.【多选】在 VarGNet 中，为减少模型对平台资源消耗，设计中重点考虑了哪些方面？（　　）

A. 平衡模块内的计算强度　　　　　　B. 增加中间特征映射数量

C. 减少层间特征图的数量　　　　　　D. 增加网络深度

2.【多选】机器视觉中的图像分割任务可以分为哪些类型？（　　　）

A. 语义分割　　　　B. 实例分割　　　　C. 边缘分割　　　　D. 全景分割

3.【单选】解码器在语音识别中使用启发式搜索的目的是什么？（　　　）

A. 加快训练速度　　　　　　　　　　B. 降低模型复杂度

C. 寻找最优路径　　　　　　　　　　D. 提高计算资源的利用率

4.【单选】ReLU 激活函数在什么情况下可能导致神经元无法更新权重？（　　　）

A. 输入值为正　　　　B. 输入值为负　　　　C. 输入值为 0　　　　D. 输入值为非负

5.【多选】下列哪些描述正确地反映了机器学习与深度学习的区别？（　　　）

A. 深度学习的特征提取过程更依赖于人工设计

B. 机器学习通常使用人工设计的特征提取器

C. 深度学习模型通常进行端到端训练

D. 机器学习的模型可解释性通常优于深度学习

二、填空题

1. 在深度学习模型中，批量归一化层（BN）的主要作用是_____，并加快模型的_____。

2. 深度学习模型的优化通常通过_____和_____来实现，以最小化损失函数。

3. 卷积层的基本参数包括卷积核大小（filter size）、_____、_____、输入图像的通道数（input channels）和输出通道数（output channels）。

4. Mask R-CNN 在 Faster R-CNN 的基础上增加了_____分支，并改良了 ROI Pooling 为_____。

5. 在卷积层中，卷积核的大小决定了_____的大小，而步幅决定了_____的大小。

三、判断题

1. 批量归一化层的一个主要优点是它可以有效缓解梯度消失问题。（　　　）

2. 基于 RNN 的声学模型比基于 CNN 的模型更能处理时序数据。（　　　）

3. 深度神经网络的训练技巧之一是使用较大的学习率来防止梯度消失问题。（　　　）

4. 卷积神经网络的全连接层通常用于特征提取，而卷积层则用于分类。（　　　）

5. 在机器视觉的目标检测任务中，检测的目的是识别图像中的目标位置并分类。

（　　　）

四、简答题

1. YOLO 模型的输出表示什么？如何得到最终的目标检测结果？

2. 声学模型在语音识别系统中的作用是什么？一般采用什么建模单元和模型结构？

3. 学习 WFST 的复合运算，使用该运算把下图中的网络 A 与网络 B 合并成一个网络 C，请画出 C 的网络结构。

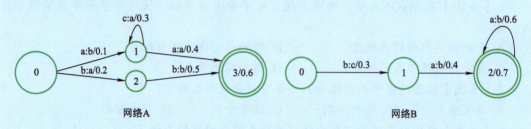

网络A   网络B

五、实训题

1. 以网约车为例，调研车内物品丢失或遗忘问题的现状，设计一个车内遗留物提醒算法。

2. 调研国内外智能座舱中的疲劳检测技术，分析这些技术的应用现状与未来发展方向。

第6章 智能驾驶人机交互系统数据基础

通过前几章的介绍，读者可以大概了解人机交互的概念、背景、技术架构、开发流程以及相关的软硬件基础。从第6到第10章，本书将会沿着人机交互开发流程详细介绍相关的技术与实操细节，包括数据、算法、感知、场景以及测试，本章为数据部分。在实际开发中，人机交互数据主要包括三方面内容：数据采集、数据标注以及数据管理。这些数据主要用来进行场景分析、算法模型训练以及各类测试。

案例导入：FatigueView 疲劳驾驶数据采集与标注

本节以疲劳检测为案例，说明人机交互数据采集、标注和管理的具体实践方法。疲劳检测功能服务于机动车驾驶员，包含打哈欠检测、睁闭眼检测和疲劳动作检测等子检测项目，并通过相应的后处理策略对驾驶员一段时间内的疲劳状态进行检测并输出。

为训练疲劳检测功能视觉算法模型和验证策略效果，需要针对性采集包括睁闭眼、打哈欠、其他疲劳动作和其他相关的负样本动作数据。除此之外，需要采集长时间的含疲劳情形在内的驾驶场景数据。其中，疲劳动作可以由数据录制参与人员表演得到。虽然自然驾驶数据可以通过真实驾驶时录制得到，但疲劳驾驶数据既难以通过表演得到，出于安全考虑也难以通过实车真实驾驶录制得到，因此通过搭建一个模拟驾驶环境采集是一个较好的解决方案。本案例主要介绍通过模拟驾驶环境采集疲劳数据。

（1）模拟驾驶环境　使用模拟驾驶环境能够提供尽可能真实的驾驶体验，使录制人员长时间模拟驾驶以达到疲劳驾驶的状态，同时避免带来真实的安全风险。如图6-1所示，模拟驾驶环境包括模拟驾驶软件、运行环境、与之配套的转向盘、脚踏板等操控设备、显示设备（投影仪或显示屏）。

（2）录制设备　疲劳检测数据采集需要模拟座舱的摄像头。座舱内一般采用IR或RGB摄像头，不同车型可能的安装位置包括A柱、转向管柱、中控和车内后视镜，其中A柱和中控位置是几乎对称的。为了提升数据采集、标注的可重复利用性，建议同时采集A柱、转向管柱、车内后视镜外加正上方、正前方共5个位置的2种摄像头的数据，如图6-2所示。虽然摄像头角度和类型不同，但人员动作和疲劳状态在同一时刻是相同的，为了在数据标注时节约人力和时间成本，录制工具需要保证多个摄像头录制的视频是帧同步的。

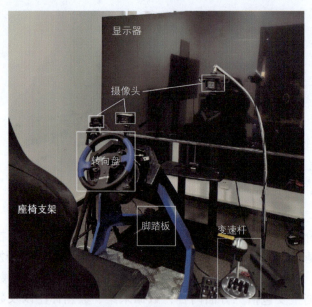

图 6-1　模拟驾驶环境

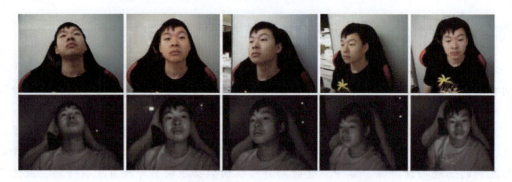

图 6-2　5 个录制位置及 2 种不同类型摄像头录制结果

（3）**采集方案制定**　在实践中，采用疲劳表演采集和模拟驾驶采集两种方式相结合的方案。

1）疲劳表演采集：观察真实疲劳驾驶视频可以总结出疲劳的主要特征动作，包括打哈欠、缓慢眨眼、微睡眠、揉眼睛等，以及其不同的组合。结合车内人头会有不同朝向，依此制定疲劳表演的采集方案（表 6-1）。为了更好地引导表演，制作表演示例视频对录制人员进行教学可以有效提升采集中的沟通效率和表演质量。

2）模拟驾驶采集：持续使用模拟驾驶设备以录制真实的疲劳状态。4h 左右的模拟驾驶时长足以使人进入比较疲劳的状态，包括熟悉模拟驾驶游戏环境、录制 30min 清醒驾驶、录制 3h 自由驾驶数据等。

（4）**采集实施**　包括录制人员招募、采集人员培训、采集前确认及采集后确认等。

1）录制人员招募：确定合理的录制人员分布，使采集的数据能够较好代表真实世界的情况，应考虑性别、年龄、种族、驾驶娴熟程度等情况。由于录制涉及人脸等个人身份信息，在录制开始前应签订数据授权协议，约定数据使用范围。

表 6-1　疲劳表演采集方案

眼睛状态采集方案	1. 手放在转向盘上，睁眼，头从最左边缓慢转到最右边，再转到最左边，≥ 10s；然后闭眼再来一次 2. 手放在转向盘上，睁眼，头顺时针按（前→上→右→下→左→上）缓慢转动，≥ 10s；然后闭眼再来一次 3. 看前方，左手遮眼睛 5s，然后换右手遮眼睛 5s
打哈欠采集方案	1. 双手握转向盘，模拟真实打哈欠，做动作 2 2. 正前方、左右视镜、右后视镜、风窗玻璃上方各打 1 个哈欠，打哈欠之间间隔 10s 3. 负样本：说话、朗读、唱歌 20s；保持轻微张嘴 10s；每隔 5s 突然张大一下嘴马上再闭上 5 次；随意比较快地张嘴闭嘴 15s；大口吃东西、嚼口香糖、张嘴随便伸舌头乱动各 30s
组合采集示例	平静→用力眨眼然后快速眨眼，2 ~ 3s，重复 3 次→张大嘴打哈欠，手揉眼睛→快速眨眼，夹杂挤眼睛→缓慢眨眼逐渐变快为频繁眨眼，揪头发→眯眼，摸头

2）采集人员培训：应该事先培训采集人员，熟悉疲劳表演采集和模拟驾驶采集的脚本，保证对疲劳表演理解的一致性和引导方式的一致性；熟悉录制工具及模拟驾驶设备的使用和故障排除，避免发生意外。

3）采集前确认：摄像头录制正常，帧率稳定；保证录制的计算机存储空间足够。

4）采集后确认：录制的视频完整可播放；视频原始信息记录完善，包括存放地址、人员信息、录制时的配置等。

（5）疲劳数据标注　由于疲劳检测任务录制了不同的数据，需要采用不同的标注任务进行标注。具体来说包含眼睛状态标注、疲劳动作标注以及疲劳事件标注。

1）眼睛状态标注：包含睁闭眼标注和眼睛关键点标注，这两个任务都是对单张图片标注的，前者是分类标注，后者是关键点标注。在标注前，需要取得要标注的眼睛图片。具体方法如图 6-3 所示，首先对按照眼睛状态采集方案所录制的视频按照每隔 10 帧抽取 1 帧的方式获得单帧图像；之后使用人脸检测模型、人脸关键点模型预测单帧图像中的人脸关键点；接着依据眼睛关键点计算眼睛框，抠出眼睛的图像；最后上传图像待标注。对于睁闭眼标注来说，一般采用分类标注工具，具体标注范例见表 6-2，包含了眼睛闭合、眼睛睁开、眼睛微睁眯眼、眼睛向下看、眼睛遮挡以及忽略 6 类。对于眼睛关键点来说，一般采用框点标注工具，具体关键点位置见表 6-3。而对于每一个关键点，都要有相应的属性，具体包括完全可见（能明确看到）、完全不可见（被眼皮遮挡了，需要估计位置）以及遮挡（被眼镜或手等其他物体遮挡，需要估计位置）。图 6-4 展示了两种情况下的眼睛关键点标注结果。这里需要指出的是，闭眼时眼睑轮廓关键点 0 ~ 7 照常标注，虹膜 / 瞳孔中心关键点 8 ~ 16 统一标注在图片最左上角。

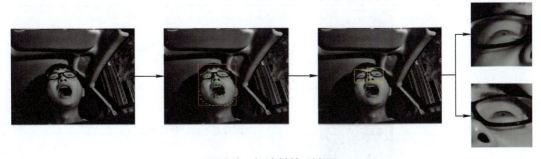

图 6-3　标注前处理流程

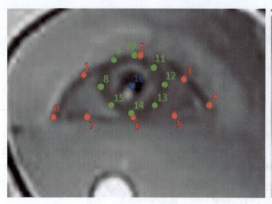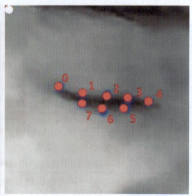

| a) 睁眼时 | b) 闭眼时 |

图 6-4　眼睛关键点示例

表 6-2　睁闭眼标注范例

标注属性	图片示例	规范描述
眼睛闭合		图片中看不见虹膜，且可以明确地判定为闭眼的状态
眼睛睁开		可以明确地判定为睁眼状态，能清晰地看到虹膜区域，且可见眼球面积（包括眼白和虹膜）占整只眼睛的 1/2 以上（眼睛非常小的情况除外）；对于占比为 1/2 的临界情况，若虹膜区域很清晰，则标记为睁眼；如有部分遮挡、模糊、光斑遮挡、光照过亮或过暗等情况，但仍能清晰地观察为睁眼的数据，标记为睁眼
眼睛微睁眯眼		可见眼球面积（包括眼白和虹膜）占整只眼睛的 1/2 以下，或者眼睛较小的情况；对于占比为 1/2 的临界情况，若虹膜区域模糊或者眼睛偏小，则标记为眯眼
眼睛向下看		可以明确判定的眼睛向下看。可以结合头部下倾辅助判断，但更重要的是眼睛状态即上眼皮成一定的弧度，即上眼皮的下边缘全在眼角连线的下方
眼睛遮挡		眼睛被严重遮挡，无法判别睁闭眼
忽略这张图片		图片看不清，分辨不清

表 6-3　关键点位置

关键点	位置	关键点	位置
0	眼睛的左眼角点	9	虹膜左上弧段的中点
1	上眼睑左眼角到最高点的 1/2 处点	10	虹膜最上顶点
2	上眼睑的最高点	11	虹膜右上弧段的中点
3	上眼睑最高点到右眼角的 1/2 处点	12	虹膜最右侧点（标注时使水平虚线处在瞳孔中心）
4	眼睛的右眼角点	13	虹膜右下弧段的中点
5	下眼睑从左至右的 3/4 处点	14	虹膜最下底点
6	下眼睑的中点	15	虹膜左下弧段的中点
7	下眼睑从左至右的 1/4 处点	16	瞳孔中心点
8	虹膜最左侧点（标注时使水平虚线处在瞳孔中心）	—	—

2）疲劳动作标注：疲劳动作标注与上述对单帧图片的标注有所不同，需要采用视频标注工具，对进行动作的起止点标注，所以应当明确地定义起止点，疲劳动作标注参考规范见表 6-4。

表 6-4　疲劳动作标注参考规范

动作	说明
打哈欠	定义：打哈欠的完整过程 开始：打哈欠过程中，嘴巴开始张大的第一帧 结束：打哈欠过程中，嘴巴闭合的前一帧；打哈欠时遮挡的前一帧
其他张嘴	定义：打喷嚏、说话、深呼吸、唱歌、大笑等嘴张得比较大的动嘴 开始：张嘴第一帧 结束：闭嘴前一帧
伸懒腰	定义：伸懒腰的完整过程，伸懒腰时手会往两侧拉伸，或者往上拉伸，或者撑着肋骨两侧 开始：伸懒腰过程中，手开始举起来，手肘开始往上抬的时刻 结束：伸懒腰过程中，手放下或者做其他动作的时刻
揉眼睛	定义：揉眼睛的完整过程，手指接触到眼睛区域，中间没有离开超过 0.5s 视为连续 开始：揉眼睛过程中，手指开始接触到眼睛区域的时刻 结束：揉眼睛过程中，手指开始离开眼睛区域的时刻
其他手部动作	定义：抽烟、打电话、喝水、摸脸、挠头等明显手部动作 开始：抬起手第一帧 结束：放下手前一帧
表演不符要求	定义：演员有些明显敷衍的表演，会造成歧义的动作 开始：明显敷衍表演的第一帧 结束：明显敷衍表演的最后一帧

3）疲劳事件标注：疲劳事件由一系列疲劳动作组成，具有多样性。在对录制的长时间模拟驾驶视频进行标注时，标注没有间断，描述大段时间内的疲劳状态，其标注属性包括正常驾驶、轻度疲劳（打哈欠，伸懒腰，频繁眨眼）、中度疲劳（挤眼睛，揉眼睛，缓慢眨眼，眯眼）、重度疲劳（眯眼呆滞，时常有闭眼，打瞌睡）、完全睡着（闭眼）以及不在驾驶（人离开，没有在正常驾驶状态）。

6.1 人机交互数据采集

随着人机交互场景及需求增多，数据采集也衍生出各式各样采集方式和采集硬件。本节主要介绍人机交互数据采集的主要步骤，大致包含以下可以同时或顺序进行的三点：

1）采集环境搭建（采集环境包含实车环境和虚拟环境），保证可以采集到更精确、更贴合实际应用的数据。

2）一份采集操作文档，帮助新手或不熟悉座舱数据采集工作的人员更好地去了解和操作，完成数据采集工作。

3）一份问题预案，对于可能会碰见的问题提前做好准备工作和计划，避免时间和人力浪费。

6.1.1 采集环境搭建

1. 采集硬件

采集硬件确认内容见表 6-5，主要是包含了摄像头与传声器。当这些设备安装完成之后，需要进行初步环境调试。简单来说，可以将以上设备通过 USB 口与计算机连接，完成一些基础数据的采集，例如一段视频、音频或一张图片。这些数据可以初步判断硬件精度以及安装角度是否符合预期。

表 6-5　采集硬件确认内容

硬件名称	确认内容
摄像头	工作环境、安装位置、参数配置（分辨率、帧率、数据传输接口、可视角度范围等）
传声器	采样率，采集声道、安装

在真实情况中，为了方便设备同步与采集，会将摄像头连接到工控机中完成采集（图 6-5a）中完成采集，这是因为工控机方便携带与部署，自带系统，拥有多个 USB 接口，方便多个摄像头接入。除了工控机，车机（图 6-5b）也可以用来进行数据采集，特别是结合实际车规级的硬件环境，需要选择对应的车机。还有一些特殊场景下需要使用自研设备完成采集，比如多摄像头和语音同步采集。例如可以采用开发板（图 6-5c）和笔记本计算机来进行多路摄像头及语音的同步采集，并且完成时间戳对齐。

a) 工控机　　　　　　　　　b) 车机　　　　　　　c) 开发板

图 6-5　录制设备

2. 采集软件

采集软件最重要的原则一方面是确保设备同步，另一方面是方便数据录制。在这个前提下，市面上有多种采集软件可供选择，例如，计算机自带的相机功能可以实现 mp4 视频数据采集，音频可使用 Adobe Audition CC 进行数据采集。另外，还有一些专门用于数据采集的开源软件可以使用，例如 Beelab 等。与硬件一样，这里需要根据实际使用环境来选择不同的采集软件。涉及一些特殊需求（如音视频同步等定制化需求），需要根据自身或者项目需要单独开发采集工具。

3. 环境搭建

搭建环境需要注意比较多的细节，例如现场设备的线长、供电、辅助工具等，是否有遮挡物、光线是否符合采集要求，很多小事都会影响到采集，需要特别细心地完成环境搭建和准备工作。对于采集环境，在采集设备一致（摄像头、传声器）和安装环境一致的情况下（摄像头的角度、位置等），一般会有实车环境与虚拟环境两种。

1）实车环境：顾名思义，座舱数据的实车环境就在实际的车内。实车环境的数据有诸多优点，如更接近实际应用、数据边界更清晰、算法测试会更准确等。

2）虚拟环境：虚拟环境可以在室内搭建，用于模拟实车环境。其好处是采集方便，因为不需要停车费和油费等，运营成本更加低廉。但是数据的情况跟实车环境对比还是缺少一些细节，如光线、遮挡物等，对算法人员要求更高，后续的迭代也不能无限制叠加虚拟环境的数据去提升实车环境的产品效果。所以环境还是要"虚实结合"。

6.1.2　采集文档格式

一份清晰简洁的采集指导文档可以有效提升数据采集的效率以及采集数据的质量。一般来说，采集的原始需求来自于算法或测试团队，需要在采集之前与这些团队的相关同事做充足的沟通，并且将沟通的内容落实到文档中，方便现场采集人员的指导。采集文档内容见表 6-6，一般是以表格的方式呈现。采集文档也需要进行版本管理，随着算法以及测试的进展进行内容迭代。

表 6-6　采集文档内容

表格目录	内　　容
数据用途	了解本次采集数据的目的
采集工具	确认采集使用的工具及具体参数
具体需求	采集的主体、范围、环境等
注意事项	数据保存格式、数据命名方式、易错点等
修订记录	记录修订内容，方便追溯

6.1.3　采集数据管理

有效的数据管理可以在实际使用中减少一些数据"浪费"，避免一些重复采集，也能让数据有一个"安全屋"。下面着重介绍在实际管理中的常用设备与方法。

（1）存储设备　图 6-6 所示为常用采集数据管理设备，包括移动硬盘、网络附属存储（Network Attached Storage，NAS）以及数据服务器。这三类设备在移动属性以及容量大小上能够互相补充，在实际管理中经常使用。例如，移动硬盘是采集过程中必不可少的存储设备，它可以在采集后在各个设备中完成数据流转；从硬盘传到 NAS 后，作为中转站可以在项目中多人同时在线完成数据的操作，当然也可作为原始数据完成存储；数据服务器作为功能更强大的 NAS，可以成为一种集数据管理、结构管理、用户授权、安全审计、数据趋势、数据追踪、BI（Business Intelligence，商务智能）图表、性能与优化和服务器管理于一体的数据管理服务工具。

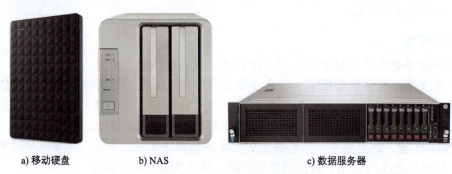

a) 移动硬盘　　　　　　　　b) NAS　　　　　　　　c) 数据服务器

图 6-6　采集数据管理设备

（2）采集记录表格　这一部分需要根据内部数据库设计一套表格标签。对于座舱来说，数据标签至少要包含采集项、日期、人员 ID、姓名、性别、年龄、身高、车型、采集时段、地点、天气、帽子、口罩、化妆、眼镜、车外光照、车内光照等信息。采集记录表格格式见表 6-7。

表 6-7　采集记录表格示例

日期 （date）	人员 ID （driver_id）	姓名 （name）	性别 （gender）	年龄 （age）	位置 （seat）	身高 （height）	采集时段 （time）	车型 （car）
2021609	test_01	张三	男	18	11101	155	白天	UNI-T
地点 （place）	天气 （weather）	帽子 （hat）	口罩 （mask）	化妆 （makeup）	眼镜 （glass）	车外光照 （light）	车内光照 （inside_light）	其他
停车场	未知	是	否	否	是	普通	普通	无

（3）数据格式和命名规则　对于已经采集的数据，要保证同一类型的数据格式一致，方便后续的数据入库、查看、使用。数据命名规则可以在记录表格的时候减少一些添加数据库标签工作。常见的采集数据格式见表 6-8。

表 6-8　采集数据格式

数据类型		格式
视频	微软视频	wmv、asf、asx
	Real Palyer	rm、rmvb
	MPEG 视频	mp4
	手机视频	3gp
	Apple 视频	mov、m4v
	其他常见视频	avi、dat、mkv、flv、vob 等
图片		jpg、jpeg、png
语音		pcm、wav、wma、mp2、mp3

在实际采集中，熟练及灵活使用存储设备，记录表格以及格式和命名规则，再搭配专门的数据库工具用于权限管理，就可以较为高效地完成相关的数据管理工作。

6.2　人机交互数据标注

　　数据标注是进行算法模型训练与场景测试必不可少的一环，是将最原始的数据，包括图片、视频、语音、文本变成算法可用数据的过程。原始数据一般通过数据采集获得，数据标注相当于对这些数据进行加工，最后输送到人工智能算法和模型里进行调用。数据标注一般依赖标注平台，标注平台会根据公司内部算法及测试人员的需求，提供对图像、视频、声音、文字等不同对象进行标注的工具。标注数据的高准确率对于模型训练及测试起到了至关重要的作用。另外，由于所需的数据标注量很大，数据标注的成本和效率也会影响整体标注项目的交付质量，因此，降本增效是数据标注工具持续追求的目标。图 6-7 所示为图像标注的示例，标注者需要识别和标注图片中的人手是否需要忽略（ignore）以及人手出现的位置。

图 6-7　图像标注示例

　　在数据标注的过程中，标注人员可能会遇到很多较难案例，例如，目标处于两条标注规则的模糊边界处、图像质量不高或目标物过小导致分辨不清目标属性，以及标注的物体轮廓复杂边缘点排列密集等。图 6-8 所示为人脸关键点标注的示例，每张人脸均需标注 68 个关键点，标注人员在标此项目过程中，需要将图片在工具中局部放大到计算机屏幕大小，然后再根据规则制定的关键点的位置，逐一进行标注，标好一张人脸图约耗费时长 7min。可以看到在这个过程中标注方法以及标注体系建设，都会有效减少标注时间及出错概率，进而降低标注成本。

　　在数据标注领域，目前有很多专业的公司提供标

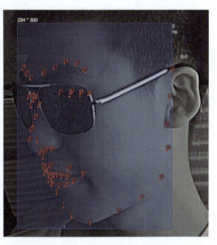

图 6-8　人脸关键点标注示例

注工具及标注服务，其中国内有百度众包、数据堂、京东众智等，国外有 Scale、Amazon、Playment 等。标注服务分为众包（crowdsourcing）和自己组建标注团队两种，后者成本会更大，但是标注质量一般较好。

6.2.1 数据标注方法

数据标注方法主要取决于标注数据类型以及相关标注工具，下面做详细介绍。

1. 标注类型

（1）检测相关 常见的有全图（人体／人手／人脸）、人手关键点、人体关键点、人脸关键点、人眼关键点（外轮廓与内轮廓）等检测，如图6-9所示。

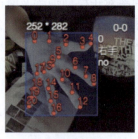  

a) 人手关键点   b) 人体关键点   c) 人体/人手/人脸检测

图6-9 常见检测示例

下面展示检测相关的导出示例，在里面可以看到相关的数据格式：

```
{
  "image_key" : "S01E08.mp4__00001040.jpg",
  "person" : [{ // 一级标注属性 person：人
    "attrs" : { // 标注结果，属性对应值
      "ignore" : "yes",
      "gender" : "unknown",
      "occlusion" : "full_visible",
      "hard_negtive" : "no",
      "specific_age" : ""
    },
    "data" : [415，75，587，429], // 人标注结果坐标
    "id" : 0,
    "struct_type" : "rect", // 结构：矩形
    "track_id" : -1 // 跟踪 id
  }, {
    "attrs" : {
      "ignore" : "yes",
      "gender" : "unknown",
      "occlusion" : "full_visible",
      "hard_negtive" : "no",
      "specific_age" : ""
    },
    "data" : [64，226，279，447],
    "id" : 1,
    "struct_type" : "rect",
    "track_id" : -1
```

```
      }],
      "skeleton_keypoint_19" : [{ // 一级标注属性 人体 kinect19 个关键点
      // 关键点对应属性
         "point_attrs" : ["ignore", "ignore", "full_visible", "full_visible", "invisible", "full_visible",
"full_visible", "invisible", "full_visible", "full_visible", "full_visible", "full_visible", "full_visible",
"full_visible", "full_visible", "full_visible", "full_visible", "invisible", "full_visible"],
         "struct_type" : "skeleton_keypoint_19", // 结构类型
         "track_id" : -1,
         "num" : 19,
         "attrs" : { / 属性
            "type" : "full_visible"
         },
         "data" : [ // 关键点坐标
            [0, 0],
            [0, 0],
            [536.74735450744629, 314.66201019287109],
            [531.61070213317873, 413.37987589836121],
            [524.02780199050903, 478.41725850105286],
            [485.00622711181643, 311.59515080451968],
            [488.94023780822755, 410.651025724411],
            [487.04319632053375, 478],
            [554.05072717666621, 177.04086689949037],
            [563.05284996032719, 262.70835118293763],
            [578.66338653564458, 235.34319386482238],
            [474.73405647277832, 167.1644796848297],
            [441.92295722961427, 239.79600834846497],
            [456.94435997009276, 301.12308201789858],
            [509.49065132141112, 118.94514489173889],
            [530.99129829406741, 112.024421002388],
            [548.6642601013184, 113.72959065437317],
            [554.62614479064939, 120.81857533454895],
            [541.61844673156736, 120.89132065773011]
         ],
         "id" : 0
      }, {
         "point_attrs" : ["ignore", "ignore", "invisible", "invisible", "invisible", "invisible", "invis-
ible", "invisible", "full_visible", "invisible", "invisible", "full_visible", "invisible", "invisible", "full_
visible", "full_visible", "invisible", "invisible", "full_visible"],
         "struct_type" : "skeleton_keypoint_19",
         "track_id" : -1,
         "num" : 19,
         "attrs" : {
            "type" : "full_visible"
         },
         "data" : [
            [0, 0],
            [0, 0],
```

```
              [207.80025272369386，469.48482174873351]，
              [50.239951515197752，472.91455435752869]，
              [222.34445667266846，478]，
              [199.38020458221436，478]，
              [53.972231483459474，470.26153159141541]，
              [73.110545349121097，465.79397253990174]，
              [202.42547264099122，369.1900151729584]，
              [254.69589939117432，445.76521704196932]，
              [275.92862758636477，443.66962542533872]，
              [101.96600446701049，409.88135390281678]，
              [273.68924655914304，465.24583106040956]，
              [246.6094289779663，449.2336965084076]，
              [158.8506916999817，307.75204596519472]，
              [185.06905460357666，288.79753470420837]，
              [187.76953830718995，287.56419539451599]，
              [156.59985599517822，308.48608450889589]，
              [192.50714237689971，298.08153357505796]
            ]，
          "id" : 1
       }],
      "height" : 480，
      "width" : 640，
       "belong_to" : ["person|0 : skeleton_keypoint_19|0"，"person|1 : skeleton_keypoint_19|1"]，// 框和
点的层级关系，比如 person id = 0，下的 skeleton_keypoint_19 点是 id = 0
      "video_index" : 1040，
      "video_name" : 0
   }
```

（2）分类相关　常见的有抽烟、手持物品、情绪分类等，如图 6-10 所示。

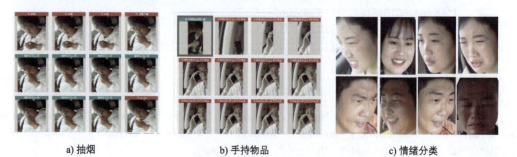

a) 抽烟　　　　　　　　　b) 手持物品　　　　　　　　　c) 情绪分类

图 6-10　常见分类相关

下面展示图片分类相关的导出示例，可以看到分类相关的格式：

```
   {
      "image_key" : "xid10743.jpg"，
      "video_name" : "1"，
      "video_index" : "18"，
      "width" : 336，
```

```
    "height" : 336,
    "classify" : [
      {
        "struct_type" : "classify",  // 结构类型
        "label_type" : "attrs",
        "attrs" : {  // 二级属性
          "gender" : "unknown",
          "is_valid" : "unknown",
          "group" : "275_2",  // 分组标识
          "ignore" : "no",
          "sub_group" : "0"
        },
        "r" : [157, 54, 326, 267]
      }
    ]
  }
```

（3）视频相关　常见的有手势动作、打哈欠等，如图 6-11 所示。

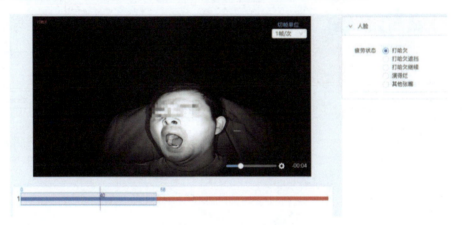

图 6-11　打哈欠视频标注

下面展示的是视频标注的导出样例，可以看到开始帧与结束帧，以及段属性：

```
{
  "image_key" : "DMS_2020-09-14-10-34-09-412_0_RGB.mp4",  // 视频名称
  "video_name" : "1",
  "video_index" : "1",
  "width" : 1280,
  "height" : 720,
  "hand" : [
    {
      "id" : 10000,
      "data" : [
        31,  // 段开始帧
        38   // 段结束帧
```

```
                ],
                "track_id" : 1,
                "struct_type" : "hand",
                "label_type" : "segments",       // 视频段标识
                "attrs" : {                      // 段属性
                    "Gesture" : "wave_left",
                    "ignore" : "no",
                    "hardpositive" : "no",
                    "hardnegative" : "no"
                },
                "luid" : "auto-5f884e1d6c788"
            }
        ]
    }
```

（4）**语音相关**　主要包括说话人口音等，如图 6-12 所示。

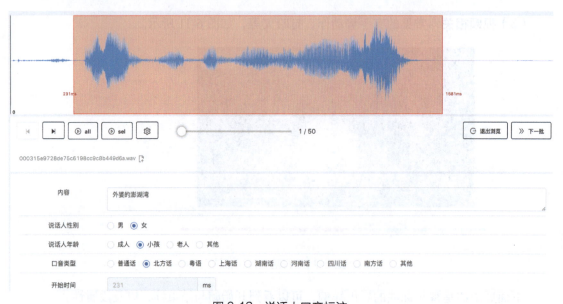

图 6-12　说话人口音标注

下面展示的是语音标注导出格式，可以看到相关的开始结束位置以及分类：

```
{
  "voice" : [
    {
      "struct_type" : "classify", // 结构类型 分类
      "label_type" : "sections",
      "sections" : {
        "is_valid" : "yes",
        "content" : "2342342",
        "has_noise" : "no",
        "gender" : "male",
```

```
      "accent_type" : "beifanghua",
      "begin_time" : 0,
      "end_time" : 2520
    },
    "id" : 0,
    "r" : [ // 开始结束位置
     0,
     2520
    ]
  }
 ]
}
```

2. 标注工具

工欲善其事，必先利其器。要想提高标注工作效率，在有限的时间内得到准确率足够高的标注结果，选择一个优秀的标注工具显得尤其重要。市面上的标注工具五花八门，功能各具特色，下面通过几种常见的分类方法介绍不同的标注工具种类。

1）根据终端呈现的介质不同，分为离线标注（C-S）和在线标注工具（B-S）工具。前者需要在本地环境下载安装软件，使用更简便、操作响应敏捷；后者更加便于多人协作，流程更加规范完善。

2）根据是否开源来分类，分为开源和闭源标注工具。前者顾名思义，就是源码开放的免费软件，可以自由使用，自主修改完善功能，而闭源工具一般是商业化的产品，支持和服务较为完善和全面，定期维护更新，性能更加稳定。

下面主要就第一种分类方法介绍几款常用的离线及在线标注工具。表 6-9 及表 6-10 展示了常见的离线、在线标注工具对比。离线、在线标注工具示例如图 6-13 和图 6-14 所示。对于企业和高校来说，作为两种不同的机构，在选择标注平台和工具的侧重点上也稍有不同。对于高校来说，一款好的标注工具应该是免费面向用户开放，环境和性能稳定，方便管理数据以及满足所需的目标类型标注；而对于企业而言，更关注于海量数据的安全性，更需要寻找一款性价比高的商业化软件，支持多角色（标注、质检以及验收）的共同协作流程，能更快速高效地完成整个数据标注项目。

表 6-9　常见离线标注工具对比

标注工具	开发机构	开源	操作系统	优点	缺点
SuperAnnotate	OpenCV Team	否	Mac Windows Linux	1. 界面简洁美观，并附有操作指导指示说明 2. 支持图片类数据多种标注类型：点、线、圆、多边形等 3. 灵活自由添加和编辑属性	单一的标注流程，不支持团队协作，适合小规模的图片标注
精灵标注助手	杭州快忆科技有限公司	否	Mac Windows Linux	1. 免费 2. 通过插件形式支持自定义标注 3. 支持图像、文本、视频跟踪等多种数据格式标注	界面和交互比较粗糙

（续）

标注工具	开发机构	开源	操作系统	优点	缺点
Praat	阿姆斯特丹人文学院语音科学研究所	是	Windows Unix Linux Mac	1. 语音标注功能全面专业 2. 支持在图形和命令行两种用户界面下运行	只能标注语音数据
数据堂	数据堂（北京）科技股份有限公司	否	Windows	1. 工具使用操作流畅 2. 支持多角色用户以及不同的流程管理	1. 适用操作系统较为单一 2. 较为占用系统内存 3. 收取费用

表 6-10　常见在线标注工具对比

标注工具	开发机构	国家	特色功能
曼孚	杭州曼孚科技有限公司	中国	补帧功能
Playment	Playment.ai	印度	Quick Check 流程
倍赛	北京深度搜索科技有限公司	中国	流程配置灵活
格物钛	隐木（上海）科技有限公司	中国	2D 标注可以设置最小标注面积和最大误差
DeepenAI	Deepen.AI	美国	4D 语义分割工具

a) SuperAnnotate

b) 精灵标注助手

图 6-13　离线标注工具示例

a) Playment

b) 格物钛

图 6-14　在线标注工具示例

6.2.2　数据标注文档

标注文档承载着各项目标注的具体规则，是算法主观需求的客观量化体现，是标注质检验收以及算法之间确定数据质量的唯一标准。标注文档的好坏影响着标注结果的好坏，关系着数据训练的意义和价值，对于数据标注，一份"好"的标注文档至关重要。

1. 命名

文档命名建议按照"业务项目组 _ 业务项目类型 _ 版本号 _ 发布日期"进行命名。各项要求如下：

1）业务项目组：指代公司的业务项目方向，比如智能驾驶、智能家居、智能语音等。
2）业务项目类型：指代项目的方向，比如睁闭眼、人手检测等。
3）版本号：X.Y，建议不出现第三位数字，提升版本管理效率。
4）发布日期：文档发布当天的年月日，如 20210719。

为更便捷和高效管理标注文档，以及避免人员交接带来的信息流失问题，标注文档建议存储在指定的位置。一般建议采用服务器存储和各公司内部沟通工具存储两种方式相结合的方法。

2. 内容

每一份标注文档都应严格区分一级标题、二级标题、三级标题等，以此类推。一级标题可以包含修订记录、背景说明、任务描述、标注属性、注意事项、标注结果输出示例等内容。具体要求如下：

1）修订记录：一般使用表格记录，附在文档目录前面。修订记录需要有表头，包含版本、修订日期、修订内容、修改人等（表 6-11），每条修订记录最好指明具体修订的章节。

2）背景说明：需要明确标注背景（如标注意义、项目期望实现的目标）以及数据分布背景（如白天 / 黑夜、摄像头鱼眼 / 窄角、成像颜色等）。

3）任务描述：需要明确标注对象（目标对象的定义和辨认原则）、标注工具（标注项目所使用的标注工具，框点 / 分类 / 视频等）以及标注方式（工具的说明，如快捷键的说明、框的贴合度要求、分类数据赋值说明等）。

4）标注属性：包括一级属性、二级属性建议使用分级的标题格式；每个属性给出定义、标准、示例；每个属性都在标注文档中可查询、可追踪；标题使用名词，描述性语言放置正文；不同属性之间处于并列层级，同一属性不同属性值之间互相排斥且穷举。

5）注意事项：包括未被写入标注属性中的其他事项、特殊示例、强调的单独标注规则等。

6）标注结果输出示例：数据下载后的标注结果输出示例。

表 6-11　修订记录示例

版本	修订日期	修订内容	修改人
V1.0	2020.07.21	新建	张三
V1.1	2020.9.28	1. 删除 4.3 中"拿手机"相关的描述 2. 补充 4.5 中的示例图 3. 增加 4.7"遮挡"属性	张三

3. 逻辑

除去顺序和格式要求外，标注文档应该做到结构清晰、原则统一、逻辑自洽。在撰写文档主体时考虑金字塔原理——在开始写作前，先将自己的思想组织成金字塔结构，并按照逻辑关系的规则检查和修改。先提出总结性思想，再提出被总结的具体思想。建议采用"相互独立，完全穷尽"（Mutually Exclusive Collectively Exhaustive，MECE）原则；各部分之间相互独立，所有结构的细分在同一维度上并明确区分、不可重叠；所有部分完全穷尽，同一逻辑结构下的各个部分全面、周密。为提交标注效率及阅读效率，项目的除外情况建议放在前面，如某种场景下的数据不标注，某种类型下的数据忽略。

6.2.3 标注体系建设

标注体系建设指的是在实践过程中根据团队与项目不断进行优化，最终实现标注标准化、高效化等目标。为了实现这个目标，需要重点关注标注流程管理、标注人员管理以及标注质量控制三个方面，下面详细进行介绍。

1. 标注流程管理

图 6-15 所示为某标注团队的标准化标注流程。按照项目管理的方法论，将每个标注项目划分为启动/规划/执行/监控/收尾 5 个过程组，每个过程组的内容和重点如下：

1）启动阶段：包含计划和预算。在标注项目的启动阶段，由算法团队同事输出标注计划、项目预算、标注需求和标注工期信息。数据代表确认信息后，评估标注计划，回顾标注文档，安排算法/验收团队试标，确认标注文档无问题后与运营、标注团队对接。

2）规划阶段：包含试标和培训。规划阶段主要是培训标注团队、安排标注团队试标、获取和确定标注单价、制订标注项目进度计划和项目质量计划。

3）执行/监控阶段：包含标注和验收两个几乎并行的任务，也就是当项目进度、质量管理计划确认后，进入执行和监控阶段。在执行阶段，标注项目开始有实际的数据产出。项目执行人员（标注/质检/验收）根据确认好的标注规则执行数据标注工作，在标注过程中有任何疑问，及时与验收/算法同事进行确认。在监控阶段，通过对准确率、工作量、效率的监控，监控项目的质量和进度，及时预警和处理预期外的情况，根据变更管理计划管理变更。

4）收尾阶段：包含确认及总结。项目完成后，进入收尾阶段，该阶段主要是确认结算、完成付款流程、收集研发反馈、总结经验教训、归档项目标注文件。

2. 标注人员管理

数据标注是一个需要大量人员参与的工作，所以需要通过合理的管理架构对人员进行管理，以保证工作能够有条不紊地进行。标注人员分为三类：操作员、组长、管理员，都是数据标注工作中不可或缺的一部分，数据标注过程中的各个角色之间相互制约，各司其职（表 6-12）。

在实际的管理过程中，在专业化（表 6-13）和职业化（表 6-14）两个方向培养标注人员，提升标注人员的专业技能，满足数据标注行业对于员工的专业需求；完善标注人员的职业成长体系，促进每个标注人员的职业发展。

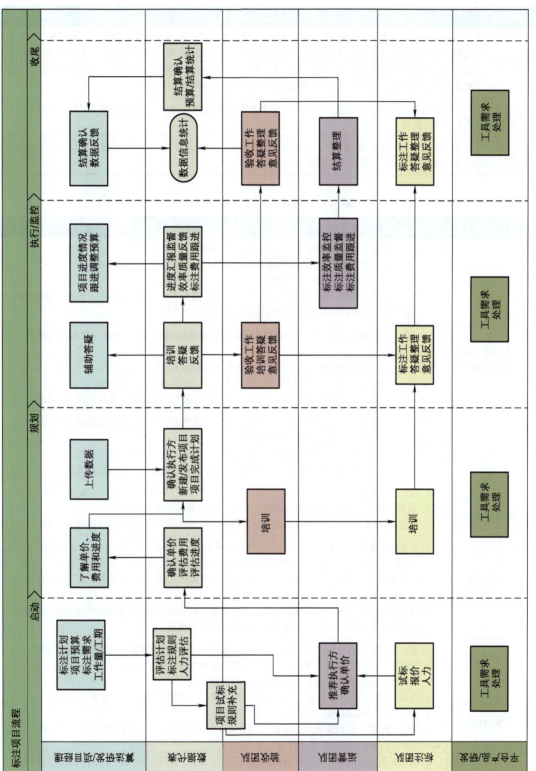

图 6-15 标注流程示例

表 6-12 标注人员角色分类

角色	工作内容
操作员	分为标注员和质检员，由经过一定专业培训的人员来担任。标注员负责标注数据，生成初步的标注结果，质检员负责审核已标注的数据，完成数据校对，适时修改错误并补充遗漏，生成质检完成的数据。标注和质检员的配置比为 5：1，即一名质检员负责检验五名标注员的数据。操作员是标注人员中数量最多、占比最大的组成部分，一般占标注人员总数的 80%～90%
组长	每个标注方向设置一名组长，组长除承担部分的标注或质检工作外，还需要对本组标注和质检的质量及效率负责
管理员	负责标注人员内部的管理工作，包括管理所有人员、监督人员工作的质量和效率、发放和回收标注任务、管理标注周期、发放员工薪酬等

表 6-13 标注人员专业化培养

目标	内容		措 施
保证质量第一优先	建立完善的质量培训体系	个人	1.标注员自主学习项目规范，收集自身问题点并整理成册 2.每天下午下班定为集体复盘学习时间，将复盘学习常态化 3.全员做好学习笔记并监督落实 4.验证练习，划定练习题数，集中反馈，减少不必要的盲目练习，快速过渡练习期 5.总结并记录任务难点和易错点，查漏补缺，系统学习
		团队	1.划重点，组长划出项目疑难问题点并搜集整理项目相关知识，降低标注员的学习成本 2.定期岗位轮换，使员工在不同岗位上得到锻炼，提升综合技能 3.鼓励员工提出学习意见建议并分享交流，增强项目人员参与感 4.针对员工项目过程中提出的建设性意见，进行现金奖励，增强团队学习积极性
		组织	1.每天举行复盘总结会，相互交流标注及审核项目中遇到的问题和对应的解决办法 2.对齐项目规范要求，增加团队配合度 3.分享协同，组织分享各自收集的问题点，培训协同解决，高效学习 4.复盘整理，每日小复盘，每周大复盘，获取反馈，集中培训复盘规范
	执行严格的质量监督标准		1.组长每日监督：各个项目的组长每日实时监督所负责项目的质量指标（准确率和图片准确率），根据准确率的情况采取相应的预防、纠正和缺陷补救措施 2.管理员每周监督：管理员每周汇报全部项目的质量指标，同一项目跨周跟踪和比较
追求效率平稳提升	精细化的运营管理		针对不同的地区/标注工具/项目类型制定差异化细分运营的运营策略，结合市场、渠道、用户行为等数据分析，对标注人员和标注项目展开有针对性的运营活动，以实现运营目的行为： 1.每周监控各地的提交量产值，对于异常情况分析原因（数据本身/规则/人员变动等） 2.每周监控各地区员工产值分布情况，聚拢高产值 3.每周监控各工具各项目的效率情况，分析效率变化原因，发掘和复制影响效率提升的因素 4.定期审阅各项目的基准，找准可盈利和可达到的平衡点
	完善的激励奖励机制		数据标注工作内容成长初期对于人员具有挑战性，主动建立成熟的员工激励奖励机制： 1.月奖励：每天上报当天任务量，连续一周满足当日最低产量要求的人员录入当月奖励名单 2.日奖励：超出最低产量部分给予超出部分题数提成 3.内部 PK 赛奖励：项目内人员不定期开展产量 PK，对高产人员给予额外现金奖励 4.单人 PK、小组间 PK、团队 PK 等方式灵活运用 5.特殊贡献奖：对摸索出可以突破性创新标注方式方法的人员，如果该方法可以使得团队效率和质量得到大量提升的，给予丰厚奖励 6.低产低质人员提升：对于长期徘徊低产低质区人员，定期组织回炉重新学习，并跟踪观察。每周复盘产量数据，启动末位淘汰和换岗机制

（续）

目标	内容	措　施
严格执行数据安全	办公网络环境安全保障	标注场地安装有光纤专线，保证 IP 地址独立，配备企业级网关防火墙、路由器，防止网络入侵、病毒攻击及数据泄露。业务终端设备有线认证入网，行政、管理等终端设备使用的无线网络与有线网络区域隔离，并隐藏 SSID、WPA2-PSK 强加密、MAC 地址过滤等。办公场地绝不搭设服务器对外服务，杜绝 WiFi 共享、自建 AP 等一切可能将网络暴露到无线环境中的方式
	办公场所安全隔离保障	各场地间均有双向门禁隔离，且各职场间办公区域物理隔离，保障各项目的数据、信息安全
	信息保密措施保障	所有员工入职即签订保密协议，定期举行信息安全培训。所有员工一律使用公司配备计算机，设备领用、进出场地、退还均有登记备查，计算机需带出维修时拆除硬盘，并保留维修记录。所有计算机均设有开机密码和自动锁屏保护，安装合规反病毒软件。场地内禁用打印、传真设备。办公场地统一使用公司配备的计算机，所有设备均有入网申请管理记录。场地有域控管理系统及网络技术人员维护，通过技术手段回收终端管理员权限，禁止终端更改系统设置、安装非办公软件，管控文件外发，禁用移动存储设备，禁止私建网络代理和共享网盘等
	账号安全	所有密码均采用字母、数字和特殊字符组合，长度 8 位以上，符合密码原则，并每半年变更一次。办公计算机设置登录密码连续 3 次输入错误即锁定，员工离职时及时注销办公账号，办公终端进行不可恢复的数据擦除

表 6-14　标注人员职业化培养

目标	内容
培养合格的职业素养	1. 企业文化的培训 2. 职业意识培训 3. 职业心态培训 4. 职业道德培训 5. 职业行为培训 6. 职业技能培训
建立完善的成长体系和晋升空间	结合员工自身需求，共同确定职业目标，员工自我职业探索与组织为员工量身定制职业发展策略： 1. 标注→组长的晋升 2. 组长→管理员的发展

3. 标注质量控制

标注数据的质量直接影响模型的准确率，因此对于所有的标注项目，质量是第一位的。每个项目在标注过程中都会设置"标注、质检、验收"三道关卡，数据经过层层把关后高质足量地返回到算法手中。除了关卡的设置，还通过以下几种方式来多维度地把控标注质量。

（1）标注前　在进入正式标注前，需要重点明确标注规则，并且进行试标以及培训。

1）规则——详细明确。在标注前，重点关注标注文档本身的规则明确。拿到研发的标注文档时，需要就逻辑性、整体性、统一性对文档进行回顾，确保标注规则易读易懂无冲突。

2）试标——双管齐下。审核文档无问题后，将安排算法本人试标数据，确保算法同事了解实际数据的分布情况，保证文档中的规则可以覆盖 95% 以上的数据；安排验收同事验收算法同事试标的数据，确保验收同事在验收算法试标数据的过程中与算法同事在规则方面达成统一。

3）培训——多效互动。在文档无问题以及试标无问题后，对接标注团队进行培训。在培训过程中，采用视频工具展示和培训标注规则，对规则无异议后，带领标注团队进入标注界面，操作标注数据直接演绎思考和标注。

（2）标注中 标注试标质量达标后，进入正式标注流程。在正式标注过程中，对质量的控制主要为在输出答疑信息时辩证统一，以及实时监控项目的质量指标。

1）答疑——辩证统一。真实场景中的数据千变万化，任何项目的标注规则都不能覆盖100% 的标注数据，为保证项目的完成质量，每个项目都会有标注答疑群，以及相应的验收群。在标注答疑群中，验收向标注输出特殊案例或疑难杂症的答疑信息，在验收群，验收之间 / 验收与研发之间就规则或者数据进行讨论。无论是标注答疑群还是验收群，所有输出的答疑信息与标注文档中的规则一定是统一的，不同数据之间的答疑信息在逻辑上也一定是一致的。

2）指标——实时监控。除了输出有效答疑信息外，还可通过系统统计指标实时监控标注项目的整体质量，主要为准确率。准确率的统计维度分为"准确率"及"图片准确率"，具体说明如下：

① 准确率：准确率的定义为图片中最小标注单位的准确率，计算方式为"错误的最小标注单位数量 / 最小标注数量之和"，即 100 张图片中标注框数为 1000 框，若错误框数为 2框，本批数据的准确率为（1–2/1000）× 100% = 99.8%。

② 图片准确率：图片准确率的定义为标注图片的准确率，计算方式为"错误的图片数量 / 全部图片数量"，即 100 张图片中标注框数为 1000 框，错误框数为 2 框，分布在两张数据中，本批数据的图片准确率为（1–2/100）× 100% = 98%。

对于标注中的数据，要求所有图片项目的准确率高于99%，图片准确率高于95%。低于 99% 的数据验收可全部打回到标注和质检，对标注和质检进行二次培训，重新拉齐对规则的理解，并安排小批次的提交和确认质量，直到所有质检提交的数据准确率高于 99%，方可继续标注和质检数据。

（3）标注后 每次返回任务后，需要收集算法同事对数据标注质量的反馈情况，确认标注质检验收对于规则的理解是否与算法需求一致，标注验收标准示例见表 6-15。

表 6-15　标注验收标准示例

标注类型	工具	单位	准确率要求		研发验收标准
			合同	研发	
语音 – 小雅	语音 2.0	段	95%	95%	A = 错误标注段 / 全部标注段 A >5%，免费清洗 A <5%，数据合格，可对错误数据进行精确清洗（付费）
文本	文本 2.0	句	95%	95%	A = 错误标注句 / 全部句子 A >5%，免费清洗 A <5%，数据合格，可对错误数据进行精确清洗（付费）
其他业务	框点	框、点	99%	98%	A = 错误框 / 全部标注框 A >2%，免费清洗 A <2%，数据合格，可对错误数据进行精确清洗（付费）
	分类	图片	99%	98%	A = 错误图片 / 全部图片 A >2%，免费清洗 A <2%，数据合格，可对错误数据进行精确清洗（付费）

（续）

标注类型	工具	单位	准确率要求		研发验收标准
			合同	研发	
其他业务	分割	段	99%	98%	A = 错误段 / 全部标注段 A >2%，免费清洗 A <2%，数据合格，可对错误数据进行精确清洗（付费）
	视频	段	99%	98%	A = 错误段 / 全部标注段 A >2%，免费清洗 A <2%，数据合格，可对错误数据进行精确清洗（付费）

1）算法反馈——客观及时。在返回任务后，由算法对返回的数据进行抽查，根据抽查数据的质量情况，填写反馈：好（准确率 > 99%）、中（99% < 准确率 < 98%）、差（准确率 < 98%）。对于"中"和"差"的数据，和标注质检验收确认算法提供的错误数据，界定事故原因、准备质量复盘，避免再次发生同样的事故。

2）信息同步——闭环管理。对于算法提供的反馈意见，及时和标注质检验收同步，强调每次任务的注意事项，保证信息流的公开和完整。

练 习 题

一、选择题

1.【多选】疲劳检测功能服务于机动车驾驶员，以下哪些属于其子检测项目？（　　）

A. 打哈欠检测　　　　　　　　　　B. 睁闭眼检测

C. 驾驶速度检测　　　　　　　　　D. 疲劳动作检测

2.【单选】在疲劳检测的数据标注中，眼睛关键点标注时，闭眼状态下，虹膜 / 瞳孔中心关键点应该标注在哪个地方？（　　）

A. 图片最左上角　　　　　　　　　B. 图片最右上角

C. 虚拟的虹膜中心　　　　　　　　D. 眼睑轮廓上

3.【单选】关于人机交互数据采集，以下哪项说法是正确的？（　　）

A. 实车环境适合进行低成本数据采集

B. 采集数据时不需要考虑摄像头的安装位置

C. 虚拟环境的运营成本较低，但细节不足

D. 采集环境搭建时不需要考虑光线问题

4.【单选】以下哪一项不属于常见的采集数据存储设备？（　　）

A. 业务项目组　　　　　　　　　　B. 业务项目类型

C. 版本号　　　　　　　　　　　　D. 文件大小

5.【单选】下列哪项不是数据标注文档的建议命名方式的一部分？（　　）

A. 看前方，保持头部不动

B. 手放在转向盘上，头从左边转到右边，闭眼再来一次

C. 直视前方，不眨眼

D. 手放在膝盖上，睁眼快速眨眼

二、填空题

1. 数据采集环境一般分为_____环境和_____环境，前者更接近实际应用，后者运营成本较低。

2. 在数据采集中，录制工具需要保证多个摄像头录制的视频是_____的，以节约人力和时间成本。

3. 数据标注过程中，一个标注项目通常会划分为启动、_____、_____、_____和收尾五个过程组。

4. 疲劳动作标注任务需要采用视频标注工具，标注的重点是明确动作的_____和_____。

5. 标注过程中使用的两个质量监控指标是_____和图片准确率。

三、判断题

1. 数据标注体系建设的目标是通过不断优化，最终实现标注标准化和高效化。
（　　）

2. 虚拟环境的光线和遮挡物与实车环境完全相同，因此可以无限制地使用虚拟环境数据。
（　　）

3. 疲劳动作标注中，一个动作中手指离开眼睛区域1s以内，该动作就可被视为持续动作。
（　　）

4. 在标注语音数据时，Praat工具只能在命令行界面下运行。　　（　　）

5. 实车环境数据采集更加贴近实际使用需求，有助于提高算法的实际应用准确性。
（　　）

四、简答题

1. 为什么在疲劳检测数据标注中要标注眼睛关键点？

2. 在疲劳驾驶数据采集中，如何选择适当的采集工具和设备？请简述你的选择依据。

3. 在数据管理过程中，移动硬盘、NAS和数据服务器各自的优势是什么？如何在数据采集项目中合理使用它们？

五、实训题

1. 使用文章中的眼睛关键点标注工具，对一组疲劳驾驶数据中的眼睛进行关键点标注。然后评估标注结果的准确性，讨论标注过程中遇到的挑战以及可能的改进方法。

2. 调研我国每年因疲劳导致的交通事故数量、类型及发生地，并简述疲劳数据标注的意义。

第 7 章　智能驾驶人机交互算法开发

人机交互关联的算法囊括了机器学习、计算机视觉及语音等前沿研究范畴，每一个领域又包含了丰富多样的子分支。以计算机视觉为例，涉及检测、分类、分割、人脸关键点、人体骨架、人脸识别、行为识别、3D 视觉等相关方向。本章将会详细介绍人机交互算法研发中涉及的相关流程、平台以及常见算法。为便于学习，常见算法被分为视觉、语音、多模态三部分进行描述。如果读者对于深度学习、计算机视觉以及语音识别等理论知识有所欠缺，建议先学习本书第 5 章。

案例导入：汽车驾驶中的安全带感知

本案例将以安全带检测为例来说明人机交互算法研发流程。为了便于描述，这里选择地平线艾迪作为算法研发平台加以展示。

如图 7-1 所示，安全带是日常驾驶中的必备安全保证，如果没有系安全带，仪表盘或后视镜附近的安全带状态指示灯就会变红，在车辆起动后，也会有相应的座舱提示音发出。其主要原理是通过在安全带卡扣中的传感器来实现的。卡扣传感器能够实时检测卡扣连接状态，并通过无线或有线方式将连接状态发送到监控终端，最终实现报提示功能。这也是传统座舱内的安全带场景人机交互方式。而在现实情况中，因为部分驾驶员或乘客安全意识淡薄，存在各种误系情况，如系在肚子上、位置过高或过低等，有的驾驶员甚至自作聪明把安全带先扣在座椅上，自己再坐下去，将安全带放在背后。上面这些情况中，普通的卡扣传感器无法探测。得益于智能座舱中的摄像头，可以通过计算机视觉的方法进行安全带检测，并实现对上述错误情况的识别。如果精度达标，甚至可以省去卡扣传感器，进而降低整车的成本。

图 7-1　安全带及安全带状态提示

由于在实际情况中车型及摄像头传感器安装位置不同，所用到的算法方案会略有不同，这里只考虑后排中间座位，使用后视镜位置的 RGB 摄像头来描述整个开发过程。图 7-2 所示为系安全带识别流程及算法拆解，其基本流程主要包括如下几步：

1）输入图片，复用全图检测模型检测到人脸（黄框），人手（绿框）以及人体（红框）。

2）通过策略进行目标锁定，如坐在后排中间位置的乘客。在有些情况下，也可以通过预先定好的位置坐标来进行判断。

3）锁定目标后，进行目标区域或兴趣区域（Region of Interests，RoI）切割，这样可以降低周围噪声对算法的干扰，让模型更加聚焦目标区域。这里切割的方法是：以人脸框的 1/2 为起点，人体框的 3/4 为终点作为 RoI 的高度，以人体框的宽度作为 RoI 的宽度，最终得到目标 RoI 区域（紫框）。可以看到，目标区域基本涵盖了整个安全带区域，并且将其他无关区域排除在外。

4）拿到目标区域后，这里选择分类模型进行是否系安全带识别。这是因为安全带属于刚性物体（Rigid Object），在系上后变形较少，因此采用图像分类模型基本上可以满足要求。模型分类定为三类：系安全带（Normal）、错误或不确定系安全带（Wrong）、没有系安全带（No）。对于第一和第三种分类比较清楚，第二种分类主要是为了解决那些系安全带方法错误（如系在肚子上）或疑似系安全带的情况（如斜挎包背带），需要更多后续逻辑去进行判断。

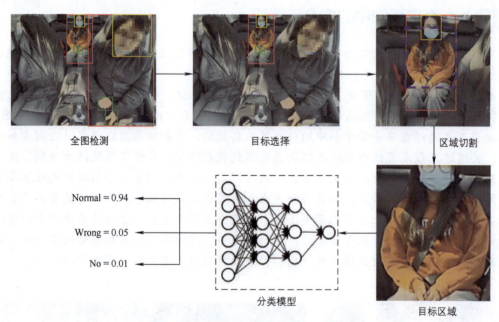

图 7-2 系安全带识别流程及算法拆解

当以上步骤完成后，基本上可以得到结论：复用现有的全图检测模型（不需要训练）以及训练分类模型用于系安全带分类。这里使用地平线艾迪平台进行系安全带分类模型训练与测试（图 7-3）。首先采集相关的安全带数据，并存储在数据管理系统（AIDI-Data）中。之后，使用全图检测模型以及 RoI 切图策略，得到一系列目标区域图片，并提交到标注系统（AIDI-Label）进行标注（图 7-4）。具体数据采集、管理及标注方法，在本书第 5 章有详细描述，这里不再赘述。

图 7-3　地平线艾迪平台

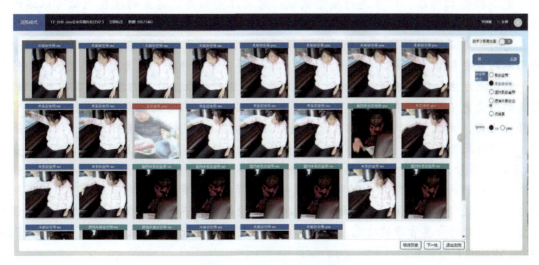

图 7-4　系安全带标注界面

　　在模型选择上，目前在学术界有大量优秀的图像分类模型可供选择，如 VGG 系列、Inception 系列、SqueezeNet、MobileNet 系列、EfficientNet 等（详见本书第 5 章）。对于安全带这类场景来说，大部分模型不用做任何修改，直接进行简单配置即可进行训练。另外，如本章开始部分所说，模型选择也要考虑运行的端侧芯片及相关工具链支持。以地平线 J2 代芯片为例，可以采用为其专门设计的 VarGNet 来进行图像分类（详见本书第 5 章案例导入）。

　　在训练阶段，可以采用艾迪模型训练系统（AIDI-Model）在进行相关操作。如图 7-5 所示，AIDI 平台实现与 GPU 训练集群打通，时刻监控各集群中的 GPU 使用情况以及各类任务排队情况。对于算法工程师来说，通过完成训练集群配置并提交任务，即可在艾迪平台查看任务进展和详情。

图 7-5 艾迪模型训练系统界面

完成模型训练后，即可进行模型测试。需要注意的是，这里的模型测试可以通过两种方式进行：一种是直接在训练完成后即可进行模型测试，相关的测试及代码均提前准备好；另外一种是在训练完成后先将相关模型保存在模型管理系统中，之后通过艾迪平台的预测功能发起评测任务。在实际情况中，不推荐第一种评测，因为这是典型的"小作坊式"的评测方法，相关的评测任务以及结果并没有进行记录，无法回滚，也容易出现错误，相关的结果更不能进行有效的分享。而第二种评测方法可以有效避免上述状况。当提交评测任务之后，系统会自动根据相关设置进行模型拉取、GT 拉取，进行预测、评测结果分析、评测结果可视化等。每一个评测任务都会有相关的 ID 对应，并且可追溯，可随时查看（图 7-6）。另外，如果评测结果的计算方法有所变动，相关的预测任务也无须再跑，只要将预测结果与新的评测方法相关联即可，这样可以节省计算资源与时间。最后，当模型测试通过，即可进行发版。因此，艾迪的模型管理模块提供对不同训练框架、训练阶段、任务类型等模型进行分类管理的功能，分成试验模型（Experimental Models）和发版模型（Published Models）两大类。

图 7-6 模型评测页面

1）试验模型：试验模型是算法工程师训练产生的结果，支持以本地或提供分布式文件系统路径方式上传到平台，平台将对模型版本、实验记录追踪、模型相关的训练 / 预测 / 评测 / 编译任务等内容进行管理；对于达到业务需求的模型，可通过发版操作将模型发版，并通过邮件通知订阅人员。

2）发版模型：发版模型通常是模型使用方关注的模块，是算法工程师发版的结果。它在文件内容上与实验模型并无本质区别。发版模型通过列表形式管理相关联的一系列模型，如打电话项目依赖的多个发版模型可在一个列表中管理，用户也可基于此直接发起模型编译任务。

模型发版完成以后，即可进入相关上层应用开发阶段，包含策略制定及插件化开发（见本书第 8 章）。特别需要注意的是，策略制定与算法模型输出密切相关。以安全带为例，一般采用多帧结果综合判断是否系安全带，如连续 20 帧窗口中超过 15 帧图像模型输出 Normal>0.9，则判断为系安全带。而这里的 20 和 15 两个参数都需要经过一系列的实验与打磨才可以得到。如果窗口过小，则精度有所降低；如果窗口过大，则灵敏度有所降低。上层策略中的参数都要以实际场景中的体验为导向，而相关算法也需要不断进行优化，以协助上层策略实现高灵敏度高准确率的目标。

7.1　视觉交互算法开发

人机交互场景中的算法往往由多个模型以及策略组合而成。对于大部分场景来说，通常先进行通用类信息感知，例如，全图检测产生人脸 RoI、人手 RoI 以及人体 RoI，进而进行更加细粒度的感知，如人脸关键点、人手关键点，之后再根据场景的不同开发场景特性化的策略与模型。因此，在整个人机交互算法研发的过程中，首先要做好场景分析与拆解，之后再进行相关算法的研发。对于部分增量式新场景算法研发，要善于对现有流程以及算法的复用。图 7-7 所示为标准的座舱算法研发流程，主要包含 5 个步骤。

图 7-7　座舱算法研发流程

1）明确场景。在这个步骤中要对整个场景中所涉及的流程进行梳理，明确场景中的各类要求，这对于后期的模型选择、数据采集等都强关联。例如，对于打电话识别场景来说，需要明确打电话的动作有哪些，如电话放在耳边、电话靠近耳边、正面看手机、发语音等。对于不同的动作，后续流程采用的算法模型与策略可能会有所不同，如图 7-8 所示。对于一些比较复杂的场景，可以选择分阶段设计与交付。例如，可以从最常见的打电话动作开始识别，打通整个闭环，进而在确保常见动作识别精度不变的情况下，逐步引入更多复杂的动作。

2）算法拆解。当场景明确下来以后，需要对实现该场景的算法进行拆解。如图 7-8 所示，可以通过流程图的方式规划整个识别的流程以及步骤中所牵扯到的关键算法。儿童情绪识别可以通过视觉 + 音频的多模态组合方式来进行识别：通过视觉算法来检测人脸，进而进行年龄与表情识别；通过音频来识别哭声或笑声，并最终通过多模融合策略来提升这两种情绪的识别精度。可以看出，经过算法拆解步骤，基本的实现方法以及需要开发的算法模型模块已基本确定。

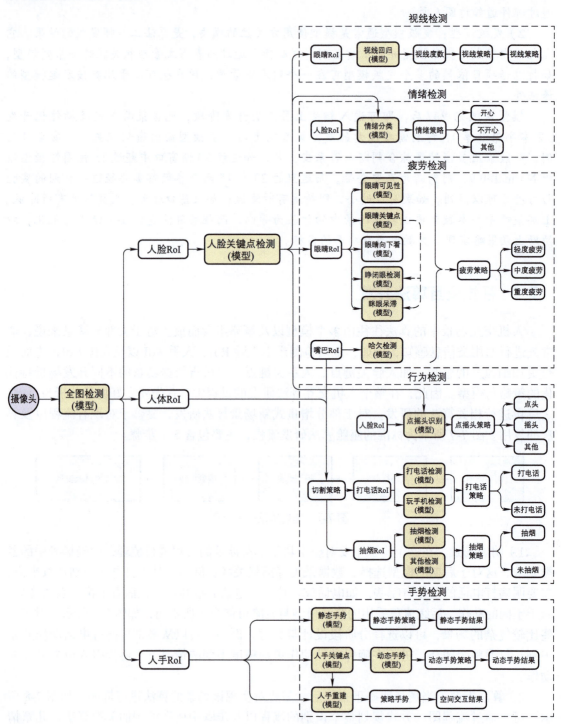

图7-8 不同场景下所涉及的模型示例

3）模型选择。按照算法拆解的结果，该步骤主要选择或搭建相应的算法模型。需要注意的是，模型选择不但需要考虑精度与效率，还要考虑座舱域中的 SoC 芯片能力。与云端通用芯片不同，端侧芯片所支持的深度学习框架或者算子均有限，需要参考芯片工具链所支持的算法类型来做选择。其好处是目前大部分算法开发平台对于初级开发者均提供了预置模型用于调参建模。在该方式下，开发者无须关注构建模型的代码细节，而只需要选择合适的预训练模型以及网络即可。对于系统预置的可配置网络参数，可以适用于大部分场景，开发者也可以根据自己的经验进行调整，以获得更适合特定场景的模型。例如，百度的 BML 在视觉方面提供了图像分类、物体检测、实例分割等模型；地平线"天工开物"提供了人体人脸人头检测、人体关键点检测、人体跟踪、人体分割等模型。

4）模型训练。人机交互相关的模型训练与其他场景没有太多区别，因为运行在端侧，所对应的模型参数量相对较小，且大多数情况下需要通过浮点转定点等操作进一步进行模型压缩。目前大部分车规级芯片都会提供相应的工具链进行以上转换及编译操作。

5）模型测试及发版。与场景测试不同，模型测试一般主要面向单个模型，因此测试数据一般需要经过事先处理，最后用于计算准确率（Precision）、召回率（Recall）或 F1 值 [（Recall × Recision × 2）/（Precision + Recall）]。这里需要注意的是，在模型迭代的过程中，测试数据也应该增量式的累积，这样是为了确保发版模型既能在新的场景中性能达标，也能在过去的场景中稳定表现。

7.1.1　视线

"眼睛是心灵的窗户"，除了语言交流之外，视线是最重要的沟通途径之一。在人类获取信息的各类方式里，它占据的比例高达 83%，研究人员通过分析人类的眼睛视线，能够深入了解 / 挖掘人类认知行为习惯。随着科技的发展，各类用途广泛的现代科技设备，例如眼动仪、头戴式设备（VR/AR 设备）等，对视线交互提出了强烈的需求。如何准确地计算（预测）眼睛的视线，对这些科技产品 / 应用来说是特别重要的。

图 7-9 展示了眼球模型，由图可见，人眼视线的定义为：它是一条从人眼出发，到视点终止的一条射线。图 7-9 中的视线，可以理解为是从眼球中心 C 出发经过瞳孔中心的连线，最终落在视点 G 上。

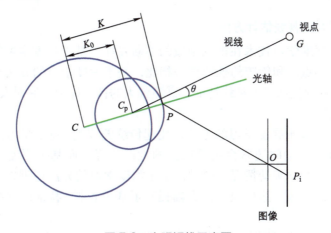

图 7-9　人眼视线示意图

近年来，随着人工智能技术在汽车行业的落地推广，视线技术在人机交互领域的应用也开始慢慢普及。安全驾驶和车内互动是座舱的两个重要的功能应用领域，视线技术是这些功能应用的重要的感知信息获取渠道。在安全驾驶上，依靠车内摄像头实时检测驾驶员的视线方向信息，结合上层应用的规则策略等方式，就可以实现驾驶分心监测/疲劳监测/危险驾驶行为预警等功能应用。在车内交互上，视线也是重要的交互方式，可以结合手势/语音等其他模式，实现丰富交互功能（例如座椅、后视镜调整等）。

1. 传统视觉估计方法

学术界对视线的研究工作已经持续了数十年时间，这期间学者们提出了大量的视线估计方法。通常来说，这些方法可以粗略的归类为 3 种：基于 3D 眼球模型的重建方法、基于 2D 眼睛特征的方法以及基于人脸/眼外观特征的方法。由于人眼结构细节的多样性，每个人重建出来的各自的 3D 眼球模型是不一样的。因此，这种方法需要对每个人单独进行眼球参数的标定，例如虹膜半径、kappa 角（瞳孔中线与视轴的夹角，即图 7-9 中的 θ 角）。由眼球重建得到的视线预测值通常是比较准确的，但是这种方法往往依赖一些特定的设备，比如近红外摄像机等。基于 2D 眼睛特征的方法和 3D 重建的方法对额外设备的要求是相似的，它直接使用检测到的眼部的几何特征（比如瞳孔中心）反光点来回归眼睛的注视点。

基于人脸/眼外观的方法不需要专用的设备，它通常使用现成的摄像头来获取人脸/眼图像，并从人脸/眼图像里来预测人眼视线。它的硬件设置比较简单，算法流程上一般包含以下模块：

1）一个特征提取器：它可以从图像里提取有效的视线特征。使用经典的图像处理方法，可以构建出这样的特征提取器，例如梯度直方图等。但是这种传统的方式不能保证提取到的特征是足够有效的。

2）一个回归器：用来学习特征到视线之间的映射。将高维的图像外观特征映射到低维的人眼视线，例如许多经典的回归函数（如局部线性插、自适应线性回归和高斯过程回归等）。这些算法一般需要大量的训练样本供回归函数学习。然而这些样本的搜集通常会在个人标定上耗费大量的时间，然后针对每个人学习出特定于某个人的视线估计模型。目前也有一些研究试图减少训练样本的数量，然而这同样会限制这类算法在实际应用中的使用场景。

2. 基于深度学习的视线估计方法

近年来，随着深度学习技术在视觉领域的不断发展，基于深度学习的视线估计方法也逐步成了新的研究热点。和传统的视线算法相比，基于深度学习的方法有诸多优势：①它可以从高维图像中提取更高级的视线特征；②更强大的拟合能力，它对人脸/眼到视线的非线性映射拟合的更好。

这两点的优势是基于深度学习的方法，比起传统的表观/特征学习方法更加可靠和准确。传统方法在头部运动时通常会出现较大的性能下降，而基于深度学习的方法，在一定程度上能够较好地处理头动情况。同时，基于深度学习的方法还可以大幅提高在不同人的视线估计精度上的表现。这些改进都大幅提升了基于表观/特征的视线估计算法的应用场景。

如图 7-10 所示，使用深度学习来进行视线模型训练，通常有以下三种信息的输入方式：

①使用人眼图片作为模型的输入参数；②使用人脸图片作为模型的输入参数；③使用人脸和人眼图片作为模型的输入参数。

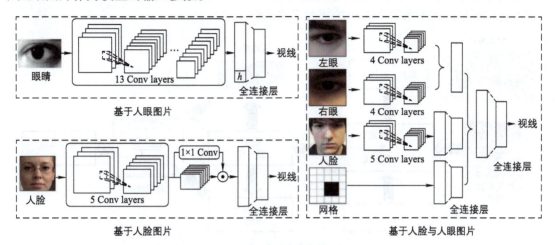

图 7-10　不同视线模型的输入方式

不管使用何种输入方式，常用的框架为：输入 → CNN Backbone Model → Gaze related Head。在有些方法中，也会额外使用到其他的输入信息，比如人头姿态（head pose）来帮助模型学习到更鲁棒的视线特征。下面介绍一个经典的视线估计方法，这也是最早尝试使用神经网络来做视线估计的方法之一 [139]。对于这类视线估计方法来说，最重要的是数据以及算法，分别加以介绍。

（1）**数据**　为了便于视线模型训练与测试，有学者提出了 MPIIGaze 数据集，一共有 15 个志愿者参与，采集时长 3 个月，在志愿者日常使用笔记本计算机记录下视线的真值（Ground Truth）。如图 7-11 所示，因为 MPIIGaze 数据集来自日常生活，有比较丰富的光照、时间、场景、阴影的变化，图片包含的内容信息更加丰富。与其他数据集的对比，无论是数据量还是采集时长都是当时最多的。这也使得 MPIIGaze 成为目前视线领域最常用的数据集之一。

图 7-11　MPIIGaze 数据集示例

（2）**算法**　图 7-12 所示为算法流程。算法将单目相机照片作为输入，直接输出最终的视线方向。该算法主要包含三个部分：人脸对齐与 3D 头部姿态判断（3D head rotation and eye location）、归一化（Data normalisation）、基于 CNN 模型进行视线检测。

1）人脸对齐与 3D 头部姿态判断：在单目相机的照片上进行人脸检测及关键点定位，即双眼的左右边界点与人物嘴巴的左边边界点共 6 个点。这里需要指出的是，以上人脸及关键点定位可以采用本书第 4 章中的相关算法进行。

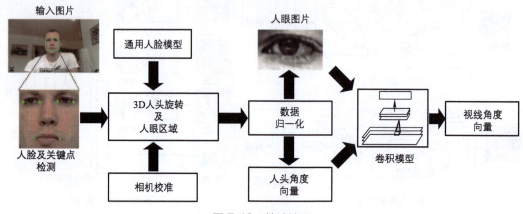

图 7-12　算法流程

2）归一化：如图 7-13 所示，归一化流程包括 4 个主要步骤：

① 将相机移动到某个固定的位置，并让相机的光轴对准人脸的两眼中心。

② 旋转相机，使得人头坐标系的 x 轴和人头坐标系的 x 轴平行。

③ 在用户设定的标准相机空间中以固定分辨率和固定焦距裁剪眼睛图像，并对其进行直方图均衡以形成输入眼睛图像。

④ 最终得到了一组固定分辨率的眼睛图像（eye image）和 2D 头部角度向量（head angle vector），并且视线在原来相机坐标系的真值也被转换为标准相机空间下的视线角。在这个归一化的过程里，消除了头部姿态倾斜角（roll）的影响，因此归一化之后它只有 2 个自由度：俯仰角（pitch）和偏航角（yaw）。

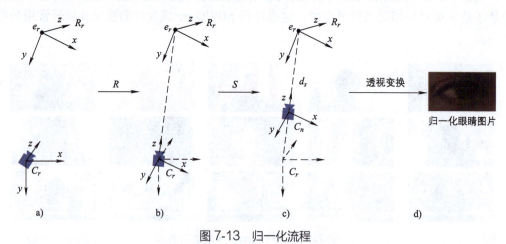

图 7-13　归一化流程

3）使用 CNN 模型进行视线检测：CNN 模型的任务为处理输入的 2D 头部角度向量、归一化后的眼部图像，以得到最终的 2D 视线角度向量。如图 7-14 所示，模型的搭建上采用的 CNN 构架是 LeNet，在全连接层后训练了线性回归层以输出视线角度向量。CNN 将固

定分辨率 60×36 的图片作为输入，两个卷积核分别为 $5 \times 5 \times 20$、$5 \times 5 \times 50$。全连接层的隐藏单元共 500 个，并将头部角度拼接至全连接层的输出，以得到最终的 2D 视线角度向量。

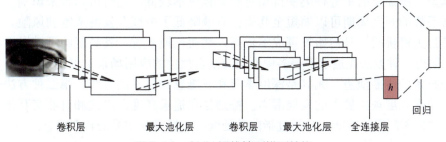

图 7-14　CNN 视线检测模型结构

视线算法提出时间相对比较早，早期以基于传统方法，构建眼部模型来进行视线估计。随着技术的发展，更广泛的使用场景对摆脱硬件限制的视线算法提出了需求。随着深度学习的发展，有研究人员开始基于深度学习技术来进行视线算法的研发工作，并且做出了非常好的效果。传统的模型方法和飞速发展的深度学习方法，二者在精度和效率上有着各自不同的优势。在未来，融合传统的、基于人眼模型的方法和基于深度学习的方法会是新的技术发展点。

7.1.2　手势

在智能交互时代，人机交互诞生了更多的方式，通过人工智能技术，一个动作、一句话甚至一个眼神都可以作为人机交互的接口。但不可否认的是，用手操控更符合人们长久以来的使用习惯。手势交互，必将成为人机交互最流行、最常用的方式之一。

如图 7-15 所示，一次完整的隔空手势交互包括如下过程：①手作为操控的主体，发送指令，摄像头捕捉人手的动作；②后端软件分析人手的交互意图，上位机响应用户的手势对应的指令；③用户得到手势操控成功的反馈。手势识别的实现技术主要分为以下两种路径。

第一种方法为基于人手特征的分类方案，是通过分析人手的特征（如形状、运动轨迹等）直接输出对应的手势类别。这种方法的优点在于其模型设计相对直接，能够提供较高的识别精度。然而该方案的灵活性和扩展性较差，每增加一种新的手势都需要对模型进行较大的调整，这不仅成本高，而且耗时长，因此，这种方法更适用于场景简单、含义明确的手势命令，即每个手势对应一个具体的控制功能；同时由于缺乏 3D 感知能力，无法实现空间交互。

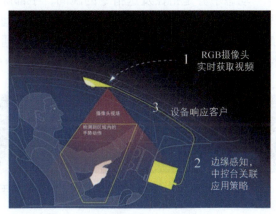

图 7-15　手势交互

第二种方法为基于人手重建的策略手势方案，是首先利用深度学习或其他技术对手部进行三维重建，然后在虚拟环境中通过物理约束或后处理算法实现对复杂手势的识别，这一过程更接近于真实世界中的空间交互。虽然初期投入和技术实现难度较大，但一旦建立起基础框架，添加新的手势种类变得相对容易且成本较低，同时可以带来识别三维手势的能力。新手势的开发周期可以缩短至几周，有效降低了持续开发的成本和风险。三维重建的准确性是关键挑战，且初始投资成本较高。然而长期来看，其高度的可扩展性和较低的维护成本使得这种方法在追求手势多样性与交互自然性的应用场景中更具吸引力。

随着技术的不断演进，尤其是深度学习和三维感知技术的进步，第二种方法——三维重建与空间交互展现出更大的发展潜力。特别是在追求高度沉浸式和自然交互体验的场景中，例如"指哪问哪"功能，即通过指向某处询问该场合或物品的相关信息。

1. 基于人手特征的分类方案

基于人手特征的分类方法，通常是一种典型的 2D 方案，能够覆盖静态和动态手势的识别需求。其中，静态手势是指在发送指令的瞬间，手本身是静止的，智能算法只需要识别手部的静止姿态，就可以区分手势的类别。在这种情景下，静态手势识别主要关注手部的即时形态，利用外观特征即可实现，通常单一图像就足以直观地辨认出手势的种类。常见的静态手势示例如图 7-16 所示。

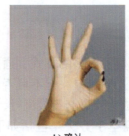

a) 比心　　　　　　　b) 确认　　　　　　　c) 点赞

图 7-16　静态手势示例

动态手势是指在发送指令的瞬间，手部除了姿态有特殊要求，手的运动也需要遵循事先预定好的规则。动态手势侧重于捕捉随时间变化的运动特征，即动态特征。由于单帧画面难以充分表达手势的完整信息，因此需要通过一系列连续图像，分析时间窗口内的时序特征，来进行精确识别。一个右划的动态手势示例如图 7-17 所示。

图 7-17　动态手势示例：右划

由于静态手势只需要识别手部的静止姿态，因而其算法流程较为简单。如图 7-18 所示，在图像帧中检测手部区域，对手部做跟踪并从原图中抠出手部图像或特征，分类网络预测静态手势置信度，后处理策略得到最终的手势指令。

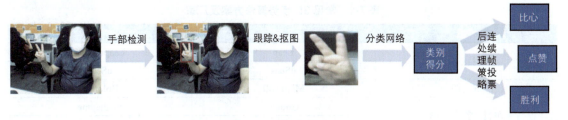

图 7-18 静态手势流程

对于动态手势的识别，除了手部的姿态，还需要解析手的运动状态。如图 7-19 所示，其算法流程一般为：对连续图像帧中检测人手；对连续帧的人手做跟踪并抠出手部图像或特征；检测人手的运动状态（是否开始手势）；分类网络预测手势类别；后处理策略得到最终的手势指令。

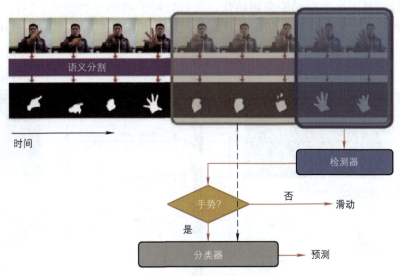

图 7-19 动态手势算法流程

2. 基于人手重建的策略手势方案

如图 7-20 所示，2D 手势是指在手势的整个处理过程中只包含二维空间信号。上文提到的静态手势就是一种典型的 2D 手势。然而有一部分复杂手势（例如手在光轴方向的运动），通过 2D 手势算法流程无法区分。另一部分手势（例如手指在 xz 平面画圈），使用 2D 手势算法流程，识别效果可能严重削弱。要处理手在物理三维空间中的全部手势，3D 手势算法是一个很好的选择。常见的 3D 手势算法方案及代表厂家见表 7-1。目前座舱内的主要方案为深度图（TOF），单目／多目 3D 可能将成为座舱 3D 手势的主流方案，以下对深度图、单目、双目方案分别进行介绍。

a) 2D手势

b) 3D手势

图 7-20 2D 及 3D 手势

表 7-1　常见 3D 手势算法方案及厂家

方案	厂家	产品名
双目红外	Leap	Leapmotion
	uSens	uSens
深度图	Microsoft	Hololens
单目 / 多目 RGB	Google	mediapipe
	Facebook	oculus

（1）**基于深度图方案的人手重建**　如图 7-21 所示，算法上一般将 2D 图像和深度图像同时输入到深度神经网络中，经过特征提取和融合，获取人手的 3D 骨架，并最终得到 3D 人手模型。具体而言，深度图方案通过传感器分别获取二维图像和深度图像，将两者融合以建模三维场景，过程包括首先通过深度图和基于 RGB 的检测器提取感兴趣区域，深度图像被输入到卷积神经网络中，网络输出激活特征，并通过矩阵补全方法与数据库，估计出全局姿态参数。基于这个全局姿态初始化，进行针对手部的各个部分（如拇指、食指、中指、无名指和小指）局部回归，精确估计每个关节的角度和位置，最终生成手部的三维姿态模型。

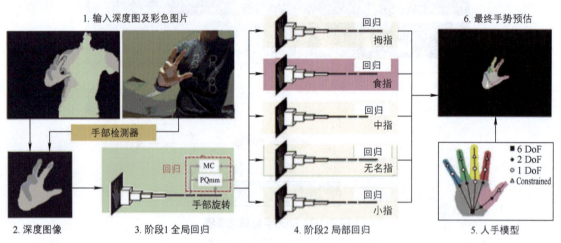

图 7-21　基于 RGB 及深度图的 3D 手势方案

如图 7-22 所示，基于深度的人手重建常见难点在于，人手在部分视角下发生遮挡造成深度点云残缺，出现人手深度图缺失，导致重建失败。另外一种情况为由于人手移动较快而相机动态性能不足、图像受到噪声的严重影响等原因造成的人手深度图异常，导致重建失败。

（2）**基于单目图像的人手重建**　基于单目 RGB 方案的 3D 手势方案常见的有两种，第一种是非参数方法直接回归三维关键点，这种方案结果投影至图像，通常会与人手图像更好地对齐，但在遮挡和截断的情况下更容易失败。第二种是使用参数手部模型并回归手部姿势和形状参数，最终通过参数驱动参数化手部模型输出三维关

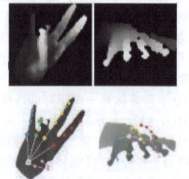

图 7-22　深度方案重建失败结果

键点，但投影对齐略差于第一种。

基于回归三维关键点的 3D 手势方案典型技术架构见如图 7-23 所示，输入为一帧或多帧的 RGB 或者 IR 图像，利用深度神经网络，得到 3D 人手骨架，进而得到 3D 人手模型。

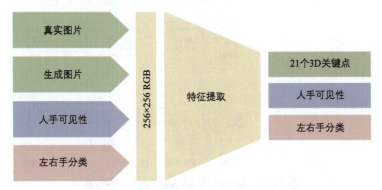

图 7-23　基于单目 RGB 的 3D 手势方案

基于参数手部模型的 3D 手势方案典型技术架构见如图 7-24 所示，输入为一帧或多帧的 RGB 或者 IR 图像，利用深度神经网络输出参数，包含手部整体姿态、人手关节角度、人手形状参数等，然后输入人手模型得到人手三维关键点坐标。

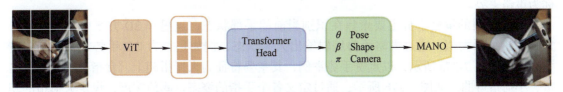

图 7-24　基于参数手部模型的 3D 手势方案

（3）基于多目图像的人手重建　基于多目图像的人手重建相比单目图像在效果上具有显著优势，尤其在处理人手自遮挡场景时更为突出。多目方案主要有两种典型方案：多目拟合方案和多目端到端方案。

基于多目拟合的 3D 人手方案如图 7-25 所示，首先从每个相机的图像中分别提取 2D 人手关键点，然后结合人手参数化模型和相机的先验位姿信息，通过数值迭代拟合恢复 3D 人手骨架，从而得到 3D 人手模型。

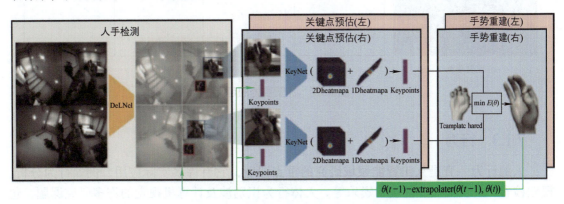

图 7-25　基于多目拟合的 3D 人手方案

基于多目端到端的 3D 人手方案如图 7-26 所示，采用统一的端到端可微框架，支持单目和多目重建。首先通过三维特征提取阶段获取多目的人手特征，接着通过时序分析获得多目特征，并结合先验信息回归人手参数，最终结合参数化人手模型得到人手的三维特征。

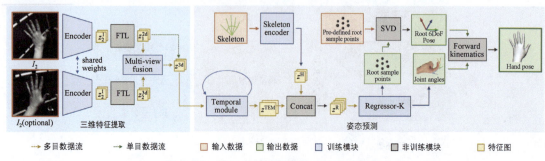

图 7-26　基于多目端到端的 3D 人手方案

3. 基于策略手势的空间交互方案

上述已完成对人手重建技术方案的介绍，然而虚拟三维人手并不能直接与座舱交互，还需结合后处理。后处理按应用类型分为面向手型的策略和面向三维信息的策略，这里总称为策略手势。

面向手型的策略手势主要聚焦在识别当前的手部状态，这里和 2D 方案中动静态手势方案输出结果类似，通过策略手势编辑输出人手状态，例如是否为 OK 手势、是否为点赞手势等。如图 7-27a 所示，以点赞手势举例，其主要特征为大拇指朝上，食指、中指、无名指、小拇指弯曲。如图 7-27b 所示，通过定义各个手指的姿态、阈值宽度，设定大拇指的朝向，并通过计算手指各关节角度阈值约束食指、中指、无名指、小拇指弯曲，然后通过人手重建结果计算手指弯曲角度，如果满足点赞手势设定，即判定为点赞手势。

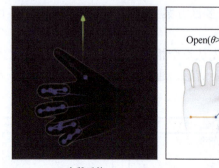

	大拇指弯曲		四指弯曲	
	Open($\theta>90°$)	Close($\theta<90°$)	Open($\theta>107°$)	Close($\theta<73°$)

a) 点赞手势　　　　　　　　　　　　　b) 手势判定

图 7-27　点赞手势的定义

7.1.3　行为

人的行为一直是人工智能领域研究的重点课题，它有许多实际应用，例如行为分析、视频检索、人机交互、游戏和娱乐等。人体行为识别涉及计算机视觉的许多研究课题，包括基于静态图片的行为识别，通过识别行为中呈现的特定状态，结合前后帧中的状态过滤和分析，定位特定行为，以及借助视频帧序列分析，对视频中的人体检测、姿态估计、跟踪以及时间序列分析和理解。

行为识别技术能够提升驾乘的舒适度，例如在乘客抽烟时自动开启通风系统。更高层次的应用是对驾乘人员行为的精细分析，例如监测到人员将头探出车外时，提供"乘车助手"功能，对影响安全的行为进行预警，及时提醒驾驶员注意，避免潜在的危险。行为识别技术还可以用于交互场景中，通过分析驾驶员的肢体行为来控制车内屏幕和其他设备，实现自然的人机交互。座舱内行为类型较多，下面主要以打电话、抽烟和点 / 摇头三个行为识别为例进行说明。

1. 打电话

本节所描述的打电话特指用手机接打电话，是人们日常生活中相对高频发生的行为，对座舱内的驾乘人员也是如此。座舱内的打电话行为，在驾驶员和乘客上也有不同的逻辑。驾驶员在开车过程中打电话是一种分心行为，会影响行车的安全。人机交互系统如果监测到驾驶员打电话，则会给予提示，提醒分心驾驶带来的危险。乘客在座舱内打电话时，座舱相应给予的是关怀功能，比如降低车内音响音量或关闭车窗等。

（1）打电话识别的算法流程　在技术上，因为打电话行为不是一个连贯的动作，发生时人的姿态相对单一，使用静态图片做分析基本可以满足打电话的需求。打电话识别的算法流程如图 7-28 所示，主要包含以下阶段：

1）通过 DMS 或者 IMS 摄像头获取驾乘人员的图像。

2）检测人脸和人手的检测框等人的属性信息。

3）通过第二步获取到的位置以及尺度信息，找到合适的 RoI 区域。

4）送入深度学习网络判别，或者提取传统图像特征做分类判别。

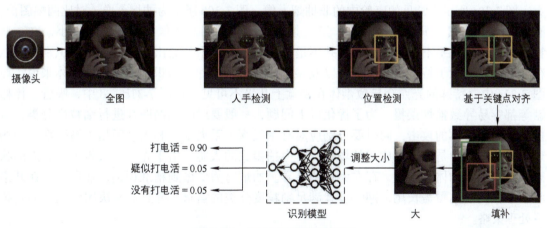

图 7-28　打电话识别算法流程

（2）打电话识别的难点　因为动作类型较多，容易受到遮挡、光照以及周围环境等影响，打电话识别有诸多难点，图 7-29 展示了一些在实际开发中遇到的难点：

1）a、c：因为光照限制，导致黑色手机视觉上难以分辨。

2）b：因为视角限制，人手在可视范围内几乎不可见。

3）b、d：手机被人手遮挡比较严重。

4）c：特殊的打电话姿势。

5）e：出现抓握电话的姿势，易触发误报。

a) 光照限制　　　　b) 视角限制/遮挡　　　　c) 光照限制/特殊姿势　　　d) 遮挡　　　e) 误报

图 7-29　常见打电话识别难点

此外，在前排乘客玩手机时，因为姿态导致的手机和人脸透射关系错误，以及外形和电话相似的物体与人的姿态，都容易导致打电话功能的误报。要应对这些静态图像问题，一方面需要从数据入手，有针对性大量采集座舱内各种姿态的图像，填充行为开集上的网络认知空洞。另一方面，算法本身的挖掘也非常重要，在开集上的静态图像分类，很多场景下是细粒度分类的问题，结合图像 attention，对细粒度的图像差别做分类。此外需要深入分析打电话的行为特征，在特殊场景下使得算法可以应对不那么理想的分类场景。

2. 抽烟

在车内抽烟也是常见的座舱内行为。座舱是一个相对封闭的空间，空气流通有限，存在抽烟行为时，通风对座舱内的驾乘人员是刚性需求。在智能座舱中，通过 DMS 或 IMS 摄像头，识别到驾乘人员的抽烟行为，可以辅助提出开窗提醒；在抽烟结束后，辅助关窗。

抽烟识别与打电话识别的算法流程类似。然而，比起打电话识别，抽烟识别的挑战更大。图 7-30a 所示为常见的座舱中的非抽烟人像，图 7-30b 所示为抽烟人像。对比两幅图像，有两个关键因素差异：第一是烟，第二是夹烟的手。烟在图像中所占面积很小，在一些特殊角度，烟几乎不可见，而手也并不是每次抽烟场景中都会出现，这是抽烟识别中天然存在的难点。除了特殊角度，光照以及棒状物体也会增加抽烟识别的难度。具体来说，在图 7-31a 中，特殊的光照会导致烟体在视觉上几乎不可见。在图 7-31b ~ d 中，吸管、棒棒糖等都容易导致抽烟误报。为了优化以上问题，一般要对吸烟的图片进行细粒度分类，对抗视觉相似物体的攻击，同时要分别应对有手吸烟（手夹烟）和无手吸烟（嘴叼烟）的场景。另外，座舱是一个开放式的场景，其中拍摄到的人脸，由于光线、人脸角度、人的状态、人和不同物体的互动，存在大量的差异。抽烟行为要做到精准识别，数据需要在开集状态中做到基本覆盖长尾，网络设计满足细粒度分类的需求，并且有解决闭集问题的复杂后处理策略。

3. 点 / 摇头

本节探讨点头和摇头这两种在日常生活中常用于表达"同意"或"不同意"的肢体动作。在人机交互领域，这些简单的动作可以被巧妙地应用于控制界面，以确认或取消操作，从而增强与车辆系统的交互体验。例如，在驾驶过程中接到来电时，简单的点头即可接听电话，而摇头则可拒绝来电。这种交互方式不仅为触摸屏、转向盘控制和语音交互提供了一种新颖的补充，还扩展了应用场景，提升了交互的友好性和多样性。特别是点头和摇头在语音合成技术（TTS）播报问题时尤为有用，它们允许驾驶员通过身体语言回答"是"或"否"。

a) 非抽烟人像　　　　　　　　　　　　　b) 抽烟人像

图 7-30　抽烟与非抽烟头部区域对比

  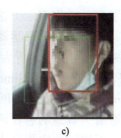 

a)　　　　　　　　b)　　　　　　　　c)　　　　　　　　d)

图 7-31　常见抽烟识别难点

人体动作识别的关键是鲁棒的人体动作建模和特征表示。与图像空间中的特征表示不同，视频中人体行为的特征表示不仅要描述人在图像空间中的外观，还必须提取外观和姿势的变化，将特征表示问题从二维空间扩展到三维。单帧图像无法揭示点摇头行为完整状态，必须通过时序分析来进行判断具体行为，这要求场景定义时需要对事件时间序列进行约束。识别中加入时间维度后，界定可能会变得更加复杂，例如如何明确区分点头和摇头的动作、哪些未完成的动作应该被视为有效样本等。由于多个行为可能在初始阶段具有相似的动作，这可能导致误判。

为了区分真正的控制意图与误判，并在提高体验效果与保持模型精度之间找到平衡，对此定义如下：仅当点头或摇头动作连续发生两次时，才将其判定为有效的行为。这种定义可以减少在日常驾驶中由于查看后视镜、道路颠簸等造成的单次点头或摇头动作被错误识别的情况。未完成的动作将不被召回，同时也不作为负样本带入模型训练。

在这里以点头动作为例进行定义。使用以人头中心为原点的坐标系，如图 7-32 所示，绕 X 轴的旋转为俯仰（pitch）角度运动，其中 a 表示相对 Y 轴的角度。在点头动作中，角度 a 从起始位置先增大到峰值，然后再减小到谷值，再到起始位置的过程，称为一次完整的点头动作，峰值到谷值如图 7-33 所示。定义 Δa 为峰值与谷值之间的角度差值。本文中，点头动作的定义为：在 1.5s 内至少发生 2 次点头动作，且 $\Delta a \geq 10°$。

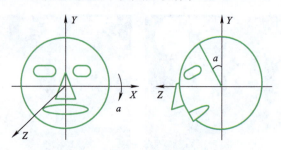

图 7-32　人头坐标系下点头示意图

图 7-33　点头过程不同姿态

近年来，人们提出了多种动作表示方法，包括基于时空变化的局部和全局特征、基于关键点跟踪的轨迹特征、基于深度信息运动变化的动作表示方法，以及基于人体姿势变化的动作特征。下面介绍两种常用的序列行为识别算法：双流方案及基于骨骼点的时序方案。

（1）双流方案　双流方案是基于 Simonyan 等人 2014 年提出的双流卷积网络（Two-Stream Convolutional Networks，TSN）发展而来的。如图 7-34 所示，双流方案将视频行为拆分为两个通道，一个通道为普通的卷积网络，处理单帧静态图像，一个通道处理光流序列。这个方案使视频行为识别的能力得到大幅度提升。后续也出现了这种框架的多种升级和变化。

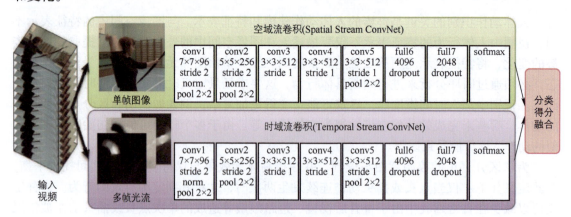

图 7-34　双流方案

（2）基于骨骼点的时序方案　通过分析人体关键点序列，对人的行为做判断，如图 7-35 所示，经典的是 ST-GCN 方案和后续的改进版本 AS-GCN 等。分析人体骨骼点的方案，相对全卷积等方案，在算力上可以得到一定程度的缓解，尤其是在骨骼点计算上可以和其他相关算法上分享算力。

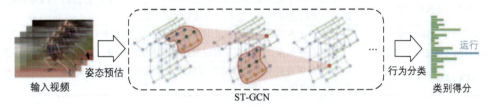

图 7-35　基于骨骼点的时序方案

如图 7-36 所示，选用 68 个 2D 人脸关键点作为输入，即可很好地表征人脸运动方向。具体来说，每单位时间积累二维人脸关键点数据，构建一个维度为（68，2）的数据矩阵。相机模组通常以 15 帧 /s（fps）或 30 帧 /s 的速率采样，此处选取 15 帧 /s。因此，2s 内可以积累约 30 帧数据，通过时序采样后，进而形成一个（T，68，2）的特征图，如图 7-37 所示，其中 T 为 2s 插值得到的总帧数。

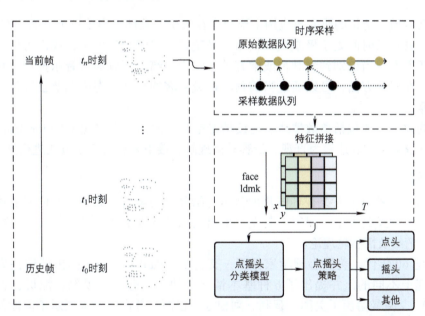

图 7-36　点摇头识别算法流程图

在行为识别领域中，常常面临一个难题，即如何区分主观行为和下意识行为。典型的场景见表 7-2。例如，驾驶员在与前排乘客或后排乘客交谈时，可能会不时地看向他们，从客观角度来看，这种行为表现为摇头动作，但实际上并非驾驶员主观控制头部运动，或意图向车载系统输出摇头事件。面对这类问题，需要深入分析具体场景的特征，并适当引入人体姿态和头部姿态等信息来扩展特征维度，以减少误报的发生。

图 7-37　点摇头拼接特征图

表 7-2　点摇头常见 badcase 列表

误报原因	误报场景
瞌睡产生点头或摇头	驾驶员由于重度疲劳驾驶，已经开始点头瞌睡，此时若遇到 TTS 响应的提醒，例如"您已疲劳驾驶，是否开启辅助驾驶模式？"
跟着音乐节奏律动	驾驶员在跟着音乐摇头，此时 TTS 播报："有电话来电，需要接入吗？"
过不平路面（减速带、坑洼）	TTS 正在播报，此时车正在过减速带或者坑洼地段，头部不自觉地点或者摇
聊天时转头回头	驾驶员正在转头跟前排乘客或后排乘客说话，突然 TTS 播报，驾驶员猛一回头有可能会误触

7.1.4　情绪

情绪在科学领域尚无达成共识的定义，其在词典中的定义是"一种源自于某人境况、心情及与他人的关系的强烈的感觉"。在过去的几十年里，关于情绪的研究不断增加，研究领域覆盖了心理学、哲学、医学、历史学、情感社会学、计算机科学等。许多理论探讨了情绪对于行为产生的影响，通常认为虽然情绪不是行为的因果力量，但与行为的倾向密切相关。

在车载领域，情绪的研究与应用主要集中在安全、关怀、娱乐三个方面。在安全方面，当识别到驾驶员长时间处于极端负面情绪，系统若及时安抚驾驶员，或许可以避免许多悲剧。在关怀方面，当识别到驾驶员或乘客处于负面情绪，可以通过音乐推荐、释放香氛来进行缓解。在娱乐方面，可以通过当前驾驶员或乘客的情绪状态来调节氛围灯、提供拍照模式交互等。

情绪的建模方式包括离散情绪、连续情绪空间、面部动作单元（Action Unit，AU）三种。其中离散情绪的表述最为直观、最容易被理解。接下来将对建模方式进行介绍。

1. 离散情绪

情绪的研究者对于人类有具体几种基本情绪并未完全达成共识，但他们的理论具有共性。其中有两种经典理论：保罗·艾克曼提出的六种基本情绪以及罗伯特·普拉奇克提出的 8 种基本情绪及情感轮理论。

20 世纪 60 年代，美国心理学家保罗·艾克曼（Paul Ekman）提出情绪是离散的、可度量、生理上不同的，并提出了 6 种基本情绪：快乐、悲伤、愤怒、惊讶、恐惧、厌恶（图 7-38a）。艾克曼游历了美国、智利、阿根廷、巴西，并向当地人展示不同面部表情的照片，并要求他们把这些照片归类为这 6 种情绪，发现结果高度一致。为了探究情绪是否是真正共通的，他又去了从未接触过西方文明的巴布亚新几内亚，验证了这 6 种基本情绪是所有人类都能识别和体验的基本情绪。20 世纪 90 年代，艾克曼又扩充了一些不只是由面部肌肉表现的或积极或消极的情感，例如轻蔑、满足、窘迫、兴奋、内疚、羞愧等。

20 世纪 80 年代，心理学家罗伯特·普拉奇克（Robert Pluchik）提出了 8 种基本情绪并用情感轮（图 7-38b）表示情绪之间的关系以及情绪的强度。8 种基本情绪是成对的两极情绪：快乐与悲伤、愤怒与恐惧、信任与厌恶、惊讶与期待。普拉奇克提出这些主要情绪是原始的生物反应，让动物更符合生存繁殖的需求。他认为这些主要情绪可以激发动物产生具有高度生存价值的行为，例如动物因恐惧而激发的打斗或逃跑的反应。图 7-38b 所示的情感轮包括 3D 的锥状模型及 2D 的轮状模型，前述的 4 组两极情绪分别位于图中角度相对的位置，每种基本情绪包括 3 种强度，程度从外侧向内侧依次加深，例如伤心包括沉思（pensiveness）、难过（sadness）、悲痛（grief）3 个强度。普拉奇克提出了复合情绪的概念，认为基本情绪只占情绪种类的一小部分，其他大部分的情绪由主要情绪组合、混合或衍化而成。

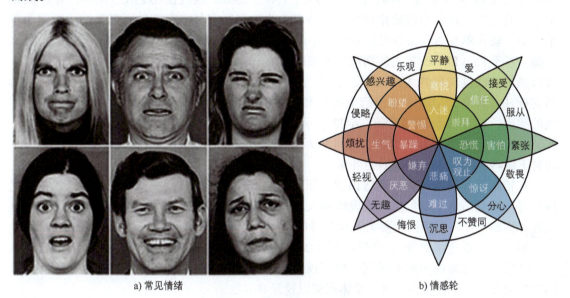

a) 常见情绪　　　　　　　　　　　　　　b) 情感轮

图 7-38　常见情绪示例及情感轮

2. 连续情绪空间

如图 7-39 所示，通常用一个二维空间 VA 或三维空间 VAD 来表示连续情绪，其中 V 是效价（valence），表示情绪的积极程度；A 是唤醒（arousal），表示情绪的激动程度；D 是支配（dominance），表示个体对情景和他人的控制状态。任何情绪都可以被映射到这个二维或三维空间中。

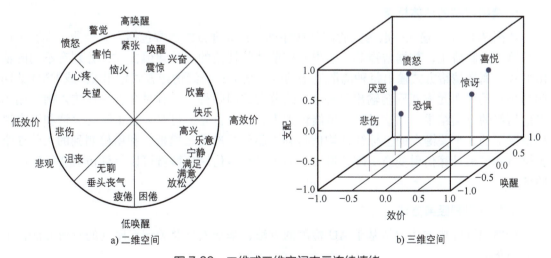

a) 二维空间　　　　　　　　　　　　　b) 三维空间

图 7-39　二维或三维空间表示连续情绪

3. 面部动作单元（AU）

在基于观察者的面部表情测量系统中，面部动作单元编码系统（Facial Action Coding System，FACS）是其中具有严格的心理测量学依据且最广泛应用的一个系统。FACS 目前发展出三个版本：FACS 1978、FACS 1992、FACS 2002。通过使用 FACS 编码，并在低帧率下观看缓慢运动的面部动作视频，编码者人为地将所有可能存在的面部表情编码到动作单元中。动作单元的定义为可辨别的最小的面部动作，如图 7-40 所示的内眉上扬、上眼睑上扬。基于 Paul Ekman 提出的面部行为编码系统，可以选择关联度较高的 AU（0 ~ 5），作为情绪评判的标注。其中，AU0 表示抬起上嘴唇和人中区域的肌肉，AU1 表示额部下降，AU2 表示嘴角拉伸，AU3 表示眉毛压低并聚拢，AU4 表示嘴角拉动向下倾斜，AU5 表示抬起眉毛外角。

a) 内眉上扬   b) 上眼睑上扬

图 7-40   动作单元示例

在情绪动作识别方面，情绪识别使用的信息的模态可以包括视觉、文本、音频、生理信号等。视觉信息主要包括人脸表情和人脸关键点及其时序；文本主要来自于说话的内容或者发表的文字；音频则主要为音频信号的频率特征（如平均音高、音高轮廓等）、时间特征（如语速、重音频率等）、音质特征（如响度、呼吸音等）；生理信号一般指脑电波、脉搏、呼吸等。情绪的多模态识别常使用视觉、音频、文本 3 种模态。以下着重介绍情绪识别的视觉方案，包含数据获取、总体框架以及经典方法。

4. 情绪数据的获取

情绪数据的获取方法主要有引导表演、影视剧中的情绪数据挖掘、拍摄真实反应视频三种。引导表演分为实验室环境或实车环境，实验室环境常见于公开数据集的录制，实车环境下的实车数据则更贴近于座舱的应用场景。其中一个需要关注的问题是隐私保护，录制前需要获取录制者的相关许可。影视剧中的情绪数据挖掘常见于公开数据集的搭建。拍摄真实反应视频则是一种提前获取视频录制许可、但未透露目的的方式，是情绪数据收集的一种数据获取方案，相较引导表演方式情绪会更加自然。

5. 情绪识别的总体框架

如图 7-41 示，输入一般为人脸图片或序列。预处理方式通常包括人脸检测、人脸关键点检测、人脸矫正、数据增强等。输出对应前述的情绪的三种建模方式，分别有不同的输出形式：离散情绪方式输出每种离散情绪的分类结果；连续情绪方式输出 VA 或 VAD 的回归结果；动作单元方式则会输出每种 AU 的分类或回归得分，有时会进一步接入网络输出离散情绪的分类结果。在这里面，情绪识别人脸矫正首先通过对人脸正脸无表情和五官遮挡情况下的 5 个关键点的坐标统计均值得到人脸的标准姿态模板，利用检测到的人脸 5 个关键点和模板计算仿射变换矩阵，最后对原图进行该仿射变换就可以得到仿射变换后的人脸图片。

6. 情绪识别经典方法

情绪识别经典方法包括基于 AU 检测的方法、基于人脸及关键点序列的双流方法，下面分别介绍。

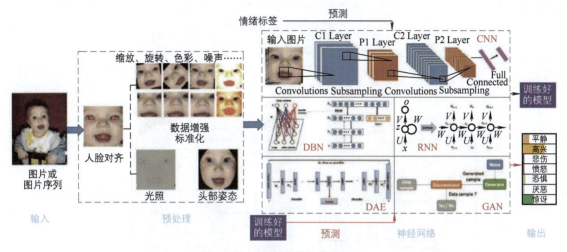

图 7-41 情绪识别的总体框架

（1）**基于 AU 的检测方法** 对于一张人脸图片，首先进行各个 AU 数值的计算，这也是一个较为前沿的研究课题，当前也有许多的深度学习模型，比如 DRML、EAC-Net 等。但无论对于哪种方法，一般的思路都是进行人脸检测和关键点检测，然后进行人脸纹理特征的抽取，得到各个 AU 的值。如图 7-42 所示，输入的多种 AU 的数值经过一层隐含层，再经过一层全连接，最后利用 Softmax 作为输出，选择一种情绪标签作为最终的结果。

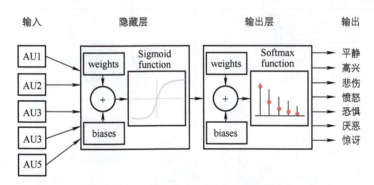

图 7-42 基于 AU 的检测方法示例

（2）**基于人脸及关键点序列的双流情绪识别方案** 如图 7-43 所示，采用了行为识别中常使用的 TSN，输入包括两个部分：第一部分输入为当前帧的人脸图片，输入到空间网络，提取空间特征，即静态图片包含的人脸表情特征；第二部分输入为人脸关键点的时序特征，并且通过人脸的不同部位将其划分为眉毛、眼睛、鼻子、嘴巴 4 个部分，采用从局部到整体的层级特征融合，最后得到全局关键点的层级特征。该网络采用了 2 个输入的后融合方式，在空间网络和时序网络分别得到分类的概率输出后，对结果进行策略融合。

与行为识别类似，目前座舱内的情绪识别也有诸多挑战。如图 7-44 所示，基于视觉的情绪识别的难点在于情绪的定义、标注、数据录制存在歧义和个体差异。座舱中的情绪识别则额外需要注意头部姿态大角度、转向盘遮挡、存在阴影、物体遮挡、阳光导致的过曝或阴阳脸、过暗、模糊、人脸不完整等问题。

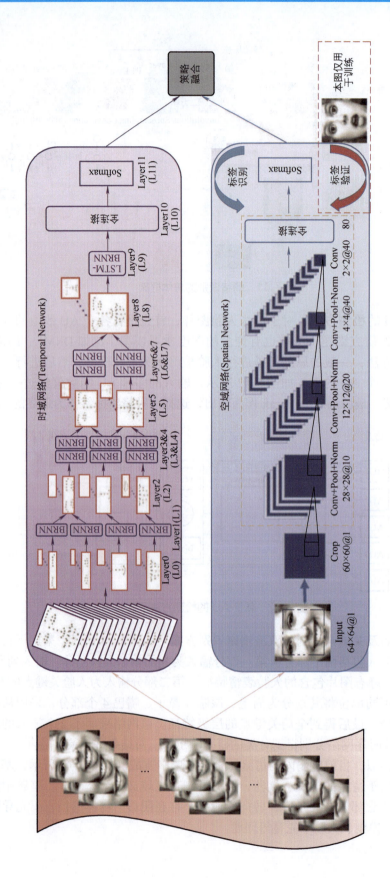

图 7-43 基于人脸及关键点序列的双流情绪识别方案

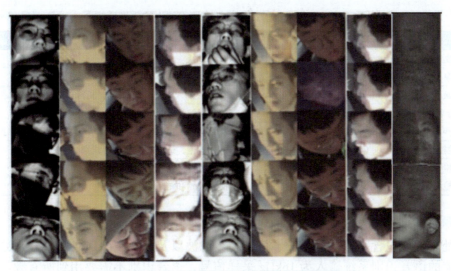

图 7-44　座舱情绪识别遇到的部分困难场景

7.2 语音交互算法开发

本节将详细介绍人机交互中常见语音算法，包括语音前端以及语音后端（语音识别及自然语言处理）。与语音相关的基础知识在本书第 5 章进行了详细的介绍，这里不再赘述。

7.2.1 语音前端

语音前端是音频信号处理的核心问题，也是车载语音识别和语义理解的重要预处理步骤。车内多声道扬声器的回声、路噪以及车内多人说话的相互干扰给车内语音采集带来极大挑战。基于传声器阵列的语音前端，通过合理的定位、分离与提取，可以显著提升语音信号质量，是在车载环境下提升语音识别系统性能的有效手段。

图 7-45 所示为车载语音前端信号处理框图，其中粗实线表示多通道语音数据，细实线表示单通道语音数据，细虚线表示参数。处理框图中的核心算法模块简介见表 7-3。

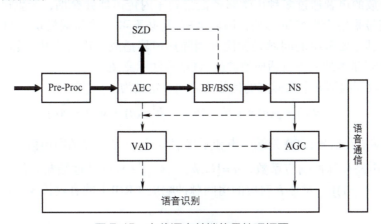

图 7-45　车载语音前端信号处理框图

表 7-3　车载语音前端信号处理框图核心算法模块简介

核心算法	解决问题
预处理（Pre-Processing，Pre-Proc）	消除直流干扰
回声消除（Acoustic Echo Cancellation，AEC）	消除设备本身播放声音的干扰
波束形成（Beamforming，BF）	通过空间滤波，增强期望方向的语音信号
盲源分离（Blind Source Separation，BSS）	分离不同声源的信号，抑制干扰方向的信号
噪声抑制（Noise Suppression，NS）	消除空调噪声、风噪、胎噪、发动机噪声、路噪等常见车内噪声
自动增益控制（Automatic Gain Control，AGC）	调整信号能量，适配唤醒和语音识别
音区检测（Sound Zone Detection，SZD）	确定说话人音区，协助波束形成
激活音检测（Voice Activity Detection，VAD）	确定语音起始和结束时间点

1. 预处理（Pre-Proc）

预处理一般包含基本通道拆分、信号初步滤波以及直流去除，主要部分是滤波操作。当前主流的语音识别系统输入为 16kHz 采样信号，语音识别不需要用到所有频带的信息，一般有效信息集中于 100 ~ 7000Hz 频带。为了降低复杂度，可以采用无限脉冲响应（IIR）滤波器实现，图 7-46 所示为 150 ~ 7200Hz 带通滤波器频率响应。

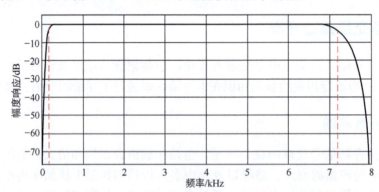

图 7-46　150 ~ 7200 Hz 带通滤波器频率响应

2. 回声消除（AEC）

扬声器播放的声音通过多种声学路径汇集到车内传声器处叠加，产生声学回声。回声对车内语音信号采集产生严重影响，因此 AEC 是必不可少的前端模块。AEC 是一种自适应滤波技术，其主要解决的问题是预测并消除扬声器播放的声音在传声器处产生的回声。图 7-47 所示为最基本的基于自适应滤波的 AEC 算法示意图。

传声器接收到的第 n 个采样点的信号为 $d(n)$，定义为

$$d(n) = y(n) + s(n) + v(n) = \boldsymbol{h}^{\mathrm{T}} \boldsymbol{x}(n) + s(n) + v(n)$$

式中，$s(n)$ 是端语音信号；$v(n)$ 是端噪声和干扰信号；$y(n)$ 是消除的回声信号，$y(n) = \boldsymbol{h}^{\mathrm{T}}\boldsymbol{x}(n)$；$\boldsymbol{h}$ 是真实的回声路径脉冲响应系数，$\boldsymbol{h} = [h_0, h_1, \cdots, h_{n-1}]^{\mathrm{T}}$；$\boldsymbol{x}(n)$ 是远端输入信号，$\boldsymbol{x}(n) = [x(n), x(n-1), \cdots, x(n-N+1)]^{\mathrm{T}}$，$N$ 是 $\boldsymbol{h}$ 对应的房间脉冲响应（RIR）的有效长度。回声消除流程可以表示为

$$e(n) = d(n) - y(n) = d(n) - \boldsymbol{h}^{\mathrm{T}} \boldsymbol{x}(n)$$

式中，$y(n)$ 是估计的回声信号；h 是估计的回声路径脉冲响应系数，h 用自适应滤波进行估计。常用的估计方法包括最小均方算法（LMS）、归一化最小均方算法（NLMS）、递归最小乘法（RLS）和卡尔曼滤波等。

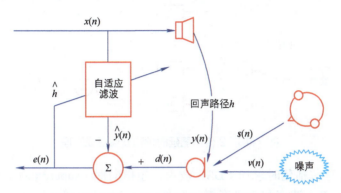

图 7-47　基于自适应滤波的 AEC 算法示意图

与为通信服务的 AEC 不同，为智能语音交互服务的 AEC 处理后要尽可能保留原始信号的相位特性，便于后续的传声器阵列算法处理，因此 AEC 过后，一般不加非线性处理。在硬件设计合理的情况下，车载 AEC 一般可以抑制 15～25dB 的回声信号。AEC 处理前后的时域语音信号如图 7-48 所示，AEC 处理后，回声信号被显著抑制，近端语音信号得到增强。

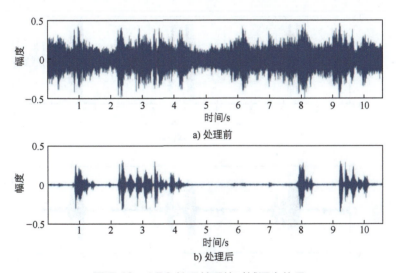

图 7-48　AEC 处理前后的时域语音信号

3. 波束形成（BF）

BF 是一种空间滤波技术，空间滤波可以增强或抑制特定方向的声音信号。最简单的 BF 算法是延时求和波束，图 7-49 给出了 2 传声器延时求和波束形成的原理。传声器接收到的语音信号存在时延，依据期望方向的信号时延，对传声器阵列采集的信号进行延时相加；来自期望方向的语音信号被对齐，输出信号被增强；而来自干扰方向的信号由于没有对齐，输出信号不会被增强。

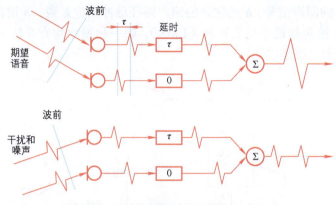

图 7-49　2 传声器延时求和波束形成原理

常用的 BF 算法包括延时求和（DS）波束、超指向性（superdirectiv）波束、最小方差无失真响应（MVDR）波束和广义旁瓣消除器（GSC）波束等。图 7-50 所示为 MVDR 波束增强前后的时域语音信号，传声器数量为 2，传声器间距为 10.5cm，期望方向为 45°，干扰方向为 135°。对比波束增强前后的时域语音信号，可以发现 MVDR 波束可以有效抑制干扰信号，增强期望方向语音信号。BF 算法具有以下特性：需要较多的传声器数量，才能获得较好的增强效果；需要期望方向的先验信息；期望和干扰方向的夹角需要超过一定范围，才能获得较好的增强效果。

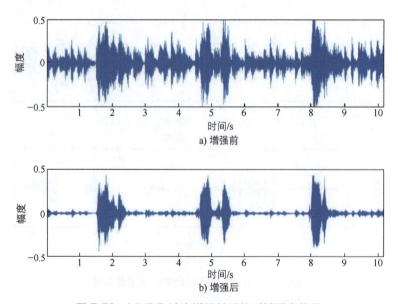

图 7-50　MVDR 波束增强前后的时域语音信号

4. 盲源分离（BSS）

BSS 可以用来模拟人类的听觉系统特性，增强来自特定声源的声音，在自动语音识别（ASR）系统中具有重要应用价值。由于混响的存在，传声器接收到的信号通常是源信号通过卷积混合得到的，需要较长的有限脉冲响应（FIR）滤波器，才能有效分离传声器接收到的信号，提高了 BSS 的难度。图 7-51 所示为频域 2 传声器 BSS 系统框图，图中省去了频率索引。

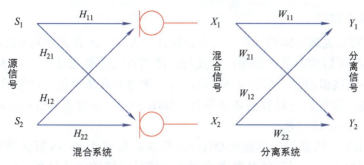

图 7-51　频域 2 传声器 BSS 系统框图

假设有两个声源 S_1 和 S_2，传声器接收到的信号 $\boldsymbol{X} = [X_1 \ X_2]^T$ 可以表示为

$$\boldsymbol{X} = \boldsymbol{HS} = \begin{bmatrix} H_{11} & H_{12} \\ H_{21} & H_{22} \end{bmatrix} \begin{bmatrix} S_1 \\ S_2 \end{bmatrix}$$

式中，H_{mn} 是第 n 个声源到第 m 个传声器的频域传递函数，$m = \{1, 2\}$，$n = \{1, 2\}$。分离信号 $\boldsymbol{Y} = [Y_1 \ Y_2]^T$ 可以表示为

$$\boldsymbol{Y} = \boldsymbol{WX} = \begin{bmatrix} W_{11} & W_{12} \\ W_{21} & W_{22} \end{bmatrix} \begin{bmatrix} X_1 \\ X_2 \end{bmatrix}$$

式中，W_{mn} 为分离滤波器，是通过全盲的方法获得的，且需满足 $\boldsymbol{WH} = \boldsymbol{I}$，$\boldsymbol{I}$ 为单位矩阵。

相比于 BF，BSS 不需要声源的方位信息，即可分离出不同的声源；干扰和声源夹角也没有严格要求。但是 BSS 存在通道排序问题，需要额外方法选择主声源通道。常用 BSS 方法包括主成分分析（PCA）、独立成分分析（ICA）和非负矩阵分解（NMF）等。图 7-52 给出了混合信号经过 BSS 分离后的时域语音信号，可以发现 BSS 降噪量比 BF 更高，有助于更好地提取期望语音信号。

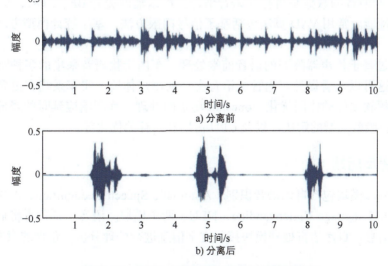

图 7-52　BSS 分离获得的 2 路时域语音信号

5. 噪声抑制（NS）

BF 和 BSS 可以处理方向性干扰，对于和语音同方向，或者无方向性的散射场噪声处理能力有限，而 NS 可以抑制散射场噪声以及与声源同方向的稳态噪声。BF 和 BSS 处理信号输出往往存在一定残留串扰，多通道 NS 可以进一步抑制残留串扰。常用的 NS 算法包括谱减法、维纳滤波、最优改进对数谱幅度估计（OMLSA）、多通道后置滤波器和基于机器学习的降噪算法（deep-NS）等。

图 7-53 给出了含噪信号、单通道 OMLSA 算法降噪和 deep-NS 算法降噪获得的时域语音信号及其对应的频谱。语音信号频谱表示语音信号频域的能量分布，横坐标是时间，纵坐标是频率，频点的能量强度用不同颜色区分，红色表示能量高，蓝色表示能量低。噪声来自实车录制，包括风噪、胎噪、空调以及发动机噪声，此外 1.5～7.0s 时间段内还包含一组车外连续鸣笛声。对比不同算法的降噪效果可以发现，OMLSA 对稳态噪声（如发动机噪声等）具有较好的抑制效果，对于非稳态的鸣笛声抑制能力较弱；deep-NS 算法对于稳态噪声和非稳态鸣笛声均有较好的抑制效果，但是增强后的语音频谱图变模糊（图 7-53c 中 4～5s 时间段内 2kHz 以下的频谱），不利于语音识别。

6. 自动增益控制（AGC）

由于车内说话人音量大小动态变化特征明显，且与传声器的距离远近不定，因此需要引入 AGC 用以调整语音增强后的信号幅度，进而提升语音唤醒率以及语音识别的准确率。

7. 音区检测（SZD）

SZD 可以确定说话人的位置，为 BF 提供期望信号的方向信息，是实现车载多音区独立控制必不可少的环节。常用的 SZD 算法包括基于到达时间差的方法（如 GCC-PHAT）、基于波束的方法（如 SRP-PHAT）、基于子空间的方法（如 MUSIC）以及最大似然方法（如 MLE）等。

8. 激活音检测（VAD）

VAD 用于判断音频数据是否存在语音信号，可以辅助提升 BF、AGC、NS、语音唤醒以及语音识别性能。常用 VAD 算法包括基于信号门限方法、基于统计模型方法以及基于机器学习方法。

综上，经过基于传声器阵列的语音前端处理，车内干扰语音采集的多种噪声都可以得到有效抑制，这可以显著提升车内智能语音交互的用户体验。实车系统有更多技术点需要关注，比如音频软硬件的协同优化、oneshot 场景的处理、唤醒响应延时的降低、人声隔离性能的提升、自唤醒问题的解决，以及 CPU 占用和内存的优化等。

7.2.2　语音后端

车载语音后端模块包括自动语音识别（Automatic Speech Recognition，ASR）和自然语言理解（Natural Language Understanding，NLU）两个模块。语音识别负责将输入的语音信号转化为文字信息，自然语言处理模块接收文字信息进行处理分析其包含的意图信息。

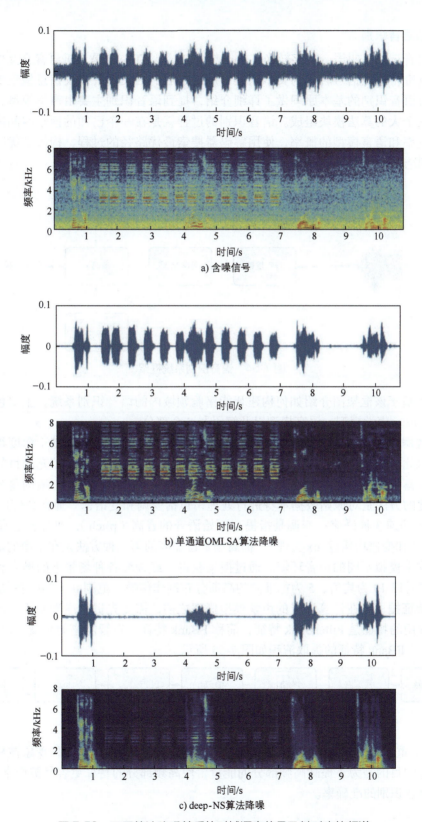

a) 含噪信号

b) 单通道OMLSA算法降噪

c) deep-NS算法降噪

图 7-53　不同算法降噪前后的时域语音信号及其对应的频谱

1. 自动语音识别

自动语音识别又叫语音文字转换（Speech to Text，STT），是人机语音交互中的基本核心能力，负责将语音信号转化为文本内容，用于之后的语义理解以及信息检索等服务。本书第 5 章对语音识别的基本原理做了详细介绍，提到语音识别主要由声学模型、语言模型和解码器三个大的算法模块组成。语音识别的过程就是在一个已知的搜索空间内，基于声学模型的概率和语言模型的概率，使用解码器搜索最优路径的过程，构成最优路径的词序列就是识别结果。图 7-54 所示为语音识别系统框架。

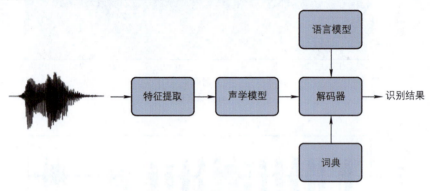

图 7-54　语音识别系统框架

下面将基于该框架图介绍如何构建智能座舱领域内的语音识别系统，主要包含数据扩充、特征提取、声学模型、语言模型以及解码器 5 个部分。

（1）**数据扩充**　目前智能座舱领域的语音识别系统，其核心模型基于深度神经网络进行构建，因此训练数据需要充分覆盖不同的人群、噪声等场景。数据扩充的目的是提高训练数据的丰富度，覆盖更多的场景，从而保证模型对不同人群、不同环境的鲁棒性。提高人群复杂度的方法是对原始数据本身进行处理，包括变调和变语速。通常会使用 0.9 倍速、1 倍速、1.1 倍速 3 种语速；变调是指提高原始语音的音高（pitch），通常会把音高增加 50 或 100，变调和变速均通过 sox 实现⊖。提高场景覆盖度的第二种方法是在干净的语音上添加噪声和混响来模拟不同的声音环境。通过搜集获得车载领域各种场景下的噪声和混响，以均匀分布或者以 10 为均值、5 为标准差的高斯分布制作信噪比范围 0～30dB 的增强数据。

（2）**特征提取**　在计算语音的声学模型概率之前，需要先提取声学特征。在语音识别领域，最常用的特征是 FilterBank 特征，简称 FBank 特征，在智能座舱领域我们使用 80 维 FBank 特征。FBank 特征的提取流程如图 7-55 所示。

图 7-55　FBank 特征提取流程

1）预加重：通常语音低频部分的能量要比高频部分的能量高，这种现象被称为频谱倾斜。预加重的目的是为了提高高频部分的能量，使高频部分的特征更容易被声学模型捕获，从而提高语音识别的准确率。

　⊖　相关信息参见 http：//sox.sourceforge.net/。

2）分帧加窗：特征提取的目的是为了建立一个特定颗粒度的建模单元的分类器（比如音素）。因为频谱特征变化非常快，不可能在整个句子上提取谱特征。语音信号是非平稳信号，其统计特性是随着时间变化的。但是语音信号又具有短时平稳的特性，因此可以通过一个滑动窗来截取一小段语音信号，在这一小段语音信号呢内其统计属性是不变的。使用滑动窗截取的一小段语音称为一帧，截取的过程被称为分帧。分帧在时域上是用一个窗函数和原始信号进行相乘，常用的函数有汉明窗或者汉宁窗。窗函数的宽度被称为帧长，通常为 25ms；相邻两个窗函数之间的偏移量被称为帧移，通常为 10ms。

3）离散傅里叶变换：分帧加窗后基于每一帧信号提取频谱信息，需要知道每个频带上的能量分布。为离散时间（采样）信号提取离散频带的频谱信息的工具是离散傅里叶变换（Discrete Fourier Transform，DFT）。实际使用中，DFT 通过快速傅里叶变换（Fast Fourier Transform，FFT）实现。FFT 是 DFT 的一种高效率实现，但是要求每帧数据的采样点的个数必须是 2 的指数。语音识别中通常使用 16K 采用率的语音，每帧 25ms，即 400 个采样点，因此会通过补 0 的方式补足 512 个点然后进行 512 点的 FFT。

4）梅尔域和 log 域转换：通过 DFT 得到了每个频带上信号的能量，但是人耳对频率的感知不是等间隔的，而是近似于对数函数。因此需要将线性频率转换为梅尔频率，梅尔频率和线性频率的转换关系为

$$\mathrm{mel}(f) = 2595\lg\left(1 + \frac{f}{700}\right)$$

在实际操作中，通过设计梅尔滤波器组实现转换。通常所说的提取 80 维的特征，其中 80 就是由梅尔滤波器组的个数决定的。使用梅尔滤波器组进行滤波后取 log 操作就得到 Fbank 特征。

（3）**声学模型**　声学模型负责建立语音特征到建模单元之间的映射关系。在现在语音识别架构中，基本都采用基于深度神经网络的声学模型建模方法，其核心组成部分包括输入、输出和模型结构。在语音识别任务中，输入是声学特征，即上面介绍的 FBank 特征；输出是建模单元，需要根据任务类型选择建模单元；模型结构即采用深度网络的类型。详细信息如下：

1）建模单元：中文语音识别系统通常采用声韵母或者音节建模，此处采用连接主义时间分类（CTC）损失函数并且使用单状态模型（HMM）对音节进行建模，HMM 拓扑结构如图 7-56 所示。其中图 7-56a 表示传统的三状态 HMM，是一种标准的左右结构的 HMM 拓扑，声学特征按照时序在状态拓扑上进行跳转，每一个状态至少持续一帧，并有可能一个状态对应多帧特征。图 7-56b 是实际使用的单状态 HMM 拓扑，采用单状态 HMM 模型可以简化拓扑结构，通过后续解码时将每一状态持续的帧数做出限制，理论上也可以达到三状态建模的效果。如图 7-56c 所示，在实际解码时采用每个状态至少持续三帧的拓扑结构，实际预测中等同于三状态建模。

模型在训练的时候通常会在时序上进行拼帧，并且考虑语音特征本身存在一定的冗余性，因此采用单状态建模时可以方便地在训练模型的时候进行降帧率（lower frame rate）训练，即在训练过程中通过对特征序列进行采样，只将连续 3 帧数据中的某一帧作为训练数据。为防止信号丢失，可以在训练的不同轮次采样不同数据，相对取 3 帧中的固定一帧可以少量地增加数据的多样性。降帧率训练方法理论上会提高 3 倍的训练速度，同时在解码

的时候进行跳帧搜索，减少搜索序列长度，提升解码实时率。

　　a) 三状态HMM　　　　b) 单状态HMM　　　　c) 实际解码

图 7-56　HMM 拓扑结构

　　2）模型结构：声学模型采用深层前馈序列记忆神经网络（Deep Feedforward Sequential Memory Network，DFSMN）结构，这是一种非循环网络结构，同时又能充分利用序列间上下文信息，捕获序列内的长时依赖。如图 7-57 所示，DFSMN 的基本结构是在标准的 DNN 隐层（Hidden Layer）上增加一个记忆块（Memory Block），与 LSTM 不同的是，记忆块并没有循环连接，因此 DFSMN 在本质上属于前馈神经网络，可以直接使用 BP 算法进行训练，从而减小了训练复杂度。在实际使用中，网络的输入层（Input Layer）接受 80 维的 FBbank 特征，输出节点是中文音节加上 CTC 的 blank，网络本身由 10 个 DFSMN Componet 和若干个全连接层组成。DFSMN Component 是 DFSMN 网络的核心部分，一个 DFSMN Compoent 由三部分组成：一个线性投影层（Projection，Layer），一个 Memory Block 和一个从 Memory Block 连接到下一个隐层的权值矩阵。

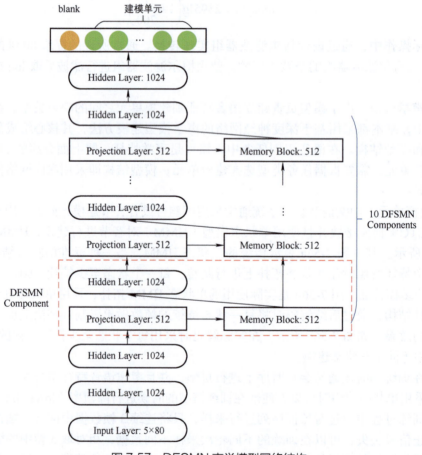

图 7-57　DFSMN 声学模型网络结构

（4）**语言模型** 语言模型的目的是建立一个能够描述给定词序列在语言中出现的概率的分布。在本书第 4 章介绍了多种类型的语言模型，这里结合实际开发经验，重点介绍在智能座舱实践中经常使用的基于时间卷积网络（Temporal Convolution Networks，TCN）的语言模型（图 7-58）。

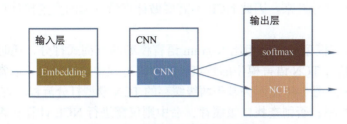

图 7-58 基于 TCN 的语言模型

基于 TCN 的语言模型主要由三部分组成：输入层、CNN 隐层和输出层。输入层输入数据为 one-hot 向量，维度为词典个数，大概在 10 万 ~ 50 万，输出数据为 Embedding 向量，维度一般在 100 ~ 1000。TCN 隐层包含一层或多层 CNN，隐层 CNN 具有因果卷积、扩张卷积等特性，通过这些属性来扩大历史感受野，可以利用更多的历史信息来预测下一个词。隐层的输入数据为输入层的输出。输出层主要对结果进行分类，输出层的输入数据为 CNN 层的输出，输出数据为类别概率。

图 7-59 所示为基于 CNN 的时间卷积网络结构。CNN 在处理图像时，将图像看作一个二维的"块"（高度和宽度），迁移到文本处理上，可以将文本看作一个一维对象，高度为一个单位，长度为 n 个单位。文本有时间序列，一个词只能看到前面的信息，而看不到后边的词，所以一般采用因果卷积来保证预测下一个词时只利用已知历史词。对于因果卷积，存在的一个问题是需要很多层或者很大的 filter 来增加卷积的感受野，为了解决这个问题，这里采用扩张卷积（dilated convolution），通过跳过部分输入使 filter 可以应用于大于 filter 长度的区域。基于 CNN 的卷积神经网络可以进行大规模并行处理，通过调整层数、膨胀系数和滤波器大小，可以灵活改变感受野的大小。同时，TCN 的反向传播路径和序列的时间方向不同，避免了 RNN 中经常出现的梯度爆炸、梯度消失等问题。

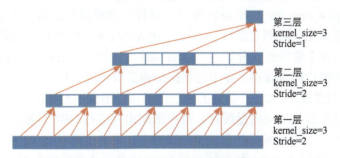

图 7-59 基于 CNN 的时间卷积网络结构

输出层主要对结果进行分类，常用的方法为 FC + Softmax，但是用 FC + Softmax 分类时，在 Softmax 层前需要一个全连接层映射分类数，类别的数目由词典内单词的个数决定。由于词典较大（10 万 ~ 50 万），导致全连接计算量巨大、耗时较长，所以在实践中采用噪声对比估计（Noise Contrastive Estimation，NCE）来进行分类。具体来说，NCE 是一种采样方法，它不是直接估计某个词语的概率值，而是借助一个辅助的损失值，实现正确词语概率值最大化的目标。NCE 的核心思想是：训练一个模型来区分目标词语与噪声。于是，待解决的问题就由预测正确的词语简化为一个二值分类器任务，分类器试图将正确的词语与其他噪声样本中区分开来。因此 NCE 不需要做计算量巨大的全连接计算，可以大幅度减小计算量。

基于 TCN 语言模型的打分相比 N-gram 语言模型的查询式打分，耗时会增加几百到几千倍，因此需要结合 TCN 语言模型的特点，在解码过程中进行优化，通常有多级缓存、量化内积等优化方法。图 7-60 所示为基于两级缓存的 TCN 模型打分流程：首先查找一级缓存，命中则直接返回概率；否则查找二级缓存，命中则仅需进行 NCE 计算；否则需要进行模型调用；对于新计算得到的输出向量和概率，分别放至二级和一级缓存，以供之后查找。

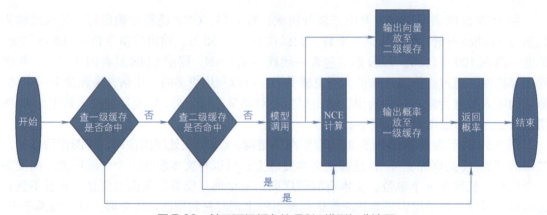

图 7-60　基于两级缓存的 TCN 模型打分流程

具体来说，令二元组 score_item=<w_hisf_seq,w_target> 表示语言模型打分项，其中 w_hisf_seq 表示历史词序列，w_target 表示目标词，语言模型打分目标是计算 w_target 在 w_hisf_seq 后面出现的概率 p(w_target|w_hisf_seq)。

第一级缓存为打分结果缓存，使用的数据结构是哈希表，是以打分项 score_item 为索引，以打分结果 p(w_target|w_hisf_seq) 为值，对打分结果进行缓存。在进行打分时，首先查找缓存，命中则取用，否则重新打分并将打分结果放至一级缓存。哈希索引使用 64 位整型数据类型，存储 4 个整型值，分别是 w_hisf_seq 的最后 3 个历史词的 Id 和目标词的 Id。

第二级缓存为输出向量缓存，使用的数据结构是哈希表，是以打分项中的 w_hisf_seq 为索引，以 TCN 模型在进行 NCE 计算前的输出向量指针为值，对输出向量进行缓存。在一级缓存不命中时，首先查找输出向量缓存，命中则取出并进行 NCE 计算，否则重新调用 TCN 模型并进行 NCE 计算，并将输出向量放至二级缓存，将输出概率放至一级缓存。哈希索引使用 64int 数据类型，存储 4 个 int 值，为 w_hisf_seq 的最后 4 个历史词 Id。经统计，一级缓存命中率约 89%，二级缓存命中率约 11%，其中 NCE 计算和模型调用占耗时的主要部分。

（5）解码器　解码器的主要功能为根据输入的音频数据或者特征在搜索空间中搜索最优词序列，需要综合运用声学、语言学、发音词典等信息，属于一个复合模块。本节仅介绍解码器相关算法，声学和语言学信息分别使用声学模型分数和语言模型分数代替。解码器相关的算法主要包括搜索空间构建、搜索算法、剪枝算法、结果回溯 4 个部分。

在搜索空间构建方面，按照搜索空间的构成方式，可以分为动态编译解码空间和静态编译解码空间两种方式。对于智能座舱领域的离线语音识别系统，因为资源的限制，一般采用动态编译解码空间的方式。动态编译解码空间只是预先将发音词典编译好，其他知识源在解码过程中动态集成，能够避免静态编译的内存瓶颈。

关于搜索空间的结构，首先要考虑的是词典的组织方式，本书采用线性词典前后缀合并的方式，对于线性词典（图 7-61），各个词的模型在搜索的过程中保持严格的分离，词的模型之间没有信息的共享。搜索空间的构建方法主要是将声学模型、声学上下文、发音词典这三个知识源通过前缀合并、后缀合并和状态级优化预先编译成一紧致的状态网络，而语言模型通过扩展的令牌在解码过程中动态集成。

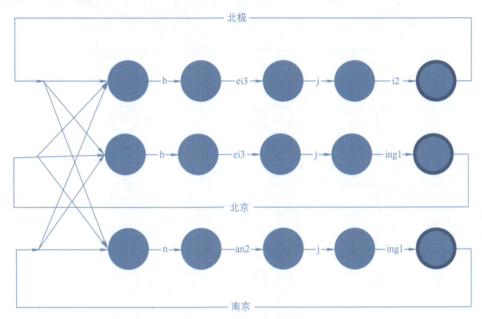

图 7-61　线性词典

以图 7-61 中的三词线性字典为例，由"北京""北极""南京"三词组成。假设采用跨词（Cross Word，CW）上下文相关（Context Dependent，CD）三音子建模，词条的音素序列将转换成三音子序列。依据其位置，三音子序列可分三部分：词头的扇入（Fan-In，FI）三音子，词中三音子串和词尾的扇出（Fan-Out，FO）三音子。词中音素的上下文可由词本身决定，而词头音素的上文需依赖于前驱词的最后一个音素，词尾音素的下文需依赖于后继词的第一个音素。

图 7-61 对应的初始状态网络如图 7-62 所示，由共享图头区、独立图中区和共享图尾区 3 部分组成，为简便起见，这里省略了头尾静音和中间停顿的特殊词。不同词条的前缀和后缀分别在图头区和图尾区进行共享，而词条的中间部分和标识（ID）信息在图中区独立创建。状态网络有两种类型的节点：虚节点和状态节点。

虚节点（Dummy Node）是用于标记词 ID 或特殊情形的节点，不含具体的声学状态。图 7-62 中虚节点用方块表示。虚节点根据其作用的不同可分 5 种类型，见表 7-4。

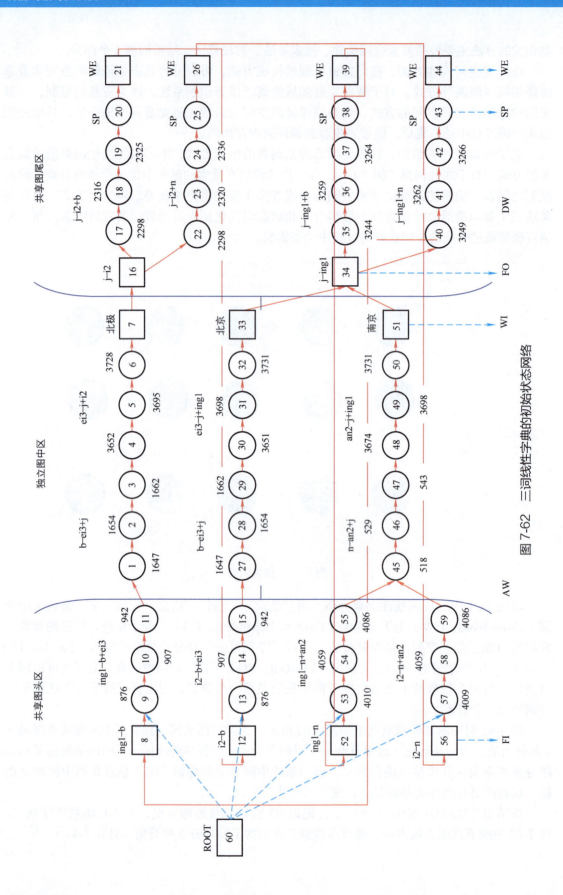

图 7-62 三词线性字典的初始状态网络

表 7-4　虚节点的 5 种类型及作用

类型	作用
ROOT	整个状态网络的根
FI	用于聚集所有相同词头音素和词间左上文的三音子
FO	用于聚集所有相同词尾音素和词内左上文的三音子
WI	用于记录词的 ID
WE	用于标记一个词条的结束

状态节点（State Node）是指用于标记声学状态的节点。一个三音子通过音素决策树可以查找到其对应的 3 个 HMM 状态，在状态网络中表示为 3 个连续的状态节点。图 7-62 中状态节点用圆圈表示；三音子用"a-b+c"表示（音素 b 有左上文 a、右下文 c）。状态节点根据其在图 7-62 中所处位置的不同可分为 3 种，见表 7-5。

表 7-5　状态节点的 3 种类型及作用

类型	作用
SP	用于吸收词与词之间短暂的静音
AW	介于 FI 和 WI 之间的状态节点
DW	介于 WI 和 SP 之间的状态节点

一般来说，由线性词典生成图 7-62 所示的状态网络需要分三步执行：

1）通过共享扇入和扇出三音子的方式构建初始状态网络。以词条"南京"为例，线性字典里的词条依如下方式逐一加入到已存在的初始状态网络中：

① 在独立图中区创建该词条词中三音子串对应的状态节点，并把标记有该词条 ID 的 WI 节点附在其后。词条"南京"的词中三音子串"n-an2-j，an2-j-ing1"对应的状态节点 N45-N50 先被创建，标记有"南京"的 WI 节点 N51 紧随其后。

② 在共享图头区如果不存在该词条扇入三音子，则创建该扇入三音子节点并将其邻接到对应的 FI 节点和词中三音子串的第一个状态节点。词条"南京"的扇入三音子根据上文有两种变体"ing1-n-an2"和"i2-n-an2"两种变体，相应的状态节点 N53-N55、N57-N59 先被创建，后分别与相应的 FI 虚节点 N52、N56 和词中三音子串的第一状态节点 N45 相连。

③ 在共享图尾区如果不存在该词条的扇出三音子，则创建该扇出三音子的状态节点，后继 SP 节点和 WE 节点，并邻接到相应的 FO 节点和 FI 节点。词条"南京"的扇出三音子有两种变体"j-ing1-b"和"j-ing1-n"，已经在共享图尾区存在（在创建词条"北京"时生成），则无须操作。

2）通过前向节点合并算法优化初始状态网络，产生前向优化状态网络，前向节点合并算法从 FI 节点和 FO 节点开始，沿着由左到右的方向前向合并初始状态网络。前向节点合并的过程如下：

① 拥有相同声学状态和共同父亲节点的两个姐妹节点进行前向合并。

② 两个姐妹节点的所有的后继节点成为新合并节点的后继节点。在图 7-62 中，节点 N17 和 N22 不仅有相同的父亲节点 N16 并且有相同的状态编号 2298，可以被合并。应该指出的是，步骤 1）中将 WI 节点放在词条词中三音子串的后面，保证了前向合并的充分性。

3）通过后向节点合并算法，进一步优化网络产生最终的状态网络。后向节点合并算法首先将 WI 节点前向移动到最近的拥有多儿子的祖先节点，再从 FI 节点和 FO 节点开始沿着反方向做后向节点合并。后向节点合并的算法如下：

① 两个拥有相同后继节点和相同声学状态的姐妹节点被后向合并。

② 原两姐妹节点的所有前驱节点成为新合并节点的前驱节点。最后，将 WI 节点再一次尽可能地前移保证它们是最初的不共享节点。

在搜索算法方面，搜索的核心算法是 viterbi，不同的任务会有不同的实现版本，在实际实践中我们采用基于紧致状态网络的 token pass 算法，token 是搜索算法中常用的表示搜索过程中部分路径的数据结构，主要包括路径概率和时间回溯信息。本书在这里加以扩展，每个 token 的数据结构还追加了 N-gram 历史和当前词 ID 的信息，当前词 ID 在一开始被标记为未知（unk），当经过 WI 节点的时候被更新为该 WI 节点上记录的词 ID。在令牌合并（Token Recombination）时，需满足以下 3 个条件：①两个令牌在状态网络中的同一个节点上；②包含有相同的词 ID；③拥有相同的 N-gram 历史。

当 token 传播到 WI 节点上时，语言模型的概率被累加到令牌的路径概率中。状态网络中 WI 节点被尽可能地前移让语言模型的概率可以尽早被集成。为了进一步更早集成语言模型概率，还可以采用状态级语言模型预估（Language Model Look-Ahead，LMLA）技术。LMLA 技术本身是应用在音素前缀树上，属于音素级 LMLA，但是可以将其扩展应用到状态网络上。为了避免前一帧的 token 与当前帧的 token 进行合并，token 的传递将从状态网络的 SP 层开始，按照时间顺序逐帧沿着反方向逐层进行。如果有多个后继节点，将依据其节点类型做分别处理。

在剪枝算法方面，对于大词汇连续语音识别中完全 DP 搜索，在每个时间帧，DP 递归程序将面临巨大数目的 HMM 状态。如果采用一定的剪枝策略，则可以把计算量降低，同时保证识别率基本不下降。剪枝操作主要有如下 3 个步骤：

1）声学剪枝：保留和最佳 token 的声学分数比较接近的路径，假设声学剪枝门限为 f_{ac}，当前帧最大累计声学概率为 Q_{ac}，若某个 token 的声学得分 $q_{ac} < Q_{ac} - f_{ac}$，则剪掉 q_{ac} 对应的 token。

2）语言模型剪枝：语言模型的得分仅在 token 到达词边界时才加入到累计得分中，语言模型剪枝又称为词尾剪枝（Word End Pruning）。之所以采用词尾剪枝，是因为不同历史的语言模型的概率相比于不同词的概率变化幅度小很多，而且词尾的声学层概率相对比较稳定，通常在词尾可以应用更窄的剪枝束宽度。

3）直方图剪枝：把存活的 token 个数限制在一个范围内，即设置一个上限 M，如果活动 token 的个数超过了 M，则保留得分最高的 M 个 token。

在结果回溯方面，解码过程中，需要保存用来进行结果回溯的信息，通过这些保存的回溯信息生成词图，在词图上使用 A star 算法就可以获得 NBest 结果和最终的识别结果。

2. 自然语言理解

在座舱语音交互技术链条中，自然语言理解（NLU）是指以语音识别所获得的文本为输入，经过信息提取，输出结构化的语义信息的过程。一段自然语言文本对于计算机而言仅仅是一串编码，计算机无法理解它的含义，也就无法帮助人类去执行这段自然语言文本所蕴含的指令。例如用户输入"空调设为 25 度"，NLU 模块将这段文本进行解析，识别它的领域是家电控制而非音乐、故事等，意图是控制而非关闭、启动等，控制对象是空调而非座椅等，属性是温度而非风速，值是 25，进而执行这条指令，完成空调温度设定任务。

　　语义结构化信息的格式通常包含领域（Domain）、意图（Intent）、槽位（Slot）三种信息。领域通常包含车控、音乐、天气、股票等可选值；每个领域下有若干种意图，如音乐领域通常包含点播、播放、暂停等；每个意图下可能有若干槽位，如音乐领域点播意图通常包含歌名、歌手、专辑等槽位。除领域、意图、槽位之外，还可以包含一些辅助信息，如领域和意图的解析结果置信度、解析所用方法等。

　　图 7-63 所示为 NLU 处理的大体流程：首先对 ASR 的识别文本进行领域分类，获得 domain 的取值；同理，经过意图分类获得 intent 取值；最后进行槽位填充获得所需语义项信息，整理得到最终的结构化信息。

图 7-63　NLU 处理流程

　　领域、意图识别作为文本分类任务，常用的方法有最大熵（Maximum Entropy，ME）、逻辑回归（Logistic Regression）、支持向量机（Support Vector Machine，SVM），以及神经网络类的方法，如循环神经网络（Recurrent Neural Network，RNN）、长短期记忆模型（Long-Short-Term Memory，LSTM）、基于卷积 TextCNN 模型和时序卷积网络 TCN 等。

　　以智能座舱中常用的 TCN 模型为例，一般来说，残差连接为输入和输入的非线性变换的线性叠加，然后经过激活函数获得输出。此处所使用的 TCN 模型中，残差连接作用在两层卷积层上。通过 TCN 网络对文本的编码，就获得了整句的特征表示，接着经过全连接和 softmax 运算，获得在预测类别上的概率分布。

　　槽位填充作为序列标注任务，常用的方法有隐马尔可夫模型（Hidden Markov Model，HMM）、条件随机场（Conditional Random Field，CRF）。神经网络类的方法通常使用编码器加条件随机场的模型结构。在智能座舱实践中，通常使用 TCN-CRF 的神经网络模型，其结构如图 7-64 所示。

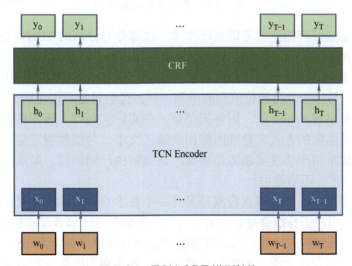

图 7-64　TCN-CRF 模型结构

在图 7-64 中,编码器(Encoder)使用 TCN 模型来结合上下文信息对当前词进行特征提取。通常编码器可以替换为任何其他模型结构,如 RNN、LSTM 等。编码器所获得的特征形式为在预测目标列表上的连续分布的特征向量,作为 CRF 层的输入。CRF 层一般通过对相邻位置的预测目标进行限制,以获得一个整句的最优标注结果。

通常领域意图分类和槽位填充作为分离的任务来做,其优势在于各个模块可拆卸便于单独升级优化。智能座舱场景往往期望在保证性能的同时可以有更低的资源占用,多任务模型能够将领域意图分类和槽位填充任务合并,使用单个模型完成全部 NLU 解析工作。具体来说,如图 7-65 所示,多任务模型通常使用上游编码器加下游多任务的模型结构。在每个样本开头预置 w_D 和 w_I 两个分类标志位,分别用来做领域(domain)和意图(intent)的分类任务。编码器在每个词的位置结合上下文进行特征提取,获得对应的隐状态特征 h,经过 Softmax 计算后获得在预测目标列表上的概率分布。

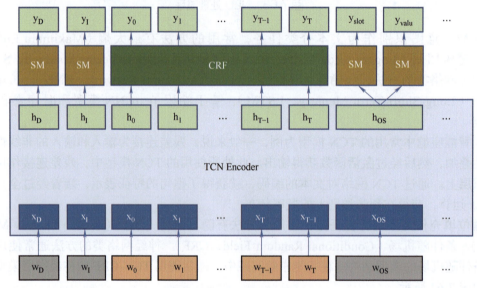

图 7-65   多任务模型结构

在句子序列上做序列标注任务以提取实体,这部分与分离的 TCN-CRF 模型没有区别。为了方便提取隐含槽位,例如在限定车载场景中,"风量调大"默认含有 <对象,空调> 槽位键值对,在句子尾部设置 w_{os} 标志位,其对应的隐状态特征做两次分类任务,其一获得槽位名预测结果,另一个获得槽位值预测结果。标志位数量是不固定的,在模型预测阶段,其槽位名预测结果出现 <end> 时,则解码结束。在实际实现时,通常还会添加一个规则解析模块,基于规则匹配的方式来精准匹配用户输入文本,并按照规定格式解析和返回结构化信息。这种方法常用于快速实现验证系统、快速解决已知问题。但规则匹配的方法泛化能力不足,依赖人工、不易维护。

在自然语言理解中,语义端点检测是另外一个技术难点。语音交互中的语义端点检测是从语义层面判断用户语音指令是否结束。传统的判断是基于语音端点检测(Voice Activity Detection,VAD)来识别连续静音段,当静音时长超过阈值(通常为 300 ~ 450ms)则认为语音指令结束。这种方法无法识别用户自然停顿。语义判不停是负责通过自然语言理解的方法来识别人类语言中的自然停顿,从而更好地控制人机交互的节奏。

如图 7-66 所示，语义判不停模块接收 ASR 的识别文本作为输入，输出是否停止的预测结果及置信度。VAD 模块接收音频特征作为输入，识别连续静音段，输出检测结果。上层策略融合模块负责结合语义判不停和 VAD 的判停结果，根据预置的策略获得最终的判停结果。从理论上来说，语义判不停是自然语言处理中的文本分类任务，可以根据场景选择合适的分类方法。在智能座舱开发中，通常采用卷积类模型。

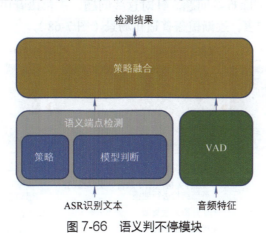

图 7-66　语义判不停模块

7.3　多模交互算法开发

人在感知世界的时候是多模态的，如我们可以用眼睛看到色彩、用耳朵听到声音、用手指去触碰纹理、鼻子去闻到气味或用舌头去品尝味道。模态指的是某种传感器感知到的某种数据模态，当多种模态的数据进行联合处理学习，则被认为是多模态任务。多模态机器学习（Multimodal Machine Learning，MMML）的目的是针对多种模态数据进行联合学习、联合处理。当前多模态机器学习的热点在于视觉、语音、文本的融合学习，如视觉问答（Visual Question Answering）、文字图像搜索（Text-Image Retrieval）、音视觉语音识别（Audio Visual Speech Recognition）等。

7.3.1　多模语音

在座舱中，常见的多模态算法主要集中在多模语音领域，包括多模命令词识别、多模语音分离等。由于唇语在高语音噪声场景中能提供相对稳定的视觉信号，多模语音算法相比纯语音算法，在高噪声场景、人声混叠场景中能产生显著优势。由于舱内的摄像头和传声器的位置较为固定，座舱内的多模语音算法能带来较为稳定的识别效果提升。

如图 7-67 所示，多模语音是一种在传统语音算法的基础上融合了视觉算法的语音交互方案，使用视觉与语音等多模态 AI 技术融合，结合用户行为精准判断用

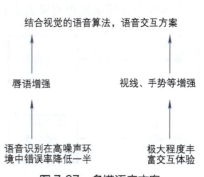

图 7-67　多模语音方案

户意图，解决了单模态语音下"难唤醒、误唤醒、误识别"三大痛点，大幅度提升了用户的智能交互体验。

1. 多模语音方案

基于单模纯传声器的感知，单模语音难以解决拾音差、实现全车语音交互难、人声干扰处理难以及噪声干扰消除难等问题。针对这些问题，多模语音由于融合了图像感知，以解决单模语音的痛点为初衷，逐渐覆盖普适化场景（图 7-68）。

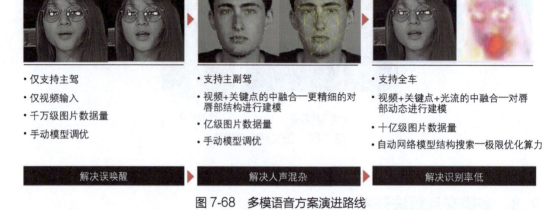

多模命令词
- 仅支持主驾
- 仅视频输入
- 千万级图片数据量
- 手动模型调优

解决误唤醒

多模语音分离
- 支持主副驾
- 视频+关键点的中融合一更精细的对唇部结构进行建模
- 亿级图片数据量
- 手动模型调优

解决人声混杂

多模语音识别
- 支持全车
- 视频+关键点+光流的中融合一对唇部动态进行建模
- 十亿级图片数据量
- 自动网络模型结构搜索一极限优化算力

解决识别率低

图 7-68　多模语音方案演进路线

1）多模多音区定位：结合唇动、声音和人员位置信息和传声器阵列技术可以通过少量传声器精准进行多音区定位。

2）多模人声分离：结合唇动、声音的特征和盲源分离技术基于更少的传声器能够在高干扰下精准抽取干净人声，提高干扰下语音识别性能并实现全车可唤醒。

3）多通道人声检测：基于多通道人声检测技术，可以更好地确定目标人声、隔离干扰人声。

4）场景化降噪和回声消除：基于不同场景的噪声特性，通过 AI 降噪消除噪声和回声让通话和识别性能大大提升。

图 7-69 所示为一个通用的多模语音算法通用方案。在实际开发中，多模语音算法需实现音视频的实时融合预测，需依赖 25 帧 /s 及以上帧率的视频及实时的音频处理。具体来说，一个多模语音算法流程通常至少有两组输入：

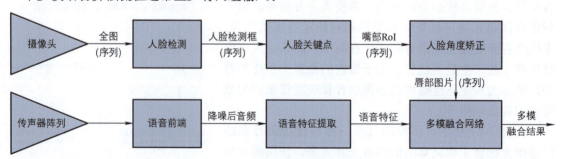

图 7-69　多模语音算法通用方案

1）视频输入：摄像头数据需经过前置神经网络模块的实时处理，第一步往往会需要在图像中进行人脸检测，在获得较为准确的人脸检测结果之后，可以运行人脸关键点检测算法。人脸关键点算法能够预测脸部的重要特征点的位置，如眼角、鼻尖、嘴角等。经验上，多模语音算法通常使用 68 点及以上的人脸关键点，其中有 20 个点用于描述唇部区域的定位特征点，使用数量较多的特征点能够在大角度侧脸的场景中获得较好的唇部区域定位。在使用唇部关键点进行嘴部区域定位后，人脸区域会结合关键点相对标准脸的偏转角度进行仿射变换修正图像角度。唇部区域图像会结合时间戳被整理成视频数据，用于后续识别。

2）语音输入：在获取到原始信号及车机参考信号，会通过语音前端模块（参见第 7 章）进行降噪处理，再进行语音的特征提取，并获得实时流式的音频特征。

2. 多模语音的座舱应用

在视频数据和音频特征都准备好之后，多模语音算法会接受视频和语音数据进行联合预测。为了实现音视频同步，需要获取到准确的音视频时间戳，通过时间戳实现语音和视频的严格对齐。由于音视频的帧率不一样，一个整数倍的帧率比例更容易让多模语音算法处理，一个通常使用的帧率是视频 25 帧 /s、音频特征 100 帧 /s，这样视频和音频能够以 1∶4 的整数比例关系实现数据对齐。在实际开发中，一个成熟的多模语音系统会融合多个摄像头及多个传声器的数据和结果，且在唇部遮挡或唇部质量不佳的条件下灵活切换单模语音和多模语音方案，将多模系统的性能优势发挥到极致的同时，能保障各个场景的基础性能良好。基于以上架构，下面介绍多模命令词以及多模语音分离两个常见的座舱应用。

（**1**）**多模命令词**　多模命令词是首个在座舱中被量产交付的多模语音算法。免唤醒命令词任务是基于预定义的命令词表进行识别的任务。语音免唤醒命令词在座舱中有召回低、误报高的传统痛难点：当有数十个免唤醒命令词的时候，语音免唤醒命令词需要在召回率和误报率中进行权衡妥协。当风噪、胎噪、人声干扰噪声变大的时候，单语音命令词会出现识别性能的大幅下降。多模态音 / 视觉命令词识别系统，通过将视觉唇语和语音融合到一起，在高噪声场景中，可将相对漏报率降低 70%。

图 7-70 所示为多模命令词的算法流程，在多模语音原始数据流的基础上，多模命令词模型增加唇部视频和语音特征输入，在模型中融合特征并预测发音音素，音素的概率输出由解码器解析并产出命令词的识别解码结果。

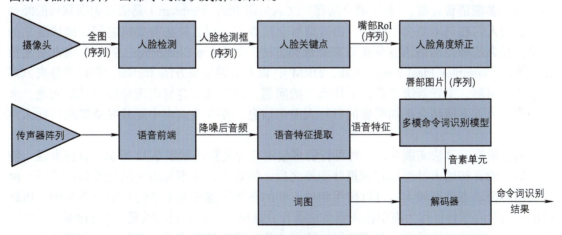

图 7-70　多模命令词的算法流程

如果将以上算法流程进行抽象，可以得到一个通用的多模声学模型（图7-71）一般由下面五个模块构成。

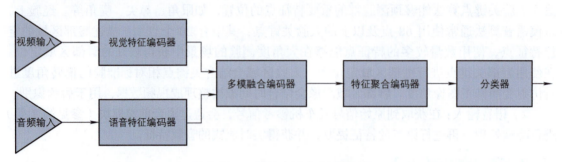

图7-71　通用的多模声学模型结构

1）视觉特征编码器（Visual Feature Encoder）：由3D卷积（3D Convolution）、2D卷积（2D Convolution）和视觉转换器（Vision Transformer，ViT）等基础模块及其组合构成。

2）语音特征编码器（Audio Feature Encoder）：由2D卷积（2D Convolution）、1D卷积（1D Convolution）、转换器组（Transformer Block）、卷积增强转换器（Convolution-augmented Transformer，Conformer）、前馈序列记忆神经网络（Feedforward Sequential Memory Network，FSMN）等基础模块及其组合构成。

3）多模融合编码器（Multimodal Fusion Encoder）：由特征拼接（Concatenation）、逐元素加（Elementwise Add）、门融合（Gate Fusion）、注意力机制（Attention）、跨域Transformer（Cross-Transformer）等基础模块及其组合构成。

4）特征聚合编码器（Feature Aggregation Encoder）：由2D卷积、1D卷积及Transformer等模块及其组合构成。

5）分类器：往往由线性层（Linear Layer）和激活函数层（Activation Function Layer）构成。

解码器部分可参考本书第5章，与通用识别不同的是，命令词识别的解码网络是词图网络和垃圾回收网络，根据声学打分进行维特比解码，结合后处理逻辑返回命令词识别结果。

（2）多模语音分离 "鸡尾酒会问题"（Cocktail Party Problem）是语音识别领域的经典问题，指人们在鸡尾酒会中交谈，语音信号会重叠在一起，算法需要将它们分离成独立的信号。经典的神经网络语音分离方案有聚类方法，如Deep Clustering、频域分离方法复数比例掩码（complex Ideal Ratio Mask，cIRM），以及时域分离方法TasNet。但语音分离方案由于算法限制，不好解决"谁说了什么"的问题，音频通道容易出现分离错乱的问题。多模语音分离方案能结合更加明确的目标人图像信息，在混叠人声中能较好地实现目标人声提取。

在人机交互算法实践中，一种可行的多模语音分离算法如图7-72所示。具体来说，特定采样率的音频输入经过短时傅里叶变换之后，能够获得实虚部表示的复数频谱特征。由于频谱特征动态范围较大，可以使用相位不变的指数压缩降低频谱特征的动态范围。压缩后的频谱和唇部特征作为模型输入到多模语音分离网络，模型预测的是一组cIRM，该掩码会被应用于数值压缩的带噪频谱特征，获得数值压缩后的降噪后频谱特征。在对数值进行指数数值反压缩后，会获得降噪后的频谱特征，通过逆短时傅里叶变换后，可以获得降噪后的音频。

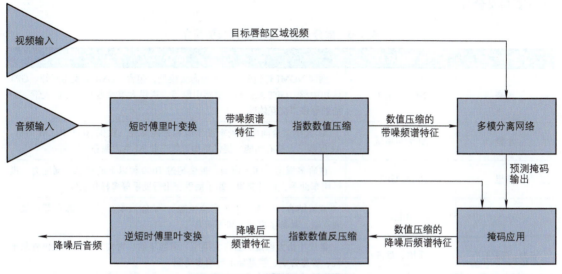

图 7-72　多模语音分离算法

模型结构上，可使用 UNet 作为语音分离的主干网络，在 UNet 的瓶颈层（bottleneck）实现视觉特征的多模态融合。模型训练过程中，需用背景干净的语音数据作为监督信号，训练数据采用在原始数据上人工扰动产生的加噪数据，可以实现有效的训练。对于以上的多模算法，最后可以在综合测试平台中进行体验测试及量化测试，测试页面如图 7-73 所示。

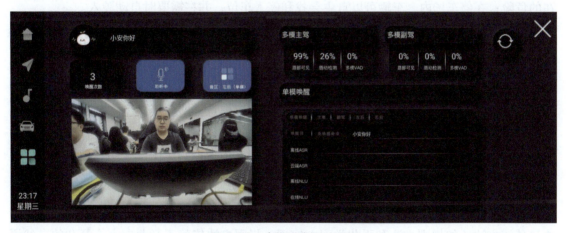

图 7-73　多模语音测试页面

7.3.2　多模态大模型

部分主机厂多模态大模型简介见表 7-6。多模态大模型通过融合自然语言、视觉和传感器等信息，能够更加自然和高效地理解和响应驾驶员及乘客的需求。例如，语音助手不仅能够执行简单的导航指令，还可以理解复杂的语境，提供个性化的建议和服务。此外，车辆可以通过实时监测环境数据，自动调整车内设置以适应外部环境的变化，从而提升乘坐舒适度和安全性。

表 7-6 部分主机厂多模态大模型简介

主机厂	大模型名称	简介
蔚来	NOMI GPT	围绕 NOMI 打造的端云多模态大模型，包含 NOMI 多模态感知、GPT 认知中枢、GPT Agents、情感引擎等，提供大模型百科、趣玩表情、AI 场景等多项交互体验
小鹏	AI 天玑系统	AI 大模型全面应用到智能座舱和智能驾驶，提供 AI 小 P、AI 司机、AI 保镖三大核心功能，提供更加智能车载 AI 主力服务
理想	Mind GPT	自研多模态认知大模型，提供超过 1000 种以上的理想专属能力，提供用车助手、百科老师、娱乐助手、出行助手等多样化功能
小米	MiLM	端云结合，赋能"人车家全生态"，赋能汽车、手机、家具等场景互通互联，具备多模态感知等能力
华为 / 鸿蒙智行	千悟、盘古	集成千悟大模型、盘古大模型，赋能座舱、智驾等场景，提供智慧车机、智慧音响、智慧显示等诸多功能
比亚迪	"璇玑" AI 大模型	应用至汽车全领域，不仅面向智驾、座舱，还打通了动力总成、悬架等硬件，覆盖了整车 300 多个场景，赋予整车智能持续进化

汽车作为具身智能的可能性也在被不断探索，换句话说，汽车可以被认为是拥有四个轮子的机器人。具身智能指的是机器人通过与环境的交互，能够像人类一样自主感知、决策和行动。通过集成多样的传感器和算法，汽车不仅能够实现端到端的自主驾驶，还能与周围环境甚至与其他车辆进行智能交互。例如，通过实时分析交通状况，可预测并避免潜在的危险；在停车场内，车辆可以自主寻找和停入车位，并在需要时自动驶入。

以多模态大模型为中心打造的常见车载系统技术架构如图 7-74 所示，该系统具备提供多模态感知、生成、规划和控制等多种功能。尽管多模态大模型的实际应用仍处于初期探索阶段，其形式和功能也在不断变化和丰富，但它已展示出巨大的潜力和前景。当前，多模态大模型多模信息编码主要通过两种方式实现。其一为专家模型（私域小模型），通过获取专家模型的感知信息，能够提取诸如人体框等关键信息。这些小模型在各自领域表现出色，可以提供高精度的感知能力，然后通过文本形式组织输入到大模型。另外一种是通过多模态编码器直接获取不同模态的感知特征。这种方法不依赖于单一专家模型，而是通过统一的多模态编码器处理图像、音频、文本等多种数据源，并将其感知特征输入到大模型中。这种方式能够更好地整合多种感知信息，实现更高层次的智能化处理。

Agent 通过感知环境、规划和执行动作来完成既定任务。在大语言模型出现之前，主要通过传统方法（如规则方法和强化学习）实现。规则方法依赖于行业专家将复杂的自然语言问题转化为符号规则，缺乏容错能力，容易因为小错误导致系统崩溃；强化学习则需要大量样本进行训练，数据收集成本高，因而难以大规模推广。常见的基于大语言模型的典型 Agent 技术架构如图 7-75 所示，其中大语言模型充当着核心调度器的角色。这个调度器负责解读用户的自然语言输入，规划出一连串可执行的动作，然后依托记忆模块等其他组件和外部工具，逐步完成这些任务。

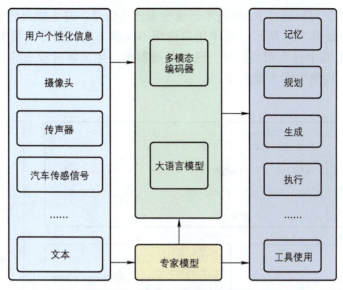

图 7-74　常见车载系统技术架构

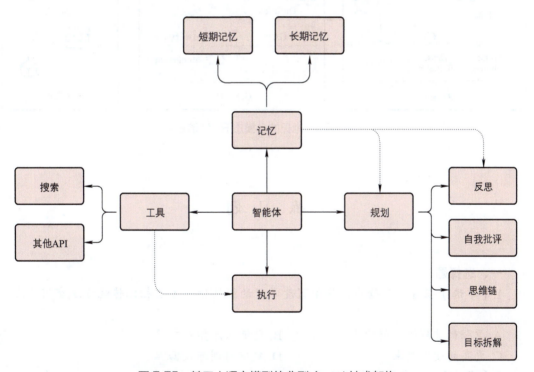

图 7-75　基于大语言模型的典型 Agent 技术架构

多模态大模型具备较强能力，但仍面临幻觉问题、时效问题和数据安全问题。RAG（Retrieval-Augmented Generation）技术可以部分解决这些问题，结合检索和生成，通过大规模知识库检索相关信息并生成结果。RAG 使得开发者无须为每个特定任务重新训练大模型，只需外挂知识库即可提高模型回答的准确性，适合知识密集型任务。在车载系统中，RAG 技术应用于智能问答、信息检索和内容生成。例如在智能车载说明书应用场景中，当驾驶员询问时，系统可以通过 RAG 技术迅速检索相关信息，并生成自然语言回答。常见的多模态 RAG 流程如图 7-76 所示，其中用户使用不同模态的数据作为检索器和生成器的输入。检索器从数据源中提取相关信息，输入生成器中，生成各种模态的结果，其中生成器包含语言大模型、视觉生成大模型等。

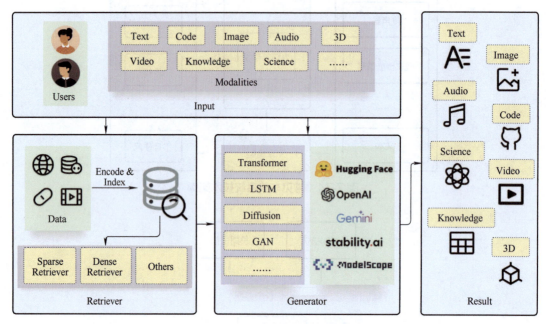

图 7-76　常见的多模态 RAG 流程

练 习 题

一、选择题

1.【单选】在智能座舱内，基于深度学习的视线估计方法相比传统方法有何优点？
（　　　）

A. 更强的非线性映射能力　　　　　B. 更低的计算成本

C. 更高的硬件要求　　　　　　　　D. 更少的训练数据

2.【多选】智能驾驶舱中的语音前端处理包括以下哪些技术？（　　　）

A. 回声消除　　　B. 噪声抑制　　　　C. 图像识别　　　　　　D. 波束形成

3.【多选】视线估计的研究方向分为哪几类？（　　　）

A. 基于 3D 眼球模型重建　　　　　B. 基于 2D 眼睛特征

C. 基于人脸 / 眼外观特征　　　　　D. 基于全身姿态估计

4.【单选】在情绪识别的建模方式中，不包括（　　　）。

A. 离散情绪　　B. 连续情绪空间　　　　C. 行为感知　　　　　　D. 面部动作单元（AU）

5.【多选】BF 和 BSS 在语音分离上的主要差异是（　　　）。

A. BF 通过空间滤波增强期望方向的信号

B. BSS 不需要已知的声源方向

C. BF 适用于多源混音的场景

D. BSS 需要声源的先验信息

二、填空题

1. 行为识别技术，除了图像分类，还可以利用_____和_____等技术来提高识别精度。

2. 在视觉交互算法中，识别驾驶员行为的第一步通常是通过全图检测产生_____。

3. 在 3D 手势方案中，_____与 RGB 图像融合，能够更好地重建人手的三维模型。

4. 在视线估计的深度学习方法中，常见的输入信息包括_____、人眼图像和头部姿态，以帮助模型准确估计视线方向。

5. 打电话行为识别的主要难点包括_____、姿态遮挡以及手遮挡手机。

三、判断题

1. 在静态图片中，抽烟识别比打电话识别更具挑战性。　　　　　　　　　　（　　　）

2. 自然语言理解任务解析的结构化语义信息通常包含意图识别、实体提取和槽位填充。

（　　　）

3. 基于深度学习的视线估计模型在处理多角度光线变化时性能较差。　　　（　　　）

4. 在智能驾驶舱开发中，手势识别和语音识别是两个独立的任务，不需要进行融合。

（　　　）

5. 多模态融合可以用于提高情绪识别的精度，常用的模态包括视觉、文本和音频。

（　　　）

四、简答题

1. 什么是义端点检测？义端点检测和传统语音端点检测有何不同？

2. 简述座舱算法研发流程的关键步骤，并说明每个步骤的核心任务。

3. 在汽车智能座舱中，如何通过多模态融合技术提高驾驶员行为识别的准确性？

五、实训题

1. 调研 3D 人脸识别技术在智能座舱中的应用场景，评估其在情绪和表情识别中的优势和挑战。

2. 设计并实现一个视觉疲劳检测系统，通过分析驾驶员眼睛状态和面部表情判断疲劳程度。

第8章 智能驾驶人机 交互软件开发

根据本书第2章介绍的整体开发流程，当算法模型训练完成后，下一步就要开始进行人机交互感知软件的开发。简单来说，感知软件的开发就是将算法模型转换成易于在芯片上运行的格式，并且在特定的开发框架内进行上层策略的开发。本章以打电话识别与主动降噪为案例导入，将详细介绍感知软件开发的流程、所需的芯片工具链以及开发框架。

案例导入：驾驶中打电话识别与主动降音

打电话识别场景感知软件开发主要步骤详见表8-1，首先需要完成打电话行为的场景定义，即何种行为需要认为是打电话。确定产品定义之后，需要采集一定数量的数据进行场景评估，评估定义是否需要开始进行该场景的训练集和测试集的数据采集，或者通过一些合法渠道获取对应的数据，并对该数据进行标注，并基于该训练数据进行模型训练，产出打电话行为识别的预测模型。模型开发完成之后，在感知应用框架内对模型进行集成，并完成该模型的感知性能评估。

表8-1 打电话感知软件开发主要步骤

步骤	描述
打电话场景定义	对打电话行为的场景定义，即何种状态被认为是打电话行为，确认打电话的正负样本场景，完成第一轮产品定义之后，基于该场景采集一定数量的数据进行场景评估，确认哪些数据的定义是符合预期、哪些数据的定义不符合预期，经过多轮迭代之后，完成最终的场景定义
打电话场景设计	完成打电话场景定义之后，对打电话的场景进行细化，比如微信电话、人脸大角度打电话、反手打电话以及各种手部握电话的姿势等，采集小批量的测试集对各个场景的评估，选择合适的模型结构和数据比例，并产出算法模型的原型设计，对该场景进行指标的 Baseline 输出
打电话功能开发	进入到开发阶段，需要对前面确定的细化场景进行大批量的数据采集，并产出针对打电话行为检测的算法模型，通过芯片工具链将该模型编译成为二进制文件并发布到二进制文件的管理平台，感知 App 通过二进制管理平台拉取该二进制模型文件进行模型的加载和集成，并通过开发相应的感知融合策略确保该功能落地
打电话功能验证	进入测试阶段后，会对整个场景功能进行测评，包括该功能的长期稳定输出、各个细分场景的指标是否达到了预定的需求、总体指标是否达到需求、开发覆盖的内容是否和预先设定的场景存在偏差、感知流程上是否存在无法正确检测手持手机打电话的异常状态等，完成上述验证之后，该功能场景就可以正常进行发布并产出测试报告
打电话功能发布和OTA	版本各项功能都验证通过之后就可以发布到客户手中进行升级，若是已经量产的车型，则可以通过 OTA 升级的方式将新的场景应用发布到用户

1. 模型编译和管理

进行模型发布和部署的时候通常会对模型进行加密或者进行编译成为二进制文件，目前在人机交互项目中采用的是将模型编译成为二进制文件的方式实现模型的发布和部署。基于第 7 章中描述的地平线工具链为例，主要步骤如下。

（1）模型下载 通常会有一个通用的模型管理平台对所有的发布模型和实验模型进行管理，如地平线通过艾迪平台完成模型的管理（图 8-1）。

图 8-1 艾迪平台模型管理界面

（2）模型编译器安装 地平线的模型编译器可以通过指令 hbdk-cc --version 检查编译的版本，若开发机上没有该指令，也可以通过如下指令进行编译器的安装：

```
# 安装 3.14.2 版本
pip3 install hbdk==3.14.2 -i http://pypi.hobot.cc/hobot-local/simple --trusted-host pypi.hobot.cc --trusted-host mirrors.aliyun.com
```

安装完成之后，再来执行 hbdk-cc--version，就可以检查到开发机上版本的具体信息如下：

```
version: 3.14.2
runtime version: 3.9.9
cmake_build_type: relo3withdebinfowithassert
supported_march: bernoulli, bernoulli2,
git_version: 553d5a3
git_full_commit_hash: 553d5a3255318dddbbfe6b3d9785af40ac906f7e
git_branch: develop
release_type: public
```

（3）获取模型描述信息 模型描述文件主要用于记录完成模型编译时需要定义的参数信息：

```
INPUT_SHAPE = 1x128x128x3
INPUT_TYPE = resizer
MODEL_JSON_NAME = v0.0.1/model_x2_infer-symbol.json
PARAM_FILE_NAME = v0.0.1/model_x2_infer-0037.params
```

确认完成上述描述信息之后，就可以对模型进行编译，编译脚本如下：

```
hbdk --march bernoulli -n dms_exp_model -m ../v0.0.1/model_x2_infer-symbol.json -p ../v0.0.1/model_
x2_infer-0037.params -s 1x128x128x3 -o ../lib/dms_exp_model.hbm -i resizer --O3 --description ../outputs/
dms_exp_model_bernoulli/model/model_info.txt
```

完成模型编译之后，需要对发布的模型二进制进行管理，通常可以将模型托管到 Artifactory 上，Artifactory⊖ 是一款由 Jfrog 开发的一款 Maven 仓库服务端软件，可以用来在内网搭建 maven 仓库，供公司内部公共库的上传和发布，以提高公共代码使用的便利性。

2. 感知软件开发

完成模型的编译和上传 Artifactory 之后，就可以进入到模型集成和感知功能开发，后续代码用于描述关键的代码部分：

（1）定义消息（C++）

```cpp
// exp_model_frame.h

namespace Cabin {
typedef int64_t TrackID;
class ExpModelInfo {
 public:
  ExpModelInfo()
    : algo_clsf1_score_(0.0f),
      algo_clsf2_score_(0.0f),
      algo_clsf3_score_(0.0f) {}
  ExpModelInfo(float score1, float score2, float score3)
    : algo_clsf1_score_(score1),
      algo_clsf2_score_(score2),
      algo_clsf3_score_(score3) {}
  ~ExpModelInfo() = default;
  const float &algo_clsf1_score() const { return algo_clsf1_score_; }
  float &mutable_algo_clsf1_score() { return algo_clsf1_score_; }
  const float &algo_clsf2_score() const { return algo_clsf2_score_; }
  float &mutable_algo_clsf2_score() { return algo_clsf2_score_; }
  const float &algo_clsf3_score() const { return algo_clsf3_score_; }
  float &mutable_algo_clsf3_score() { return algo_clsf3_score_; }
  void clear() {
   algo_clsf1_score_ = 0.0f;
   algo_clsf2_score_ = 0.0f;
   algo_clsf3_score_ = 0.0f;
```

⊖ 相关信息详见 https://www.jfrogchina.com/artifactory。

```
    }

 private:
  float algo_clsf1_score_; // 电话分类输出 1
  float algo_clsf2_score_; // 电话分类输出 2
  float algo_clsf3_score_; // 电话分类输出 3
};

class ExpModelMsg {
 public:
  ExpModelMsg() {}
   ~ExpModelMsg() {}
  // exp_model_info_ 用于描述每个基于 TrackID 下的 exp_model 的感知输出信息
  std::unordered_map<TrackID, ExpModelInfo> exp_model_info_;
};
}
```

（2）定义节点（C++）

```
// exp_model_module.h

#include <memory>
#include "hobot-dms/base/message/exp_model_frame.h"

namespace HobotDMS {
class ExpModelModule : public DMSModule {
 public:
  ExpModelModule();
   ~ExpModelModule() noexcept;
  int32_t DMSModuleInit(coral::RunContext *context) override;
  void Reset() override;
  void Fini() noexcept;
  // 声明节点
  PROCESS_DECLARE(ExpModelModule, 0);
  // 注册需要依赖的输入消息
  REGISTER_INPUTS(ExpModelModule, 0, ImageMsg, FaceMsg);
  // 注册需要输出的消息
  REGISTER_OUTPUTS(ExpModelModule, 0, ExpModelMsg);

 private:
  // model_handle_ 用于保存模型加载到内存中的句柄
  bpu_predict_wrapper::ModelHandle model_handle_;
  // predict_ 用于保存进行模型推理的预测器
  std::unique_ptr<bpu_predict_wrapper::CNNResizerModel> predictor_;
};
}
```

```cpp
// exp_model_module.cc

#define MODULE_TAG "ExpModelModule"
#include "ExpModelModule/ExpModelModule.h"
#include <algorithm>

namespace HobotDMS {
ExpModelModule::ExpModelModule()
  : DMSModule("ExpModelModule"),
    model_handle_(nullptr),
    predictor_(nullptr) {}


ExpModelModule:: ~ ExpModelModule() noexcept { ExpModelModule::Fini(); }

int32_t ExpModelModule::DMSModuleInit(coral::RunContext *context) {
 // 模型加载内存
 int ret = bpu_predict_wrapper::BPUInterface::GetInstance()->LoadModel(
   "../lib/dms_exp_model.hbm", &model_handle_);
 if (0 != ret) {
  LOGE_T(MODULE_TAG) << "DMS_EXP_MODEL ERROR";
  return -1;
 }


 // 构建预测器
 predictor_.reset(new (std::nothrow)
              bpu_predict_wrapper::CNNResizerModel("dms_exp_model"));
 if (nullptr == predictor_) {
  LOGE_T(MODULE_TAG) << "DMS_EXP_MODEL ERROR";
  return -1;
 }


 // 预测器初始化
 int err_code = predictor_->Init();
 if (err_code) {
  LOGE_T(MODULE_TAG) << "DMS_EXP_MODEL ERROR";
  return -1;
 }
}

void ExpModelModule::Fini() noexcept {
 // 释放预测器
 if (nullptr != predictor_) {
  (void)predictor_->Finish();
  predictor_ = nullptr;
 }
```

```cpp
  // 释放模型内存
  if (nullptr != model_handle_) {
   (void)bpu_predict_wrapper::BPUInterface::GetInstance()->ReleaseModel(
     model_handle_);
   model_handle_ = nullptr;
  }
}

void ExpModelModule::Reset() { Fini(); }

PROCESS_DEFINE(ExpModelModule, 0) {
 HobotDMSContext *dms_context = reinterpret_cast<HobotDMSContext *>(context);
 for (int index = 0; index < dms_context->camera_cnt_; ++index) {
  // 获取外部消息
  auto sp_face_msg = RECEIVE_MSG(FaceMsg);
  auto sp_img_msg = RECEIVE_MSG(ImageMsg);
  // 构建本节点消息
  spExpModelMsg sp_exp_model_msg = ExpModelPool::GetSharedPtrEx(true);
  if ((nullptr == sp_img_msg) || (nullptr == sp_face_msg) ||
    (nullptr == sp_exp_model_msg)) {
   LOGW_T(MODULE_TAG) << "Input Msg Is Null";
   return;
  } else {
   // 构建预测 ROI
   CNNParamWrapper cnn_param{};
   for (auto iter = rois.begin(); iter != rois.end(); ++iter) {
    bpu_predict_wrapper::CNNBBox cnn_roi{};
    int track_id = iter->first;
    FBox_f &bbox = iter->second;
    cnn_roi.id = track_id;
    cnn_roi.roi = iter->second;
    cnn_param.rois_.push_back(cnn_roi);
   }

   // 模型预测
   int32_t ret = predictor_->Predict(
     sp_img_msg->pym_info_.GetPymBuf(), cnn_param.rois_,
     GetBpuCoreByCameraId(sp_img_msg->m_camera_id));
   if (0 != ret) {
    LOGW_T(MODULE_TAG) << "Predict Failed, Ret:" << ret;
    return;
   }

   // 获取预测结果
   ret = predictor_->GetFeatureResult(cnn_param.results_);
   if (0 != ret) {
```

```cpp
    LOGW_T(MODULE_TAG) << "GetFeatureResult failed! ret=" << ret;
    return;
  }

  // 预测结果后处理
  for (auto iter = rois.begin(); iter != rois.end(); ++iter) {
    track_id_t track_id = iter->first;
    size_t cnn_size = cnn_param.results_.size();
    for (size_t idx = 0u; idx < cnn_size; ++idx) {
      CNNParam *cnn_res =
        cnn_param.GetCNNParam(track_id, static_cast<int>(idx));
      if (nullptr == cnn_res) {
        continue;
      }
      bpu_predict_wrapper::CNNModelResult &result = *cnn_res->result;
      if (0u == result.features_.size() ||
        result.features_[0u].size() < sizeof(float) * 3u) {
        continue;
      }
      float *data = reinterpret_cast<float *>(result.features_[0u].data());
      std::vector<float> scores{data[0u], data[1u], data[2u]};
      Softmax<float>(scores);

      // 更新消息
      ExpModelInfo exp_info(scores[0], scores[1], scores[2]);
      (sp_exp_model_msg->exp_model_info())
        .insert((std::pair<int, ExpModelInfo>(track_id, exp_info)));
    }
  }

  // 预测值后处理
  (void)predictor_->ReleaseResult();
  }
  // 发布消息
  PUBLISH_MSG(sp_exp_model_msg);
  }
}
// 注册模块
REGISTER_MODULE("ExpModelModule", ExpModelModule);
} // namespace HobotDMS
```

（3）节点合入 Pipeline（C++）

```json
{
  "name" : "ims_workflow",
  "nodes" : [
```

```
        "CameraModule",
        "FaceHandDetectModule",
        "ExpModelModule"
    ]
}
```

（4）序列化和反序列化（Protobuf）

```
// 实验模型得分
message ExpModelInfo {
  optional float algo_clsf1_score = 1; //clsf1 得分
  optional float algo_clsf2_score = 2; //clsf2 得分
  optional float algo_clsf3_score = 3; //clsf3 得分
}

message VisionPercept {
  required CameraType camera_type = 1; // 摄像头类型
  ... ...
  optional ExpModelInfo exp_model_info = 21; // 验证模型信息
}
```

8.1　人机交互感知软件开发框架

　　人机交互感知软件开发框架是一种可以集成 AI 检测功能和后处理的开发框架。如图 8-2 所示，其主要目标有两个：第一是提供调用系统基本能力的组件，包括通信、图像获取、语音获取以及预测四大功能；第二是提供集成模型和计算功能的模型集成框架，包括发布订阅、消息与序列化以及节点三大功能。

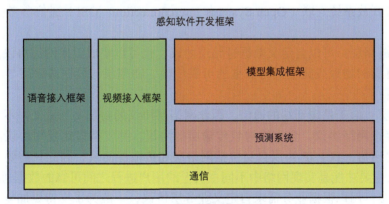

图 8-2　感知软件开发框架

8.1.1　通信及底层组件

　　通信及底层组件主要包括通信、视频接入框架、语音接入框架、预测系统 4 个基本功能。通过这 4 个功能，可以实现 AI 基本功能的开发，下面分别展开介绍。

1. 通信

在人机交互开发中，通信是需要实现的一个基本能力。以某芯片与外部 SoC 通信体系为例，包括安全数字输入输出接口（Secure Digital Input and Output，SDIO）通信、串行外围设备接口（Serial Peripheral interface，SPI）通信、以太网通信、USB 通信等。而智能座舱及人机交互系统的通信组件不但需要集成以上几种基本通信能力，还需要进行多种通信方式的组合通信和快速适配，因此对通信组件的设计提出了更高的要求。具体来说，在芯片上进行感知软件开发过程中，一般存在 3 种通信方式：跨 SoC 通信、进程间通信、线程间通信。

（1）跨 SoC 通信 如图 8-3 所示，跨 SoC 通信一般是端到端的物理连接方式，一般分为物理层、数据链路层、传输层，并在这 3 层的支持下，最后到达应用层。

图 8-3　跨 SoC 通信

1）物理层：一般有 SDIO、SPI、USB、高速串行计算机扩展总线标准（Peripheral Component Interconnect Express，PCIE）等总线通信方式，主要功能是完成相邻节点之间原始比特流传输。在物理通信时，为了保证通信效率和可靠性，需要进行协议的封装。封装协议会参考开放系统互联（Open Systems Interconnection，OSI）通信参考框架和 TCP/IP 框架。

2）数据链路层：可以自定义数据链路层协议，也可以集成以太网等协议。其主要功能是如何在不可靠的物理线路上进行数据的可靠传输。物理层与数据链路层与 OSI 参考框架具有对应关系。

3）传输层：由于是端到端的通信，因此网络层协议的封装实际意义并不大，自定义协议中一般不存在网络协议，会直接封装传输层的协议，并支持多路复用协议。但是如果希望基于以太网通信，TCP/IP 协议自身包括网络层和传输层协议，因此只需要集成此协议栈即可。传输层主要功能是实现网络中不同主机上的用户进程之间可靠的数据通信。

4）应用层：用户根据业务需求自定义业务层协议，一般为了支持更加复杂的业务逻辑通信，通信协议的设计需要具有可扩展性。典型的应用层通信协议示例见表 8-2。

（2）进程间通信 如图 8-4 所示，进程间通信一般就是基于操作系统软件以上的通信，一般分为通道层和应用层。应用层通过通道层的一个或者几个通道方式来实现通信。例如，消息队列、套接字可以比较独立的完成全双工的复杂协议的通信；而共享内存一般需要配合信号量、信号或者管道来实现比较完善的通信。

表 8-2　应用层通信协议示例

起始字节	定义	数据类型	描述
0	起始符	WORD	固定为 0x23，0x23
2	命令单元	BYTE	见命令单元定义
3	数据单元长度	WORD	数据单元长度是数据单元的总字节数，有效值范围 0 ~ 65531（使用网络字节序，高字节放低地址）
5	数据单元	—	数据单元
倒数第 1 位	校验码	BYTE	采用 BBC（异或校验）法，校验范围从命令单元的第一个字节开始，同后一个字节异或，直到校验码前一个字节为止，校验码占用一个字节

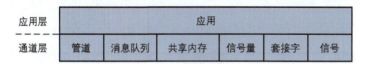

图 8-4　进程间通信

进程间通信协议设计，一般只进行应用层协议的设计即可，通道层都是操作系统提供的软件层的机制，不需要进行协议的封装，因此协议层次上不建议强行按照 OSI 参考模型来分层。进程间通信无论采用何种通信方式，数据的传输必然是用户态到内核态再到用户态的过程，因此其通信性能天生会有损耗。这种损耗在不同的操作系统上有所不同，主要依赖于操作系统用户态到内核态所经过的协议栈而定。

（3）线程间通信　进程内部线程间通信其实已经与通信协议关系不大，称之为线程间同步机制更加合适。因为进程内部堆栈内存共享，本书不再深入介绍。

2. 视频接入框架

视频接入框架一般为视频输入输出（Video In/Out，VIO）子系统，主要处理传感器输出的数据，支持一转多（多路）或者单路图像输入，并对图像按照需要进行必要的处理，透过上层软件调用将图像数据输出给后续的芯片以及多媒体部分使用。具体来说，VIO 子系统软件需要管理相关硬件 IP 的通路控制、信息以及数据获取，并最终通过上层的图像模块（Image Module）传递给芯片以及多媒体设备进行相应的处理。该部分软件最终会以一个库文件（Library，Lib）的形式提供接口给上层应用软件调用。

如图 8-5 所示，图像输入路径为传感器接口（SIF）模块→图像信号处理（ISP）模块→图像处理单元（IPU）模块。SIF 提供图像输入和图像输出的视频接口，其中包括 MIPI、DVP、BT1120 接口。ISP 提供原始图像的图像处理功能，并将原始格式图像转换为 YUV 格式图像。IPU 提供调整大小功能（如 Crop/Scaler/Pyramid）。图像最终转换为 YUV420SP NV12 格式，并将被写入 DDR，等待芯片处理。

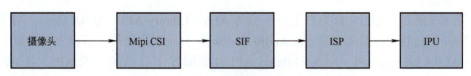

图 8-5　图像输入路径

图 8-6 所示为 VIO 子系统软件层级结构，整体的软件调用流程从上到下依次为：

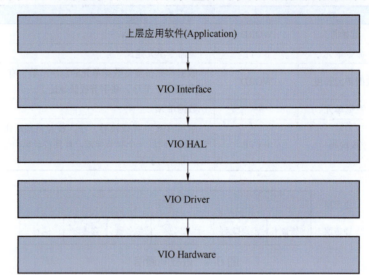

图 8-6　VIO 子系统软件层级结构

1）上层应用软件（Application）：调用 VIO Interface 交互接口。

2）VIO Interface：主要功能是对接用户的功能调用，向下调用对应的 HAL（Hardware Abstraction Layer，硬件抽象层）接口，同时返回调用者需要的数据以及相关信息。从功能角度看，它是 VIO HAL 跟用户之间的接口层。

3）VIO HAL：VIO 的相关硬件抽象层，主要负责配置 VIO 相关各个硬件模块功能以及组织，配置硬件工作通路，实现相关数据流通道的控制、信息等输出接口。

4）VIO Driver：各个硬件 IP 的驱动控制程序。

5）VIO Hardware：VIO 通路上的硬件 IP。

3. 语音接入框架

高级 Linux 声音架构（Advanced Linux Sound Architecture，ALSA）是市场上最常用的语音接入框架，其在 Linux 操作系统上提供了对音频和乐器数字接口（Musical Instrument Digital Interface，MIDI）的支持。在 Linux 2.6 的内核版本后，ALSA 目前已经成了 Linux 的主流音频体系结构。除了 alsa-driver 驱动外，ALSA 包含在用户空间的 alsa-lib 函数库，具有更加友好的编程接口，并且完全兼容于开放声音系统（Open Sound System，OSS）。开发者可以通过这些高级应用程序接口（Application Programming Interface，API）使用驱动，不必直接与内核驱动 API 进行交互。综上，ALSA 主要具备支持多种声卡设备、模块化的内核驱动程序、支持对称多处理（SMP）和多线程、提供应用开发函数库以及兼容 OSS 应用程序等特点。

如图 8-7 所示，ALSA 框架自上而下分为 ALSA Library API、ALSA Core、ALSA-SoC Core、Hardware Driver 共 4 个层次（Audio Hardware 只是底层硬件，不包含在框架中）。

1）ALSA Library API：ALSA Library API 对应用程序提供统一的 API，各 APP 应用程序只要调用 alsa-lib 提供的 API 就可实现放音、录音、控制。现在提供了两套基本的库，tinyalsa 是一个简化的 alsa-lib 库，主要应用于安卓系统。

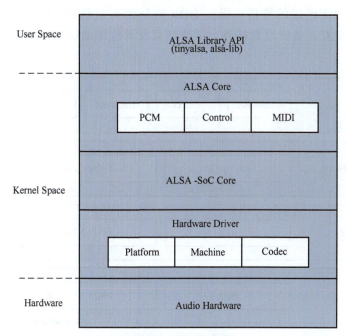

图 8-7　ALSA 框架

2）ALSA Core（核心层），向上提供逻辑设备系统调用，向下驱动硬件设备。相关的逻辑设备包括脉冲编码调制（Pulse Code Modulation，PCM）、控制接口（Control，CTL）、MIDI、TIMER（计时器）等；相关的硬件设备包括 Machine（指某款机器）、集成电路内置音频总线（Inter-IC Sound，I2S）、直接存储器访问（Direct Memory Access，DMA）及 Codec 音频编解码器。

3）ALSA-SoC Core：ALSA-driver 的核心部分，提供了各种音频设备驱动的通用方法和数据结构，为其驱动提供 ALSA Driver API。

4）Hardware Driver：音频硬件设备驱动，由三大部分组成，分别是 Machine、Platform 和 Codec。它提供了 ALSA Driver API 和相应音频设备的初始化及工作流程，实现具体的功能组件，这也是驱动开发人员需要具体实现的部分。

4. 预测系统

市场上常见的 AI 预测框架有 TensorRT、MXNet 等，大部分也可以支持多种平台。以地平线的 BPU（详见本书 3.1.5 节）芯片架构为例，其预测系统分为 4 个层次，分别为 BPU Predict 层、BPU PLAT 层、Kernel 层和 Hardware 层，如图 8-8 所示。

1）BPU Predict 层：实现了一套简单易用的接口，支持上层应用快速在 BPU 上运行模型。

2）BPU PLAT 层：作为特定 AI 算法与实际硬件之间的桥梁，主要负责申请释放 BPU 任务所需内存和封装 BPU Diver 处理操作等功能。对于一个算法模型来说，使用该算法的应用通过 BPU PLAT 获取到运行该算法的系统环境，并通过 BPU PLAT 接口将算法信息输入 BPU 硬件核心进行处理，并通过 BPU PLAT 获取处理状态。

3）Kernel 层：包括 ION[⊖] 内存框架和 BPU CNN Driver。在 Linux 平台可通过使用 ION 来实现连续物理内存区域的管理，保证 DDR 空间的有效利用。BPU CNN Driver 与 BPU CNN CORE 硬件交互，负责设置任务、等待结束及其他辅助功能，支持获取任务执行的系统状态。

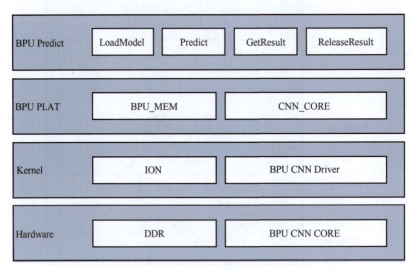

图 8-8 预测系统示例

4）Hardware 层：包括 DDR 和 BPU CNN CORE。DDR 提供实际的物理内存，接受 ION 内存管理框架的管理；BPU CNN CORE 为 CNN 加速核心，支持高效卷积神经网络计算。

8.1.2 模型集成框架

随着人工智能的发展，AI 的检测流程越来越复杂，代码复用性、模块化、易于集成的需求越来越强烈，因此需要一种易于集成 AI 检测功能的基础集成框架。市场上常见的框架如 ROS、APOLLO ROS、地平线 Coral[⊖] 等，其基本实现思想都是通过发布订阅通信模式、消息与序列化、节点来设计，从而简单快速地构建计算体系。

1. 发布订阅通信模式

发布订阅是一种类似于消息队列的通信方式，消息的发布者不会将消息直接发送给特定的订阅者，而是将发布的消息分为不同的主题（topic），订阅者可以关注一个或多个 topic，只接收感兴趣的消息，无须了解发布者的存在。

其优点是松耦合性，发布者和订阅者无须相互知道对方的存在，topic 才是他们关注的重点，因此发布者和订阅者无须知道底层网络的拓扑结构。发布者和订阅者的运行各自进行，无须顾及对方。这种特点使软件的可扩展性也大大增强，扩展一个独立功能对其他发布者和订阅者影响将非常小。基于 topic 的发布订阅实现上有以下两种方式：

⊖ ION 是 Google 在 Android 4.0 为解决内存碎片化管理而引入的通用内存管理器，用来支持不同的内存分配机制。

⊖ Coral 是地平线开发的一套插件化开发框架，可以通过地平线开发者论坛获取。

1）基于消息队列中间件的方式：如 kafka、AMQP、Rabbit 等通信中间件，都可以提供此种通信方式。其特点是具有中心节点的概念，所有的消息都发布到中间件上，中间件按照 topic 进行统一管理，并按照 topic 将消息发送给消息的订阅者。该方式的缺点是通信效率会降低，中心节点可能会成为通信瓶颈。

2）基于分布式的通信方式：如 ROS 和地平线 Coral。其特点是提供中心管理节点，各个 topic 的发布和订阅信息在管理节点上管理，发布和订阅者首先通过此节点获取到 topic 的信息，然后发布和订阅者之间直接建立连接。该方式的优点是不存在中心节点造成的通信瓶颈，通信效率高。

2. 消息与序列化

发布订阅的通信模式主要是为了传输消息，因此在确定了通信方式之后，需要定义发布和订阅的消息内容。在 ROS 框架和地平线 Coral 框架中，都定义了基本的消息类型格式，用户也可以自定义消息类型格式。具体来说，如果发布者与订阅者在同一个进程中，那么他们之间的消息传输可以直接传递对象的地址。如果发布者和订阅者在不同的进程，那么就需要进行序列化和反序列化操作。序列化的作用就是将对象或者数据结构转换为字节序列的过程，序列化在传递或者保存对象时，需要保证对象的完整性和可传递性；反序列化指的是将字节序恢复为对象或者数据结构，反序列化需要根据字节序列中保存的对象的状态和描述信息重建对象。因此，序列化和反序列化的核心作用就是对象的保存和重建。

在应用场景中，网络通信和通用的数据交互，常用的技术有 JSON、XML、Protobuf 等。这里重点介绍一下 Protobuf 工具。Protobuf（Google Protocol Buffers）是 Google 提供的一个具有高效的协议数据交换格式工具库，与 JSON 类似。但相比于 JSON，Protobuf 有更高的转化效率，其时间效率和空间效率都是 JSON 的 3 ~ 5 倍。总结来说，Protobuf 有如下优点：

1）语言无关、平台无关：Protobuf 支持 Java、C++、Python 等多种语言，支持多个平台。

2）高效：比 XML 更小、更快（20 ~ 100 倍）、更为简单。

3）扩展性及兼容性好：可以更新数据结构而不影响和破坏原有的旧程序。

3. 节点

节点就是一个独立的代码模块，实现一个逻辑上比较独立的功能。在 ROS 中，节点被命名为 Node；在地平线 Coral 中，节点被命名为 Module。为方便描述，在本节中统称为 Node。节点通过订阅 topic 来定义节点需要输入的消息，通过发布 topic 来定义节点需要输出的消息。节点需要定义其主要的处理流程，当节点订阅的消息都到达以后，节点将执行主要处理逻辑，然后发布自己的消息。节点可以作为一个独立进程运行，也可以作为线程运行。节点与节点之间的通信，可以是线程间通信和进程间通信。发布订阅通信模式根据节点之间是否在同一个进程，提供进程间通信方式和线程间的通信方式。图 8-9 所示为一个典型的运行流程：Node1 通过 Subcriber1 订阅了 Topic1、Topic2 和 Topic3 三种类型的消息，通过 publisher4 发布了 Topic4 一种类型的消息。Topic1、Topic2 和 Topic3 三种消息的发布者与 Node1 处于同一个进程，而 Topic4 的订阅者 subcriber2、subcriber3 和 subcriber4 在另外一个进程中。

Topic1、Topic2 和 Topic3 这三种类型的消息将通过线程间的通信方式传递到 Node1 中，直接传递对象地址。Node1 将取出 3 个 Topic 消息，运行核心处理逻辑 Process，然后将消息通过 publisher4 发布到 Topic4 上。由于 subcriber2、subcriber3 和 subcriber4 与 Node1 不在一个进程，进程 Topic4 上的消息将通过跨进程的方式传递到 subcriber2、subcriber3 和 subcriber4 上。Topic4 对应的消息对象将首先被序列化，然后通过进程间通信方式发送到进程 2 上，然后再被反序列化，最后重建对象。

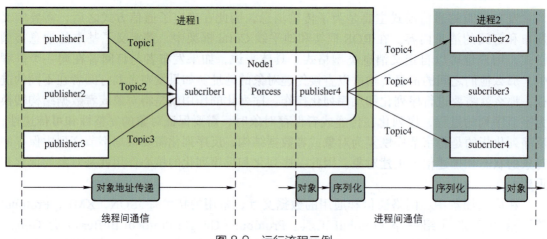

图 8-9   运行流程示例

基于发布订阅、消息与序列化和节点思想，模型集成流程如图 8-10 所示（以地平线 Coral 模型集成框架为例）。

1）经过模型训练和模型编译后，将得到一个待集成的模型。

2）定义一个插件类，基于 Module 模板生成一个 Module 类，类中需定义发布和订阅消息信息。

3）基于 Message 的模板类，生成 Module 类需要发布的 Message 类，如果需要将消息内容进行序列化和反序列化，则需要实现序列化（Serialize）和反序列化（Deserialize）接口。

4）定义 Module 类的初始化流程，主要是加载配置文件和模型问题。

5）实现 Module 类的 Process 主处理流程，包括 Receive 订阅的消息、进行消息的预处理、调用预测接口进行模型预测、对预测的结果进行后处理，以及将后处理的结果放在 Message 中调用发布接口进行发布。

6）对 Module 进行编译，生成一个插件包，插件包中将包括插件 so、配置文件、模型文件。

7）将插件包部署到工程中，基础工程将会根据发布订阅信息将整个 pipeline 处理流程串通起来，当 Module 接收到其订阅的消息时，主处理流程将会自动调用执行。

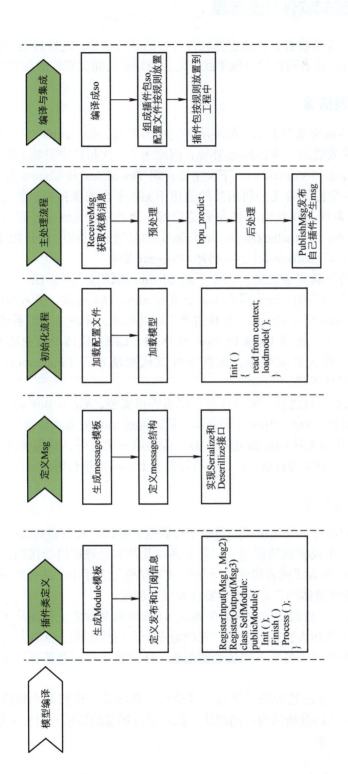

图 8-10　模型集成流程示例

8.2 人机交互感知软件开发流程

为了增加实操性，本节将首先介绍感知软件开发的环境搭建，之后详细介绍开发流程。本节所涉及的开发软件，读者可以通过地平线开发者论坛进行相关资料的查看与下载。

8.2.1 开发环境搭建

感知软件开发程序通常是在 Linux 的环境下完成的开发，如 CentOS[⊖]、Ubuntu[⊖] 等，而开发者的开发机通常安装的是 Windows 环境，因此通常在虚拟机中安装上述 Linux 环境。常用的虚拟机有 VMware 和 VirtualBox，下文主要介绍 VirtualBox 和 Ubuntu 的安装和使用。

VirtualBox 作为一款由甲骨文公司出品的适用于 x86 平台的虚拟机，能够支持目前市面上所有主流的操作系统，并且由于是完全免费的，因此深受 Linux 开发者的喜爱。可以从网址 http：//download.virtualbox.org/virtualbox/6.1.24/ 进行当前的最新版本进行下载，Windows 用户选择下载 VirtualBox-6.1.24-145767-Win.exe 版本。

完成 VirtualBox 的下载安装之后，需要下载 Ubuntu 的镜像文件。Ubuntu 是一款基于 Debian 的主打桌面应用为主的 Linux 操作系统，支持 x86、x64 架构，进入 Ubuntu 的官方网站（https：//ubuntu.com/#download），选择需要下载的版本，不过考虑到系统的稳定性和开发兼容性，通常开发者会选择 16.04（LTS）和 18.04（LTS）这两个历史版本进行开发。本书将采用 16.04 版本作为开发版本，该版本可以从网址 https：//ubuntu.com/download/alternative-downloads 进行下载。

完成 Ubuntu 的版本下载之后，就可以对虚拟机进行安装，VirtualBox 的安装过程比较简单，本书不做详细描述。VirtualBox 安装完成之后，通过 vios 的方式加载下载好的 Ubuntu16.04 的系统镜像即可完成对 Ubuntu 进行加载，若是第一次打开，则需要对 Ubuntu 进行一次安装，完成 Ubuntu16.04 的安装之后，就可以基于上述环境进行感知软件的开发。

8.2.2 开发流程概述

感知软件开发流程中每个开发步骤都是基于对数据的处理，从而得到最终的结果数据。在此过程中，可能会产生或者依赖模型、配置文件以及各类处理逻辑的代码，所有的这些内容最终会以打包 SDK 的方式或者构建 App 的方式提供使用者手中。结合本书第 2 章所描述的整体开发流程，更加具体的开发流程主要包含以下步骤：

1）感知场景定义。座舱的感知软件开发建立 AI 技术的基础之上，继承了多种基础技术，如面向舱内提供了诸如人脸基础感知、驾驶员安全和行为监测、乘客行为检测、人脸识别、多模语音、儿童模式等各种不同场景的服务，任何技术都需要基于场景作为落脚点才能明确其价值。

2）感知场景设计。通过感知场景进行需求分析，将场景细化到最小颗粒度，分析场景信息，简化假设和量化的分析其内在的规律，然后进行场景的算法模型及上层策略设计，并对该场景定义的问题求解。

⊖ CentOS（Community Enterprise Operating System）的中文意思是社区企业操作系统，是 Linux 发行版之一。

⊖ Ubuntu 是一个以桌面应用为主的 Linux 操作系统。

3）感知场景开发。完成上层算法及策略设计之后，进入到开发阶段，开发阶段主要是通过一系列工程化方法，包括模型训练、模型发布与部署、工程开发、策略开发、SDK 及 App 发布等，将场景设计的方案落地，解决感知场景定义的问题。

4）感知场景验证。场景验证主要是确认场景开发过程的正确性、完整性、安全性，以及指标是否满足需求、质量是否可靠，评估实际输出与该场景预期输出之间是否一致。

5）感知场景发布与 OTA 升级。场景部署通常是通过构建版本的方式将经过验证的场景功能发布到 APP，然后安装到车机中。若是已经量产的车型，则可以通过 OTA 升级的方式将新的场景应用发布到用户。

8.3 人机交互感知软件开发工具

工具链主要负责算法模型在芯片上部署的过程，这个过程核心包括模型量化、模型结构优化、模型编译优化等阶段。为了更好地理解每个阶段解决的问题，这里先从 AI 推理加速器件开始介绍，在此基础上提出 AI 芯片工具链的抽象，并以地平线的工具链使用为实例进行细致阐述。

需要注意的是，计算系统的能力是计算、存储和控制器件的综合表现，本节重点关注设计理念，引出工具链使用者需要关注的问题，所以在具体的细节部分，会默认忽略其他器件的综合影响。想获得更加完备的设计指导，读者可参考计算系统设计的相关专业书籍。

8.3.1 AI 计算单元

本书第 4 章介绍了深度学习的基础知识，其本质上是一系列叠加的数学计算，通过庞大的计算逻辑建立输入与输出的关联关系。在 CNN 中，这些计算量主要集中在卷积计算；在 RNN 和 Transformer 等网络结构中，卷积不再主导计算量，但核心计算都可以拆解为矩阵计算。在典型的神经网络计算中，矩阵计算占据了 90% 以上的计算量。因此对于一款推理加速器件而言，最关键的能力就是加速核心矩阵计算过程。

加速矩阵计算的通用做法都是在计算单元（Compute Unit，CU）中增加处理元件（Processing Element，PE）数量。在一般通用逻辑计算单元中，最简计算单元如图 8-11a 所示，围绕一个单一的处理元件，不断完成数据读取、计算、数据回写的过程。增加处理元件数量后，仍然是同样的数值计算过程，在一个计算周期内可以完成更多的计算，如图 8-11b 所示。然而，简单增加处理元件数量后，芯片的制造成本（工艺、面积）与使用成本（功耗）都会增加。行业研究与应用场景需求显然不会满足于此，考虑到应用的领域比较聚焦，可以根据应用的要求逐步去掉冗余的能力，从而达到降低成本的目的，下面详细进行介绍。

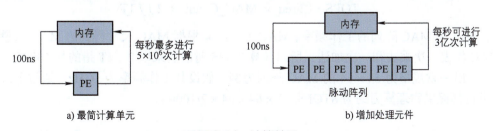

a) 最简计算单元　　　　　　　　　　　　　　b) 增加处理元件

图 8-11　计算单元

首先关注的是计算精度，神经网络的鲁棒性高，在足够大的数据空间内，将各特征的表值精度降低，仍然可以具有同等级别的表达能力。这种降低计算精度的方式称为模型轻量化或量化，其可用性和可靠性在丰富的研究和生产实践工作中得到了验证，基本原理是将数据分布压缩在更小的数据范围中，本书在第 5 章有详细介绍，这里不再赘述。其次是计算类型的减弱，主导神经网络计算量的矩阵运算可以进一步聚焦到乘加简易操作，在扩充计算单元数量的同时，单个计算单元的能力较于通用计算芯片会减弱。图 8-12 所示为各计算精度条件下的计算成本，对于拥有较多基础计算单元的加速器件而言，其成本节约十分明显。

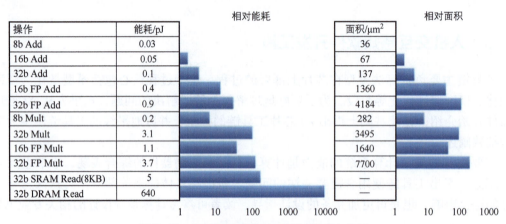

图 8-12　各计算精度条件下的计算成本分析

完成上述两个能力裁剪后，就出现了 AI 加速芯片中核心加速器件的基本形态，这种形态也常被称为 MAC 阵列或 MAC Engine。一个 MAC 对应一个基本计算单元，提供乘法和加法能力。MAC 阵列规格一般以 $N \times N$ 规格给出，表示在单个机器周期内可以完成两 $N \times N$ 尺寸的矩阵乘计算。由于神经网络所拆解出的矩阵计算规模会很大，具体执行过程中会将大矩阵拆解为若干 $N \times N$ 小尺寸计算，如图 8-13 所示。在明确 MAC 大小后，配合频率信息就可以比较直接地计算加速阵列提供的物理算力（TOPS[⊖]）：

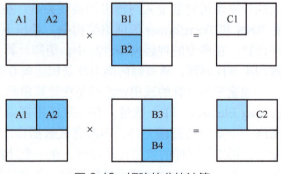

图 8-13　矩阵的分块计算

$$TOPS =（Freq \times MAC\_Count \times 2）/ 1T$$

式中，Freq 是 MAC 阵列的工作频率；MAC_Count 是根据 MAC 尺寸得到的 MAC 数量，一个 MAC 代表一次乘法和一次加法，所以计算 TOPS 时需要乘以 2；1T 指的是 1000G，也就是 10^{12}。以一款规格为 64×64 的 MAC 阵列为例，假设其工作频率为 1GHz，通过上式可以直接求得其提供物理算力约为 8TOPS（$1 \times 64 \times 64 \times 2/1000$）。

[⊖] TOPS 是 Tera Operations Per Second 的缩写，1TOPS 代表处理器每秒可进行 1 万亿（10^{12}）次操作。

然而,对于一款加速器件而言,并不能一味地把算力做高。首先,根据前文所述分块计算的拆解规则,充分的计算资源利用需要原始矩阵规模恰好是 MAC 阵列规格的整数倍,否则就会有无效计算。MAC 阵列规格越往上提升,无效出现的概率就会变高。其次,算力提升后,对于存储系统的要求变高,"存储瓶颈"可能成为有效利用算力的障碍。

以 ResNet50 在 Tesla T4 上做推理计算为例,一次 ResNet50 推理要消耗 7.7GOPS[⊖] 算力,同时访问 45.2MB 数据(weight + 2 × activation,INT8)。Tesla T4 有 130TOPS 的峰值算力(INT8),假设可以达到 85% 利用率,也就是 110.5TOPS。因此,在 1s 内,可完成 110.5TOPS/7.7GOPS = 14350 次推理。那么在 1s 内,则需要访问 14350×45.2MB = 633GB 数据(633GB/s)。Tesla T4 的 GDDR6 理论峰值带宽是 320GB/s,已远远超支。显然,Tesla T4 不会没有考虑这样的情况,真实的应用中,避免 DDR 带宽超支的策略是多级存储结构,以 GPU 为例的使用情况如图 8-14 所示。

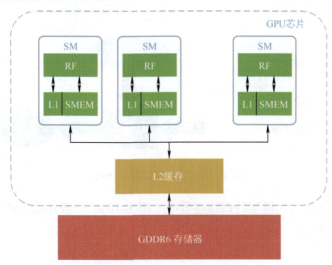

图 8-14　GPU 的多级存储

多级存储能力为利用数据的局部性特点提供了可能性,合理地利用可以有效缓解 DDR 带宽压力。但需要注意的是,这种能力是一种基础,如何发挥其价值还需要具体计算与数据的行为控制逻辑合理。即使充分利用,带宽瓶颈也不能完全解决,芯片设计需要在互相竞争的资源之间(容量、带宽)做出一系列权衡(trade-off),以找出性能、功耗和成本上的最优解。

8.3.2　AI 芯片工具链

工具链是算法方案与芯片的连接桥梁,负责把模型方案以最优方式在芯片上运行起来。前文介绍了芯片推理加速器件存在低精度计算、计算模式固定、提供存储与计算权衡能力等特点。作为连接桥梁,工具链需要使得算法模型方案能较好地适配这些特性,一般需要完成模型量化、模型图优化和模型编译几个重要阶段。下面按这几个部分依次展开介绍。

1. 模型量化

模型量化是一种模型压缩技术,就是将以往用 32bit 或者 64bit 高精度表达模型以更低

⊖ GOPS 是 Giga Operations Per Second 的缩写,1GOPS 代表处理器每秒可进行 10 亿(10^9)次操作。

的 bit 表达，量化后模型推理对于计算、存储资源的需求都会明显减少，同时会保持与原模型相当的预测能力。目前比较常见的有 INT8 和 INT4 量化。根据量化模型的获得方式差异，模型量化行为又可以分为后量化（Post-Training Quantization）和量化训练（Quantification Aware Training）两种。

后量化不会改变模型训练的过程，算法研发人员依然使用公开深度学习模型训练，在模型收敛达到可用状态后，导入后量化工具完成模型的量化过程，如图 8-15 所示。在使用工具链完成后量化过程时，用户需要准备的是校准样本和一定的后量化配置。校准样本的量一般不会很大，数量在 100 左右即可。样本要求尽量正常，例如对于图像检测模型，每个校准样本应该包含有效检测目标，避免使用纯色、曝光过度等异常样本。量化相关的配置一般不会很多，选择用什么量化方法，是否启用逐通道量化等配置都是比较常见的，部分工具链也会尽量去减少用户的配置依赖，采用一定的自动化策略去找到最优的量化配置。

图 8-15　后量化过程示意图

量化训练工具会加入到模型的训练过程中（图 8-16），一般用法是在浮点模型收敛后再转伪造定点进行微调。

图 8-16　量化训练过程示意图

2. 模型图优化

模型图优化是一个从模型计算特性层面考虑的优化策略，一般会包括图结构优化和算子替换等操作，为后续的模型编译做好准备。典型图结构优化有典型 block 的融合（例如卷积、批量归一化）、激活操作的融合（在 TensorRT 将会将其融合为一个 CBR block）；对于结构相同但是权值不同的一些层，TensorRT 也会合并成一个更宽的层，计算时占用一个 CUDA 核心。TensorRT 的计算优化示例如图 8-17 所示。

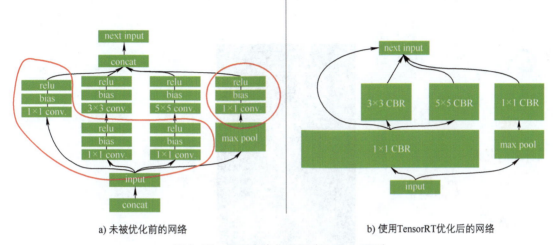

a) 未被优化前的网络　　　　　　　　　　b) 使用TensorRT优化后的网络

图 8-17　模型图优化示例（TensorRT）

3. 模型编译

模型编译是把最终模型转换为推理芯片可识别的指令与数据的过程。如前文所述 AI 推理芯片相关内容，AI 推理芯片固定了计算模式，提供了多级存储机制环节对于内存带宽的较高需求。编译器接受固定的计算图，考虑如何将其转化为具体的计算指令、如何充分利用多级存储特性，从而给出最优的计算效率表现。对于用户而言，编译行为的内部细节不用去太多了解，但是需要知道各种优化仅仅是根据实际输入的模型来做的，模型本身就决定了优化效果的上限。举个比较极端的例子，单个简单的标量乘法就没法充分利用加速阵列的计算资源，所以，最理想的情况是，在算法设计阶段就尽量使得计算符合硬件特性。这些策略有多个方面，例如合理设计各层特征图尺寸、避免过多的填充带来无效计算等，此外，还应避免过于特殊的结构导致局部数据复用特性存在挑战。

8.3.3　地平线 AI 工具链举例

地平线 AI 工具链是各种深度学习框架与地平线各代芯片的连接桥梁。它以各训练框架得到的模型为输入，将这些输入转化为地平线芯片可识别的计算指令与数据集合，并提供系列部署接口完成转化后模型在芯片平台上的部署。地平线芯片工具链与训练框架、芯片平台的关系如图 8-18 所示。地平线工具链主要包含了模型获得、模型转换与编译、板端部署 3 个部分（图 8-19），如一般工具链情况，对后量化和量化训练两种模型获得方式均有直接的支持。

一般使用过程中，建议优先尝试相对简易的后量化方案，即"浮点 – 定点转换方案"。此方案可以广泛兼容常用深度学习框架得到的模型，caffe 模型可以直接识别，其他框架模型均可通过 ONNX$^{\ominus}$ 中间格式中转实现间接兼容，如图 8-20 所示。

$\ominus$　ONNX：开放神经网络交换（Open Neural Network Exchange）格式，是一个用于表示深度学习模型的标准，可使模型在不同框架之间进行转移。

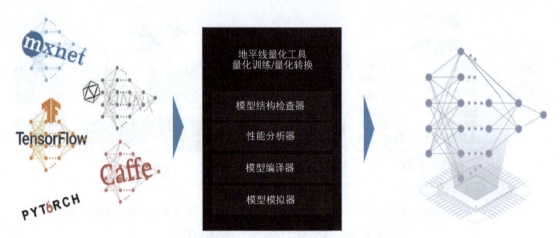

图 8-18　地平线芯片工具链与训练框架、芯片平台的关系

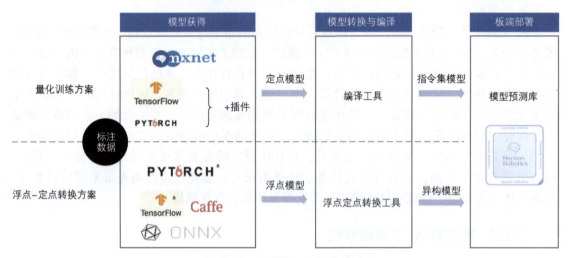

图 8-19　地平线工具链的组成

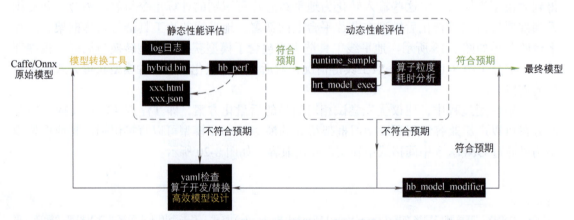

图 8-20　地平线浮点转定点的框架支持策略

使用工具链转换模型，首要关注的就是模型所使用算子是否在工具链的算子约束范围中，对于常用的典型算子都会在默认的支持范围中，模型设计要尽量避免使用到支持范围之外的算子。顺利通过算子适配后就可以完成转换的过程，不过整个转换过程不能直接结束，部署前需要从性能和精度两个方面去验证模型方案的可用性。

1. 性能验证

性能验证方面有静态分析和动态分析两种策略，完整的分析过程如图 8-21 所示，应该依次包括以下步骤。

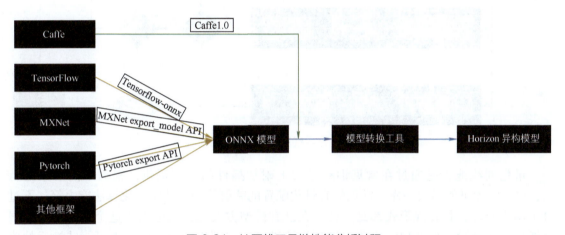

图 8-21　地平线工具链性能分析过程

1）使用静态模型分析工具 hb_perf 预估性能，这个工具能既能预估模型整体性能表现，也能逐层从存储利用、计算资源利用等方面较全面地分析。在整体表现不及预期时，可以具体定位到不符合预期的某些层，根据模型设计建议进行适当调整。

2）在静态分析性能满足预期的情况下，仍然建议使用动态性能评估工具做二次检查。这个工具是实际在目标芯片平台下工作的程序，可以直接加载转换并在加速上推理，可以准确地统计在物理芯片上的实际表现。一般情况下，静态分析与动态分析的性能偏差会很小，但是当模型输入输出数据量特别大、存在 CPU 算子时会有偏差。为了更高的性能表现，CPU 算子应该在静态分析阶段就尝试替换掉，大数据量输入输出带来的偏差需要使用一些高阶模型修改策略解决。

3）模型修改工具 hb_model_modifier 常用于取消模型首尾的数据排布转换、量化 / 反量化节点，整个解决方案实施时可以把这些取消掉的计算融入推理前后处理中完成，从而达到提升整个应用流程效率的目的。

2. 精度验证

精度分析是比较算法研发过程中比较常见的过程，地平线模型转换工具会将内部各阶段所生成的模型同时以 ONNX 格式存下来，使用 ONNX 验证精度的过程与一般的算法研发验证过程没有什么差别。地平线工具链精度分析过程如图 8-22 所示，在这个过程中，地平线工具链提供的是三阶段方法论：①在发现精度损失的第一时间，验证整个转换 pipeline 配置是否正确，比较典型的配置错误是前处理配置、样本通道顺序、样本数据排布格式等导致的；②在确定 pipeline 配置无误后，原因可以聚焦到量化过程，其可能的原因是部分层对于量化敏感、校准数据异常，也可能是量化算法的选择与配置不够好，逐步的调优过程都会一步一步地引导；③受限于后量化方式本身不能完全保障精度效果，部分无法通过配置调整得到满意精度的模型，需要转向量化训练获得更好的精度效果。

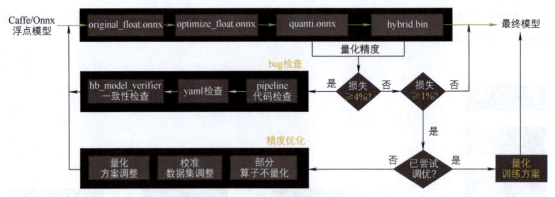

图 8-22 地平线工具链精度分析过程

量化训练能力是通过在常见训练框架上附加插件的形式提供，根据不同框架的特点，内含能力可能不太一样，常见的有量化配置的映射能力、特定量化算法能力等。不过对于用户而言，其表现形式都是一样，在已有模型方案的源码中引入这个插件能力，根据插件要求通过简单调用完成原始模型到可进行定点训练的形式转换即可。转换后的模型需要继续训练，继续训练的过程只需要少量的训练轮次。使用定点训练的整体过程如图 8-23 所示。

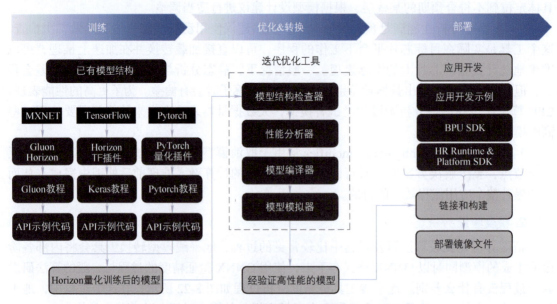

图 8-23 地平线工具链定点训练及部署过程

练 习 题

一、选择题

1.【单选】在地平线工具链中，模型量化的作用是（　　）。

A. 提高模型的计算精度　　　　　　　B. 减少模型的计算和存储资源需求

C. 增加模型复杂性　　　　　　　　　D. 提高网络训练速度

2.【单选】在人机交互感知软件开发框架中，节点（Node）的主要功能是（　　）。

A. 负责处理硬件信号　　　　　　　　B. 传输物理层信号

C. 实现一个独立的逻辑功能　　　　　D. 提供数据加密

3.【单选】感知应用开发的主要阶段不包括以下哪一项？（　　）。

A. 数据收集与处理　　　　　　　　　B. 模型选择与训练

C. 系统集成　　　　　　　　　　　　D. 结果展示

4.【多选】在人机交互感知软件开发框架中，以下哪些功能属于通信及底层组件的基本功能？（　　）。

A. 通信：包括 SDIO、SPI、Ethernet、USB 等通信方式

B. 视频接入框架：处理传感器输出的数据，支持多路或单路图像输入

C. 语音接入框架：如 ALSA，提供音频和 MIDI 的支持

D. 预测系统：完成 AI 基本功能的预测任务

5.【单选】在人机交互感知软件开发中，以下哪个模块负责视频输入？（　　）

A. SIF 模块　　　　　B. ISP 模块　　　　　C. IPU 模块　　　　　D. ALSA 模块

二、填空题

1. 假定 MAC 阵列尺寸为 16×16，工作频率是 1GHz，该 MAC 阵列提供的物理峰值算力为_____GFLOPS。

2. 跨完成模型编译后，模型可以通过_____平台发布并用于集成感知应用。

3. 模型发布的方式包括_____、在本地服务器或设备上部署，以及通过_____技术发布。

4. 人机交互感知软件开发框架的目标是集成 AI 检测功能和_____。

5. SoC 通信中，_____层负责实现网络中不同主机上的用户进程之间的可靠数据通信。

三、判断题

1. 后量化的校准数据集只需要具备代表性，不需要覆盖各种输入场景。（　　）

2. 发布订阅通信模式的缺点是通信效率降低，因为中心节点会成为通信瓶颈。

（　　）

3. 在感知软件的开发中，OTA 更新是指通过无线网络对软件进行更新的过程。

（　　）

4. 地平线工具链的模型编译过程不需要考虑存储系统的要求。（　　）

5. ALSA框架兼容于开放声音系统（OSS），支持用户通过API接口使用驱动。
（　　）

四、简答题

1. 在模型部署过程中，如何确保模型的性能在不同设备或平台上保持一致？

2. 感知算法模块开发框架提供了哪些系统调用能力？这些能力如何支持高效算法开发和系统集成？

3. 在感知应用开发中，如何有效地进行模型的后处理以提升系统的整体性能？请简述常用的后处理技术及其应用场景。

五、实训题

1. 在智能座舱感知系统的开发过程中，如何实现多模态数据的有效融合（如图像、雷达、激光雷达数据），以提高系统的感知精度和可靠性？请设计一个简单的数据融合方案，并说明如何将其应用于实际场景。

2. 选择一个深度学习模型进行量化，优化其性能并保持其准确性。请描述量化过程中的步骤、策略选择、校准方法，以及如何在不同设备上验证优化后的模型效果。

第 9 章　智能驾驶人机交互应用开发

第 8 章介绍了在 AI 芯片上进行人机交互感知软件的开发方法。本章进入到人机交互最后一个开发环节，也是 AI 芯片的配套和落地环节——人交互场景应用开发。顾名思义，场景应用属于娱乐域的人机交互范畴，运行在车机系统上。这是和第 8 章最大的一个区别——算法和感知软件运行在 AI 芯片上，而场景应用运行在车机 SoC 上。目前市场上车机操作系统有 Linux、AliOS、鸿蒙 OS、安卓（Android）等。本章以 Android 系统为平台，介绍场景应用开发的细节。

案例导入：驾驶员抽烟识别及交互应用

本章以抽烟车窗智能调节场景为案例来介绍人机交互场景应用开发流程。为了方便实践，这里从开发环境搭建开始介绍，之后进入到场景应用开发。

1. 开发环境搭建

目前市面上车机端操作系统目前大都是 Android 系统，而 Android 应用场景的开发目前大都基于主流的 Android 开发工具（Android Studio）来实现，因此 Android Studio 的开发环境的搭建必不可少。Android Studio 是谷歌推出的一个 Android 集成开发工具，基于 IntelliJ IDEA。类似 Eclipse ADT，Android Studio 提供了集成的 Android 开发工具用于开发和调试。

在进行 Android Studio 安装前，需要先配置 JDK 环境。截至本书撰写时，JDK 版本已经更新到 1.8，大家可以去 Oracle 官网下载相关版本。JDK 的安装过程以及 JDK 环境变量的配置比较简单，在此不再赘述。JDK 安装完毕之后可以通过 java -version 来查看 JDK 的版本，以此来确认 JDK 是否安装成功（图 9-1）。JDK 配置完毕之后，即可进行 Android Studio 开发环境的安装。Android Studio 的官网下载地址为 https://developer.android.google.cn/studio。读者可以从中下载任意版本的 Android Studio 进行安装，Android Studio 的安装过程也比较简单，在此不再赘述。

```
λ java -version
java version "1.8.0_192"
Java(TM) SE Runtime Environment (build 1.8.0_192-b12)
Java HotSpot(TM) 64-Bit Server VM (build 25.192-b12, mixed mode)
```

图 9-1　查看 JDK 是否安装成功

众所周知，因为 Java 具备跨平台的特点，所以 Java 与本地代码交互的能力非常弱，而存在一些 Android 应用场景需要使用 NDK[⊖]来与本地代码（如 C、C++）进行交互。关于 NDK 的配置也比较简单，只需要下载对应的 NDK 版本，然后在 Android Studio 的 Project Strucure 窗口中进行配置即可。这里以 ndk-r14b 为例，配置如图 9-2 所示。至此车机端开发环境搭建介绍就结束了，后续车机端各种各样的 Android 应用程序就可基于此环境进行开发。

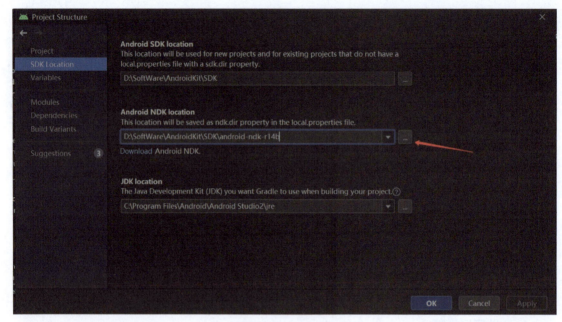

图 9-2　NDK 配置

2. 场景应用开发

随着 AI 芯片以及摄像头等相关外设的接入，车机端可以获取各种图像感知以及语音感知处理结果。基于这些感知信息，车机端可以根据需求进行不同应用场景的开发和迭代。例如，基于驾驶员 DMS 摄像头识别而开发的疲劳缓解策略，可以不受自然光照的限制，对行车过程中的驾驶员疲劳状态进行监控；基于 IMS 摄像头识别而开发的副驾智能音量策略，能够在前排乘客打电话的时候主动降低当前媒体音量，当打电话事件结束之后自动恢复媒体音量。当然，诸如视线亮屏功能、驾驶员分心、高速道路出口分心提醒等都可以基于地平线软/硬件强大的感知能力得以实现。

下面以智能车控场景中的驾驶员或前排乘客抽烟为例，简单介绍下整个开发流程，相关技术细节在本节不展开描述，感兴趣的读者可以通过地平线开发者论坛进一步实践。此场景就是当车内摄像头识别到驾驶员或前排乘客抽烟的时候，自动开启车窗同时开启空气净化，抽烟结束后自动关闭车窗以及净化，以此在一定程度上减少驾乘人员不必要的动作，从而提升乘车体验。

⊖　NDK 的英文全称为 Native Development Kit，是 Android 的一个工具开发包。

（1）**抽烟事件监听**　无论是智能车控场景还是其他诸如疲劳缓解场景，场景开发首先要做的就是通过注册监听获取当前车内摄像头识别到的 DMS 感知事件，只有先获取到针对车内人员的感知状态才能针对性的开始相关场景的开发工作。以智能车控场景中驾驶员、前排乘客的抽烟事件监听为例，示例代码如下：

```
PerceptionWork.getInstance().getMainDriverApi().registerSmokeEventListener(new IDriverSmo-
keEventListener() {
    @Override
    public void onDriverSmokeEvent() {
        //TODO 处理主驾抽烟逻辑
    }
});

PerceptionWork.getInstance().getCopilotApi().registerSmokeEventListener(new ICopilotSmo-
keEventListener() {
    @Override
    public void onCopilotSmokeEvent() {
        //TODO 处理副驾抽烟逻辑
    }
});
```

（2）**操控车窗涉及的冲突处理**　比如，智能车控中的驾驶员、前排乘客抽烟场景会涉及开车窗的操作。驾驶员疲劳缓解策略中，当监测到驾驶员处于重度疲劳时，会主动开启空调降低车内温度，同时当车速低于 60km/h 时，会把驾驶员车窗开启 10% 来缓解驾驶员疲劳状态，也会涉及车窗的操作。当两个场景同时触发时，便会产生针对车窗操作的冲突。除了车窗，空调、中控屏的显示都有可能涉及冲突处理。为此，需要设计了一套冲突处理策略，通过结合各场景触发时的资源占用状态以及优先接来对场景交互行为的触发进行决策。各个场景触发交互行为前只需要先经过冲突处理中心进行决策，如此一来就解决了场景间的冲突问题。

（3）**交互反馈**　有了感知事件和冲突处理中心，下一步就是场景触发的交互行为了。当检测到驾驶员、前排乘客抽烟事件时，首先中控屏幕会有弹窗，同时伴随着 TTS 播报"即将为您开启驾驶员（或前排乘客）抽烟模式"；当用户 5s 之内不点击"取消"的话，就会开启驾驶员、前排乘客对应一侧的车窗（车窗开启幅度和车速相关联），同时会开启空气净化；待抽烟事件结束后，中控显示屏会提示"即将为您关闭驾驶员（或前排乘客）抽烟模式"，同样，如果用户 5s 内不点击"取消"，将会自动关闭车窗和空气净化。

针对不同场景的触发，车机的交互行为也不同，例如前文提到的疲劳和抽烟场景会触发车窗、空调的交互操作，前排乘客智能音量场景以及手势切歌场景会涉及媒体类的相关操作等。随着越来越多的人机交互场景的开发，交互行为将会更加多种多样，除了普通的文字展示弹框、TTS 播报、仪表动效等，诸如车内氛围灯甚至车外灯光的控制都可以加入交互行为中，以此来提升用户交互的质感。

9.1 智能驾驶人机交互应用类型

目前 360° 环视、内置行车记录仪（Digital Video Recorder，DVR）在量产车上的装配率已经很高了，并逐渐从后装转为前装标配。在智能化方面，随着 AI 技术快速发展和普及，近年来出于公共出行安全考虑，欧盟和中国均已出台法律法规。例如，国内已率先对"两客一危"等商用车型安装 DMS 做出强制要求，乘用车搭载要求也在推进制定中；而欧盟E-NCAP 发布的"2025 路线图"中要求从 2022 年 7 月开始新车都必须配备 DMS。

随着搭建 DMS 车越来越多，这个法规"催生"的刚需市场正在向为消费者提供新的人机交互方式的方向探索，传感器的种类和数量也在逐年增长。如图 9-3 所示，座舱除了安装有为驾驶员服务的 DMS 摄像头外，还增添了舱内监控系统（In-cabin Monitoring System，IMS）摄像头为其他乘员服务；安装在 B 柱子两侧的后排盲区检测系统（Rear Monitoring System，RMS）为后排乘客服务；四音区传声器（MIC）为智能语音服务以及车外解锁摄像头（Unlock Camera）为解锁服务。这些传感器极大地丰富了人机交互的场景应用。

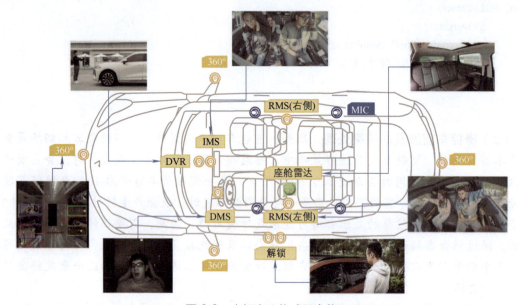

图 9-3　人机交互传感器全貌

为了将上述各类传感器接入，需要根据实际车型和项目情况设计不同的硬件接入方式，详细信息在本书第 4 章有详细描述。从场景应用的角度出发，图 9-4 展示了一个硬件方案，图中虚线框内是场景应用运行的硬件平台，即车机 SoC。从宏观的角度看，第 7 章介绍的感知软件在 AI Board（俗称"AI 板子"）中对于接入的各类传感器信息进行识别与处理，得到感知结果。本章场景应用在 AP[⊖] Board（俗称"AP 板子"）中接收各类感知结果，实现更加高层的场景应用。

从软件方案的角度来说，相关示例如图 9-5 所示（以地平线软件方案为例），可以看到场景应用平台（Antares）承接了云端、感知软件以及 Android Framework/Service 的输入，

　　⊖　AP 是指应用处理器（Application Processor），与 AI 处理器相呼应。

最后将经过处理的相关结果输出给 Android App 端来完成场景应用。

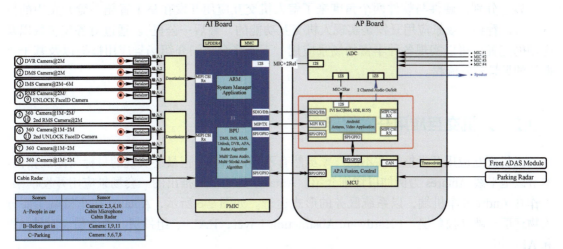

图 9-4　人机交互硬件方案示例

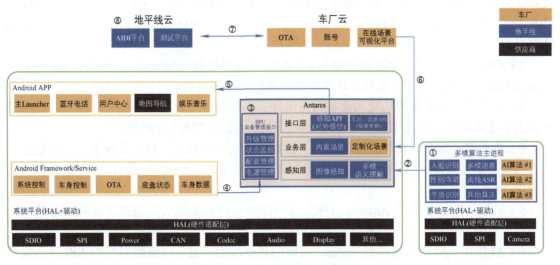

图 9-5　人机交互软件方案示例

具体来说,图中的主要数据流含义如下:

1)感知软件运行在 J3(征程三代芯片)系统中,输出感知结果的结构化数据。

2)算法感知结果序列化后发送到车机端。

3)设备管理仅仅是接口的适配,不做任何逻辑控制和处理;感知层、业务层和接口层跑在 antares 的一个进程里面,以服务的形式注册到系统服务中且启动优先级较高。

4)AI 通用处理器的软件包升级和电源管理由 Antares 统一管理,车机端的主控模块通过调用适配接口实现通信和管理。

5)Antares 对其他 App 提供多模(图像、语音及融合感知结果)的感知能力。

6)车厂可通过在线场景可视化编辑平台定制个性化场景,并部署到车机端运行生效。

7)车厂云与地平线艾迪平台可以按照需求进行对接。

8）艾迪平台负责图像与语音数据的存储／标注处理／训练以及模型迭代。

以上分别从硬件与软件两个角度来了解人机交互应用开发在整个智能座舱开发中的位置，可以看到，场景应用开发是实现人机交互功能的"最后一公里"。通过对各类参数以及应用的配置，可以实现各种丰富的场景应用。下面将会详细介绍场景应用框架以及基于该框架的场景开发流程。

9.2 人机交互应用开发框架

人机交互应用开发框架在不同厂家虽然有不同的结构，但最终实现的目标与原理相似。本节以地平线 Antares 为例加以详细介绍。Antares 是地平线推出的一套场景应用开发框架，工作在 Android 车机端，以系统服务的形式运行。如图 9-6 所示，Antares 在车机端主要分为物理层、硬件抽象层[⊖]（Hardware Abstraction Layer，HAL）、组件层、业务层、对外 API 和 AI 应用。

1）物理层：主要是和芯片通信、物理链路的支持，目前主要包括安全数字输入输出接口（Secure Digital Input and Output，SDIO）、USB、串行外围设备接口（Serial Peripheral interface，SPI）等针对一体机方案的通路；另一种是针对分体机方案的车载以太网通信的链路。

2）HAL 层：这里包含驱动加载和 J 系列终端守护进程 HBService。HBService 有系统的 root 权限，可以完成对 J 系列芯片的诊断、通信管理等功能。

3）组件层：主要分为功能和业务两类组件。功能组件主要实现功能相对独立、提供基础能力；业务组件主要是完成一个具体业务，通常会依赖功能组件提供内容。

4）业务层：主要是具体的业务实现，包括内置的场景和用户自定义场景，例如疲劳缓解、驾驶分心等完整的业务功能，在各车型部署上需要有差异化的定制，需要根据客户的需求做适配。

5）对外 API：主要是 Antares 对第三方应用提供的基础能力，包括图像和语音的感知结果、人脸识别（FaceID）的基础能力接口等。

6）AI 应用：AI 应用可以是 Antares 内置的具体应用，也可以依赖对外的 API 自己实现的具体职能场景，依赖 Antares 的赋能可以创造更丰富的内容。

每个场景应用需要以上各层配合参与完成，Antares 在应用框架设计时做到了软件解耦、组件化设计，因此 Antares 自身包括组件层、业务层和对外 API，其他层级都是整个交互场景开发在车机端开发中的参考。下面对 Antares 的通信、组件、工程模式及对外能力输出 4 个方面展开介绍。

9.2.1 通信

对于使用 Antares 的车机端来说，其通信主要包含内部通信和云端通信两类。如图 9-7 所示，HBService 负责管理 AI 芯片、收集端侧的信息、管理各种 AI 芯片的状态和 Antares 通过本地局域网 TCP/IP 方式通信。Antares 负责感知结果的接收和解析，并通过 Binder 方

式可以提供给第三方模块使用，另外通过 HBService 作为通信中介，通过 SDIO 或者 USB
方式通信完成收集 AI 芯片端的功能和业务信息。Antares 和云端的通信主要通过 FaceID、
场景可配置、语音资源端云融合等方案，达到场景更丰富、内容更可靠、交互更智能的交
互体验。Antares 通过 TCP/IP 方式和公有或私有云部署的服务端交互。

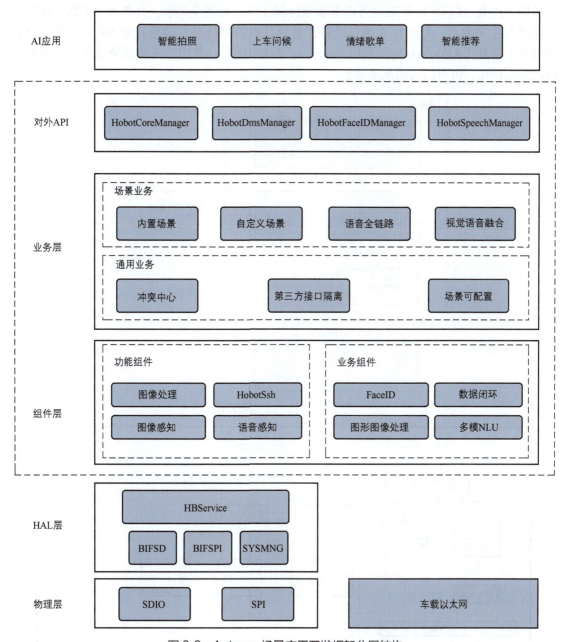

图 9-6　Antares 场景应用开发框架分层结构

　　基于以上原理，在硬件方面，使用 Antares 的车机和使用 AI 芯片的终端可以以一体机
或分体机两种形态配合使用，一体机主要以 SDIO、USB 方式通信，分体机以车载以太网
TCP/IP 方式通信。图 9-8 所示为一个典型的硬件拓扑结构（基于地平线征程 2 代芯片）。在

车机侧，Pept-SDK 与 Ctrl-SDK 分别代表感知（Perception）SDK 与控制（Control）SDK。在 AI 芯片终端，OP-App 代表业务（Operation）APP，也就是本书第 7 章所述的感知软件部分输出。在实际操作中，无论基于哪种形态，在 Antares 内部不需要更改软件逻辑，通过配置文件切换就可以灵活切换通信方式，达到和一体机一样的交互效果。基于上述模块，车机侧与含有 AI 芯片的终端就可以有效地协同工作。在图 9-8 中，两者内外的数据流通用不同的颜色来表示：红色代表感知链路；蓝色代表控制链路；绿色代表 MCU 链路；紫色代表握手信息（Acknowledgement Character, Ack）回复。其中，灰色模块基本上是以标准品的形式存在，由专门的团队来维护。

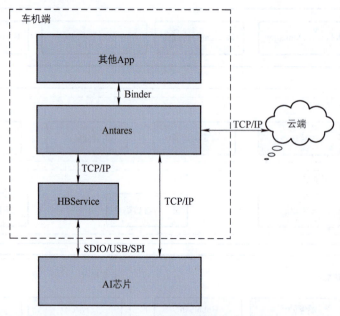

图 9-7　Antares 通信方式

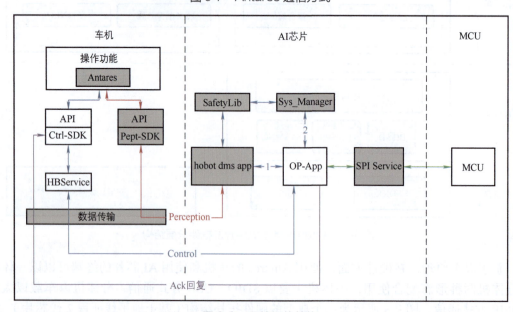

图 9-8　硬件拓扑结构

　　而在数据处理方面，Antares 在框架设计时预留了多种数据接入方案和硬件解耦，有一个数据中转站的处理中心，对所有接入的数据进行分类处理，支持多种 AI 芯片（如征程系列芯片），其他算法方案的数据也可以处理转发。基于地平线征程系列芯片的 Antares 数据处理示例如图 9-9 所示。在数据接入方面，J2 终端与 Jx 终端分别代表征程二代芯片与征程其他类型芯片，另外还有第三方算法公司感知结果接入。数据中转站对不同平台提供的数据进行数据格式转换，统一数据和分类。再上一层的数据队列用于对不同类型的数据分类，以推流的方式放入不同功能的数据队列。最后针对不同的功能模块，从数据队列中取数据进行解析和分发。

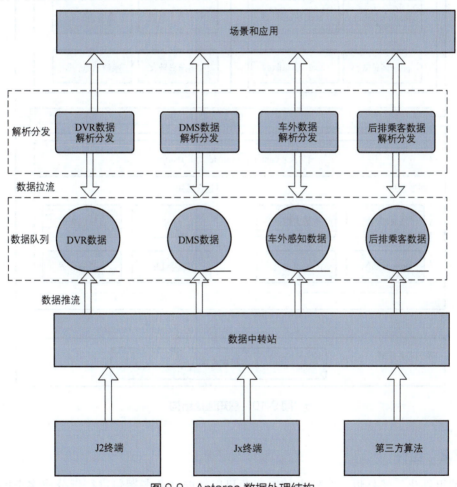

图 9-9　Antares 数据处理结构

　　在感知通信方面，如图 9-10 所示，主要是针对 AI 芯片终端图像和语音感知结果进行消息拼接、组合和转发。换句话说，感知通信就是在拿到感知结果后，在第 7 章介绍的感知软件与本章介绍的 Antares 之间进行高效的通信。具体来说，从 AI 芯片终端拿到感知消息后，如果是高频数据需要做队列处理，低频数据可以直接转发。高频数据通过打标签的形式分为重要和非重要数据，重要数据存入队列被处理，非重要数据丢弃。在通信设计时还需要考虑针对不同摄像头感知的数据如何区分，在每帧数据的附加头信息中添加了摄像头类型、ID 以及时间戳信息用于区分消息内容。具体而言，感知结果在 JNI（Java Native

Interface，Java 原生接口）层根据摄像头类型、时间戳、重要性和数据类型分类上报。另外，感知数据会放入不同的队列中分类处理，不阻塞底层数据的上报，队列容量可设置。为了提升效率，FaceID 数据处理优先级较高，可为其单开一路数据通道，而对于频率较低的语音感知的通信，可直接分发。

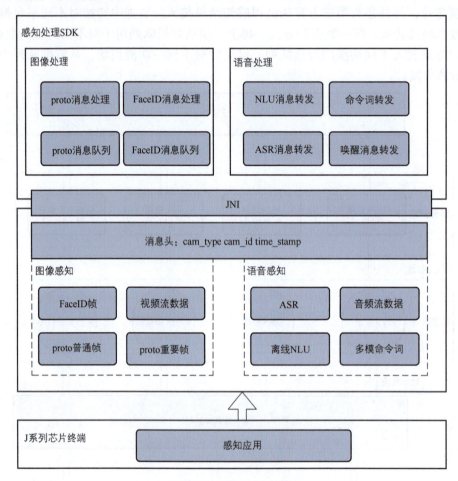

图 9-10　感知通信结构

9.2.2　组件

所谓组件化，就是将一个较大的工程项目以功能和业务逻辑进行拆分成多个模块，并且各个模块之间相互独立、相互解耦，每一个模块可以单独进行开发调试，各个模块调试完，最后以独立模块的形式在 App 或 SDK 中打包成一个完整的项目。随着 Antares 的版本不断迭代、新功能不断增加，业务也会变得越来越复杂，SDK 中的能力和业务还会继续增加，而且每个模块的代码也变得越来越多。为了解耦模块间的依赖和多人协作开发，必须要有更灵活的架构代替单一的工程架构。图 9-11 展示了一个常规组件架构。

按照属性来划分，组件可以分为业务组件、功能组件和打包组件（俗称"壳"组件）3 类。

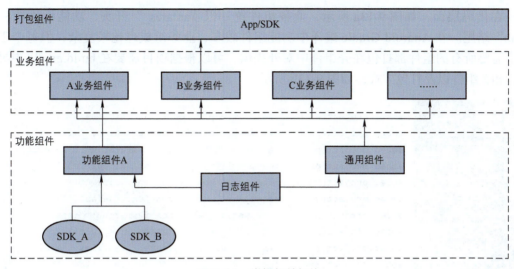

图 9-11　常规组件架构

1）打包组件：负责管理各个业务和功能组件和打包 APK 或 SDK 包，没有具体的业务功能。SDK 与 App 壳组件一般会分别打包成 AAR（Android Archive）与 APK（Android Application Package）包对外提供。

2）业务组件：根据具体业务而独立形成的一个功能模块。

3）功能组件：为开发 APP 提供的某些基础功能，如感知结果解析、日志处理存储等。其中部分特殊功能的组件用到了面向切面编程（Aspect Oriented Programming，AOP）思想，为了方便描述，这里将这类组件统称为 AOP 组件。

除此之外，图 9-11 中的通用组件属于功能组件，是支撑业务组件的基础，提供较多业务组件需要的功能（例如提供网络请求等）。另外，上述业务组件模块一般相互独立，并尽可能解耦，避免直接依赖，但功能组件可以被业务组件依赖。基于以上原理，Antares 是以 SDK 组件化的方式集成打包，具体架构如图 9-12 所示。

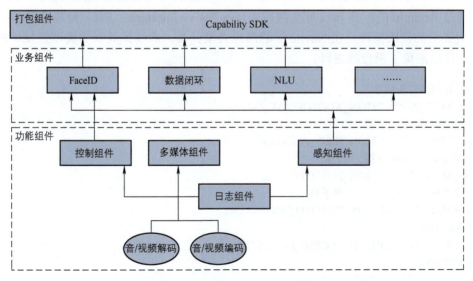

图 9-12　Antares 组件化架构

在代码层面，如图 9-13a 所示，业务组件统一以“antares_”开头，功能组件统一以“_lib”结尾。在 Android Gradle 编译中功能组件较多，业务组成也比较复杂，但每个工程并不需要所有的组件都打包在壳组件中对外提供，可以根据项目需要在 build.gradle 中灵活配置相关组件以及打包方式，如图 9-13b 所示。

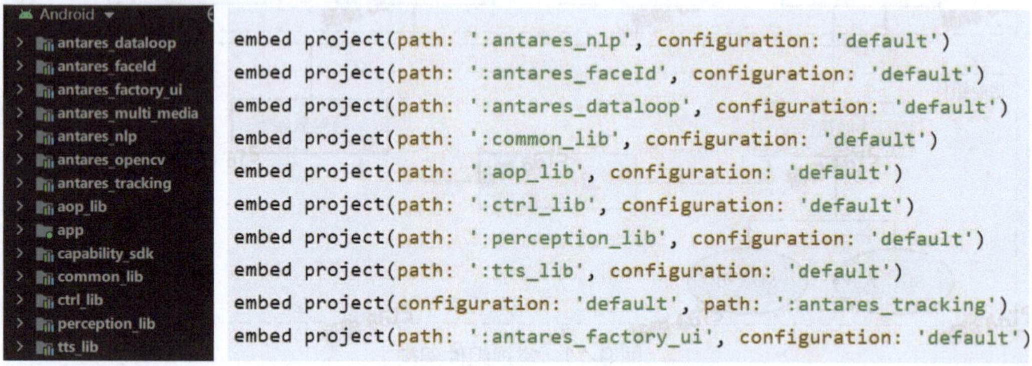
Android
antares_dataloop
antares_faceld
antares_factory_ui
antares_multi_media
antares_nlp
antares_opencv
antares_tracking
aop_lib
app
capability_sdk
common_lib
ctrl_lib
perception_lib
tts_lib
embed project(path: ':antares_nlp', configuration: 'default')
embed project(path: ':antares_faceId', configuration: 'default')
embed project(path: ':antares_dataloop', configuration: 'default')
embed project(path: ':common_lib', configuration: 'default')
embed project(path: ':aop_lib', configuration: 'default')
embed project(path: ':ctrl_lib', configuration: 'default')
embed project(path: ':perception_lib', configuration: 'default')
embed project(path: ':tts_lib', configuration: 'default')
embed project(configuration: 'default', path: ':antares_tracking')
embed project(path: ':antares_factory_ui', configuration: 'default')

a) Antares组件　　b) 打包项内容

图 9-13　Antares 组件及打包项内容

基于上述架构，下面主要介绍 Antares 的感知组件、AOP 组件以及业务组件的相关细节。其他组件可以在地平线开发者论坛中找到详细介绍。

1. 感知组件

以 Antares 接入地平线征程系列芯片终端为例，感知组件承接底层数据的通信数据，解析、分类、转发到各功能模块中使用，因此它既是数据提供者，也是智能场景开发数据的源泉。感知组件按照代码层级分类，由 Java 层和 Native 层两部分组成；按照功能可分为图像感知和语音感知两类。Navite 层主要是接收芯片终端的原始数据进行第一次解析，根据不同的消息类型进行重组上传到 Java 层。Java 层主要对 Native 回传的数据进行第二次解析分发，根据不同的业务模块再做一次重组封装，打包成可用性更好的结构体。Native 层和 Java 层通过 Android 的标准 Java 原生接口（Java Native Interface，JNI）封装通信。

下面展示的代码模块是在 Navite 层的消息类型分类，后续扩展新的类型直接扩展其 ID 即可，这样也避免了耦合的逻辑。

```
// 感知帧消息头信息
case MSG_PERCEPTION_ADDITIONAL_INFO:
// 图像 JPEG 预览数据
case MSG_PERCEPTION_JPEG_PREVIEW_DRIVER:
// 普通感知 Proto 数据，可丢帧
case MSG_PERCEPTION_POROTO:
// 重要感知 proto 数据，不可丢帧
case MSG_PERCEPTION_POROTO_IMPORTANT:
// 人脸识别感知
case MSG_PERCEPTION_FACEID_REGESTER:
// ASR VAD
case MSG_AUDIO_ASR_VAD:
```

```
// ASR 感知结果
case MSG_AUDIO_ASR:
// ASR 主驾时间戳
case MSG_AUDIO_PILOT_ASR_STAMP:
// ASR 主驾 vad
case MSG_AUDIO_PILOT_ASR_VAD:
//ASR 主驾音频
case MSG_AUDIO_PILOT_ASR_AUDIO:
// ASR 副驾时间戳
case MSG_AUDIO_COPILOT_ASR_STAMP:
// ASR 副驾 vad
case MSG_AUDIO_COPILOT_ASR_VAD:
// ASR 副驾音频
case MSG_AUDIO_COPILOT_ASR_AUDIO:
```

高频数据通过推拉流的方式进行数据解析和分发，低频数据直接解析分发。图 9-14 所示为感知数据的详细处理流程。具体来说，需要针对感知结果数据做分类处理，如 DMS、乘客、DVR 这类数据交互很频繁的数据需要有队列管理和丢帧的机制来保证数据的实时性，而另一类数据如语音识别结果、FaceID 识别结果等低频数据直接解析和分发即可。

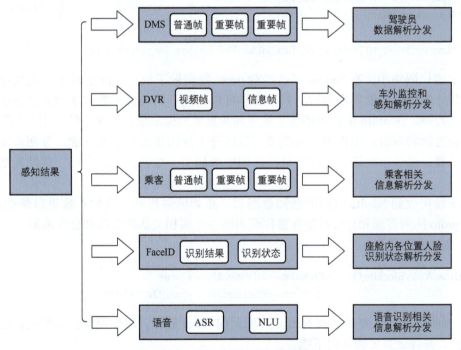

图 9-14　感知数据的详细处理流程

感知结果涉及跨端通信，使用的打包工具是 Protobuf 方式，是一种序列化结构数据的机制，但是比它们更小、更快、更简单，同时支持多语言、跨平台（详见本书第 8 章）。在 Native 层，根据图像和语音的感知结果区分不同的功能类型，把一个个数据包从 Native 层通过 JNI 传递到 Java 层，再通过附带的头信息在 Java 端做解析。两个接口的示例如下：

```
/**
 * ProtoBuf 数据的回调
 *
 * @param data      ProtoBuf 数据
 * @param protoLen  ProtoBuf 数据长度
 * @param protoType  proto 配型 :0, 普通类型 ;1, 重要消息类型
 * @param cameraType 摄像头类型 :0,DMS_IR; 1,DMS_RGB
 * @param cameraID   摄像头编号 :0,1,2...
 */
void onProto(byte[] data, int protoLen, int protoType,
            int cameraType, int cameraID);


/**
 * 用于 asr 的数据
 *
 * @param data
 * @param dataLen
 * @param hisfVad
 * @param type      0 原始 ,1 主驾 ,2 副驾
 * @param timeStamp
 */
void onAsrData(byte[] data, int dataLen, int hisfVad, int type, long timeStamp);
```

在上述代码块中，在 Native 层已经对 proto 数据做了统一。除了基本功能数据外还需要一些额外的信息辅助判断解析队列，这样可以根据不同的回调参数来判断消息队列的处理方式；另外，在 proto 消息中添加了重要和非重要的标志位，如果在性能遇到瓶颈时可以触发丢普通帧的策略；根据摄像头类型可以区分不同摄像头的感知功能，方便多设备接入的接口扩展；最后，在语音感知结果的回调中增加了一些调试参数，可以辅助判断和定位问题。

Java 端在收到 Navite 回调的感知数据后，是如何解析和分发的？这里以驾驶员 DMS 数据的 proto 队列管理和分发机制完整代码为例，介绍相关队列管理和分发机制。

1）创建缓存队列：

```
private ArrayBlockingQueue<ProtoData> mIRBlockProtoQueue
                = new ArrayBlockingQueue<ProtoData>(150);
```

2）接收数据：主要是接收 Native 层回调的 proto 数据，根据摄像头类型把数据丢入对应的队列，并保证重要帧数据不能丢。

```
if (cameraType == CAMERA_IR_PROTO) {
    if (mIRBlockProtoQueue.size() >= 1) {
        if (protoType != PROTO_TYPE_IMPORTANT) {
            return;
        }
    }
}
```

```
ProtoData protoData;
synchronized (mIRFreeQueue) {
    protoData = mIRFreeQueue.poll();
}
if (null == protoData) {
    protoData = new ProtoData();
}
if (mIRFreeQueue.size() >= MAX_SAVE_NORMAL_SIZE) {
    mIRFreeQueue.clear();
}
if (protoData.getProtoData() == null || protoData.getProtoSize() < protoLen) {
    protoData.setProtoData(new byte[protoLen]);
}
System.arraycopy(data, 0, protoData.getProtoData(), 0, protoLen);
protoData.setCameraType(cameraType);
protoData.setProtoType(protoType);
protoData.setProtoSize(protoLen);
if (!mIRBlockProtoQueue.offer(protoData)) {
    LogUtils.w(TAG, "IRProtoQueue full, loss frame");
}
} else if (cameraType == CAMERA_RGB_PROTO) {
    ......
}
```

在上述代码块中，根据 Native 回传的摄像头类型做队列处理；通过阻塞队列保存 proto 数据，队列大小自行设定，超过设定的大小后按照"丢跟踪数据→普通数据→重要数据"的顺序丢帧；使用深 copy 原则，避免数据被 Native 篡改；数据队列尝试使用复用的原则，避免重新申请内存带来开销。

3）数据队列解析：

```
while (mProcessIRProtoFlag) {

    ProtoData irProtoData = null;
    try {
        irProtoData = mIRBlockProtoQueue.take();
    } catch (InterruptedException e) {
        e.printStackTrace();
    }
    if (irProtoData != null) {
        try {
            DMSOutputProtocol.DMSSDKOutput.PerceptResult output =
                DMSOutputProtocol.DMSSDKOutput.PerceptResult
                    .PARSER.parseFrom(irProtoData.getProtoData(), 0,
                    irProtoData.getProtoSize());
            // 把 irProtoData 对象再塞回队列复用
            synchronized (mIRFreeQueue) {
```

```
        mIRFreeQueue.offer(irProtoData);
    }
    mBpuProtoManager.cook(output);
} catch (InvalidProtocolBufferException e) {
    LogUtils.e(TAG, "InvalidProtocolBufferException" + e);
    e.printStackTrace();
    }
  }
}
```

在上述代码块中，通过循环等待取消息的方式来解析，避免阻塞 Native 数据的更新；proto 解析通过 Native 数据回传的长度做解析，方法更可靠；解析后数据队列塞回复用，提高对内存的复用率，减少资源的开销。

4）业务类数据解析和分发：这里以驾驶员疲劳为例描述解析和分发的流程。

① 根据 proto 包含的信息选择图像还是语音感知去解析：

```
public synchronized void cook(final DMSOutputProtocol.DMSSDKOutput.PerceptResult output) {
    // 检测 proto 传输状态
    checkProtoStatus();

    // 解析图像感知相关结果
    if (!output.getVisionList().isEmpty())

    // 解析语音感知相关结果
    if (!output.getVoiceList().isEmpty())
}
```

② 进入图像感知的主驾 DMS 相关信息解析：

```
// 驾驶员 DMS 解析
if (visionPercept.getCameraType().getNumber()
    ==
DMSOutputProtocol.DMSSDKOutput.CameraType.CAMERA_IR_VALUE
    && !visionPercept.getPersonList().isEmpty()) {
    for (DMSOutputProtocol.DMSSDKOutput.PersonInfo personInfo
                    : visionPercept.getPersonList()) {
    if (personInfo.getFaceInfo().getType().getNumber()
            == AIConstants.PersonType.DRIVER) {
    if (personInfo.getFaceInfo().hasTrackingId()
        && (personInfo.getFaceInfo().getTrackingId()
        != mTrackingID)) {
    mTrackingID = personInfo.getFaceInfo().getTrackingId();
    mMainDriverInfoImpl.parseFaceAppear();
    }
    mMainDriverInfoImpl.parseDmsInfo(personInfo);
    }
  }
}
```

③ 驾驶员疲劳解析分发：

```
// 策略疲劳等级解析和分发
if (personInfo.getFaceInfo().hasFatigueState()
        && personInfo.getFaceInfo().getFatigueState().hasFatigueRating()) {
    switch (personInfo.getFaceInfo().getFatigueState()
                        .getFatigueRating().getNumber()) {
    case DMSSDKOutput.FatigueEnum.FATIGUE_ST_NORMAL_VALUE:
        mFatigueObservable.onFatigueLevel(0);
        break;
    case DMSSDKOutput.FatigueEnum.FATIGUE_ST_LV1_VALUE:
        mFatigueObservable.onFatigueLevel(1);
        break;
    case DMSSDKOutput.FatigueEnum.FATIGUE_ST_LV3_VALUE:
        mFatigueObservable.onFatigueLevel(2);
        break;
    case DMSSDKOutput.FatigueEnum.FATIGUE_ST_LV4_VALUE:
        mFatigueObservable.onFatigueLevel(3);
        break;
    case DMSSDKOutput.FatigueEnum.FATIGUE_ST_NONE_VALUE:
    case DMSSDKOutput.FatigueEnum.FATIGUE_ST_UNCERTAIN_VALUE:
        mFatigueObservable.onFatigueLevel(4);
        break;
    default:
        break;
    }
}
```

通过上述代码可以看到，Proto 最终解析成几类疲劳等级，然后通过一个回调接口发送出去，从而完成了一个完整功能的解析和分发。

2. AOP 组件

在项目开发中，用于统计用户行为的统计代码和用户行为日志记录代码一般会分散在各业务模块中。比如在某个模块中，要想对用户"行为 1"和"行为 2"进行统计，按照面向对象编程（Object Oriented Programming，OOP）思想，就需要把统计的代码以强依赖的形式写入相应的模块中，这样会造成项目业务逻辑混乱，并且不利于对外提供 SDK。在 Android 项目中，可以使用面向切面编程（Aspect Oriented Programming，AOP）思想，把项目中所有的日志统计代码从各个业务模块提取出来，统一放到一个模块里面，这样就可以避免提供的 SDK 中包含用户不需要的日志统计相关代码。

具体来说，AOP 是一种可以通过预编译方式和运行期动态代理，实现在不修改源代码的情况下给程序动态统一添加功能的技术。从技术上来说，AOP 是 OOP 的延续，是软件开发中的一个热点趋势，是函数式编程的一种衍生范型，将代码切入到类的指定方法和指定位置上的编程思想。利用 AOP，可以对业务逻辑的各个部分进行隔离，从而使得业务逻辑各部分之间的耦合度降低，提高程序的复用性，同时提高了开发的效率。

AOP 和 OOP 在字面上虽然非常类似，但它们却是面向不同领域的两种设计思想。OOP

针对业务处理过程的实体及其属性和行为进行抽象封装，以获得更加清晰高效的逻辑单元划分，而 AOP 则是针对业务处理过程中的切面进行提取，它所面对的是处理过程中的某个步骤或阶段，以获得逻辑过程中各部分之间低耦合性的隔离效果。这两种设计思想在目标上有着本质的差异。

举个简单的例子，对于"雇员"这样一个业务实体进行封装，自然是 OOP 的任务，可以为其建立一个"Employee"类，并将"雇员"相关的属性和行为封装其中；若用 AOP 设计思想，对"雇员"进行封装将无从谈起。同样，对于"权限检查"这一动作片断进行划分，则是 AOP 的目标领域，若通过 OOP 对一个动作进行封装，则有点不伦不类。

在场景应用框架中，AOP 编程的主要用途有日志记录、行为统计、安全控制、事务处理、异常处理、系统统一的认证、权限管理等。可以使用 AOP 技术将这些代码从业务逻辑代码中划分出来，通过对这些行为的分离，可以将它们独立到非指导业务逻辑的方法中，这样改变这些行为的时候不影响业务逻辑的代码。

（1）AspectJ 概述　AOP 是一个概念、一个规范，本身并没有设定具体语言的实现，这实际上提供了非常广阔的发展空间。AspectJ 是 AOP 的一个很典型的实现，能够和 Java 配合起来使用。AspectJ 的使用核心就是其编译器 ajc（AspectJ Compiler），将 AspectJ 的代码在编译期插入目标程序当中。具体来说，ajc 会构建目标程序与 AspectJ 代码的联系，在编译期将 AspectJ 代码插入被切出的切点（PointCut）中，达到 AOP 的目的。以下介绍 AspectJ 中几个要了解的关键字概念（图 9-15）。

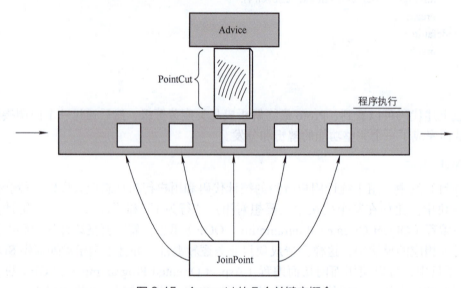

图 9-15　AspectJ 的几个关键字概念

1）Aspect：类似于 Java 中的类声明，在 Aspect 中会包含一些 Pointcut 以及相应的 Advice。

2）JoinPoint（连接点）：表示在程序中明确定义的点，例如，典型的方法调用、对类成员的访问以及异常处理程序块的执行等。连接点是应用程序提供给切面插入的地方在插入地建立 AspectJ 程序与源程序的连接。

3）PointCut（切点）：表示一组 JoinPoints，这些 JoinPoint 或是通过逻辑关系组合起来，或是通过通配、正则表达式等方式集中起来。它定义了相应的通知（Advice）将要发生的地方。

4）Advice（通知）：定义了在 PointCut 里面定义的程序点具体要做的操作。它通过 before、after 和 around 来区别是在每个 JoinPoint 之前、之后还是代替执行的代码。

结合以上概念，一个 JoinPoint 是程序流中指定的一点。PointCut 收集特定的 JoinPoint 集合和在这些点中的值。一个 Advice 是当一个 JoinPoint 到达时执行的代码，这些都是 AspectJ 的动态部分。更加形象地说，JoinPoint 就好比是程序中的一条一条的语句，而 PointCut 就是特定一条语句处设置的一个断点，它收集了断点处程序栈的信息，而 Advice 就是在这个断点前后想要加入的程序代码。AspectJ 中也有许多不同种类的类型间声明，这就允许程序员修改程序的静态结构、名称、类的成员以及类之间的关系。

（2）AspectJ 工程结构与 AOP 应用　在使用上，如图 9-16a 所示，一般情况下，会把一个简单的示例应用拆分成两个模块，第一个包含 Android App 代码，第二个是 Android Library 工程，使用 AspectJ 注入代码。经过 ajc 编译后，可以将两个模块的代码编译在一起，使 App 可以正常运行。下面以地平线的业务为例，介绍 AOP 的两个具体应用。

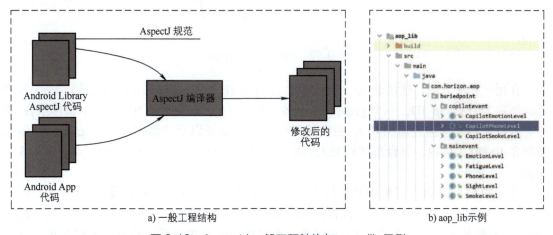

图 9-16　AspectJ 一般工程结构与 aop_lib 示例

1）用于数据埋点：埋点是记录某一事件的信息集合，包括事件名和事件属性，这些信息一般以键值对的形式记录在日志中。在实现上，如图 9-16b 所示，将一些业务点进行埋点，统一放置与 aop_lib 中，从而与各业务模块进行了解耦。

2）用于性能优化：可以指定某方法的执行线程及优先级，用于按照业务优先级分级启动不同的业务模块，例如高优先级启动通信模块、低优先级启动数据闭环或任意方法执行耗时统计。

3. 业务组件

Antares 的目标是提供框架加内置组件的集合，因此除了上述感知组件以及特殊用途的 AOP 组件外，Antares 还内置了多个业务组件，如多模语音以及 FaceID。多模语音相关的细节已在本书 6.4 节做过介绍，下面简要介绍一下 FaceID。

FaceID 即人脸识别，它是基于云端平台即服务（Platform as a Service，PaaS）以及终端 AI 能力打造的"车载端 + 云"的人脸识别一体化解决方案。它围绕车内外多样化应用场景，为 OEM 提供基于 FaceID 的智慧账户和智能车控的能力。FaceID 产品包主要包含 AI 芯片、车机端 SDK（Antares）以及云端 PaaS 服务。整个解决方案围绕人脸识别核心功能，包括人脸检测、人脸抠图、活体检测、人脸属性检测、人脸特征提取、人脸库管理与人脸检索比对等功能，其中核心流程是人脸库管理和人脸识别比对。用户在车机端 SDK、云端服务及 Sample APP 基础上，可以开发出完整的人脸注册 + 人脸识别的产品。客户可以结合云端 FaceID 能力以及离线 FaceID 能力打造端云协调方案，其业务流程如图 9-17 所示。

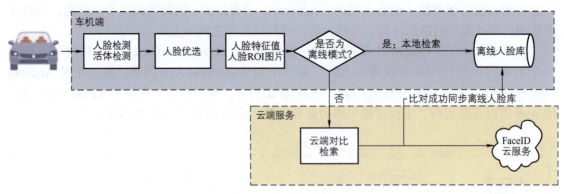

图 9-17　FaceID 业务流程

在用户注册方面，建议通过一个用户组（group_ID）来对应一个设备 / 车辆，一个客户可以创建多个 group_ID，一个 group_ID 有多个驾驶员用户（person ID），一个 person ID 支持有限张人脸（人脸注册图片）。在实际操作中，为保证识别准确率，一个 group_ID 建议限制在 10000 人以内，每台车注册的人脸底库最大为 100 人，一个 person ID 支持最多 5 张人脸。

在人脸识别方面，需要感知软件与车机端交互完成，注册流程如图 9-18 所示。用户注册时，一般用手机截取一段小视频，视频时长 1s 以内，帧率 25fps 左右即可。视频通过 OEM 的云服务平台转发给 FaceID 云服务，在这里会依次执行活体检测、人脸优选，返回一张最优的人脸图片给 OEM 云；OEM 云检查图片是否符合标准，最后调用注册接口完成注册，并将注册的信息返回给 OEM 云。

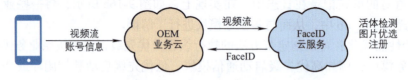

图 9-18　FaceID 注册流程

感知软件与车机端分工见表 9-1，用户解锁车辆，感知软件上电开启人脸识别；用户上车，感知软件完成人脸识别。待车机完成启动后，可通过接口查询人脸识别结果，或者调用接口重新触发感知软件进行人脸识别，车机使用人脸识别结果完成账户登录。以地平线征程 2 代芯片（J2）为例，一个完整的 J2 与车机交互方案如图 9-19 所示。

表 9-1　感知软件与车机端（Antares）分工

感知软件（AI 芯片终端）	车机端（Antares）
特征值提取	从 OEM 云同步合法账户列表至 AI 芯片终端
人脸比对	建立本地人脸与云端 personId 的数据映射关系
FaceID 底库管理	开启人脸识别功能

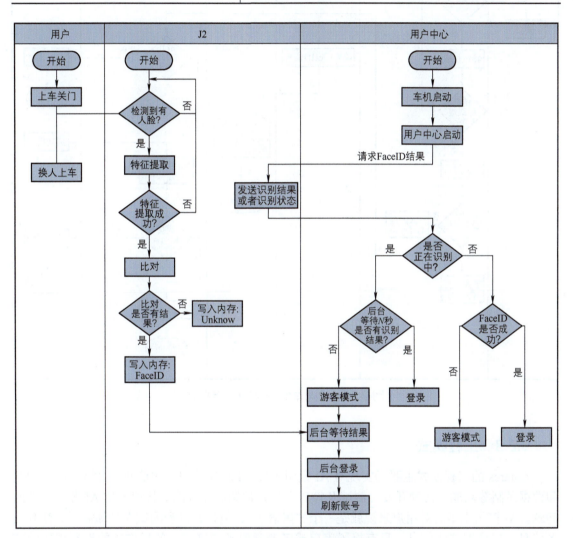

图 9-19　J2 与车机交互方案流程图

FaceID 作为 Antares 的一项业务组件，除了可以用于车机账户登录外，还可以扩展到其他场景，如调节座椅、后视镜以及起动发动机等。继续以 J2 为例，如图 9-20 所示，用户解锁车辆，J2 上电开启人脸识别，用户上车，J2 完成人脸识别，通知 MCU 识别结果，MCU 接收到识别结果通知相关模块（调节座椅、起动发动机等）。待车机完成启动后，可通过接口查询人脸识别结果，或者调用接口重新触发 J2 进行人脸识别。车机最后使用人脸识别结果完成账户登录。

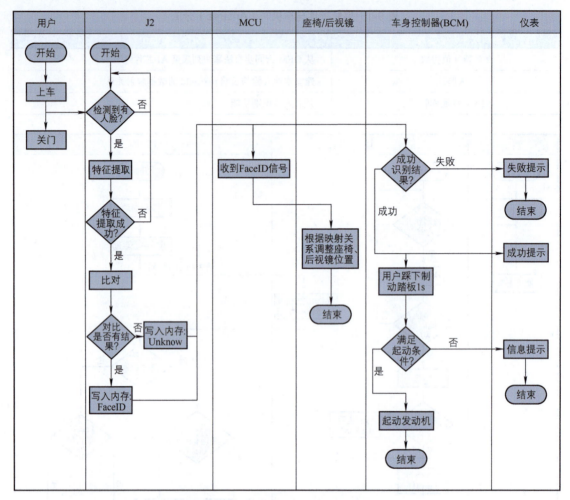

图 9-20   J2 与车机、MCU 交互方案

9.2.3   工程模式

Antares 的工程模式主要是实现对 AI 模组（即 AI 芯片端侧）的诊断、升级、图像预览和数据录制等功能，协助开发、测试及售后人员日常调试并且能够快速定位 AI 芯片终端的问题。AI 模组上车后对用户来说就是一个"黑盒子"，但是开发和测试人员却需要关注其很多信息，想获取这些信息，只有接了串口或者非常熟悉调试工具的操作才能得到想要的信息，为了方便调试和获取 AI 模组的实时信息，Antares 的工程模式是非常有必要的。

在项目启动早期阶段，数据录制帮助算法获取有效数据，图像预览帮助定位摄像头安装位置和成像效果；在项目中期，实车路试采集数据，FaceID 模拟调试，OTA 调试验证等功能，都需要有主动交互的页面；在项目后期或者交付后，抓取日志定位 AI 模组问题，查看诊断码定位问题等都需要借助工程界面来完成。

工程模式是以由多个隐藏的活动（Activity）组成，调试界面通过车机中的隐藏按钮或者 Android 调试桥（Android Debug Bridge，ADB）调试命令打开，主要具备的功能如图 9-21 所示。

图 9-21　Antares 工程模式主要具备的功能

下面以诊断、升级以及视线标定 3 个常用功能为例，介绍其原理与使用方法。

1. 诊断

AI 模组的诊断功能在调试和售后阶段使用得比较频繁，在项目开发和售后阶段都可以通过查看诊断码定位是摄像头、通信、内核等问题，方便现场技术支持工程师（Field Application Engineer，FAE）和负责测试的同事迅速判断问题并反馈给研发定位。目前，诊断包括芯片诊断、通信诊断、感知软件诊断等各类诊断场景，同时系统在日志中也周期性地去诊断 AI 芯片模块，在压力测试会实现上下电的诊断策略，这些诊断都是为了辅助定位 AI 模组是否存在异常情况。

（1）芯片诊断　芯片诊断是在 AI 芯片生产后，通过读取芯片的一些参数查看芯片在不同环境下（高低温）的运行状态以及质量是否达标，主要信息有 Efuse ID $^{\ominus}$、Process Monitor、芯片结温、芯片 SOM 功耗。在 Antares 中的数据流向如图 9-22 所示，诊断内容见表 9-2。

图 9-22　芯片诊断数据流向

表 9-2　芯片诊断内容

诊断内容	描述	诊断内容	描述
Current	芯片 SOM 功耗电流，单位 A	monitor_freq	表示振荡器频率
Power	芯片 SOM 功耗，单位 W	monitor_lcdl	表示 lcdl 的值（开机电流）
Voltage	芯片 SOM 功耗电压，单位 V	monitor_temp	表示上电时的温度，单位℃
Cur_temp	当前芯片温度，单位℃	socuid	Efuse ID

（2）感知软件诊断　一般通过发送 JSON 格式的诊断码来展示诊断结果。示例诊断码如下，每个字段（诊断项）的描述见表 9-3。

$\ominus$　一次性可编程存储器，在芯片出场之前会被写入信息。在一个芯片中，Efuse 的容量通常很小，如 128B。

```
{
  "name": "model_dtc",
  "dtc_info": {
    "dtc_id_base": "0x1001",
    "dtc_num_max": 16,
    "dtc_module_id_min": "0x8001",
    "dtc_module_id_max": "0x8FFF",
    "dtc_mapping": [
      {
        "module_id": "0x8002",
        "event_id": "0x0001",
        "dtc_id": "0x1001",
        "dtc_description": "model_load0_error",
        "dtc_snapshot_len": 20,
        "dtc_stable_time": 1000
      },
      {
        "module_id": "0x8003",
        "event_id": "0x0001",
        "dtc_id": "0x1002",
        "dtc_description": "model_load1_error",
        "dtc_snapshot_len": 20,
        "dtc_stable_time": 1000
      }
    ]
  }
}
```

表 9-3 诊断码字节描述

诊断项	描述	诊断项	描述
name	诊断项的名称	module_id	诊断模块 ID
dtc_info	诊断项的信息	event_id	事件 ID（module_id 和 event_id 的组合必须唯一）
dtc_id_base	此诊断项的错误码的基地址	dtc_id	错误码（必须在 dtc_module_id_min 和 dtc_module_id_max 内）
dtc_num_max	此诊断项的总的错误码个数	dtc_description	错误描述
dtc_module_id_min	此诊断项的最小错误码号	dtc_snapshot_len	错误快照的字节长度；（错误快照默认的保存地址为 /var 里面，长度不固定）
dtc_module_id_max	此诊断项的最大错误码号	dtc_stable_time	错误的诊断的稳定时间。（错误持续时间大于此时间才会上报错误）
dtc_mapping	诊断错误 mapping	—	

（3）上下电诊断　上下电测试诊断是为了测试 AI 模组在实车或者台架上模拟成百上千次的断电、上电后各个功能是否能够正常工作，包括时间信息、系统状态、感知结果是否

正常以及诊断码信息（图 9-23）。通过继电器周期性控制电源上电和下电，通过每次诊断的时间信息可以知道是否存在某一次 Antares 没有启动成功，通过其他信息可以判断一次上电工作是否正常。

```
6、  2020-09-09-19:16:58
OPEN成功
START NO TEST
 CPU: 66.0% | MEM USED: 116MB | 温度: 54 | BPU0 Loading: 44 | BPU1 Loading: 71
【诊断码】:0x3004【诊断码解释】:rgb open circuit
【诊断码】:0x2016【诊断码解释】:faceid module do cnn failed
获取PROTO成功

7、  2020-09-09-19:20:58
OPEN成功
START NO TEST
 CPU: 62.0% | MEM USED: 116MB | 温度: 53 | BPU0 Loading: 48 | BPU1 Loading: 74
【诊断码】:0x3004【诊断码解释】:rgb open circuit
【诊断码】:0x2016【诊断码解释】:faceid module do cnn failed
获取PROTO成功

8、  2020-09-09-19:24:56
OPEN成功
START NO TEST
 CPU: 62.0% | MEM USED: 114MB | 温度: 52 | BPU0 Loading: 48 | BPU1 Loading: 68
【诊断码】:0x3004【诊断码解释】:rgb open circuit
获取PROTO成功

9、  2020-09-09-19:28:56
OPEN成功
START NO TEST
 CPU: 58.0% | MEM USED: 115MB | 温度: 51 | BPU0 Loading: 46 | BPU1 Loading: 65
【诊断码】:0x3004【诊断码解释】:rgb open circuit
【诊断码】:0x2016【诊断码解释】:faceid module do cnn failed
获取PROTO成功
```

图 9-23　上下电诊断结果示例

2. 升级

以地平线征程系列芯片为例，图 9-24 所示为两种常用升级方式：FOTA 直接升级（见本书第 2.1.3 节）以及借助 Antares 进行升级。

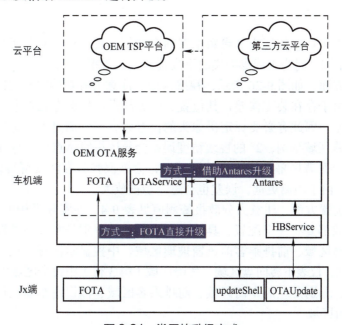

图 9-24　常用的升级方式

在工程模式下，工程界面升级为了模拟 U 盘 /OTA 的升级方式升级 AI 模组，在车机目录放入相关的升级包，直接点击升级按钮，升级流程和状态返回值和通过 OS 升级方式一致，具体流程如图 9-25 所示。

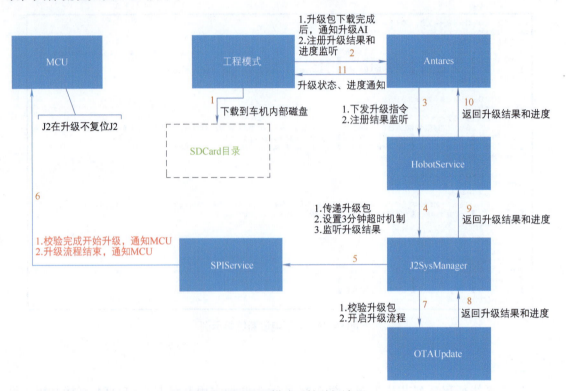

图 9-25　工程模式下的升级流程

3. 视线标定

视线工程界面包括视线标定和参数配置两个功能，视线标定是为了提高视线精度，参数配置则是在实车调试时为视线参数实时下发提高调试效率。

在视线标定方面，如图 9-26 所示，视线区域、注意力等功能涉及空间计算，摄像头作为输入传感器，由于存在装配误差，其位置、姿态与设计值会存在偏差，由此引入硬件导致的视线精度误差，因此有必要标定摄像头的位置和姿态。通过下线标定，视线精度可提升 2°。以车机屏幕区域举例，2° 的视线精度误差会导致视线落点计算存在 3cm 的偏差，由此可能导致当用户看着屏幕靠近边缘的区域时，会被误判为在注视屏幕之外 3cm 的区域。如果是右后视镜，由于距离更远，误差也会进一步被放大。

在视线参数配置方面，注意力分散报警阈值见表 9-4。在实际操作中，警告区域（第 2 行）中的每个区域都要有一个配置，具体有 8 个区域，分别是左外后视镜区域、右外后视镜区域、内后视镜区域、前排乘客前风窗玻璃区域、中控显示区域、仪表显示区域、变速杆及空调操作区域、仪表下转向盘区域；危险区域（第 3 行）中每个区域也都要有一个配置，具体有 5 个区域，分别是左前车门区域、前排乘客区域、仰视左车窗区域、仰视风窗玻璃区域、仰视右车窗区域。

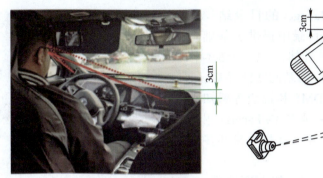
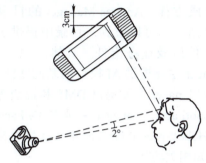

图 9-26　视线标定

表 9-4　注意力分散报警阈值　　　　　　　　　（单位：ms）

区域	范围
安全区域（注意力集中持续时间阈值）	0 ~ 20000 的整数
警告区域（注意力分散持续时间阈值）	0 ~ 20000 的整数
危险区域（注意力分散持续时间阈值）	0 ~ 20000 的整数
视线区域未知持续时间	0 ~ 20000 的整数

Antares 视线标定与参数配置界面如图 9-27 所示。以注意力分散功能开启阈值为例，报警区域和危险区域的时间阈值需要根据速度（单位为 km/h）区间进行配置。速度区间包括 5 个：0 ~ 30、30 ~ 70、70 ~ 100、100 ~ 120、>120。因此，需要修改的区域只有报警区域和危险区域共 13 个区域，在界面中以不同颜色标示。

开始标定	查询时间参数阈值	设置时间参数阈值	清除

区域类型	0~30km/h	30~70km/h	70~100km/h	100~120km/h	>120km/h

图 9-27　Antares 视线标定与参数配置界面

9.2.4　对外输出能力

经过上述对通信、组件以及工程模式的介绍，场景应用框架可以整体打包进行对外能力输出。具体来说，场景应用框架可以结合 AI 芯片所提供的算力以及现有的图像感知、语音信号处理、语音识别等核心技术，以预测、主动推荐、语音对话、举止行为交互等为一体的 AI 服务对外接口 API。下面继续以 Antares 为例进行对外能力输出（Antares Manager）方面的介绍。

在组成方面，Antares Manager 的目录结构如图 9-28 所示。可以看到，目录中提供了基础的感知组件以及业务组件。具体来说，Hobot-CoreManager 主要提供 AI 模块的基础功能接口；HobotDmsManager 主要提供 DMS 和视线等感知功能；HobotFaceIDManager 主要提供 FaceID 相关功能；HobotSpeechManager 主要提供单模和多模语音感知相关功能。

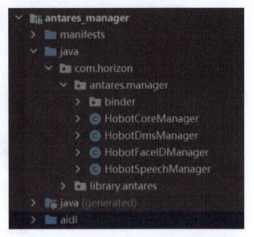

图 9-28　Antares Manager 的目录结构

在接入方面，可以提供 Service 的 APK 文件，直接放到 AOSP 源码中编译到 img 镜像中，之后通过配置车机 Android 系统的启动白名单，实现开机自动启动；也可以先安装 APK，之后通过 adb 命令行启动服务；还可以通过 Activity 启动服务。

在通信方面，Antares 和其他 APP 应用通信是通过 Android 常用的 Binder 方式通信的，在对外能力输出时，为了能够减少各功能模块的耦合度，一般需要 Binder 连接池来隔离接口（图 9-29）。具体来说，要先创建一个 Service 和一个 AIDL（Android Inter-Process Communication）接口，接着创建一个类继承自 AIDL 接口中的 Stub 类并实现 Stub 中的抽象方法，在 Service 的 onBind 方法中返回这个类的对象，这样客户端就可以绑定服务端 Service，建立连接后就可以访问远程服务端的各类方法。以上是典型的 AIDL 使用流程，假设业务需要 100 个模块需要使用 AIDL 进行通信，为了避免创建 100 个 Service 占用资源且项目变得冗杂，将所有的 AIDL 用一个 Service 去管理是必要的。

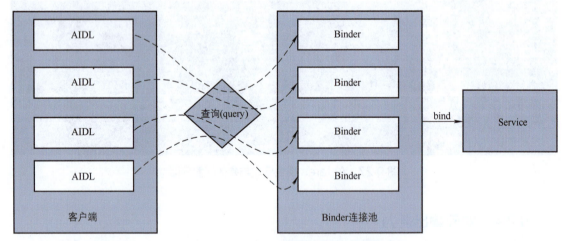

图 9-29　Binder 连接池的工作原理

如图 9-29 所示，在客户端中，每个业务模块创建自己的 AIDL 接口并实现此接口，这个时候不同业务模块之间是不能有耦合的，所有实现细节要单独开发，然后向服务端提供自己的唯一标识和其对应的 Binder 对象；对于服务端来说，只需要一个 Service 就可以了，服务端提供一个 query Binder 接口，这个接口能够根据业务模块的特征来返回相应 Binder

对象给它们，不同的业务模块拿到所需的 Binder 对象后就可以进行远程方法调用。由此可见，Binder 连接池的主要作用就是将每个业务模块的 Binder 请求统一转发到远程 Service 中去执行，从而避免了重复创建 Service 的过程。

　　基于上面介绍的 Binder 连接池，如果要增加服务端 AIDL 业务需求，则只需修改服务端的 BinderPoolImpl 和新增对应的 AIDL 接口就可以了。BinderPool 能够极大地提高 AIDL 的开发效率，并且可以避免大量创建 Service。因此，建议在 AIDL 开发工作中引入 Binder-Pool 机制。Antares Binder 的连接池的具体实现方式如图 9-30 所示，其代码如下：

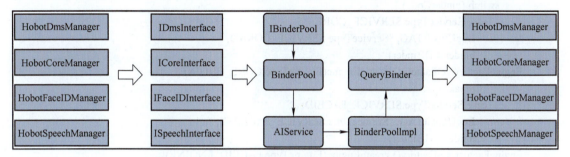

图 9-30　Antares Binder 连接池的具体实现方式

```java
/**
 * 查询 Binder
 *
 * @param binderCode binder 代码
 * @return Binder
 */
public IBinder queryBinder(int binderCode) throws RemoteException {
    try {
        if (mBinderPool != null) {
            Log.i(TAG, "binderCode" + binderCode);
            mHobotAIServiceBinder = mBinderPool.queryBinder(binderCode);
            Log.i(TAG, "queryBinder ret" + mHobotAIServiceBinder);
        }
    } catch (RemoteException e) {
        e.printStackTrace();
    }

    return mHobotAIServiceBinder;
}
```

上述 Java 代码模块为 Binder 查询接口，而里面调用的 Binder 连接池 Java 代码如下：

```java
/**
 * Binder 池实现
 */
public static class BinderPoolImpl extends IBinderPool.Stub {
    public BinderPoolImpl() {
```

```
        super();
        LogUtils.i(TAG, "BinderPoolImpl contract");
    }

    @Override
    public IBinder queryBinder(int binderCode) throws RemoteException {
        LogUtils.i(TAG, "queryBinder binderCode" + binderCode);
        IBinder binder = null;
        switch (binderCode) {
            case ServiceType.SERVICE_CORE:
                LogUtils.i(TAG, "ServiceType SERVICE_CORE");
                binder = (IBinder)
EngineFactory.getFactory().createEngine(EngineType.CORE_ENGINE);
                break;
            case ServiceType.SERVICE_FACEID:
                LogUtils.i(TAG, "ServiceType SERVICE_FACEID");
                binder = (IBinder)
EngineFactory.getFactory().createEngine(EngineType.FACEID_ENGINE);
                break;
            case ServiceType.SERVICE_DMS:
                LogUtils.i(TAG, "ServiceType SERVICE_DMS");
                binder = (IBinder)
EngineFactory.getFactory().createEngine(EngineType.DMS_ENGINE);
                break;
            case ServiceType.SERVICE_SPEECH:
                LogUtils.i(TAG, "ServiceType SERVICE_SPEECH");
                binder = (IBinder)
EngineFactory.getFactory().createEngine(EngineType.SPEECH_ENGINE);
                break;
            default:
                LogUtils.i(TAG, "no support service type!");
                break;
        }
        return binder;
    }
}
```

对于上述代码，使用者在初始化创建实体类时，会传入 binderCode 拿到 IBinder 代理对象；通过 IBinder 代理对象转换成 Service 的句柄对象；在 Binder 连接池使用工厂方法设计模式创建功能模块的引擎，达到使用者和服务端的连通；使用者拿到 Service 对应模块的句柄后，就可以通过 API 和服务端自由通信了。

9.3 人机交互应用开发规则

每一个 OEM 都希望自己产品的智能化场景是独一无二、有自己特色的，并且符合自己用户群体和画像。但这个需求，为开发人员带来了不少的工作量，每一个车型场景都要定制化开发一遍，这里面有很多算是重复的劳动。如何在满足场景个性化的同时减少开发人员的重复投入，是行业一直在思考和迭代的方向。

9.3.1　应用可视化配置

目前有不少企业都推出了面向 OEM、面向用户的场景可视化的编辑工具。用户可以在 Web 端或者手机 App 端定制或修改属于自己的个性化场景。Antares 中也包含一套可视化编辑的方案，通过 Web 前端定义或修改场景，通过网络下发协议到车机端执行的一个流程，整体架构如图 9-31 所示。

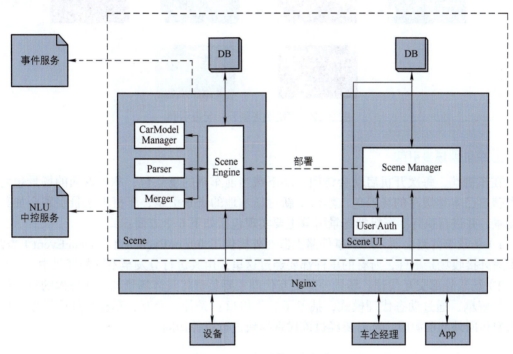

图 9-31　场景引擎服务架构

1. 云端节点及配置示例

具体来说，在云端有 6 种类型节点。

1）开始节点：标识场景的入口，每个场景只能有一个开始节点。

2）事件感知节点：表示端上能够捕获到的事件的集合，比如驾驶员抽烟感知、目视中控感知、NLU 给出的一个意图、云端系统推送给出的定制化意图等。其中，一个感知节点是感知检测能力（与、或、非）的组合集。

3）车控节点：表示当前能够控制的车的行为的能力集合，如降低车窗、关闭空调等。

4）交互节点：表示驾驶员和车机系统的弹出提示交互。其中，一个交互节点是一个弹出提示框，用户可以选择同意或拒绝。

5）条件节点：表示在整个场景中流程的判断节点。其中，一个条件节点的输入只有一个，可以是交互节点，可以是车控节点，可以是条件节点；子节点有两个，其子节点的第一个分支表示条件通过，第二个表示条件不通过。

6）结束节点：表示整个场景执行完成，没有子节点。

图 9-32 所示为驾驶员打电话场景云端配置示例：当检测到驾驶员打电话时，先判断驾驶员侧车窗是否关闭，没有关闭则结束场景；如果车窗处于关闭状态，就弹窗询问用户是否开启主驾打电话模式，倒计时 5s 自动同意；用户同意后就执行车控全部打开车窗，然后进入等待主驾打电话结束事件；当接收到主驾打电话结束事件时，则再次弹窗询问用户是否退出主驾打电话模式，倒计时 5s 自动同意，则把驾驶员侧车窗提升至 70%，然后结束场景。

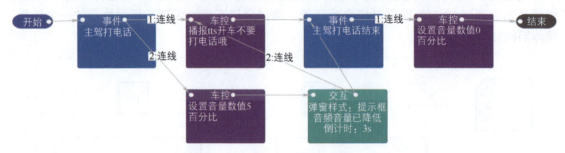

图 9-32　打电话场景云端配置示例

2. 车机端场景引擎

在车机端，每次开机启动会访问云端下载当前车辆的场景包，拿到返回的场景包之后会覆盖自己本地缓存的场景包，然后重新更新本地的场景引擎，车机端场景引擎会加载这些场景，并进行执行。车机端场景引擎主要实现包括如下 6 个方面：

1）场景事件路由器。场景事件路由器对外提供了 fun onEvent（tt：SceneEvent）方法，负责对外接收场景事件，所有的事件都要经过这里，由其进行分发至不同的场景中。

2）场景外部交互代理。场景外部交互代理主要负责将具体场景与依赖外部的车控代码等进行解耦，通过动态代理模式，抽象了三类接口：条件、交互、车控。具体场景在执行时需要访问外部资源时，都要经过该代理模块进行资源访问。

```
fun condition(service: String): Any?
fun prompt(vararg params: Any?, c: (n: Boolean) -> Unit)
fun ctrl(service: String, vararg params: Any?)
```

3）场景协议引擎。场景协议引擎主要负责解析云端下发的场景协议，每个场景都会被该模块解析成具体的实例映射至车机内存中，当收到场景事件路由器分发的事件，将会按照协议通过场景外部交互代理模块进行交互、车控、条件判断等功能执行。

4）场景协议缓存。场景协议缓存模块主要负责对场景协议的管理，包括但不限于写入、删除、读取等功能，由其内部维护一套协议管理逻辑，对外暴露的接口清晰明了、易于使用。

5）场景协议下载。场景协议下载模块主要负责访问云端、下载当前车辆部署的场景包及相关音视频等文件资源，还有定时向云端报告当前车辆状态等工作。

6）场景原子方法及变量。场景原子方法及变量包含了对场景事件的定义及对车控、条件等的抽象，该模块在场景引擎初始化时由具体车型去适配，引擎内部无须关心其具体实现。该模块将车型和引擎进行了解耦，可以很好地将框架移植到其他车型上面。

9.3.2　应用冲突处理

用户在进行场景开发的时候，如果开发的场景是相对独立的，和其他场景或者模块没有耦合，是不需要考虑冲突的。但很多时候，在某些条件下，场景触发的时候是有耦合的，例如场景 A 和场景 B 都会播放 TTS[⊖] 操作空调、车窗等，这个时候就要考虑场景冲突了：场景 A 和场景 B 同时触发时，执行顺序是怎样的？A 执行完，B 这个时候还在执行，要不要恢复空调？

针对以上情况，需要单独抽出来一个模块，专门用来处理场景冲突。换句话说，场景开发人员可以只专注于自己场景的开发，不用关心与其他场景的冲突如何处理，这一切都交给冲突处理中心去决策（图 9-33）。

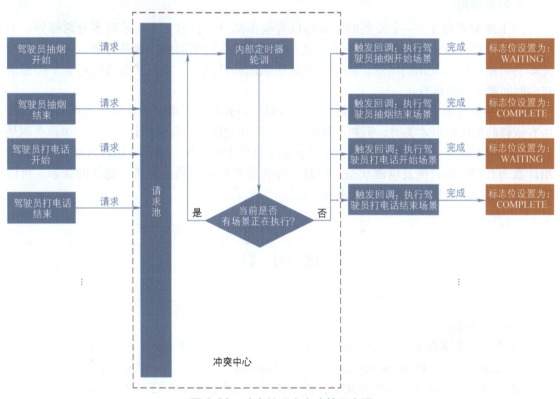

图 9-33　冲突处理中心决策示意图

1. 完整场景

具体来说，完整的一个场景大致包含三部分：场景正在执行（RUNNING）、等待场景执行（WAITING）、整个场景执行结束（CPMPLETE）。

1）场景正在执行：指场景正在执行 TTS、UI、车身控制（例如操作天窗、车窗）等操作。

2）等待场景执行：指场景正在等待执行。

3）整个场景执行结束：指整个场景运行结束，下次触发从头开始执行。

⊖　TTS（Text To Sound）指文本到语音播放器，是一款 Android 平台的应用。

相关的代码如下：

```
public enum SceneState {
    /** 执行期，正在执行某些操作 (TTS,UI, 车身控制等 ) */
    RUNNING("running"),
    /** 等待执行 */
    WAITING("waiting"),
    /** 执行结束，场景默认状态 */
    COMPLETE("complete");
}
```

2. 冲突准则

（1）**冲突准则 1**　一个完整的场景可以有很多部分，目前一个场景最多分两部分：第一部分为场景开始；第二部分为场景结束。场景正在执行的时候不能被打断，每部分执行完毕的时候可以触发别的场景。场景按照优先级的高低执行，相同优先级的场景，按照请求的时间顺序排队执行。

（2）**冲突准则 2**　结合公共资源的处理策略，以先开的为准，公共资源采用引用计数，所有依赖的事件结束才关闭。例如主驾抽烟场景操作空调，空调引用计数加 1，如果空调是打开的，则不操作，否则打开空调；主驾抽烟事件结束的时候，空调引用计数减 1，空调引用计数为 0 的时候，恢复空调状态。同时，冲突处理中心提供查询所有场景的状态，可以很方便地应付多场景融合下的处理逻辑。

练 习 题

一、选择题

1.【单选】下列哪一个不属于当前市场上主流的车机操作系统？（　　　）

A. Linux　　　　　B. HarmonyOS　　　　　C. Android　　　　　D. Windows

2.【单选】抽烟事件监听开发中，用于监听驾驶员抽烟事件的接口是什么？（　　　）

A. registerSmokeEventListener　　　　　B. onDriverSmokeEvent

C. getMainDriverApi　　　　　D. getCopilotApiApi

3.【单选】在处理车机端与 AI 芯片端的通信时，通常使用的通信方式是什么？（　　　）

A. HTTP　　　　　B. TCP/IP　　　　　C. FTP　　　　　D. UDP

4.【多选】以下关于 Antares 框架的描述哪些是正确的？（　　　）

A. Antares 支持硬件抽象层（HAL）用于驱动管理

B. 感知结果可以通过多模感知组件进行分类处理

C. Antares 只支持与本地设备通信，无法连接云端

D. 场景开发中可以通过冲突处理中心解决资源冲突

5.【多选】智能驾驶人机交互应用开发的最终目标是什么？（　　　）

A. 提供娱乐功能　　　　　　　　　B. 提高用户体验

C. 监测驾驶员状态　　　　　　　　D. 实现智能车控和交互场景

二、填空题

1. 智能驾驶人机交互的场景应用开发通常依赖于_____作为开发工具。

2. AOP 的全称是_____，它通过在不修改源代码的情况下动态添加功能。

3. 场景事件路由器对外提供_____方法，用于接收和分发场景事件。

4. 场景可视化配置中的事件感知节点主要用于捕获车内的_____。

5. 场景应用开发中组件层主要用于提供_____组件和_____组件，以支持功能和业务实现。

三、判断题

1. Antares 框架通过组件化设计，使得各个功能模块之间相互耦合，便于整体调试。
（　　　）

2. NDK 是用于开发 Android 应用时，增强 Java 与本地代码（如 C、C++）交互的工具。
（　　　）

3. 场景可视化配置服务中的条件节点允许将多种条件组合用于判断。（　　　）

4. Antares 框架支持车内外所有感知设备的数据输入，但无法与车载以太网进行通信。
（　　　）

5. 场景冲突处理中，当两个场景需同时开启车窗时，冲突处理中心会优先开启驾驶员侧车窗。
（　　　）

四、简答题

1. 简述如何实现 AI 专用处理器与车机系统的通信连接。

2. 简述场景应用开发中冲突处理中心的工作原理。

3. 简述如何在智能驾驶应用中处理突发事件（如驾驶员突然分心）的感知与响应。

五、实训题

1. 分析不同操作系统（如 Android、Linux、Harmony）在车载人机交互系统中的优劣，并撰写分析报告。

2. 基于 Android Studio 开发一个智能驾驶人机交互场景应用，支持车窗自动调节和抽烟模式控制。

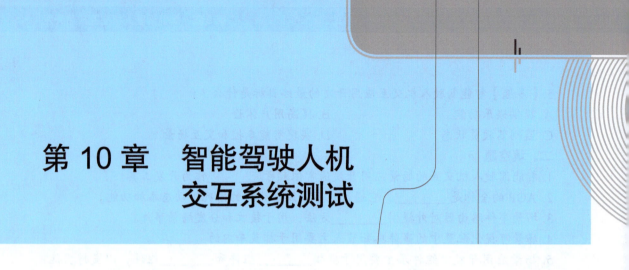

第 10 章　智能驾驶人机交互系统测试

本章是人机交互场景开发流程的最后一步，也是非常关键的一步。有效的测试可以确保人机交互场景的稳定性，提升用户的使用体验。一般来说，人机交互场景测试最关注两个关键点：测试标准以及测试工具。具体来说，测试标准主要关注测试数据与流程的标准化，进而一方面确保各类场景能够测试到，另一方面降低人工失误而产生的误测与漏测。而测试工具自动化可以进一步提高测试的效率，并最终确保发版的感知软件与场景应用的稳定性。本章先简要介绍交互场景测试流程，进而介绍相关工具及搭建方法，最后介绍语音与视觉测试标准。

案例导入：驾驶员抽烟感知及交互测试

在场景上，乘客在车内抽烟，当座舱识别到抽烟后，会根据当前是否下雨和车速等信息来判断是否打开乘客座位旁的车窗进行通风，做到主动化的人机交互。该场景测试有以下 4 步。

1）构建正样本、专项负样本、自然驾驶数据。需要注意以下几点：

① 录制场景和动作需满足测试标准的要求。

② 数据集录制完成后，需要将正样本和专项负样本进行标注。

③ 数据标注完成后，将数据和标注信息上传至算法测试平台中。

2）算法回灌测试。在算法测试平台中，对已有测试集分别进行回灌、评测、badcase 分析、badcase 统计，最终输出算法测试报告。

3）实车体验测试。尽量覆盖更多更复杂的情况，找到更多未知的 badcase，同时也是对算法回灌测试做的二次确认。

4）badcase 对齐。测试团队组织算法团队、工程团队、产品团队拉通对齐各个算法的 badcase。图 10-1 展示了 4 个真实测出来的 badcase：图 10-1a 所示的脸偏转较大，导致抽烟漏报；图 10-1b 所示为香烟呈点状导致抽烟漏报；图 10-1c 所示为喝牛奶误报抽烟；图 10-1d 所示为吃棒棒糖误报抽烟。在拉通会上，需要量化阐述上述算法的 badcase 分布和指标，并且由产品团队给出 badcase 解决优先级，由算法团队和工程团队给出 badcase 解决方案和解决计划，进而驱动下一轮算法迭代。

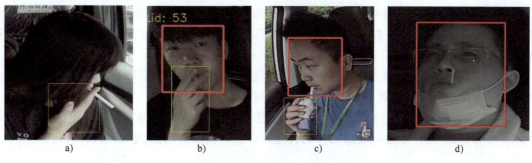

图 10-1　抽烟漏报及误报示例

10.1　人机交互系统测试流程

人机交互场景测试流程如图 10-2 所示，主要分为 3 个大步骤：数据集构建、台架算法测试以及实车算法测试。在展开之前，先需要了解一个在本书中被反复提及的概念——badcase。这是在研发团队中经常提及的一个口语词，代指测试出来的误报、漏报等算法问题。在学术界，badcase 有时也会被称为失败案例（failure cases）、少见案例（rare cases）或长尾案例（long-tail cases）等（详见本书第 11 章）。为方便描述，本书所指的 badcase 范围更广，涵盖以上所有情况。本章中所说的算法测试包括算法模型及上层策略，有关其他与硬件相关长稳测试的内容，读者可参考第 4 章。

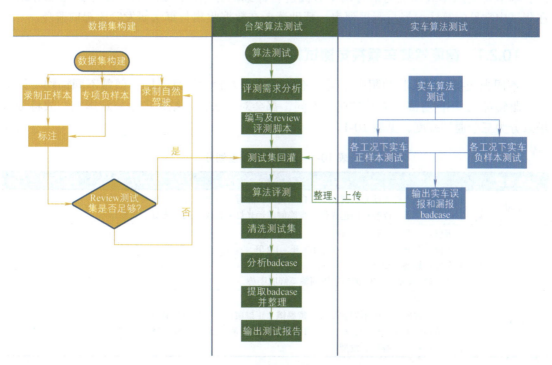

图 10-2　人机交互场景测试流程

1）数据集构建：主要目的是构建场景测试的标准或临时数据集，从而找出误报及漏报 badcase，量化输出指标，并反馈给研发等部门。数据集录制已在本书第 6 章有详细介绍，这里不再赘述。

2）台架算法测试：主要目的是通过算法迭代测试，分析不同版本的算法对于 badcase 的解决率和算法指标，客观衡量算法是否达到发版标准。

3）实车算法测试：主要目的是通过实车进行算法测试。通过实车测试，可更快地发现当前版本的 badcase，也是对复杂场景的补充，以及对台架算法测试结果的二次确认。

10.2 人机交互系统测试标准

为了快速全面地找到算法的 badcase，就需要建立丰富的测试场景集。基于场景的人机交互测试方法是实现加速测试、加速评价的有效途径，也是测试、验证、评价人机交互功能与性能的关键，贯穿人机交互研发测试全生命周期。

然而，人机交互场景测试目前在行业内没有统一的标准，而且现实世界中的场景具有无限丰富、复杂、不可预测的特点。但对此有个根本原则：尽可能覆盖真实的全部场景。也就是说，场景库中的测试场景对现实世界的覆盖率越高，测试集构建的有效率就越高。在实际工作中，人机交互场景测试是将视觉与语音测试分开来进行的，这是因为二者输入源不同，摄像头是视觉的输入源，传声器是语音的输入源。但这也不是绝对的，例如，目前多模语音或交互兴起，在这种情况下，需要根据不同的场景来设计特定的测试方法与用例。本节将会从车载视觉与语音两个方面进行详细的介绍。除此之外，本节还重点介绍了在测试中常见的算法误报与漏报列表，帮助读者在数据收集与算法研发阶段提前避免。

10.2.1 智能驾驶车载视觉测试标准

不同光线折射到人脸的阴影不同，不同年龄段人脸的纹理不同，佩戴不同饰物（如头饰、眼镜等）、不同身高对人脸的遮挡不同，都会对算法识别结果产生一定影响，故将测试场景分为三个通用维度，见表 10-1。

表 10-1 测试场景维度划分

场景维度	详细分布
光照	1. 白天顺光、白天顶光、树荫下、白天侧光、隧道、夜晚无光照、夜晚正常道路 2. 夜晚路灯下、夜晚对向远光灯、夜晚侧向远光灯、夜晚后向远光灯、夜晚车库
车控	1. 天窗：全开、半开、全关 2. 车窗：全开、1/5 开、1/4 开、1/3 开、1/2 开、全关 3. 车速：静态、动态 4. 转向盘 / 座椅：转向盘和座椅调整至舒服姿势
模特	1. 性别：男、女 2. 配饰：戴帽子、戴不同款眼镜、戴墨镜、正确戴口罩、口罩拉到下巴等 3. 年龄：0～6 岁、6～12 岁、12～18 岁、18～28 岁、28～35 岁、35～45 岁、45～55 岁、55 岁 + 4. 属性：姿态、身高、发型

在实际情况中，以上维度的分布情况不尽相关且动态变化。因此，实际的测试场景（常规场景与疑难场景）需要根据每款车型的用户画像以及不同区域的光照时长来做配比与

调整。7 种不同的光照定义见表 10-2，包括普通光照、阳光直射、侧光（俗称"阴阳脸"）、暗光、弱光、复杂光照以及夜晚开灯。在构建测试场景的时候，上述情况需要尽可能全部覆盖到，并且在比例上也要根据实际情况来做灵活调整。

表 10-2　光照定义

光照标签	中文释义	示例图
normallight	普通光照：普通光照打在脸上，没有"阴阳脸"	
directlight	阳光直射：太阳光全部打到脸上或人脸高亮略有反光	
sidelight	侧光：太阳光打在脸上并形成"阴阳脸"	
darklight	暗光：光线非常非常暗，接近全黑，看不清人脸信息	
weaklight	弱光：有一定亮度，比如夜晚车内开灯、夜晚有路灯，肉眼能看出人脸信息	
complexlight	复杂光照：斑驳的光线照在脸上，即脸上有多处阴影	

（续）

光照标签	中文释义	示例图
nightwithlight	夜晚开灯：晚上车内开了灯	

下面举一个实际的例子：选择 100 个模特来构建测试集，具体的模特覆盖要求、光照覆盖要求以及车控覆盖要求见表 10-3。

表 10-3　三个维度的覆盖要求

场景维度		覆盖要求
模特要素	座位	驾驶员、前排乘客、2L、2M、2R
	性别（每个座位）	男 60 人、女 40 人
	属性（每个座位）	戴帽子：5 ~ 10 人（帽子款式不同） 戴眼镜：可按照模特实际情况 戴墨镜：5 ~ 10 人（墨镜款式不同） 正确戴口罩：2 人（抽烟无此属性） 口罩拉到下巴：10 人
	年龄（每个座位）	18 ~ 28 岁：50 人 28 ~ 35 岁：30 人 35 ~ 45 岁：10 人 45 ~ 55 岁：5 人 55 岁 + ：5 人
光照要素	座位	驾驶员、前排乘客、2L、2M、2R
	光照（每个座位）	普通光照：60% 侧光：8% 夜晚：9% 阳光直射：5% 暗光：1% 弱光：2% 夜晚路灯下斑驳光照：2% 白天阳光下斑驳光照：2% 夜晚开灯：1% 开天窗：8% 隧道：2%
车控要素	座位	驾驶员、前排乘客、2L、2M、2R
	车控	天窗：全开 10%、半开 30%、全关 60% 车窗：全开 10%、1/5 开 15%、1/4 开 15%、1/3 开 15%、1/2 开 15%、全关 30% 车速：静态 30%、动态 70% 转向盘 / 座椅：上下左右调整至舒服姿势 100%

注：2L 代表 2 排左侧，2M 代表 2 排中间，2R 代表 2 排右侧。

人机交互视觉算法测试集一般分为三类，分别是正样本测试集、自然驾驶测试集和专项负样本测试集。其具体信息见表 10-4。

表 10-4　座舱视觉算法测试集

测试集	目的和用途	时长 / 数量要求	动作要求
正样本测试集	构建正样本测试集,用于输出指标 Recall,客观体现算法的查全率如何	每个座位至少 500 个动作样本	按照各算法功能定义,做出符合要求的动作,需尽量真实
自然驾驶测试集	一方面用于客观衡量每小时误报次数,另一方面用于暴露未知场景的误报数据	至少 300h	自然驾驶测试集为正常在车内可能做的动作,不包括奇怪的干扰动作。尽量覆盖一切在车内可能做的动作,包括吃东西、化妆等
专项负样本测试集	在未构建完成自然驾驶测试集时,可快速发现行为类算法的误报数据,快速衡量算法在误报方面的效果	每种分类至少 200 个样本	基于经验总结归纳出来的专项负样本场景

　　上述测试集中,专项负样本测试集一般需要根据经验进行总结,而且伴随着场景的丰富,其数量也在不断增加。如果测试不充分的话,一些负样本也比较难发现,其出现的频率也比较难判断。为了帮助读者尽快构建起自己的专项负样本测试集,表 10-5 列举了 28 个常见但容易干扰算的专项负样本,部分示例如图 10-3 所示。

表 10-5　常见负样本列表

编号	系列名称	描述
1	摸捏嘴	手自然地放在嘴边(可发散各种不同的手置于嘴边的动作,可发散),如图 10-3a 所示
2	喝吸管	包含且不限于奶茶、各种样式的酸奶(包含:吸管露出长、吸管露出短、不同颜色吸管)。注意,一定要喝东西,不能纯含吸管摆拍
3	喝水杯	喝水,每个模特使用自带的杯子喝水,还有喝各种饮料
4	用水杯捂脸	每人自带水杯捂脸
5	系安全带	自己或他人帮助系安全带
6	香烟半举	特指抽烟已经完成后,半举着状态(至少 3s),香烟离嘴部有一定距离,如图 10-3b 所示
7	手放衣领	各种手抓衣领动作,如图 10-3c 所示
8	涂口红 / 唇膏动作	涂口红、涂唇膏系列动作
9	戴耳机动作	分别戴上两只耳机
10	掏耳朵	手指在耳朵里至少 4s,分别掏两只耳朵
11	戴眼镜扶眼镜	扶眼镜,包括从中间扶和从侧面扶,如图 10-3d 所示
12	抠鼻	需包含电话手势的抠鼻动作,如图 10-3e 所示
13	托腮	各种拳头、手掌或手指托腮动作,如图 10-3f 所示
14	手摸头发	男女各种摸 / 捋头发动作
15	抓耳挠腮	侧面、头顶以及后脑勺抓耳挠腮动作
16	吃柱状物食品	包含且不限于:棒棒糖、麻花、百奇棒、夹心棒、薯条、辣条、火腿肠、冰棍、串串香、烤串、用筷子吃饭、带吸管的酸奶等棒状食品
17	叼牙签 / 竹签 / 筷子	用嘴叼牙签,竹签、筷子等细长柱状物,如图 10-3i 所示
18	戴 / 卸 / 调整口罩	拿下口罩,在戴上口罩,在用手捏口罩上边缘的鼻梁线,拇指食指捏口罩钢丝
19	双手玩手机	需要包含正前方、侧脸及低头看手机等各类动作,双手握手机发信息
20	吃非柱状物	包含且不限于吃小蛋糕、曲奇饼干(一般是圆形的)
21	玩笔	准备多种外观的笔(记号笔、中性笔、钢笔等),持笔的手靠窗边时,可以将手臂搭在窗户上,如图 10-3g 所示

（续）

编号	系列名称	描述
22	化妆	包括用手在脸上打粉底
23	撇嘴	各类撇嘴，如图 10-3h 所示
24	关顶灯 / 天窗	单手关顶灯 / 天窗动作，如图 10-3j 所示
25	前后排拿东西	前排从后排单手拿东西（纸币盒之类），后排从前排单手拿东西
26	身体探前	后排模特身体探前，手部扶座椅动作
27	单手玩手机	单手握手机、玩手机等动作，如图 10-3k 所示
28	双手交叉	双手合十、交叉等动作，如图 10-3l 所示

   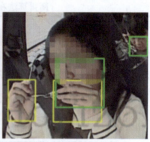

a) 摸捏嘴　　　　　　b) 香烟半举　　　　　　c) 手放衣领　　　　　　d) 戴眼镜

e) 抠鼻　　　　　　f) 托腮　　　　　　g) 玩笔　　　　　　h) 撇嘴

i) 叼牙签　　　　　　j) 关顶灯　　　　　　k) 单手玩手机　　　　　　l) 双手交叉

图 10-3　部分负样本示例

1. 专业指标

在实际测试过程中，需对上述不同场景维度以及车内人员的行为进行不同的排列组合及遍历取值，以扩展场景边界，有效覆盖测试盲区。在测试指标方面，下面几个专业指标会被经常用到。

1）FN（False Negative）：被判定为负样本，但事实上是正样本，即漏报。

2）FP（False Positive）：被判定为正样本，但事实上是负样本。即误报。

3）TN（True Negative）：被判定为负样本，事实上也是负样本。

4）TP（True Positive）：被判定为正样本，事实上也是正样本。

上面的正样本和负样本与算法检索结果的关系是：实际为正样本的应该都出现在算法检索出的结果中；实际为负样本的应该都不出现在算法检索出的结果中。

2. 评测指标

清楚上述 4 个缩写术语后，通常使用如下评测指标来客观衡量算法识别的结果。

1）Recall = TP/（TP + FN），即召回率 = 正样本识别数 / 正样本总数，也称查全率。使用正样本测试集输出 Recall，即在所有正样本数据集中识别正确个数的比例。

2）Fpphr = FP/ 总时长，即使用自然驾驶测试集输出每小时误报次数。例如 Fpphr = 0.01，那意味着每 100h 会出现 1 次误报。

3）Accuracy =（TP+TN）/（TP+TN+FP+FN），即准确率 = 预测正确数 / 样本总数，表示有多少比例的样本预测正确，多用于统计性别识别结果。

4）1-off Accuracy，即识别结果与标注差在正负 1 之间。例如，实际年龄为 30 岁，算法预测结果在区间 [18,28] 和 [35,45] 的均准确。该指标多用于统计年龄识别结果。

5）Precision = TP/（TP+FP），即精确率 = 正样本识别数 /（正样本识别数 + 负样本误报数）。该指标建议仅在内部相同测试集上不断迭代，用于比较不同版本的结果，不推荐对外使用。因为正负样本混合的测试集，通过改变正负样本占比，可调整该指标的结果，无法客观展示算法识别的结果。

10.2.2　智能驾驶车载语音测试标准

目前车厂大多数采用单模语音方案，即只有一路语音信号输入，但是单模语音在噪声嘈杂的环境下就会无法识别，比如在闹市区或者车上人员比较多和吵闹的情况下，用户可能无法顺畅地与车辆进行语音交互。而多模语音由于加入了图像的一路信号辅助，刚好可以解决这个用户痛点，具体信息见本书第 6.3 节及 6.4 节介绍。下面分别介绍单模语音与多模语音的测试标准。

1. 单模语音测试标准

在介绍具体测试标准前，先介绍相关的测试数据准备情况。测试过程中使用的唤醒音频、query 音频、噪声音频以及回声音频，均要满足以下规格：标准 48K 采样率（最低 16K），16bit，单 / 双声道（根据实际待测设备选择），能量 –18dB（ov）。测试数据包括下面 5 个方面。

1）唤醒语料：用户一般为 18 ~ 30 以及 31 ~ 60 两个年龄段；根据实际产品使用地区来灵活选择方言或普通话；语速方面（4 个字唤醒词时间），快语速 0.65 ~ 0.85s，正常语速 0.85 ~ 1.5s。

2）query 音频：分为间隔较长及较短两种模式。间隔较长为唤醒词与 query 音频之间有间隔 0.4 ~ 1s，而间隔较短为 0 ~ 0.4s。对于以上两种模式，音频类需要符合待测设备实际应用场景的 query 音频。

3）噪声音频：根据不同被测设备选用适合的噪声，噪声类型包括乘员交谈、车噪、路噪、空调等，尽量覆盖不同类型。

4）回声音频：根据不同被测设备选用适合的回声，回声类型包括音乐（摇滚乐、古典乐、清唱等）、TTS（导航播报音等）、有声读物、FM 电台，尽量覆盖不同类型。

5）误唤醒音频：乘员交谈声、TTS、音乐、有声读物、FM 电台、实际噪声（路况等）。

利用以上数据就可以构建不同的测试集。例如，唤醒测试集需从唤醒语料中（成人普通话正常语速、成人普通话快语速、成人方言正常语速）抽取，且保证男女比例 1∶1；识别测试集应覆盖较多高频使用场景 query 语句词；误唤醒测试集包括误唤醒音频，累计播放时长不少于 24h，音频按照 1∶1 比例抽取。

测试内容见表 10-6，实车语音交互功能丰富，一般在不同场景对待测设备进行唤醒、识别率等指标测试。对上面描述的各类测试数据，考虑到实际用户使用产品的场景，将参考主要场景做路测。表 10-7 展示了根据各影响因素不同组合而成的场景占比作为抽取测试场景的参考。

表 10-6　测试内容

测试内容	详细描述
唤醒率	成功唤醒次数与唤醒词总次数之比。假设测试语料中总共尝试 N 次唤醒，唤醒成功 R 次，唤醒率 $= R/N \times 100\%$
唤醒音区准确率	成功唤醒的情况下，正确输出唤醒音区的次数。假设测试语料中总共尝试 N 次唤醒，成功唤醒 S 次，正确输出音区次数为 R 次，音区定位准确率 $= R/S \times 100\%$
识别率	以完整语句的识别情况来判别语音识别效果。假设参与识别的句子总数为 L，识别完全一致的句子数为 H，则定义如下指标：识别率 $= H/L \times 100\%$
识别音区准确率	指用户成功发出识别语句后，正确输出识别位置的次数。假设参与识别的句子总数为 L，定位成功 R 次，音区定位准确率 $= R/L \times 100\%$
人声隔离率	指非目标人声位置发出语句被拒绝识别的准确度，假设目标人声位置成功唤醒 N 次，且未发出语句，非目标人声位置发出语句 S 句，未被识别，人声隔离率 $= S/N \times 100\%$
误识率	指用户未发出唤醒词而唤醒引擎错误输出已唤醒结果的概率。用单独外放设备播放一定时长的噪声语料，检测语音唤醒的结果，需覆盖有回声及无回声情况。如在一段时间 T 内，误唤醒 W 次，误识率 $= W/T$，一般量化到 24h 或 48h 内的误唤醒次数
唤醒延迟	用来衡量语音唤醒引擎的响应速度，为检测到唤醒词尾点与唤醒响应时间点之间的时间差
CPU 占用率	根据不同类型待测设备 CPU 详细信息，查看语音 SDK 占用百分比的峰值、均值
内存占用率	根据不同类型待测设备，查看语音 SDK 内存开销

表 10-7　测试场景分布

车速/（km/h）	音乐/dB（A）	乘员交谈/dB（A）	关窗			前排半开窗关空调	前后排全半开窗关空调
			关空调	空调中档位	空调高档位		
0～40	—	—	5%	5%	—	5%	5%
	78	—	5%	5%	1%	5%	5%
50～80	—	—	5%	5%	1%	5%	0.5%
	78	—	5%	5%	—	5%	0.5%
	—	75	1%	1%	1%	0.5%	0.5%
9～120	—	—	5%	5%	1%	—	—
	80	—	5%	5%		—	—
	88	—	1%	1%		—	—

需要注意的是，表 10-7 中所有场景总和为 100%，表中列出了各组合场景在其中的占比。另外，还要根据具体设备的使用场景来选择测试音乐的噪声或回声。例如表 10-8 展示了一个在某车型测试过程中总结出的经验值，对于行业内具有一定的参考性。在测试方案中，测试结果将按照测试场景优先级占比进行加权计算。最终结果应满足以上认证标准，并且单个测试场景下唤醒率及识别率等不低于 60%。

表 10-8　噪声和回声场景指标（CPU、内存占用率根据具体产品确认）

唤醒率	唤醒音区检测率	识别率	识别音区检测率	误识率	人声隔离率	唤醒延迟
≥ 90%	≥ 90%	≥ 85%	≥ 85%	≤ 1 次 /24h	≥ 80%	< 0.4s

基于以上测试平台、用例以及标准，下面介绍具体的测试方法。

1）唤醒。具体方法如下：

① 按照测试要求摆放测试设备，图 10-4 为测试设备位置示意图。

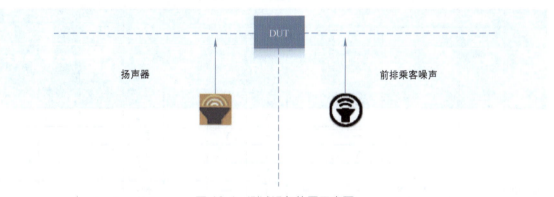

图 10-4　测试设备位置示意图

② 选取测试场景，驾驶员唤醒，以 90 ～ 120km/h 时关窗、乘员交谈 80dB（A）、车载音响播放、关空调为例。

③ 进行音频调节，使其满足测试要求：驾驶员位置播放人声校准音，在人工嘴 0.5m 处测量音量平均值为 78dB（A）；驾驶员位置播放噪声校准音，在人工嘴 0.5m 处测量音量平均值为 80dB（A），记录播放音量。

④ 开始测试：将播放噪声的人工嘴摆放到前排乘客位置，播放人声的人工嘴摆放在驾驶员位置；先播放噪声，再播放唤醒词，记录唤醒次数并计算唤醒率，统计测试结果。

2）唤醒音区准确率。具体方法如下：

① 选取上述测试场景，进行音频调节：驾驶员位置播放人声校准音，在人工嘴 0.5m 处测量音量平均值为 78dB（A）；驾驶员位置播放噪声校准音，在人工嘴 0.5m 处测量音量平均值为 80dB（A），记录播放音量。

② 开始进行测试：将播放噪声的人工嘴摆放到前排乘客位置，播放人声的人工嘴摆放在驾驶员位置；先播放噪声，再播放唤醒词，记录唤醒成功总次数，以及成功唤醒次数中，定位成功的次数，并计算唤醒音区定位准确率，统计测试结果。测试结果记录见表 10-9（其中平均值为加权计算）。

表 10-9　音区定位记录

音区	1L	1R	2L	2R	3L	3R	平均值
准确率							

3）识别。具体方法如下：

① 选取上述测试场景，进行音频调节：驾驶员位置播放 ASR 音频校准音，在人工嘴 0.5m 处测量音量平均值为 78dB（A）；驾驶员位置播放噪声校准音，在人工嘴 0.5m 处测量音量平均值为 80dB（A），记录播放音量。

② 开始进行测试：将播放噪声的人工嘴摆放到前排乘客位置，播放人声的人工嘴摆放在驾驶员位置；先播放噪声，再播放唤醒词 + 自动语音识别（Automatic Speech Recognition，ASR）语句，记录完全一致的句子数量，计算识别率，统计到测试结果中。测试结果示例见表 10-10（表中"Y"表示"执行测试的场景组合"）。

表 10-10　测试结果记录示例

| 车速/(km/h) | 回声
音乐/dB（A） | 噪声
乘员交谈/dB（A） | 窗户状态 | | | 空调状态 | | | 权重 | 唤醒数量 | 样本数 | 唤醒率 |
			关窗	半开窗（前排）	全开窗（前排+后排）	关空调	空调中档位	空调高档位5%				
0 ~ 40	—	—	Y	—	—	Y	—	—	5%			
			Y	—	—	—	Y	—	5%			
			—	Y	—	Y	—	—	5%			
			—	—	Y	Y	—	—	5%			
	78		Y	—	—	Y	—	—	5%			
			Y	—	—	—	Y	—	5%			
			Y	—	—	—	—	Y	1%			
			—	Y	—	Y	—	—	5%			
			—	—	Y	Y	—	—	5%			

4）识别音区准确率。具体方法如下：

① 选取以下测试场景，进行音频调节：驾驶员位置播放 ASR 音频校准，在人工嘴 0.5m 处测量音量平均值为 78dB（A）；驾驶员位置播放噪声校准音，在人工嘴 0.5m 处测量音量平均值为 80dB（A），记录播放音量。

② 开始测试：将播放噪声的人工嘴摆放到前排乘客位置，播放人声的人工嘴摆放在驾驶员位置；先播放噪声，再播放唤醒词 +ASR 语句，记录识别总次数，识别音区定位成功的次数，计算识别音区准确率，统计测试结果。

5）人声隔离。具体方法如下：

① 选取一个测试场景，如目标位置二排右侧，车速 50 ~ 80km/h、关窗、二排左侧播放噪声交谈声、音乐关闭、空调 2 档，进行音频调节：驾驶员位置播放人声校准音，在人工嘴 0.5m 处测量音量平均值为 78dB（A）；驾驶员位置播放噪声校准音，在人工嘴 0.5m 处测量音量平均值为 80dB（A），记录播放音量。

② 开始测试：将播放噪声的人工嘴摆放到二排左侧位置，播放人声的人工嘴摆放在

二排右侧位置；播放唤醒词 +ASR 语句，ASR 语句结束同时播放噪声，记录唤醒成功次数以及交谈噪声语句未被系统识别次数，计算人声隔离率，统计测试结果。测试结果记录见表 10-11（其中平均值为加权计算）。

表 10-11　隔离率记录

音区	1L-1L-1R	1R-1R-2R	2L-2L-2R	2R-2R-2L	1L-1L-1R	3R+3R-1L	平均值
隔离率							

6）误识率。具体方法如下：

① 一般在声学实验室中测试，进行音频调节：台架驾驶员位置播放人声校准音，在人工嘴 0.5m 处测量音量平均值为 78dB（A）；台架驾驶员位置播放噪声校准音，在人工嘴 0.5m 处测量音量平均值为 80dB（A），记录播放音量。

② 开始测试：播放时长大于等于 24h 的音频，记录播放时长、误唤醒次数。

7）其他。主要包括以下项目：

① 响应时长：记录播放唤醒词的结束时间点与待测设备响应时间的起始点，计算响应时长。

② CPU 占用率：12h 记录语音 SDK 的 CPU 占用值（需要在多种场景下播放唤醒词），并统计结果。

③ 内存占用率：12h 记录语音 SDK 的内存占用值（需要在多种场景下播放唤醒词），并统计结果。

④ 体验测试：上述测试完成后，一般要进行真人体验测试，真人测试最能体现用户价值。具体来说，全车所有位置实车体验，可选择闹市区、高速等路段，场景选择唤醒（安静、噪声、回声）与识别（安静、噪声、回声）测试，记录体验测试结果。

2. 多模语音测试标准

车载多模语音的测试标准整参考单模测试语音，不同点主要是多模语音需要算法回灌测试和真人实车测试。下面分别对测试工具和设备、测试数据、测试内容、测试方法以及测试指标 5 个方面进行详细介绍，部分内容以地平线的多模语音测试标准为例。

（1）测试工具和设备　一般需要准备以下测试工具和设备：开发板（如地平线 J2 开发板或 96Board）用于算法回灌测试；搭载完整传声器和摄像头的车机，用于实验室误报测试；功能良好的测试车，用于实车测试；声压计，高保真音响；实车，用于采集测试数据（这里的实车与测试车可以是同一辆）。

（2）测试数据　用于多模语音测试的数据一般有两类。

1）算法回灌测试数据：实车采集的图像和语音 pack[⊖] 进行回灌。在实际操作中，因为驾驶员无法边开车边采集，所以采用静态数据与动态车噪混合的驾驶员仿真动态数据 pack。具体来说，分别采用免唤醒命令词数据、唤醒数据、唤醒 +ASR 数据以及静态仿真数据。采集文档按照声音（信噪比、干扰声、车速、AEC 等）和图像（光照、唇部遮挡、人脸朝向等）等因素设定了多个采集场景，按照需求从中选取场景进行测试数据采集，典型采集场景要求见表 10-12。除上述典型场景，采集场景还可参考高速公路、多名乘客交谈、各种

⊖ 地平线提出的一种特殊数据格式，简单理解就是将原始数据、标签以及属性等信息打包在一起，方便传输。

车噪路噪、导航音干扰、发动机干扰、唇部遮挡、不同人脸朝向等。

表 10-12　多模测试数据采集场景要求

内容	场景 1	场景 2
车速	0 ~ 40km/h	静止
测试人声	78dB（A）	78dBA
噪声	前排乘客人声 75dB（A）	空调最大声
回声	中等音量抒情歌曲	无
车窗状态	前排乘客半开，其余关	全部关
人脸朝向	自然	看向副驾
唇部状态	无	无
光线	明亮	车库（弱光）

2）误唤醒测试数据：使用 12h 的音频（综艺、新闻、电视剧等）进行放音测试以及 24h 以上实车录制的自然驾驶数据（图像及语音）进行回灌测试。

（3）**测试内容**　与表 10-6 所列内容类似，主要统计唤醒率、免唤醒命令词识别率、唤醒音区准确率、离线 ASR 识别率、识别音区准确率、多模人声隔离率及唇动检测准确率等。其中唇动检测准确率为新加项，表示唇部发生唇动的准确率，但不包含非发声唇动。

（4）**测试方法**　多模语音主要采取算法回灌测试、自然驾驶数据误报回灌测试、实验室放音误报测试，以及唤醒延迟测试。具体方法如下：

1）算法回灌测试：回灌生成 Proto（可以理解为包含识别结果的文件），对 Proto 进行评测，输出算法回灌指标，主要包括唤醒率、免唤醒命令词识别率、唤醒音区准确率、离线 ASR 识别率、识别音区准确率、多模人声隔离率。

2）自然驾驶数据误报回灌测试：准备 100h 以上的人声丰富的自然驾驶数据进行回灌测试，输出误报指标。

3）实验室放音误报测试：车机、摄像头、传声器按照实车角度摆放，高保真音响以 78dB（A）播放 24h 的综艺音频（距离音响 0.5m 测得），统计误识别次数。

4）唤醒延迟测试：实车测试唤醒时，后台 adb logcat 记录唤醒延迟的 log，再统计整体的延迟最大值、最低值和平均值。

除了以上的算法测试外，还有 CPU 占用率及内存占用率。具体来说，实车测试和实验室误唤醒测试过程中，使用后台 top 命令来统计多模语音进程的 CPU 占用率（图 10-5）、内存占用率及系统时间，并计算峰值与均值，测试时长 1h 以上。

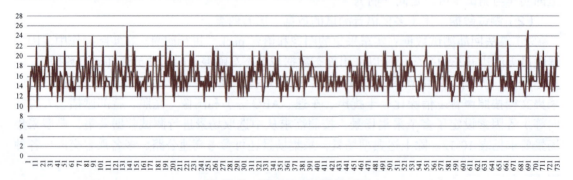

图 10-5　CPU 占用率统计示例

在以上实车测试中，免唤醒识别测试需要分别测试驾驶员和前排乘客位置，每个词至少说 3 遍，统计每个场景的识别个数和音区准确数；唤醒与 ASR 识别测试需要分别在 1L、1R、2L、2R 每个位置说 10 句唤醒 +ASR 语句，统计每个位置的唤醒音区准确率、离线 ASR 识别率、识别音区准确率及多模人声隔离率；CPU、内存以及延时测试需要在实车测试以上内容时，通过后台 logcat 统计，并在后期统计结果。另外，需要保存上述诊断结果，判断音频有无丢帧。

（5）测试指标　测试方案中测试结果将按照测试场景优先级占比进行加权计算。最终结果应满足表 10-13 中的认证标准，且单个测试场景下唤醒率及识别率等不低于 60%。

表 10-13　多模测试指标（CPU、内存占用率根据具体产品确认）

功能点	多模双音区	多模四音区（前排采用多模，后排采用纯语音）
唤醒率	＞95%	＞95%（前排）＞90%（后排）
误唤醒	＜1 次 /24h	＜1 次 /24h
唤醒延迟	＜500ms	＜500ms（前排）；＜400ms（后排）
唤醒音区	＞95%	＞95%（前排）；＞90%（后排）
免唤醒词唤醒率	双音区指标相对错误率降低 40%	—
免唤醒词误唤醒	对标双音区	—
免唤醒词延迟	双音区指标 +100ms	—
免唤醒音区	＞95%	＞95%（前排）；＞90%（后排）
人声隔离率	＞85%	＞85%（前排）；＞80%（后排）
非音区唤醒率	对标双音区	—
云端 ASR 句准度	＞85%	＞85%（前排）；＞80%（后排）
ASR 音区	＞85%	＞85%（前排）；＞80%（后排）

10.3　人机交互测试工具

在实际开发中，图像测试与语音测试无论从数据、测试工具、测试方法以及测试标准上都差异较大，因此下面单独介绍图像及语音相关的测试工具。

10.3.1　图像测试工具

对于图像测试来说，最重要的有 3 方面：数据管理、自动化测试以及测试结果管理（特别是 badcase 管理）。对于这 3 方面，不同的公司或团队均会有不同的测试工具。

1. 数据管理

人机交互数据管理在实际开发中常面临以下两个问题：

1）数据量大、存储难：录制数据、闭环数据、现有的测试集和回灌生成的数据量很大，经常需要不停地转移，不同使用者来回拷贝，无法有效归档，易冗余和丢失。

2）研发和测试数据难以一致：测试集、干扰集、自然驾驶、录制的专项功能测试集、测试和研发在各自不停地清洗，每个版本需要验证一致性对齐，异常烦琐、费时费力。

数据管理的本质是实现物理数据的数字化，通过各种抽象标签对这些数据从不同维度表达我们的认知，最后像人类的语言一样，通过不同的组合来表达不同的语义，从而检索到需要的数据。例如，座舱常用的一些简单的标签包括车厂（什么车厂采集的数据）、车型、时间、天气、光照、人员位置、人员性别、人员年龄、人员发型、人员眼镜、人员身高、事件及地点等。根据以上的标签，就可以很容易组合出测试想要的数据的检索条件。以地平线相对应的工具举例说明，图 10-6a 所示为 IR 摄像头 + 驾驶员 + 在暗光情况下 + 抽烟的结果；图 10-6b 所示为有戴帽子且表情开心的数据，摄像头可以是 IR 或 RGB。

a) IR摄像头+驾驶员+在暗光情况下+抽烟的结果　　　b) 戴帽子且表情开心的数据

图 10-6　测试数据检索示例

2. 自动化测试

对于自动化测试来说，人机交互测试方案从最初的单个重复回灌方式到自动化回灌，如今基于数据驱动的自动化测试方案越来越受重视。自动化测试技术有良好的可重复性，以及高并发和高效率的特点，为各类测试项目显著提高了测试效率，将测试人员从烦琐的执行中解放出来。以地平线为例，通过多种工具的组合来提升自动化测试水平。

1）数据自动入库：提供数据入库工具，可以在线看到数据入库情况（图 10-7）。

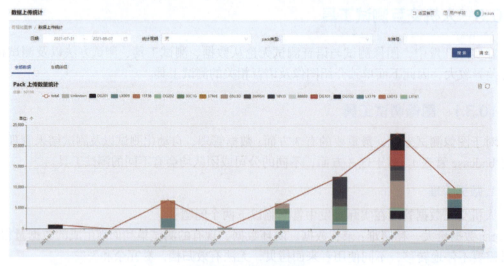

图 10-7　数据入库统计

2）在线播放工具：在线观看数据，以及快进快退、截图、算法和后处理策略输出等（图 10-8）。

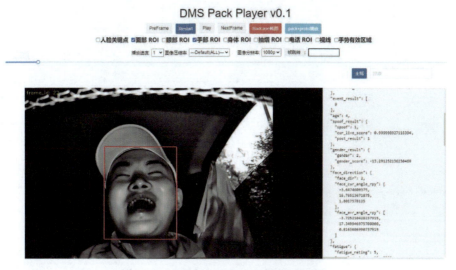

图 10-8　数据在线播放与感知结果查看

3）在线标注工具：具备对已有的数据进行标注或者修改标签的能力（图 10-9）。

图 10-9　修改标签

4）任务管理工具：包括管理数据上传、下载、数据挖掘、回灌和测评等任务，可以在线查看任务状态和执行日志信息（图 10-10）。

5）测评任务自动输出测评结果：可以根据历史数据自动诊断测评结果（图 10-11）。

另外，对于测试的结果，还有 badcase 分析工具（图 10-12），方便对自动分析的结果进行二次核验，为研发团队反馈准确的分析结果。

图 10-10　任务管理工具

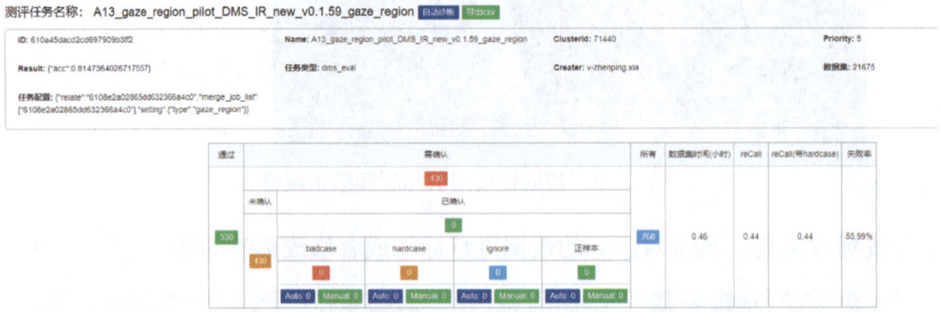

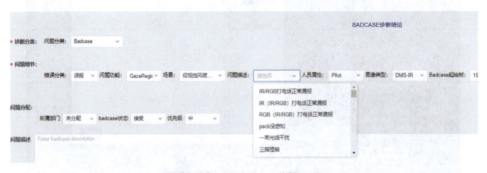

图 10-11　评测结果自动统计与输出

图 10-12　badcase 分析工具

3. 测试结果管理

对于 badcase 管理来说，座舱测试数据主要分为正样本、负样本和自然驾驶。其中正样本的 badcase 是漏报，负样本和自然驾驶的 badcase 是误报。如果测试场景数据和训练数据在场景上区别较大，会造成 badcase 较多的情况。但 badcase 并不能明确地确定模型现存缺陷，所以需要先对 badcase 打上不同的标签，进行多维度标注。比如在目标检测中，badcase 可以按大中小、是否集中、是否有遮挡等维度进行标注。这些标签需要用数据库实现在线管理，从而方便对每个版本 badcase 进行管理，其管理界面如图 10-13 所示。

除此之外，该工具还提供 badcase 自动化统计功能（图 10-14），通过对各个维度分布统计，为研发指明迭代方向。另外，还可以根据一些条件检索 badcase，并利用这些 badcase 中的数据来生成新的负样本测试集，用新的版本进行回灌验证，看新版本解决了哪些 badcase、还剩下多少 badcase，为发版提供更加丰富的参考。

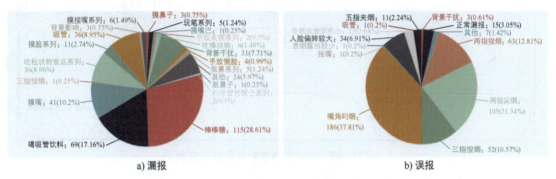

图 10-13　badcase 管理界面

a) 漏报　　　　　　　　　　　　　b) 误报

图 10-14　badcase 自动化统计功能

10.3.2　语音测试工具

语音的测试工具与图像测试有较大不同，具体包括：待测设备、汽车 1 台、笔记本计算机 2 台（分别播放语料、噪声）、人工嘴 1 个（播放语料，也可使用高保真音响替代）、高保真音响 2 个（用于播放噪声）、有源音响 1 台、车内支架（摆放人工嘴、音响）、声级计 1 个（测试语料、噪声的音量）、SD 卡（1 级）、卷尺（测量到待测设备距离）、胶带（用于标记）、音频线路输出电缆（用于将语音笔记本计算机连接到语音扬声器、将噪声笔记本计算机连接到噪声扬声器）以及 Adobe Audition CC（播放测试语料、噪声）。人工嘴与声级计实体如图 10-15 所示。

图 10-15　人工嘴与声级计实体

在以上工具准备完毕后，就进入到搭建环节。在条件允许的情况下，尽量在车内搭建测试环境，因为这样最贴近真实使用场景。

如图 10-16 所示，待测设备的摆放，不能有任何遮挡待测设备传声器和扬声器的行为，图中的 DUT 代表待测设备（Device Under Test）；VPM 代表虚拟测量点（Virtual Measurement Point）；MRP 代表嘴部参考点（Mouth Reference Point）。本书均采用人工嘴 25cm 处测量。具体摆放距离、夹角、高度的详细数据见表 10-14。

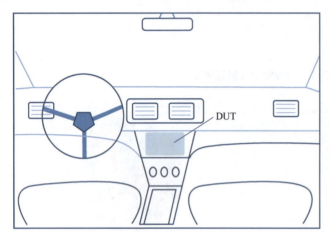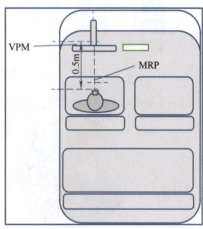

图 10-16　待测设备摆放与测量示意图

表 10-14　设备摆放详细数据

名称	位置	角度	其他
待测设备 （Device Under Test）	设备正常使用位置	—	—
噪声源 （Noise Speaker）	前排乘客 / 后排位置，播放噪声音响中心位置与头枕齐平	正前方	空调：高速档、中速档、关闭（根据实际产品选择） 车窗状态：半开、关窗 车窗个数：全部、前排
人声声源 （Speech Speaker）	车内任意座位，人工嘴与头枕齐平	正前方（根据实际场景略微调整）	—

在搭建环境的过程中，测量人声源和噪声源的音量会用到一个很重要的工具——声级计。具体来说，取样模式选择快速（FAST），计权网络选择 A 计权，之后手持声级计，到被测位置，高 1cm，记录 30s 内的平均值记为测试音量。而对于实车内的各种声源，需要使用笔记本计算机连接音响、人工嘴。在播放噪声与人声时，为确保播放音量的一致性，需做以下设置：

1）在计算机播放设置中，禁用所有音效。

2）将音响的音量跟人工嘴的音量调节到固定档位，记录档位值，后续不再调节。

3）将连接音响跟人工嘴的笔记本计算机的音频软件音量调到最高，音效关闭后续不再调节。

4）在测试过程中，根据不同信噪比，只调节计算机音量，保证测试场景的准确。人声声源音量测量、噪声声源音量测量以及回声声源音量测量，详见表 10-15。

表 10-15 声源音量测量

人声声压级（@VPM）/dB（A） （人声高低）	中（78），高（83）
交谈声压级（@VPM）/dB（A） （交谈高低）	中（75），高（80）
回声声压级（@ERP）/dB（A） （回声高低）	中（78），高（88）

① 对于人声声源音量测量：播放人声校准音，在人工嘴 0.5m 处，即 VPM 位置，测量音量平均值见表 10-15 第 1 行。

② 对于噪声声源音量测量：车内交谈声（在驾驶员位置测量），播放交谈声校准音，在人工嘴 0.5m 处，即 VPM 位置，测量音量平均值见表 10-15 第 2 行（交谈音量比唤醒人声低 3dB）；空调（无须测量，可直接选择档位）可选高档、中档、低档（根据实际产品具体选择）；其他噪声（风噪、路噪等）以实际情况为准。

③ 对于回声声源音量测量：一般用车载音响播放音乐/电台等，在驾驶员位置测量，播放音乐校准音，在人工嘴中心点上方 10cm 处（即 ERP 位置），测量音量平均值见表 10-15 第 3 行。

练 习 题

一、选择题

1.【单选】智能驾驶人机交互测试中，Badcase 指的是哪种情况？（　　）

A. 正确识别的样本　　　　　　　　B. 误报和漏报的样本

C. 测试标准中的正确样本　　　　　D. 数据集中的负样本

2.【多选】多模语音测试中，以下哪种噪声因素会对测试结果产生影响？（　　）

A. 车内空调的噪声　　　　　　　　B. 车辆行驶时的路噪声

C. 前排乘客的音乐声　　　　　　　D. 驾驶员的口音

3.【单选】以下哪项是实车体验测试的主要目的？（　　）

A. 构建负样本数据集　　　　　　　　　　　　B. 评估系统的硬件稳定性

C. 在复杂的真实场景中发现更多未知长尾　　　D. 对视觉算法进行优化

4.【多选】在座舱数据管理中，以下哪些是常见的数据管理问题？（　　）

A. 数据容易丢失　　　　　　　　　B. 数据标注难度高

C. 数据存储耗费时间长　　　　　　D. 数据管理版本不统一

5.【多选】在算法回灌测试中，哪些步骤是必要的？（　　）

A. 录制数据回灌至平台　　　　　　B. 生成 Badcase 分析报告

C. 直接发布算法　　　　　　　　　D. 统计误报与漏报

二、填空题

1. 在车载视觉测试中，_____用于衡量算法在测试集上识别负样本的精确度。

2. 车载语音测试标准中，_____是指每小时误报次数，常用于自然驾驶测试集中的评估。

3. 算法回灌测试中的 Badcase 分布会影响下一轮算法优化，需要通过_____对问题进行量化分析。

4. 在语音测试中，回声是一个重要的影响因素，常见的回声类型包括音乐、_____和_____。

5. 做算法测试时要把数据录下来是为了确保测试的_____，并通过回放场景分析_____，进而帮助算法的迭代改进。

三、判断题

1. 在多模语音测试中，光照条件不会影响语音识别的效果。　　　　　　（　　）

2. 视觉算法测试中的正样本测试集需要通过大量自然驾驶数据进行训练和评估，以确保真实场景中的识别准确性。　　　　　　　　　　　　　　　　　　　　（　　）

3. Badcase 数量和种类直接决定了算法迭代方向，需要在测试中尽可能覆盖更多场景。
　　　　　　　　　　　　　　　　　　　　　　　　　　　　　　　　　（　　）

4. 视觉算法测试中的正样本测试集需要通过大量自然驾驶数据进行训练和评估，以确保真实场景中的识别准确性。　　　　　　　　　　　　　　　　　　　　（　　）

5. 在座舱数据管理中，数据冗余和丢失是常见问题，影响测试与研发团队之间的效率。
　　　　　　　　　　　　　　　　　　　　　　　　　　　　　　　　　（　　）

四、简答题

1. 简述视觉测试中的光照条件对智能驾驶算法有哪些影响。

2. 简述智能驾驶系统中的语音测试如何进行。

3. 简述智能驾驶人机交互场景测试的核心原则是什么。

五、实训题

1. 几人组队，模拟一次跨团队 Badcase 对齐过程，分析算法在"驾驶员或乘客喝牛奶场景"时误报抽烟的情况，并提出解决方案。

2. 在第 7 章内容中设计好的视觉疲劳检测系统中，调研常见的误报和漏报情况有哪些。分析如何解决这些 Badcase 以提高系统的检测准确性和稳定性。

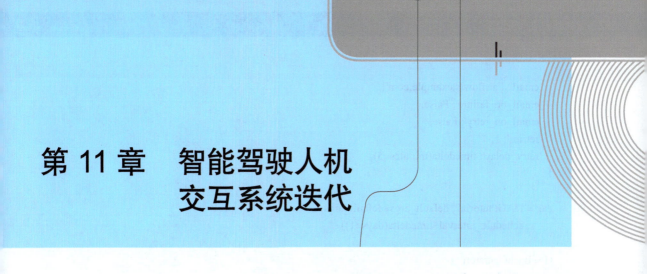

第 11 章　智能驾驶人机交互系统迭代

前面几章详细介绍了人机交互开发过程中的重要环节，包括数据、算法、感知软件、场景应用以及最终的场景测试。在真实开发过程中，感知软件以及场景应用相对来说比较稳定，相关的工具也较为完善，在部署之后改动也较少。而以数据、算法以及最终的测试组成的小闭环往往是循环次数最多的环节，特别是在大部分场景中需要通过升级算法模型来解决 badcase，需要有专门的工具与方法来增加迭代效率，这些统称为机器学习生命周期。本章以全自动模型迭代案例为引导，简要介绍机器学习生命周期的相关概念与理论基础，之后介绍在机器学习生命周期的框架下加速解决 badcase 的方法以及相关的自动化工具。

案例导入：基于 AirFlow 的全自动模型迭代

AirFlow 具有优秀的工作流调控能力，流程控制中能完整记录整个工作流中每个作业之间的依赖关系、条件分支等内容，并同步运行状态。当工作流的中间任务发生错误导致流程终止时，AirFlow 能对错误工作节点进行回溯重执行，避免整体流程重新开始。由于模型迭代属于多流程长周期任务，在模型迭代的生命周期间中都需要维持迭代工作流并监控工作节点的任务状态，因此十分适合运用 AirFlow 对模型的自动化迭代进行管理。同时 AirFlow 拥有和 Hive、Presto、MySQL 等数据源进行交互的能力，满足了模型迭代过程对大规模数据量的需求。

模型迭代的工作流程会涉及数据的采集清洗、模型训练、模型测试与模型部署等步骤，在 AirFlow 中以 DAG 文件定义模型迭代的工作流程，其中包括默认参数、DAG 对象、执行器与依赖关系等。下面将介绍 DAG 定义文件的基本样例，并通过驾驶员监控系统中的疲劳检测模型迭代介绍详细的使用细节。DAG 定义文件（Python）示例如下：

```
from airflow import DAG
from airflow.operators.bash_operator import BashOperator
from datetime import datetime, timedelta

default_args = {
  'owner': 'airflow',
  'depends_on_past': False,
  'start_date': datetime(2021, 6, 1),
```

```
    'email': ['airflow@example.com'],
    'email_on_failure': False,
    'email_on_retry': False,
    'retries': 1,
    'retry_delay': timedelta(minutes=5),
}

dag = DAG('tutorial', default_args=default_args,
        schedule_interval=timedelta(days=1))

t1 = BashOperator(
    task_id='get_data',
    bash_command='data',
    dag=dag)

t2 = BashOperator(
    task_id='analyse_data',
    bash_command='analyse',
    dag=dag)

t2.set_upstream(t1)
```

上述代码块中 DAG 定义文件包含模块导入、默认参数设置、实例化 DAG、实例化任务与依赖关系设置。具体的实现工具如下：

1）default_args 用于默认参数设置，在任务的构造函数初始化时使用，可替代显式传递的参数，同时定义可用于不同目的的不同参数集。一个典型的例子是在生产和开发环境之间进行不同的设置。

2）DAG 用于创建 DAG 对象以嵌入任务，创建过程中需定义 DAG 唯一标识符并传入默认参数字典。

3）BashOperator 用于实例化执行器 operator，并定义任务的唯一标识符。

4）set_upstream 用于定义上下游依赖关系，t2.set_upstream（t1）意味着 t2 将在 t1 成功执行后在运行，set_downstream 同样用于设置上下游依赖关系。

以打哈欠检测为例，要实现基于 AirFlow 的自动模型迭代，需明确 DAG 工作流中包含的任务。其中包括人脸图像数据预处理、打哈欠模型训练、模型测试与模型部署，因此为各个任务定义对应的执行器。

例如，人脸图像数据预处理任务涉及对人脸图像的采集、预处理、数据增强与分析，采用 Python 回调执行器 PythonOperator 进行定义：

```
def data_processing(** kwargs):
    return 'completion of task'

DataProcessing = PythonOperator (
    task_id = 'data' ,
    provide_context = True ,
```

```
python_callable = data_processing,
dag = dag )
```

打哈欠检测模型训练任务涉及模型选择、超参设置、模型训练与验证，采用 Python 回调执行器 PythonOperator 进行定义：

```
def model_training(** kwargs):
    return 'completion of task'

ModelTraining = PythonOperator (
    task_id = 'trian' ,
    provide_context = True ,
    python_callable = model_training,
    dag = dag )
```

打哈欠测试任务涉及模型指标的一般性测试以及特定指标测试，是模型部署上线前的指标验证工作，采用 Python 回调执行器 PythonOperator 进行定义：

```
def model_testing(** kwargs):
    return 'completion of task'

ModelTesting = PythonOperator (
    task_id = 'test',
    provide_context = True,
    python_callable = model_testing,
    dag = dag )
```

打哈欠模型部署任务涉及模型集成、迭代与系统级测试，在此过程中会产生指导模型迭代的 badcase 数据，同样采用 Python 回调执行器 PythonOperator 进行定义：

```
def model_deployment(** kwargs):
    return 'completion of task'

ModelDeployment = PythonOperator (
    task_id = 'deployment',
    provide_context = True ,
    python_callable = model_deployment,
    dag = dag )
```

经过上述任务执行器定义后，需设置各个任务之间的依赖关系，以形成打哈欠检测模型的自动迭代流程定义：

```
ModelTraining.set_upstream(DataProcessing)
ModelTesting.set_upstream(ModelTraining)
ModelDeployment.set_upstream(ModelTesting)
```

当上述流程定义好并启动后，也可以通过可视化界面来查看各个流程的执行进度以及细节。例如，图 11-1 所示为地平线艾迪平台的 DAG 可视化界面，绿色代表上述定义的流程已经执行完毕，黄色代表正在执行，红色代表执行错误。此外，还可以通过单击上述颜色按钮来查看内部执行的一些细节。可以看到，通过 DAG 可以基本上实现一键闭环启动，非常适合算法模型以及流程定型的工作流，从而大大降低模型迭代的技术门槛，提升算法模型迭代的效率。

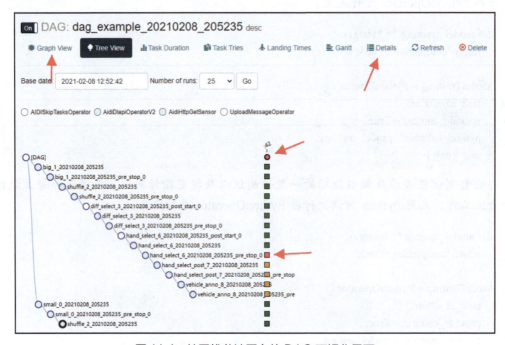

图 11-1　地平线艾迪平台的 DAG 可视化界面

11.1　人机交互系统迭代周期

机器学习生命周期（Machine Learning Lifecycle）是一种用来描述机器学习系统（更多是算法模型）循环迭代流程的统称。图 11-2 所示为一个典型的机器学习生命周期，可以看到主要包含了 5 个步骤：数据管理、模型训练、模型验证、模型部署以及执行。通过对生命周期中这 5 个步骤的优化，可以进行高效模型迭代，进而增加机器学习系统的稳定性。

从上述 5 个步骤可以观察到两个重要的特征：第一是机器学习模型迭代是由数据流驱动；第二是这 5 个步骤都具有较高的内在复杂性，并存在相互依赖关系。因此，机器学习生命周期管理需规范数据，并对各步骤细化解耦。对于人机交互来说，上述步骤也是类似的，即如何通过发现的 badcase 来精准收集相关的训练及测试数据，进而进行快速模型迭代，并最终高效解决相关的 badcase（误报及漏报）。

图 11-3 所示为一个用于解决情绪 badcase 的算法迭代示例。

1）发现了多条 badcase，大部分是由戴口罩引起的表情识别误报（误报为开心）。因此需要高优解决戴口罩场景下的表情识别误报及漏报。

2）通过可视化发现戴口罩的方式有多种，口罩的颜色也有多种。其中半戴口罩在理论上是可以解决的。最有效的方法是通过收集更多戴口罩样本，加入训练。

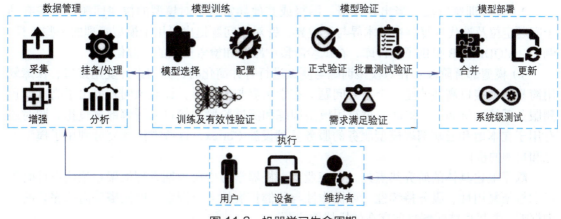

图 11-2 机器学习生命周期

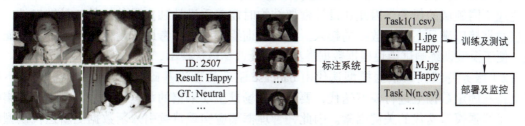

图 11-3 解决情绪 badcase 的算法迭代示例

3）采集数据并通过标注系统来标注半戴口罩、全戴口罩，对应不同的标签。

4）将以上数据按照批次加入训练，并进行算法测试，看是否可以准确识别半戴口罩的表情以及过滤全戴口罩的表情。

5）将符合要求的模型进行部署并持续监控，发现更多的 badcase。

在上述示例中，机器学习生命周期的重要任务是研究如何优化上述流程，并提供更加便利的工具来加速流程运行，尽可能降低在上述过程中发生人为错误的概率，以及如果发生错误及时实现回滚与复盘等。针对以上研究点，目前在学术界与工业界提出了一些原始的方案，其核心就是工具与流程。而在这两者之中，人机交互研发的流程已经趋于稳定，在本书的第 2 章已经做了介绍，这里不再赘述。因此，人机交互研发团队的核心任务之一就是对工具的打磨与优化。具体来说，将 badcase 作为驱动人机交互算法模型迭代的主要依据，生命周期管理流程可以按照 badcase 管理与分析，数据管理、算法模型训练及测试，以及最终的部署与管理等方向进行拆分。具体方法将会在下节进行详细描述。

这里需要指出的是，虽然机器学习生命周期管理框架能快速迭代优化模型，并经简单修改配置后能快速适配大多数场景应用，但是机器学习管理框架依旧面临着诸多挑战。这些挑战集中存在于数据管理阶段、模型训练阶段、模型部署阶段。这些也是学术界研究的热点问题。

1）数据管理阶段：在大规模混杂脏数据与有效数据，并存在数据不匹配的情况下，对数据进行有效筛选并传递给对应执行单元面临着挑战。在学术及工业界，针对该挑战提出了用于数据准备的一些工具，例如，BigGorilla 提供了一组用于信息提取、模式匹配和实体匹配的工具包。

2）模型训练阶段：当出现误报、漏报或其他异常时，对模型的快速回溯性跟踪有助于问题定位及迭代修复。在学术界与工业界，针对该问题提出了用于模型管理的一些工具，例如，MODELDB 提供了各种库，在试验阶段中跟踪和检索模型的来源信息。

3）模型部署阶段：在对模型训练与测试进行合并简化时，如何设计复用接口、保障复用简易性及接口高性能是一个重要问题。在学术界与工业界，针对该问题提出了高性能预测服务系统，例如，Pretzel 通过重用模型训练和测试阶段的接口来缓解部署负担。同时还有用于在本地和云端部署模型服务的服务基础设施 Cortex，这些方法都充分利用了模型训练和预测的接口。

除了上述具体的研究热点外，在工业界，机器学习生命周期管理框架在架构设计时需考虑框架复用性、服务持续性、可操作性与稳健扩展性 4 个因素，以便搭建简练完整的管理框架，并尽可能缓解目前存在的挑战性问题。

1）框架复用性：除特殊用途的定制化生命周期管理框架外，机器学习生命周期框架需要适应不同领域的任务。因此在设计框架结构时需着重设计独立易替换的工具链组件，在底层数据接口满足不同元数据的接入。在模型训练阶段则需考虑自动化模型选择的功能实现，便于模型训练测试模块根据数据类型及场景选择最优模型，适应多领域应用。

2）服务持续性：根据模型迭代由 badcase 驱动的理论基础，在设计一个框架时不应只支持在固定数据上进行模型迭代，要明确新场景主动采集的数据和异常案例引导采集的数据是增强模型迭代的关键因素。因此，管理框架应实现持续引入新数据更新迭代模型的能力。

3）可操作性：在机器学习生命周期闭环的应用部署执行环节中，用户和维护人员是关键的闭环节点。为了在部署环节反馈有效的数据，管理框架应该具备容易安装和配置的特性，并且为用户和维护人员提供清晰易用的用户界面和消息窗口。此外，框架还应该提供最小的配置推荐，以便用户快速检查数据和模型。

4）稳健扩展性：一个框架的基本需求是保障数据、配置和环境的安全，防止意外损坏。同时还应该提供便捷的扩展接口，以便在特殊场景下快速扩展适配，最为重要的是适配迭代管理中常见的大规模数据量。

通过以上描述，相信读者对于机器学习生命周期的背景、方法、对人机交互的影响，以及学术界与工业界的关注点都有了一定的了解。下面将会详细介绍如何通过机器学习生命周期的思想来加速人机交互算法模型迭代与 badcase 解决。

11.2 人机交互系统长尾问题及升级机制

长尾问题在座舱领域尤为常见。由于汽车的移动属性以及座舱的开放特征，座舱场景中的各类感知功能容易受到光照、背景、衣着等各类不可控因素影响。因此在实际交付中会发现大部分问题虽然在测试阶段得到解决，但新的 badcase 会源源不断反馈回来，而且这些 badcase 各有特色，触发条件特殊、不易复现。这些问题如果得不到解决，会严重影响座舱体验甚至带来潜在的风险。因此，如何快速定位长尾问题并通过快速迭代加以解决，是机器学习生命周期中关键需求之一。

11.2.1　人机交互系统中的长尾问题

"头"（Head）和"尾"（Tail）是两个统计学名词。如图 11-4a 所示，正态曲线中间的突起部分叫"头"，两边相对平缓的部分叫"尾"。在日常生活中，大多数的样本会集中在头部，而分布在尾部的是个性化的，零散的小量的样本。图 11-4b 所示长尾效应（Long Tail Effect）是统计学中一个常见的现象，指的是大多数样本会集中在头部，而部分差异化的、少量的样本会在分布曲线上面形成一条长长的"尾巴"（Long tail）。长尾理论在 2004 年由克里斯·安德森（Chris Anderson）提出。他在文章中告诉读者："商业和文化的未来不在热门产品，不在传统需求曲线的头部，而在于需求曲线中那条无穷长的尾巴。"

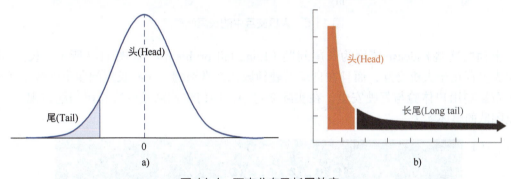

图 11-4　正态分布及长尾效应

在机器学习领域，长尾效应主要表现在训练数据的分布以及 badcase 的分布两方面。

1）训练数据的长尾效应：在训练数据中，一小部分的类别占据了大多数的训练样本，而大部分的类别只有极少数的训练样本。在过去，常见的大规模数据集 ImageNet、COCO、Places Database 等都是经典的分类数据集，这些数据集的特点是类别标签的大致均匀分布，但是在现实世界中的数据集上，通常会有分布的长尾效应，如麻雀、蝴蝶（图 11-5）等。为了更加贴近于现实，近年来公布的很多视觉数据集中都存在长尾效应挑战，由于深度模型对数据的极度渴求以及长尾数据分布的极端类不平衡问题，使得深度学习方法难以获得优异的识别精度。

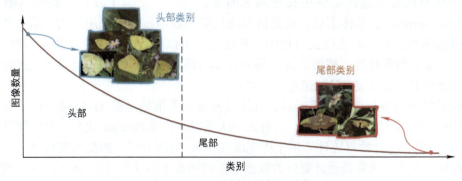

图 11-5　训练数据的长尾分布

2）badcase 的长尾效应：在座舱算法部署以后，常见的问题会在测试阶段发现并得以解决，但大部分剩余的问题只有在实际使用过程中才能发现。这些问题大都比较特殊，在各种因素综合在一起后才会触发，数量呈长尾分布。图 11-6a 所示为驾驶员在开车的时候吃棒状物，在特殊角度下呈现会被误报为抽烟；图 11-6b 所示为由于驾驶员侧车窗贴纸的原因，在特殊天气中一束光刚好打进来穿过嘴部，可能会被误报成抽烟；图 11-6c 所示在某些特殊的角度下出现眼镜反光，并且刚好挡在了瞳孔位置，引起疲劳等误报；图 11-6d 所示为驾驶员戴有框眼镜，在低头的时候眼球被遮挡引起漏报。

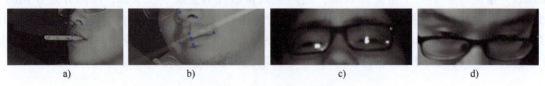

图 11-6　人机交互中的长尾问题

上面的这些 badcase 统称为长尾问题（Long tail problem）。如图 11-7 所示，长尾问题不但大量存在于人机交互，而且在自动驾驶领域也经常遇到。这些长尾问题虽然数量较少，但严重影响用户体验与驾驶安全。在实际交付中，如何快速高效解决长尾问题体现了一个座舱团队的整体实力。

图 11-7　自动驾驶中的长尾问题

11.2.2　人机交互系统快速迭代与升级

算法模型的快速迭代是解决长尾问题的方式之一，类似于软件工程中的敏捷开发（Agile Development）。具体来说，就是以解决长尾问题为核心，采用迭代、循序渐进的方法进行算法模型迭代。在迭代的过程中，算法模型可以被切分为多个同步运行的子项目，包括数据采集、数据标注、模型训练、场景开发与场景测试。这些子项目独立运行又相互依赖，进而催生出随机应变且加速迭代的效果。

这些子任务的参与者、所需工具、具体任务及相关依赖见表 11-1。其中子任务 1、2、3 可以形成一个小闭环。具体来说，由测试团队反馈并拉通 badcase 之后，算法团队需要进行 badcase 分析，包含数量统计（用于优先级安排）、原因分析、解决方案确认。之后不断进行内部算法迭代（通常是通过更好的数据＋模型调参来实现），用于解决高优先级的 badcase。在内部迭代过程中，除了模型自身调参等操作外，算法团队还会不断根据需求给数据团队下达数据采集任务（数据量、数据类型、交付时间等），之后给标注团队下达数据标注任务（待标注数据、标注文档、交付时间），用户扩展训练及测试数据。由于子任务 4 相对来说是模型接收方，成熟度比较高，流程也比较稳定，因此提升小闭环的内部迭代以及子任务 5 的反馈效率，可有效加速整个算法模型的迭代。

表 11-1　子任务列表

子任务	参与者	所需工具	具体任务	关联及依赖
子任务 1：数据采集	数据团队	数据采集工具数据管理平台	数据采集任务分解、数据采集、数据管理	平台维护团队
子任务 2：数据标注	标注团队	数据标注平台	数据标注	平台维护团队
子任务 3：模型训练与测试	算法团队	算法开发平台	数据采集任务下达、数据标注任务下达、算法模型训练、算法模型测试、算法模型发版	平台维护团队、数据团队、标注团队、工程团队、测试团队
子任务 4：场景开发	工程团队	软件开发平台	算法模型集成、策略优化、软件发版	算法团队、测试团队
子任务 5：场景测试	测试团队	测试平台	数据采集任务下达、场景测试与报告、badcase 分析与反馈	平台维护团队、数据团队、算法团队、工程团队

为了加速小闭环以及子任务 5 的反馈效率，一个有效的途径就是通过一个平台来加速整个流程。如图 11-8 所示，Yang 等人[108]认为这类平台至少要包含 4 个组成部分：问题分析及管理（Badcase Analysis and Management，BAM）、数据分析及管理（Data Analysis and Management，DAM）、模型训练及测试（Model Training and Testing，MTT）、模型部署及管理（Model Serving and Management，MSM）。

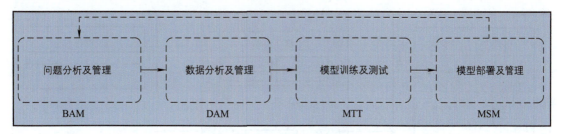

图 11-8　小闭环的 4 个组成部分

1. BAM 模块

BAM 模块能够对测试团队反馈回来的 badcase 进行统一管理，方便测试团队与算法团队进行有效沟通。如图 11-9 所示，BAM 中还应有各类统计分析功能，方便对现有 badcase 进行优先级排序，进而作为数据收集、模型调优等敏捷开发的触发条件。另外，对于算法团队的成员来说，这里的统计分析还可以作为整个算法团队工作的指导原则之一，更加贴近于交付。

2. DAM 模块

DAM 是对训练、测试以及原始数据进行管理的模块。如图 11-10 所示，这个模块的主要特点是实体数据与数据标注跟管理分离，通过 CSV（Comma-Separated Values）或 JSON（JavaScript Object Notation）等轻量级的数据格式进行管理。例如，一个 CSV 中可能包含几百个或者上万个图片数据的存储路径、标注结果及原始数据属性等。而在提交标注的时候，有时候是一个或者多个 CSV 一起提交，这样既符合现实数据采集情况（有时候是多个数据采集或上传任务同时进行），也为整个过程带来一定的灵活性。在操作方面，可以看到除了基本的增删改查等操作外，还有"Group Items"的操作，这是为接下来将标注完成的数据灵活合并，作为训练或测试数据。

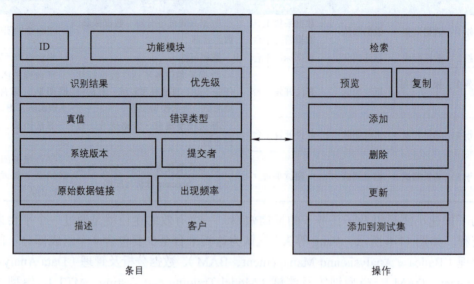

图 11-9　BAM 模块

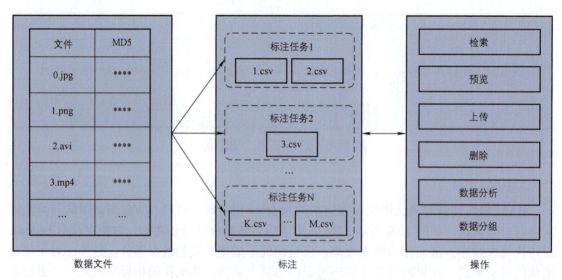

图 11-10　DAM 模块

3. MTT 模块

　　MTT 模块负责进行模型训练和测试相关的代码组织、运行相关操作。如图 11-11 所示，经过 DAM 的 "Group Items" 操作，可以得到一系列训练或测试数据。每个训练或测试数据将会对应相关的训练或测试任务，通过任务 ID 进行关联。在代码方面，最简单的方式是将训练与测试代码分开，中间的 "Common" 部分代表它们共用的一些库文件。而在结果方面，训练相关的日志文件将会得到保存，方便进行分析。训练完成的模型也会在 MSM 模块中进行管理。相关的测试结果也会进行保存，方便进行查看。这里作者还提出测试结果可以与 badcase 通过 ID 关联，更加方便结果统计与分析。因此，可以看到 MTT 便于整个操作模块化、在线化、可回滚、可回溯。例如，这里的训练与测试代码分开，方便开发自动化流程的工具，进行灵活的操作组合。

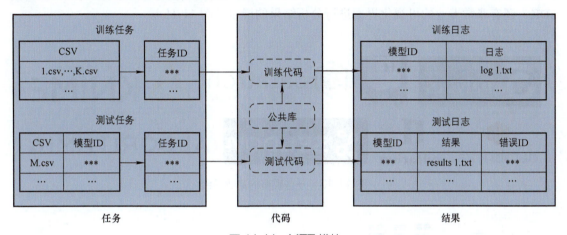

图 11-11　MTT 模块

4. MSM 模块

MSM 模块对 MTT 中训练好的模型进行统一管理，并且对于接下来的部署等操作进行管理（图 11-12）。在操作方面，除了对于模型以及部署记录的增删改查外，这个模块本身也具有较强的可扩展性。例如，对于云端系统来说，可以将部署模块与该模块结合起来，实现一键部署；对于端侧来说，可以将模型回灌等操作与该模块结合起来，实现在线一键回灌。

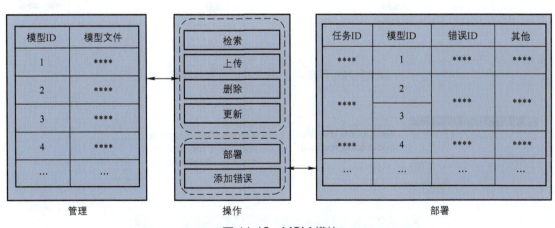

图 11-12　MSM 模块

综上，可以看到一个平台至少要包含以上 4 个模块或所提及的功能，才能有效加速整个闭环或者反馈的效率，进而加快长尾问题的解决。一般来说，这种平台要么根据实际需求来自己开发，要么可以直接租用现有的一些平台。图 11-13 所示为一些现有的商业平台，可用于打通机器学习的生命周期闭环，加快长尾问题的解决效率。例如，Datatron 在模型管理、测试、badcase 管理、上层策略、部署、监控等方面均有完整的模块及解决方案（图 11-14），可以同时服务于数据科学家、软件工程师、算法工程师等开发团队，相关功能扩展后还可以服务于不同的客户及用户；Peltarion 在数据管理与分析方面不但提供了丰富的 SDK，还有非常专业的可视化界面进行分析结果的展示（图 11-15）。

图 11-13　一些现有的商业平台

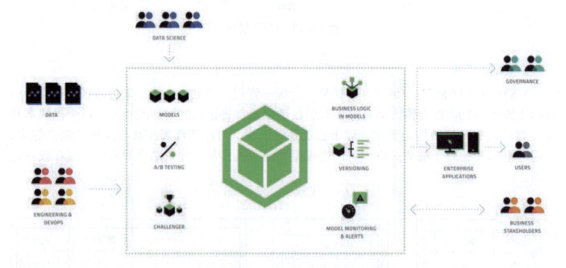

图 11-14　Datatron 相关功能及服务对象

图 11-15　Peltarion 数据管理与分析

　　需要指出的是，目前大部分拥有完整生命周期闭环管理平台大部分为收费的商业软件，这是因为这部分需要投入大量的人力去进行模块化设计、开发、维护、设备租用以及根据客户需求进行定制化开发。目前免费的平台较少且功能单一，如果要打通整个闭环，需要额外开发工作。例如，MLflow 是一款开源的用户机器学习生命周期管理的开放平台，涵盖了模型管理、训练及测试流程追踪以及结果管理（图 11-16）。其主要的实现方式是通过在相关数据处理、训练、测试等代码中嵌入 MLflow 提供的 API，进而实现对上述流程的记录。MLflow 还提供了用户界面，用户可以查看、查询这些记录，最终实现追踪与管理的目的。MLflow 没有数据管理模块，需要自己搭建硬件平台，并且需要对训练或测试代码进行改造，因此使用起来并不是很便捷。但是作为开源免费软件，用户可以在 MLflow 的基础上进行二次开发，打造属于自己的机器学习生命周期管理平台。

MLflow Tracking	MLflow Projects	MLflow Models	Model Registry
Record and query experiments: code, data, config, and results	Package data science code in a format to reproduce runs on any platform	Deploy machine learning models in diverse serving environments	Store, annotate, discover, and manage models in a central repository
Read more	Read more	Read more	Read more

图 11-16　MLflow 官网展示的功能

 11.3　人机交互系统迭代流程自动化

　　在上一节中，可以看到一个完整的生命周期包含多个模块，而且每个模块中都含有较多操作。在实际情况中，当一个场景开发完成后，特别是在迭代了 1～2 轮模型后，整个闭环中的操作会逐步固定下来，就可以开始考虑将整个闭环中的流程自动化。以情绪检测为例，整个场景中会涉及多个模型，而迭代较多的是后面的情绪分类模型。当情绪分类模型迭代 1～2 次以后，相关的数据处理、标注方法、训练及测试方法等都趋于稳定，大部分 badcase 可以通过增加更多的数据进行训练即可得到解决，因此如果将上述操作进行模块化，再通过某种方式进行串联和自动化执行，即可加速整个流程并且降低人力成本。

　　目前部分商业平台已经支持上述流程自动化，以 KNIME 为例，该平台提供了互动界面，可以让用户通过鼠标操作来完成流程的组合与监控。如图 11-17 所示，用户可以将一些标准化的操作代码进行模块化打包并上传到系统中，之后通过操作界面的拖拽与连接进行各个模块的组合，最后可以形成一个工作流并进行自动化执行与实时状态监控。

　　在开源领域，目前比较优秀的平台是 AirFlow。AirFlow 是 Airbnb 开源的一个用 Python 编写的调度工具。如图 11-18 所示，AirFlow 通过有向非循环图（Directed Acyclic Graph，DAG）来定义整个工作流，因而具有非常强大的表达能力。具体来说，一个工作流可以用一个 DAG 来表示，在 DAG 中将完整得记录整个工作流中每个作业之间的依赖关系、条件分支等内容，并可以记录运行状态。通过 DAG，可以精准得到各个作业之间的依赖关系。一个正常运行的 AirFlow 系统一般由以下 4 个服务构成。

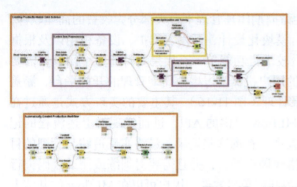

图 11-17　KNIME 的模块操作

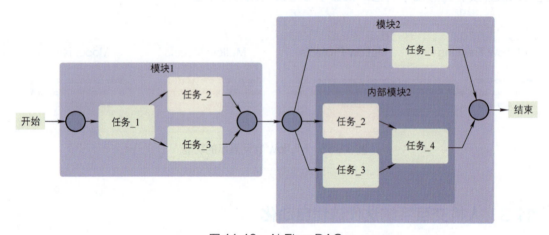

图 11-18　AirFlow DAG

1）WebServer：AirFlow 提供了一个可视化的 Web 界面。启动 WebServer 后，就可以在 Web 界面上查看定义好的 DAG 并监控及改变运行状况，也可以在 Web 界面中对一些变量进行配置。

2）Worker：一般来说，用 Celery Worker 来执行具体的作业。Worker 可以部署在多台机器上，并可以分别设置接收的队列。当接收的队列中有作业任务时，Worker 就会接收这个作业任务并开始执行。AirFlow 会自动在每个部署 Worker 的机器上同时部署一个 Serve Logs 服务，这样就可以在 Web 界面上方便地浏览分散在不同机器上的作业日志。

3）Scheduler：整个 AirFlow 的调度由 Scheduler 负责发起，每隔一段时间 Scheduler 就会检查所有定义完成的 DAG 和定义在其中的作业，如果有符合运行条件的作业，Scheduler 就会发起相应的作业任务以供 Worker 接收。

4）Flower：提供了一个可视化界面以监控所有 Celery Worker 的运行状况。在实际开发中，这个服务并不是必要的。

此外，AirFlow 还是一个开放的平台，众多爱好者为其编写了各类插件，方便进行 DAG 定义及操作，大幅降低了 AirFlow 的使用难度。另外，AirFlow 还有版本控制和权限管理等其他功能，这里不再赘述。目前国内外有各种介绍 AirFlow 使用方法及扩展的网络资料，用户可直接访问网址 https：//airflow.apache.org 来获取详细资料。

练　习　题

一、选择题

1.【多选】AirFlow 适合用于自动化模型迭代的原因有哪些？（　　　）

A. 工作流控制能力强　　　　　　　　B. 能回溯执行错误的节点

C. 支持大规模数据处理　　　　　　　D. 不支持与数据库交互

2.【多选】以下哪项是智能座舱系统升级中的关键问题？（　　　）

A. 长尾问题　　　　　　　　　　　　B. 感知软件更新

C. 场景测试　　　　　　　　　　　　D. 数据采集和标注

3.【单选】在一个机器学习闭环系统中，哪个模块是必不可少的？（　　　）

A. 数据采集与管理　　　　　　　　　B. 可视化分析工具

C. 用户界面设计　　　　　　　　　　D. 图像处理算法

4.【单选】下列关于 AirFlow 的描述，哪一个是正确的？（　　　）

A. AirFlow 只能用于大数据分析

B. AirFlow 不支持任务失败后的回溯

C. AirFlow 使用 DAG（有向无环图）来定义工作流

D. AirFlow 不支持多任务并行处理

5.【多选】关于机器学习生命周期中的挑战，以下哪些选项是正确的？（　　　）

A. 数据管理阶段主要处理数据质量问题

B. 模型训练阶段容易出现模型回溯性差的问题

C. 数据管理不影响模型部署

D. 模型部署阶段需要设计高性能的接口复用

二、填空题

1. 机器学习生命周期的主要步骤包括数据管理、_____、模型验证、_____和执行。

2. AirFlow 通过 DAG 文件定义工作流，主要步骤有_____、默认参数设置、依赖关系设置和任务实例化。

3. 机器学习生命周期的特点是由_____驱动，且各阶段之间存在高度的复杂依赖关系。

4. 一个完整的机器学习闭环系统通常包含_____、MTT（模型训练与测试）、_____和 MSM（模型部署与管理）等模块。

5. 机器学习生命周期的管理框架的优化需要考虑四个核心因素，包括复用性、_____、可操作性和_____。

三、判断题

1. 长尾问题在智能座舱与自动驾驶领域都经常遇到，且会影响驾驶安全。（　　　）

2. 模型生命周期的每个阶段可以完全独立运行，不需要依赖其他阶段。（　　　）

3. 智能座舱的长尾问题在测试阶段已经完全解决，不需要额外迭代。　　（　　）

4. AirFlow 可以与 Hive、Presto 等数据源交互，满足大规模数据需求。　　（　　）

5. 流程自动化可以减少手动操作，实现任务的高效执行，并实时监控流程状态。

（　　）

四、简答题

1. 智能驾驶人机交互系统的迭代周期中哪些环节最容易发生 Badcase？如何通过优化迭代流程解决这些问题？

2. 长尾问题在智能驾驶人机交互中的体现是什么？如何解决长尾问题？

3. 请简述在智能驾驶中，如何通过数据采集与标注加快模型迭代。

五、实训题

1. 开展关于智能驾驶技术对减少交通事故影响的社会调研，重点关注民众对智能驾驶技术的信任度和期望。

2. 多人组队讨论，在第 7 章设计好的视觉疲劳检测系统基础上，如何进行实际测试；在测试过程中，如何针对系统识别的特定 Badcase 场景（如复杂光照、驾驶员佩戴眼镜或口罩等），进行数据反馈和模型迭代，以及优化系统的鲁棒性与准确性。

附录 术语与符号列表

序号	缩写词	中文名称	英文名称
1	CCF	中国计算机学会	China Computer Federation
2	AI	人工智能	Artifical Intelligence
3	CAN	控制器局域网络	Controller Area Network
4	ECU	电子控制单元	Electronic Control Unit
5	OBD	车载诊断	On-Board Diagnostics
6	IVI	车载娱乐信息系统	In-Vehicle Information
7	LCD	液晶显示器	Liquid Crystal Display
8	CdSe	硒化镉	Cadmium Selenide
9	GPS	全球定位系统	Global Position System
10	MEMS	微机电系统	Micro Electro Mechanical Systems
11	ABS	防抱死制动系统	Antilock Braking System
12	CPU	中央处理器	Central Processing Unit
13	GPU	图形处理器	Graphic Processing Units
14	GUI	图形用户界面	Graphical User Interface
15	UI	用户界面	User Interface
16	API	应用程序接口	Application Programming Interface
17	VR	虚拟现实	Virtual Reality
18	AR	增强现实	Augmented Reality
19	FSD	全自动驾驶	Full-Self Driving
20	NLP	自然语言处理	Natural Language Processing
21	EFA	探索因子分析法	Exploratory Factor Analysis
22	CFA	验证性因子分析法	Confirmatory Factor Analysis
23	SEM	结构方程建模法	Structural Equation Modeling
24	ACC	自适应巡航控制	Adaptive Cruise Control
25	TRA	理性行为理论	Theory of Reasoned Action
26	TPB	计划行为理论	Theory of Planned Behavior
27	ACM	事故原因模型	Accident Causationa Model
28	CMM	情景中介模型	Contextual Mediated Model
29	SDBM	驾驶员安全行为模型	Safety-related Driver Behavior Model
30	RHT	风险平衡理论	Risk Homeostasis Theory
31	DMS	驾驶员监控系统	Driver Monitoring System

（续）

序号	缩写词	中文名称	英文名称
32	OMS	乘客监控系统	Occupant Monitoring System
33	HUD	抬头显示	Head Up Display
34	CES	国际消费电子展	International Consumer Electronics Show
35	TTC	碰撞时间	Time-To-Collision
36	AOI	兴趣区域	Area of Interest
37	AAM	汽车制造商联盟	The Alliance of Automobile Manufacturers
38	BSP	板级支持包	Board Support Package
39	AutoSAR	汽车开发系统架构	Automotive Open System Architecture
40	SDK	基础软件开发包	Software Development Kit
41	SOA	面向服务的架构	Service-Oriented Architecture
42	AVN	音频视频及导航	Audio，Video and Navigation
43	V2X	车与万物互联	Vehicle-to-Everything
44	OTA	空中下载技术	Over-the-Air Technology
45	FOTA	固件在线升级	Firmware-Over-The-Air
46	SOTA	软件在线升级	Software-Over-The-Air
47	UE	用户体验	User Experience
48	DVB	开发验证板	Development Verification Board
49	NAS	网络附属存储	Network Attached Storage
50	AIDI	地平线艾迪	AI Development Infrastructure
51	ROS	机器人操作系统	Robot Operating System
52	SOP	标准作业程式	Standard Operating Procedure
53	WBS	工作分解结构	Work Breakdown Structure
54	CSP	芯片支援包	Chip Support Package
55	AECQ	国际汽车电子协会车规验证标准	Automotive Electronics Council qualification
56	ALU	算术逻辑单元	Arithmetic Logic Unit
57	IC	集成电路芯片	Integrated Circuit
58	PMIC	电源管理集成电路	Power Management IC
59	DCU	域控制器	Domain Controller
60	DICam	主驾交互摄像头	Driver Interaction Camera
61	FSCam	前座摄像头	Front Seat Camera
62	TOF	飞行时间	Time-of-Flight
63	FOV	视野范围	Field of View
64	CNN	卷积神经网络	Convolutional Neural Network
65	BP	反向传播算法	Back Propagation
66	GAP	全局平均池化	Global Average Pooling
67	MLP	多层感知机	Multi-layer Perceptron
68	BN	批量归一化层	Batch Normalization
69	MSE	均方误差损失函数	Mean Square Error
70	MBSGD	小批量随机梯度下降	Mini-Batch Stochastic Gradient Descent
71	ASIC	特殊应用集成电路	Application Specific Integrated Circuit
72	QAT	量化感知训练	Quantization Aware Training
73	PTQ	训练后量化	Post-Training Quantization

（续）

序号	缩写词	中文名称	英文名称
74	NMS	非极大值抑制	Non-Maximum Suppression
75	IoU	重叠面积	Intersection over Union
76	RPN	区域候选网络	Region Proposal Network
77	RoI	兴趣区域	Region of Interests
78	BBox	检测框	Bounding Box
79	FPN	特征金字塔网络	Feature Pyramid Network
80	FCN	全卷积网络	Fully Convolutional Networks
81	LSTM	长短期记忆	Long-Short-Term Memory
82	ASR	自动语音识别	Automatic Speech Recognition
83	LVCSR	大词表连续语音识别	Large Vocabulary Continuous Speech Recognition
84	AM	声学模型	Acoustic Model
85	ML	最大似然	Maximum Likelihood
86	E2E	端到端	End-to-End
87	CTC	连接时序分类模型	Connectionist Temporal Classification
88	FNN-LM	前馈神经网络语言模型	Feed-forward Neural Network Language Model
89	NCE	噪声对比估计	Noise Contrastive Estimation
90	DP	动态规划	Dynamic Programming
91	WFST	加权有限状态转换器	Weight Finite State Transducer
92	det	确定化	Determinization
93	min	最小化	Minimization
94	LLM	大语言模型	Large Language Model
95	MLLM	多模态大模型	Multimodal Large Language Model
96	GT	真值	Ground Truth
97	MoE	混合专家	Mixture of Experts
98	SOTA	最高水准	State-Of-The-Art
99	BI	商务智能	Business Intelligence
100	MECE	相互独立，完全穷尽	Mutually Exclusive Collectively Exhaustive
101	TSN	双流卷积网络	Two-Stream Convolutional Networks
102	AU	面部动作单元	Action Unit
103	FACS	面部动作单元编码系统	Facial Action Coding System
104	Pre-Proc	预处理	Pre-Processing
105	AEC	回声消除	Acoustic Echo Cancellation
106	BF	波束形成	Beamforming
107	NS	噪声抑制	Noise Suppression
108	AGC	自动增益控制	Automatic Gain Control
109	SZD	音区检测	Sound Zone Detection
110	VAD	激活音检测	Voice Activity Detection
111	NLU	自然语言理解	Natural Language Understanding
112	STT	语音文字转换	Speech to Text
113	DFT	离散傅里叶变换	Discrete Fourier Transform
114	FFT	快速傅里叶变换	Fast Fourier Transform
115	DFSMN	深层前馈序列记忆神经网络	Deep Feedforward Sequential Memory Network

（续）

序号	缩写词	中文名称	英文名称
116	TCN	时间卷积网络	Temporal Convolution Networks
117	NCE	噪声对比估计	Noise Contrastive Estimation
118	CW	跨词	Cross Word
119	CD	上下文相关	Context Dependent
120	FI	扇入	Fan-In
121	FO	扇出	Fan-Out
122	LMLA	状态级语言模型预估	Language Model Look-Ahead
123	ME	最大熵	Maximum Entropy
124	SVM	支持向量机	Support Vector Machine
125	RNN	循环神经网络	Recurrent Neural Network
126	HMM	隐马尔可夫模型	Hidden Markov Model
127	CRF	条件随机场	Conditional Random Field
128	VAD	语音端点检测	Voice Activity Detection
129	MMML	多模态机器学习	Multimodal Machine Learning
130	ViT	视觉转换器	Vision Transformer
131	FSMN	前馈序列记忆神经网络	Feedforward Sequential Memory Network
132	cIRM	频域分离方法复数比例掩码	complex Ideal Ratio Mask
133	SDIO	安全数字输入输出接口	Secure Digital Input and Output
134	SPI	串行外围设备接口	Serial Peripheral interface
135	PCIE	高速串行计算机扩展总线标准	Peripheral Component Interconnect Express
136	OSI	封装协议会参考开放式系统互联	Open Systems Interconnection
137	OS	操作系统	Operating System
138	VIO	视频输入输出	Video In/Out
139	Lib	库文件	Library
140	HAL	硬件抽象层	Hardware Abstraction Layer
141	ALSA	高级 Linux 声音架构	Advanced Linux Sound Architecture
142	MIDI	音频和乐器数字接口	Musical Instrument Digital Interface
143	OSS	开放声音系统	Open Sound System
144	PCM	脉冲编码调制	Pulse Code Modulation
145	CTL	控制接口	Control
146	I2S	集成电路内置音频总线	Inter-IC Sound
147	DMA	直接存储器访问	Direct Memory Access
148	CU	计算单元	Compute Unit
149	PE	处理元件	Processing Element
150	ONNX	开放神经网络交换	Open Neural Network Exchange
151	DVR	内置行车记录仪	Digital Video Recorder
152	IMS	舱内监控系统	In-cabin Monitoring System
153	RMS	后排盲区检测系统	Rear Monitoring System
154	AP	应用处理器	Application Processor
155	SPI	串行外围设备接口	Serial Peripheral interface
156	Ack	握手信息	Acknowledgement Character
157	JNI	Java 原生接口	Java Native Interface

（续）

序号	缩写词	中文名称	英文名称
158	AOP	面向切面编程	Aspect Oriented Programming
159	OOP	面向对象编程	Object Oriented Programming
160	PaaS	平台即服务	Platform as a Service
161	ADB	Android 调试桥	Android Debug Bridge
162	FAE	现场技术支持工程师	Field Application Engineer
163	BAM	问题分析及管理	Badcase Analysis and Management
164	MTT	模型训练及测试	Model Training and Testing
165	MSM	模型部署及管理	Model Serving and Management
166	DAG	有向非循环图	Directed Acyclic Graph

参考文献

[1] 中国统计局 . 中国统计年鉴 2024[EB/OL]. (2024-01-01)[2024-08-09]. https: //www. stats. gov. cn/sj/ndsj/2024/indexch. htm.

[2] LEE J. Fifty years of driving safety research[J]. Human Factors, 2008, 50(3): 521-528.

[3] 张文红 , ROETTING M H. 中国驾驶员对驾驶安全的认知与行为 : 他们对驾驶了解多少? [J]. 事故分析与预防 , 2006, 38(1): 22-27.

[4] 任晓明 , 薛青 , 郑长伟 , 等 . 驾驶员状态模型研究 [J]. 系统仿真学报 , 2012, 24(9): 1993-1998.

[5] 冀秉魁 . 基于驾驶员视觉特性的驾驶行为预测方法研究 [D]. 长春 : 吉林大学 , 2014.

[6] 李士深 . 基于隐马尔可夫模型的驾驶员行为分析研究 [D]. 哈尔滨 : 哈尔滨工程大学 , 2017.

[7] CODY D, TAN S-K, CAIRD J, et al. The naturalistic driver model: development, integration, and verification of lane change maneuver, driver emergency and impairment modules[D]. Berkeley: University of California, 2008.

[8] JOHN M. A critical view of driver behavior models: what do we know, what should we do? [M]// Human Behavior and Traffic Safety. Berlin: Springer, 1985.

[9] 段冀阳 , 李志忠 . 驾驶行为模型的研究进展 [J]. 中国安全科学学报 , 2012, 22(2): 30-36.

[10] 陈涛 , 陈燕芹 , 邓刚 , 等 . 驾驶人行为模型的研究综述 [J]. 长安大学学报 (自然科学版), 2016, 119(2): 80-90.

[11] RICHARD H, MCGRATH J. Tasks and task performance in research on stress [M]. New York: Holt, Rinehart and Winston, 1970.

[12] MCKNIGHT A B A. Driver education task analysis[M]. Alexandria: Human Research Organization, 1970.

[13] FASTENMEIER W G H. Driving task analysis as a tool in traffic safety research and practice [J]. Safety Science, 2007, 45(9): 952-979.

[14] RASMUSSEN J. Skills, rules, and knowledge : signals, signs, and symbols, and other distinctions in human performance models [J]. IEEE Transactions on Systems, Man, and Cybernetics, 1983, 13(3): 257-266.

[15] RANNEY T. Models of driving behavior: a review of their evolution [J]. Accident Analysis and Prevention, 1994, 26(6): 733-750.

[16] HOLLNAGEL E. Human reliability analysis: context and control [M]. London: Academic Press, 1993.

[17] DONGES E. A conceptual framework for active safety in road traffic[J]. Vehicle System Dynamics, 1999, 32(2-3): 113-128.

[18] CHRIST R. GADGET final report: investigations on influences upon driver behavior-safety approaches in comparison and combination [R]. Wien: GADGET Consortium, 2000.

[19] HOLLNAGEL E, NABO A, LAU I V. A systemic model for driver-in-control [C]//Proceedings of the Second International Driving Symposium on Human Factors in Driver Assessment, Training and Vehicle Design. Iowa: University of Iowa , 2003: 86-91.

[20] HOLLNAGEL E, WOODS D. Joint cognitive systems: foundations of cognitive systems engineering [M]. Oxfordshire: Taylor & Francis Group, 2005.

[21] FLEISHMAN E. Performance assessment based on an empirically derived task taxonomy [J]. Human Factors, 1967, 9(4): 349-366.

[22] CARSTEN O. From driver models to modeling the driver what do we really need to know about the driver? [C]//Modeling Driver Behavior in Automotive Environments. Berlin: Springer, 2007: 105-120.

[23] AJZEN I. The theory of planned behavior [J]. Organizational Behavior and Human Decision Processes,

1991, 50(2): 179-211.

[24] 丁靖艳. 基于计划行为理论的侵犯驾驶行为研究 [J]. 中国安全科学学报, 2006, 16(12): 15-18.

[25] 张风, 李永娟, 蒋丽. 驾驶行为理论模型研究概述 [J]. 中国安全科学学报, 2010, 20(2): 23-28.

[26] REASON J. Human Error[M]. Cambridge: Cambridge University Press, 1990.

[27] SUMER N. Personality and behavioral predictors of traffic accidents: testing a contextual mediated model[J]. Accident Analysis and Prevention, 2003, 35(6): 949-964.

[28] VERACHUUR W L G, HURTS K. Modeling safe and unsafe driving behavior[J]. Accident Analysis and Prevention, 2008, 40(2): 644-656.

[29] WICKENS C D. Multiple resources and mental work load[J]. Human Factors, 2008, 50(3): 449-455.

[30] FULLER R. Towards a general theory of driver behavior[J]. Accident Analysis and Prevention, 2005, 37(3): 461-472.

[31] DAVID S. Traffic safety and human behavior[M]. Oxford: Elsevier Science. 2007.

[32] WILDE G J S. The Theory of Risk Homeostasis: Implications for Safety and Health [J]. Risk Analysis, 1982, 4(2): 209-225.

[33] FULLER R. A conceptualization of driving behavior as threat avoidance[J]. Ergonomics, 1984, 27(11): 1139-1155.

[34] SUMMALA H. Modeling driver behavior: a pessimistic prediction[M]. New York: Springer, 1986.

[35] SUMMALA H. Risk control is not risk adjustment: the zero-risk theory of driver behavior and its implications[J]. Ergonomics, 1988, 31(4): 491-506.

[36] NILLSSON R. Safety margins in the driver[D]. Uppsala: Uppsala University, 2001.

[37] Y -K L, OU Y C, SHIH F Y. Risk prediction model for drivers' in-vehicle activities: application of task analysis and back propagation neural network[J]. Transportation Research Part F: Traffic Psychology and Behavior, 2013, 18(2): 83-93.

[38] QUENAULT S W. Driver behavior, safe and unsafe drivers[M]. Crowthorne: Transportation and Road Research Laboratory, 1968.

[39] PIECHULLA W G W. Reducing drivers' mental workload by means of an adaptive man-machine interface[J]. Transportation Research Part F: Traffic Psychology and Behavior, 2003, 6(4): 233-248.

[40] FLEISHMAN E. Toward a taxonomy of human performance[J]. American Psychologist, 1975, 30(12): 1127-1149.

[41] WINTER J D. The driver behavior questionnaire as a predictor of accidents: a meta-analysis[J]. Journal of Safety Research, 2010, 41(6): 463-470.

[42] PATRICK P, JANSSENS W. The effect of norms, attitudes and habits on speeding behavior: scale development and model building and estimation[J]. Accident Analysis and Prevention, 2007, 39(1): 6-15.

[43] WAHLBERG A, DORN L. Bus driver accident record: the return of accident proneness[J]. Theoretical Issues in Ergonomics Science, 2009, 10(1): 77-91.

[44] MACADAM C. Understanding and modeling the human driver[J]. Vehicle System Dynamics, 2003, 40(1-3); 101-134.

[45] WINTER J R. Modeling driver behavior: a rational for multivariate statistics[J]. Theoretical Issues in Ergonomics Science, 2012, 13(5): 528-545.

[46] BOER E, WARD N, MANSER M, et al. Driver performance assessment with a car following mode[C]// International Driving Symposium on Human Factors in Driver Assessment, Training and Vehicle Design, 2005.

[47] WADE A, MARCOTTE T, ROSENTHAL T, et al. Driver assessment with measures of continuous control behavior[C]// Proceedings of the Third International Driving Symposium on Human Factors in Driver As-

sessment, Training and Vehicle Design. Iowa: University of Iowa, 2005.

[48] 高振海，管欣，郭孔辉. 驾驶员方向控制模型及在汽车智能驾驶研究中的应用 [J]. 中国公路学报，2000, 13(3): 106-109.

[49] 郭孔辉，潘峰，马凤军. 预瞄优化神经网络驾驶员模型 [J]. 机械工程学报，2003, 39(1): 26-28, 64.

[50] 管欣，王景武，高振海. 基于驾驶员行为模拟的 ACC 控制算法 [J]. 汽车工程，2004, 26(2): 205-209.

[51] BRACKSTONE M, MCDONALD M. Car-following: a historical review[J]. Transportation Research Part F: Traffic Psychology and Behavior, 1999, 2(4): 181-196.

[52] CHAN D, HUNG E. Invulnerability and the intention to drink and drive: an application of the theory of planned behavior[J]. Accident Analysis and Prevention, 2010, 42(6): 1549-1555.

[53] LEANDEO M. Young drivers and speed selection: a model guided by the theory of planned behavior[J]. Transportation Research Part F: Traffic Psychology and Behavior, 2012, 15(3): 219-233.

[54] CHRISTOPHER W. Multiple resources and performance prediction[J]. Theoretical Issues in Ergonomics Science, 2002, 3(2): 159-177.

[55] WILSON G. An analysis of mental workload in pilots during flight using multiple psychophysiological measures[J]. International Journal of Aviation Psychology, 2002, 12(1): 3-18.

[56] 刘雁飞，吴朝晖. 驾驶 ACT-R 认知行为建模 [J]. 浙江大学学报 (工学版), 2006, 40(10): 1657-1662.

[57] DAVID S. Traffic safety and individual differences in drivers' attention and information processing capacity[J]. Alcohol, Drugs, and Driving: Abstracts and Reviews, 1970, 4: 219-237.

[58] SALVUCCI D. Predicting the effects of in-car interface use on driver performance: an integrated model approach[J]. International Journal of Human-Computer Studies, 2001, 55(1): 85-107.

[59] KASS S, COLE K, STANNY C. Effects of distraction and experience on situation awareness and simulated driving[J]. Transportation Research Part F: Traffic Psychology and Behavior, 2007, 10(4): 321-329.

[60] LAMBLE D, KAURANEN T, LAAKSO M, et al. Cognitive load and detection thresholds in car following situations: safety implications for using mobile (cellular) telephones while driving[J]. Accident Analysis and Prevention, 1999, 31(6): 617-623.

[61] GIBSON J, CROOKS L. A theoretical field-analysis of automobile-driving[J]. The American Journal of Psychology, 1938, 51(3): 453-471.

[62] GIBSON M, LEE J, VENKATRAMAN V, et al. Situation awareness, scenarios, and secondary tasks: measuring driver performance and safety margins in highly automated vehicles[J]. International Journal of Passenger Cars-Electronic and Electrical Systems, 2016, 9: 237-242.

[63] LEE D. A theory of visual control of braking based on information about time-to-collision[J]. Perception, 1976, 5(4): 437-459.

[64] WINSUM W, WAARD D, BROOKHUIS K. Lane change manoeuvres and safety margins[J]. Transportation Research Part F: Traffic Psychology and Behavior, 1999, 2(3): 139-149.

[65] TRIMPOP R. A theory of risk homeostasis: implications for safety and health[J]. Risk Analysis, 2006, 2(4): 209-225.

[66] VAA T. Drivers' information processing, decision making and the role of emotions: predictions of the risk monitor model[C]// Human Modeling in Assisted Transportation. Milan: Springer, 2011.

[67] DAMASIO A. Descartes' error: emotion, reason, and the human brain[M]. New York: Avon Books, 1994.

[68] 庄明科，白海峰，谢晓飞. 驶人员风险驾驶行为分析及相关因素研究 [J]. 北京大学学报：自然科学版，2008, 44(3): 475-482.

[69] 柳濑彻夫. 汽车人机工程学技术 [M]. 范营营，译. 北京：机械工业出版社，2019.

[70] COSTA P, MCCRAE R. Four ways five factors are basic[J]. Personality and Individual Differences, 1992,

13(6): 653-665.

[71] EKMAN P. An argument for basic emotions[J]. Cognition and Emotion, 1992, 6(3/4): 169-200.

[72] DAHLEN E, WHITE R. The Big Five factors, sensation seeking, and driving anger in the prediction of unsafe driving[J]. Personality and Individual Differences, 2006, 41(5): 903-915.

[73] EYSENCK H. Dimensions of personality: 16, 5 or 3?—Criteria for a taxonomic paradigm[J]. Personality and Individual Differences, 1991, 12(8): 773-790.

[74] WINFRED A, GRAZIANO W. The five-factor model, conscientiousness, and driving accident involvement[J]. Journal of Personality, 1996, 64(3): 593-618.

[75] DAHLEN E, MARTIN R, RAGAN K, et al. Driving anger, sensation seeking, impulsiveness, and boredom proneness in the prediction of unsafe driving[J]. Accident Analysis & Prevention, 2005, 37(2): 341-348.

[76] MATTHEWS G, JOYNER L, GILLILAND K, et al. Validation of a comprehensive stress state questionnaire: Towards a state big three[J]. Personality Psychology in Europe, 1999, 7: 335-350.

[77] MESKEN J, HAGENZIEKER M, ROTHENGATTER T, et al. Frequency, determinants, and consequences of different drivers' emotions: An on-the-road study using self-reports, (observed) behaviour and physiology[J]. Transportation Research Part F: Traffic Psychology and Behaviour, 2007, 10(6): 458-475.

[78] WICKENS C. Multiple resources and performance prediction[J]. Theoretical Issues in Ergonomics Science, 2002, 3(2): 159-177.

[79] ENDSLEY M. Toward a theory of situation awareness in dynamic systems[J]. Human Factors, 1995, 37(1): 32-64.

[80] SIMONS-MORTON B, BINGHAM R, FALK E, et al. Experimental effects of injunctive norms on simulated risky driving among teenage males[J]. Health Psychology, 2014, 33(7): 616.

[81] MATTHEWS G. A transactional model of driver stress[C]// Stress, Workload and Fatigue, 2001: 133-163.

[82] PAAS F, RENKL A, SWELLER J. Cognitive load theory: Instructional implications of the interaction between information structures and cognitive architecture[J]. Instructional Science, 2004, 32(1/2): 1-8.

[83] KARWOWSKI W. Mental workload: Theory, measurement, and application[C]// International Encyclopedia of Ergonomics and Human Factors, 3rd ed. CRC Press, 2006: 866-869.

[84] HORSWILL M, HILL A, WETTON M. Can a video-based hazard perception test used for driver licensing predict crash involvement?[J]. Accident Analysis & Prevention, 2015, 82: 213-219.

[85] PARKER D, MANSTEAD A, STRADLING S, et al. Intention to commit driving violations: An application of the theory of planned behavior[J]. Journal of Applied Psychology, 1992, 77(1): 94.

[86] FORWARD, S. The theory of planned behaviour: The role of descriptive norms and past behaviour in the prediction of drivers' intentions to violate[J]. Transportation Research Part F: Traffic Psychology and Behaviour, 2009, 12(3): 198-207.

[87] WANG L, WANG Y, SHI L, et al. Analysis of risky driving behaviors among bus drivers in China: The role of enterprise management, external environment and attitudes towards traffic safety[J]. Accident Analysis and Prevention, 2022, 168: 106589.

[88] 李平飞, 张友, 胡文浩, 等. 自动驾驶事故调查及安全性分析 [J]. 标准科学, 2022, 1(2): 98-103.

[89] MERLHIOT G, BUENO M. How drowsiness and distraction can interfere with take-over performance: A systematic and meta-analysis review[J]. Accident Analysis & Prevention, 2022, 170: 106536.

[90] 陈志军, 张晶明, 熊盛光, 等. 智能网联车辆生态驾驶研究现状及展望 [J]. 交通信息与安全, 2022, 40(4): 13-25.

[91] 张晖, 肖逸影, 吴超仲, 等. 中国危险品车辆驾驶人驾驶行为影响因素分析 [J]. 交通信息与安全, 2020, 38(5): 137-144.

[92] PARLIAMENT E. Commission Delegated Regulation (EU) 2021/1341[R]. Official Journal of the European Union, 2021: 1-16.

[93] EOH H, CHUNG M, KIM S-H. Electroencephalographic study of drowsiness in simulated driving with sleep deprivation[J]. International Journal of Industrial Ergonomics, 2005, 35(4): 307-320.

[94] VERWEY W, ZAIDEL D. Predicting drowsiness accidents from personal attributes, eye blinks and ongoing driving behaviour[J]. Personality and Individual Differences, 2000, 28(1): 123-142.

[95] VERWEY W, ZAIDEL D. Preventing drowsiness accidents by an alertness maintenance device[J]. Accident Analysis & Prevention, 1999, 31(3): 199-211.

[96] RHODES N, PIVIK K. Age and gender differences in risky driving: The roles of positive affect and risk perception[J]. Accident Analysis & Prevention, 2011, 43(3): 923-931.

[97] HASSAN H, SHAWKY M, KISHTA M, et al. Investigation of drivers' behavior towards speeds using crash data and self-reported questionnaire[J]. Accident Analysis & Prevention, 2017, 98: 348-358.

[98] MCCARTT A, RIBNER S, PACK A, et al. The scope and nature of the drowsy driving problem in New York State[J]. Accident Analysis & Prevention, 1996, 28(4): 511-517.

[99] SEKO Y. Present technological status of detecting drowsy driving patterns[J]. Journal of JSAE, 1984, 38(5): 547-554.

[100] SEKO Y, IIZUKA H, YANAGISHIMA T, et al. Fatigue alarm system and method for an automotive vehicle driver: DE3463475D1 [P]. 1987-06-11.

[101] SUGIYAMA K, NAKANO T, YAMAMOTO S, et al. Method of detecting drowsiness level by utilizing blinking duration[J]. JSAE Review, 1996, 17(2): 159-163.

[102] ERILSSON M, PAPANIKOLOPOULOS N. Driver fatigue: a vision-based approach to automatic diagnosis[J]. Transportation Research Part C: Emerging Technologies, 2001, 9(6): 399-413.

[103] 张佐营, 叶桂荀. 驾驶疲劳监测技术研究综述 [J]. 汽车科技, 2022, 1: 8-14.

[104] 贺宜, 杨鑫炜, 吴兵, 等. 中美交通事故数据统计方法比较研究 [J]. 交通信息与安全, 2018, 36(1): 1-9, 27.

[105] CRINION S. Ambulatory detection of sleep apnea using a non-contact biomotion sensor[J]. Journal of Sleep Research, 2020, 29(1): e12889.

[106] TING P H, HWANG J R, DOONG J L, et al. Driver fatigue and highway driving: A simulator study[J]. Physiology & Behavior, 2008, 94(3): 448-453.

[107] NGUYEN L, JAUREGUI B, DINGES D. Changing behaviors to prevent drowsy driving and promote traffic safety: Review of proven, promising, and unproven techniques[R]. Washington DC: AAA Foundation for Traffic Safety, 1998.

[108] YANG C, WANG W, ZHANG Y, et al. MLife: a lite framework for machine learning lifecycle initialization[J]. Machine Learning, 2021, 110: 2993-3013.

[109] LI W, WU L, WANG C, et al. Intelligent cockpit for intelligent vehicle in metaverse: A case study of empathetic auditory regulation of human emotion[J]. IEEE Transactions on Systems, Man, and Cybernetics: Systems, 2022, 53(4): 2173-2187.

[110] LIAN H, LU C, LI S, et al. A survey of deep learning-based multimodal emotion recognition: Speech, text, and face[J]. Entropy, 2023, 25(10): 1440.

[111] TURKLE S. Empathy machines: forgetting the body[C]// A Psychoanalytic Exploration of the Body in Today's World. 201: 17-27.

[112] COECKELBERGH M. Moral appearances: emotions, robots, and human morality[J]. Ethics and Information Technology, 2010, 12: 235-241.

[113] MCEVOY S, STEVENSON M, WOODWARD M. The impact of driver distraction on road safety: results

from a representative survey in two Australian states[J]. Injury Prevention, 2006, 12(4): 242-247.

[114] HUEMER A K, SCHUMACHER M, MENNECKE M, et al. Systematic review of observational studies on secondary task engagement while driving[J]. Accident Analysis & Prevention, 2018, 119: 225-236.

[115] 朱贻玮 . 集成电路产业 50 年回眸 [M]. 北京 : 电子工业出版社 , 2016.

[116] ENZO D S, HUSEYIN H, CVETKOVIC Z. On the design and implementation of higher order differential microphones[J]. IEEE Transactions on Audio, Speech, and Language Processing, 2011, 20(1): 162-174.

[117] HOCHREITER S, SCHMIDHUBER J. Long short-term memory[J]. Neural Computation, 1997, 9(8): 1735-1780.

[118] GRAVES A, FERNANDEZ S, GOMEZ F, et al. Connectionist temporal classification: labelling unsegmented sequence data with recurrent neural networks[C]// International Conference on Machine Learning, 2006: 369-376.

[119] CHOROWSKI J, BAHDANAU S, Serdyuk D, et al. Attention-based models for speech recognition [C]// International Conference on Neural Information Processing Systems, 2015: 577-585.

[120] LU L, LIU C, LI J, et al. Exploring transformers for large-scale speech recognition[C]// Proceedings of INTERSPEECH 2020. 2020.

[121] WATANABE S, HORI T, KIM S, et al. Hybrid CTC/attention architecture for end-to-end speech recognition[J]. IEEE Journal of Selected Topics in Signal Processing, 2017, 11(8): 1240-1253.

[122] VASWANI A, SHAZEER N, PARMAR N, et al. Attention is all you need[C]// Advances in Neural Information Processing Systems. 2017: 5998-6008.

[123] DONG L, XU S, XU B. Speech-transformer: a no-recurrence sequence-to-sequence model for speech recognition[C]// IEEE International Conference on Acoustics, Speech and Signal Processing. 2018: 5884-5888.

[124] KATZ S. Estimation of probabilities from sparse data for the language model component of a speech recognizer[J]. IEEE Transactions on Acoustics, Speech, and Signal Processing, 1987, 35(3): 400-401.

[125] BENGIO Y, DUCHARME R, VINCENT P, et al. A neural probabilistic language model[J]. Journal of Machine Learning Research, 2003, 3(6): 1137-1155.

[126] MIKOLOV T, KARAFIAT M, BURGET L, et al. Recurrent neural network based language model[J]. Interspeech, 2010, 2(3): 1045-1048.

[127] MARTIN S, RALF S, HERMANN N. LSTM neural networks for language modeling[C]// Proceedings of INTERSPEECH 2012. 2012.

[128] MIKOLOV T, DEORAS A, POVEY D, et al. Strategies for training large scale neural network language models[C]// IEEE Workshop on Automatic Speech Recognition & Understanding, 2011: 196-201.

[129] MNIH A, TEH Y W. A fast and simple algorithm for training neural probabilistic language models[C]// International Conference on Machine Learning, 2012.

[130] ALEXANDRESCU A, KIRCHHOFF K. Factored neural language models[C]// Proceedings of the Human Language Technology Conference of the NAACL, 2006: 1-4.

[131] HE T, ZHANG Y, DROPPO J, et al. On training bi-directional neural network language model with noise contrastive estimation[C]//International Symposium on Chinese Spoken Language Processing, 2016: 1-5.

[132] SOUTNER D, LOOSE Z A M L, PRAVZAK A. Neural network language model with cache[C]// International Conference on Text, Speech and Dialogue, 2012: 28-534.

[133] BAHDANAU D, CHO K, BENGIO Y. Neural machine translation by jointly learning to align and translate[C]// International Conference on Learning Representations, 2015: 1-15.

[134] XL A. An overview of decoding techniques for large vocabulary continuous speech recognition[J]. Com-

puter Speech and Language, 2002, 16(1): 89-114.

[135] HAEB-UMBACH R, NEY H. Improvements in beam search for 10000-word continuous speech recognition[J]. IEEE Transactions on Speech and Audio Processing, 1994, 2(2): 353-356.

[136] WILLEGG D, MCDERMOTT E, MINAMI Y, et al. Time and memory efficient Viterbi decoding for LVC-SR using a precompiled search network[C]//Proceedings of European Conference on Eurospeech Scandinavia, 2001.

[137] MEHRYAR M, PEREIRA F, RILEY M. Weighted finite-state transducers in speech recognition[J]. Computer Speech & Language, 2002, 16(1): 69-88.

[138] MOHRI M. Generic eps-removal and input eps-normalization algorithms for weighted transducers[J]. International Journal of Foundations of Computer Science, 2002, 13(1): 129-143.

[139] ZHANG X, SUGANO Y, FRITZ M, et al. Appearance-based gaze estimation in the wild[C]//IEEE Conference on Computer Vision and Pattern Recognition, 2015: 4511-452.